Prinz Max von Baden

Erinnerungen und Dokumente II

Reihe *Deutsches Reich – Schriften und Diskurse
Reichskanzler, Bd. VIII/I-II*

Übertragung von Fraktur in Antiqua

Baden, Prinz Max von: Erinnerungen und Dokumente II
Übertragung von Fraktur in Antiqua
Hamburg, SEVERUS Verlag 2011.

Reihe Deutsches Reich – Schriften und Diskurse
Reichskanzler, Bd. VIII/I-II
Herausgeber: Björn Bedey

ISBN: 978-3-86347-124-8
Druck: SEVERUS Verlag, Hamburg, 2011. Der SEVERUS Verlag ist ein Imprint der Diplomica Verlag GmbH.

Der erste Teil dieses Bandes ist unter der ISBN 978-3-86347-109-5 ebenfalls im SEVERUS Verlag erschienen.
Beide Teile dieses Bandes sind unter der ISBN 978-3-86347-136-1 auch als eBook erhältlich.

Bibliografische Information der Deutschen Nationalbibliothek:
Die Deutsche Nationalbibliothek verzeichnet diese Publikation in der Deutschen Nationalbibliografie; detaillierte bibliografische Daten sind im Internet über http://dnb.d-nb.de abrufbar.

© SEVERUS Verlag
http://www.severus-verlag.de, Hamburg 2011
Printed in Germany
Alle Rechte vorbehalten.

Der SEVERUS Verlag übernimmt keine juristische Verantwortung oder irgendeine Haftung für evtl. fehlerhafte Angaben und deren Folgen.

Inhalt

Dritter Teil   7
1. Übernahme der Regierung und Waffenstillstandsangebot 9
2. Die Unterwerfung unter die 14 Punkte; die Rede vom 5. Oktober. Das Reichskabinett 31
3. Wilsons Antwort und unsere zweite Note. Kanzlerkrise 70
4. Die zweite Wilson-Note vom 14. Oktober 90
5. Sitzung des Kriegskabinetts am 17. Oktober 1918 107
6. Die Aufgabe des U-Bootkrieges 146
7. Die Reichstagssitzungen vom 22. bis 24. Oktober 1918 168
8. Wilsons dritte Note. Die Entlassung Ludendorffs 188
9. Vergebliche Versuche, den Kaiser aufklären zu lassen. Das Gutachten der Generale v. Gallwitz und v. Mudra 210
10. Die Alternative: Abdankung des Kaisers – oder Verzicht auf nationale Verteidigung 234
11. Die Meuterei der Flotte. Gröners Ankunft und erster Bericht 267
12. Gröners Aussprache mit den Arbeiterführern. Mein Patt mit Ebert und das Ultimatum der Sozialdemokraten 301
13. Der 8. November 332
14. Der 9. November 348

Anhang   370
I. 371
II. 379
III. 382
IV. 387
V. 391

Dritter Teil

Erstes Kapitel

Übernahme der Regierung und Waffenstillstandsangebot

Ich traf am 1. Oktober um 4 Uhr in Berlin ein.
 Um 4 Uhr 30 sah ich Herrn v. Haeften[1] in meinem Absteigequartier. Er machte mir im Auftrag der Obersten Heeresleitung die Mitteilung:
 Unsere militärische Lage habe sich entscheidend verschlechtert. Am 29. September sei in Spa der Entschluß gefaßt worden, sich an den Präsidenten Wilson zu wenden, seine 14 Punkte anzunehmen und ihn um die Vermittlung eines Waffenstillstandes zu bitten.[2]
 Wir konnten beide längere Zeit nicht sprechen. Dann fragte ich: „Man gibt mir also nicht Zeit bis zum November?" Haeften verneinte. Ich erklärte, dann müsse ich ablehnen; meine ganze Politik basiere darauf, daß wir die Kampagne durchhielten. Ich hätte keine Vorstellung davon gehabt, wie furchtbar unsere Lage sei, übrigens die Welt auch nicht; sie würde es erst durch unser Angebot erfahren.
 Haeften erwiderte, es sei unter allen Umständen geboten, der ermüdeten Armee Ruhe zu verschaffen, und man hoffe zuversichtlich darauf, daß Präsident Wilson sofort die Vermittlung eines Waffenstillstandes in die Hand nehmen würde.
 Wir fuhren zu Herrn v. Payer. Auch ihm war das Angebot fürchterlich; aber er sprach davon wie von einer unabänderlichen Tatsache. Er rief Major v. d. Bussche herbei, um mich über die militärische Lage zu orientieren.

---

[1] Vgl. Auszüge aus einem Ende 1918 der Obersten Heeresleitung erstatteten dienstlichen Berichte des Obersten v. Haeften über seine Tätigkeit 1918, Das Werk des Untersuchungsausschusses, 2. Bd., 1926, S. 374.
[2] Vgl. Amtliche Urkunden Nr. 13 und Ludendorff, a. a. O., S. 583ff.

Herr v. d. Bussche war am 29. September eigens vom Hauptquartier nach Berlin entsandt worden, um die politischen Instanzen aufzuklären. Er erstattete mir (dem Inhalt nach) folgenden Bericht:

In wenigen Tagen habe sich die Lage grundlegend verändert. Der Zusammenbruch der bulgarischen Front habe alle Dispositionen über den Haufen geworfen. Für die Westfront bestimmte Truppen mußten dorthin geschickt werden. Gleichzeitig setzten gewaltige Angriffe auf der Westfront ein. Man hätte ihnen noch standgehalten, aber man müsse damit rechnen, daß die Angriffe fortgesetzt würden. Bestimmend für die Verschlechterung der Lage seien zwei Faktoren gewesen:
Die Tanks. Sie waren in unerwartet großen Mengen eingesetzt worden, häufig so überraschend, daß ihnen die Nerven der Leute nicht gewachsen waren.

Die Ersatzlage. Der laufende Ersatz reiche nicht einmal zu einem ruhigen Winterfeldzuge. Jede 24 Stunden können die Lage verschlechtern. Major v. d. Bussche schloß damit, ein Telephonat zu verlesen, das am Nachmittag eingetroffen war:

Großes Hauptquartier, 1. Oktober 1918,[3]
1 Uhr 30 nachm. Angekommen 2 Uhr nachm.
„Wenn bis heute abend 7 bis 8 Uhr Sicherheit vorhanden ist, daß Prinz Max von Baden die Regierung bildet, so bin ich mit dem Aufschub bis morgen vormittag einverstanden.
Sollte dagegen die Bildung der Regierung irgendwie zweifelhaft sein, so halte ich die Ausgabe der Erklärung an die fremden Regierungen heute nacht für geboten."
v. Hindenburg.

Ich wehrte mich gegen das Drängen der Obersten Heeresleitung: Wenn die Lage so ernst wäre, dann sei sie durch ein Waffenstillstandsangebot nicht mehr zu retten, dann müsse man es eben darauf ankommen lassen, ob die Katastrophe eintritt oder nicht; die Überstürzung des Friedens-,

---

[3] Amtliche Urkunden Nr. 22.

besonders aber des Waffenstillstandsangebots müsse furchtbare politische Folgen haben. Dazu gäbe ich meinen Namen nicht her.

Gleich darauf begab ich mich zu Herrn v. Berg und erklärte ihm, daß ich die Kanzlerschaft nicht übernehmen könne. Das Waffenstillstandsangebot sei ein verhängnisvoller Fehler, und ich würde es nicht unterzeichnen. Herr v. Berg antwortete: „Sie waren zwar nicht mein Kandidat, aber ich habe keinen anderen."[4] Darauf entgegnete ich in großer Erregung:

Ich scheute mich nicht vor dem Opfer, aber es dürfe kein sinnloses Opfer sein, und das wäre es, wenn mein erster Schritt als Kanzler die Bitte an den Feind sein müsse. Ich machte ihm als dem nächsten Berater des Kaisers Vorwürfe, daß man mich erst riefe, nachdem es zu einem solchen Bankrott gekommen wäre, ich solle nun meinen Namen und mein Ansehen hineinwerfen, um noch zu retten, was zu retten sei. In eine solche Zwangslage brächte man keinen Menschen und kein Volk.

Herr v. Berg warf ein: „Sehen Sie, jetzt werden Sie schon nervös."

Ich antwortete ihm: Die Nachrichten, die ich hier vorfände, egründeten wahrlich meine Erregung. Im übrigen sei ich gar nicht in der Lage, das Kanzleramt anzunehmen ohne Zustimmung des Großherzogs von Baden, die nach Lage der Dinge durch den Kaiser erbeten werden müsse.

Major v. d. Bussche unterbrach unser Gespräch, um Herrn v. Berg das Telephonat der Obersten Heeresleitung mitzuteilen und auf Beschleunigung der Regierungsbildung zu drängen. Er ließ den Einwand Bergs nicht gelten, daß es technisch unmöglich sei, heute nacht noch die Verbindung zwischen dem Kaiser und dem Großherzog von Baden herzustellen. Er glaubte offenbar an bösen Willen. Ich ließ die beiden Herren in heftigem Wortwechsel zurück.

Ehe ich mich wieder zu Herrn v. Payer begab, ging ich lange mit Haeften in der Wilhelmstraße auf und ab – ich erklärte dem Vertreter der Obersten Heeresleitung, daß ich das Reichskanzleramt nur übernehmen könnte, wenn mir General Ludendorff politische Freiheit des Handelns

---

[4] Noch zweimal erhielt ich in den folgenden Tagen die gleiche Antwort, als ich Herrn v. Berg gegenüber mich weigerte, die Kanzlerschaft, belastet mit dem Waffenstillstandsangebot, zu übernehmen.

ließe. Ein Waffenstillstandsangebot mache jede Friedensaktion, wie ich sie beabsichtigte, unmöglich. Ich forderte ihn auf, den General Ludendorff umzustimmen. Zum mindesten müßte ich vierzehn Tage Zeit verlangen, um innen- und außenpolitische Vorbereitungen zu treffen.

Haeften war wie verwandelt, die alte Frische und Sicherheit waren dahin. Er kämpfte die ganze Zeit den inneren Kampf zwischen Einsicht und Gehorsam. Der Mann zerbrach fast an diesem Konflikt. Einen Augenblick schien es mir, als wolle er sich frei machen und Ludendorff entgegentreten. Aber dann verfinsterte er sich wieder und sagte fast formelhaft: Die Armee braucht Ruhe, das Waffenstillstandsangebot muß beschleunigt heraus. Da rief ich ihn auf, sich in meine persönliche Lage zu versetzen. Die Unterzeichnung der Bitte an Wilson würde meine Zukunft als Bundesfürst unerträglich belasten. Haeften hielt mir entgegen: „Eure Großherzogliche Hoheit sind nicht nur badischer Thronfolger, sondern auch General der preußischen Armee, um deren Schicksal es jetzt geht."

Bei Payer trafen wir Hintze und Roedern. Bald erschien auch wieder Major v. d. Bussche, um zu treiben. Er sprach sich Oberst v. Haeften gegenüber sehr unwillig aus über das Trödeln der Zivilisten: man müsse den Herren die eiserne Faust ins Genick setzen.

Der Staatssekretär des Auswärtigen vertrat die Auffassung: Es sei am 29. September im Hauptquartier zum Beschluß erhoben worden, das Angebot an Wilson herausgehen zu lassen; es handle sich jetzt nur noch um die Ausführung. Einen Entwurf zur Note hatte er mitgebracht.

Ich erklärte demgegenüber: die neue Reichsleitung wäre berechtigt und verpflichtet, die Notwendigkeit des Angebots zu prüfen, das sie mit ihrem Namen decken sollte.

Herr v. Payer stimmte mir aus staatsrechtlichen Gründen zu, praktisch aber hielt er es für unmöglich, die Verantwortung für eine Verzögerung, zu übernehmen.

Einen Augenblick war ich versucht, einen Ausweg darin zu sehen, daß die alte Regierung unterzeichnete. Herr v.Payer fürchtete zwar, das Angebot würde um alle Wirkung gebracht werden, wenn nicht ein neuer, unbelasteter Mann es herausbrächte; aber er fügte Worte hinzu, die mich beschämten: „Im äußersten Fall würde ich es tun und meinen guten Namen für die Armee hergeben, aber dann würde ich sofort zurücktreten."

Ich sah mich vor die Wahl gestellt, abzureisen oder den Versuch einer Regierungsbildung zu unternehmen und zugleich den Kampf gegen das Waffenstillstandsangebot weiterzuführen. Mir war klar, daß meine Abreise sofort die Unterzeichnung durch Herrn v. Payer zur Folge haben müßte.

Ich entschloß mich, zu bleiben. Freilich wußte ich damals noch nicht, wie weit Herr v. Hintze in der Ausführung seiner Instruktionen gegangen war: in der Nacht vom 29. auf den 30. September hatte das Auswärtige Amt Wien und Konstantinopel von der in Spa getroffenen Entscheidung unterrichtet.[5]

Herr v. Haeften begleitete mich in mein Quartier. Ich fühlte immer stärker, wie er nur befehlsgemäß den ihm gewordenen Auftrag ausführte; innerlich mußte er auf meiner Seite stehen. Hatten wir doch lange genug gemeinsam gekämpft gegen politische Aktionen, die die hybris oder die Depression eingab. Ich machte Oberst v. Haeften deutlich:

Ich würde die Verantwortung dafür übernehmen, daß wir warteten; ob wir im Felde geschlagen würden. Das wäre immer noch besser, als jetzt den Feind um Waffenstillstand zu bitten.

Herr v. Haeften versprach mir, meine Auffassung noch in der Nacht zur Kenntnis des Generals Ludendorff zu bringen.

Um 11 Uhr abends hörte ich, daß Haußmann angerufen hätte: man spräche von einem Wettlauf mit Bulgarien[6] – das wäre ja der vollendete Wahnsinn.

Als ich allein war, fühlte ich mich wie erlöst von dem Druck, den die Botschaften der Obersten Heeresleitung auf uns ausübten. Es stand für mich fest: die stürmische Energie, mit der General Ludendorff den Beschluß vom 29. September durchsetzen wollte, dürfe nicht darüber hinwegtäuschen, daß dieser Beschluß selbst nur aus einer vorübergehenden

---

[5] Vgl. Amtliche Urkunden Nr. 14.
[6] Bulgarien hatte am 26. September um Waffenstillstand gebeten, die Unterzeichnung erfolgte am 29. September nachts.

Verfinsterung geboren sein konnte. Glaubte denn der General Ludendorff, daß er Befehlsgewalt über Foch und Wilson hätte, wie er sie in diesem Augenblick über die Berliner Regierung beanspruchte?

Das Friedensangebot vom Dezember 1916, die Juliresolution, die Kühlmann-Rede – alle öffentlichen Friedensfühler waren der Obersten Heeresleitung bisher ein Greuel gewesen, weil sie „die Moral des Feindes stärkten, die unserige schwächten".

Wenn das richtig war, dann mußte ja der geplante Hilfeschrei dazu führen, daß unser Millionenheer die Waffen wegwarf und die Meute der Feinde jubelnd zur Todeshatz antrat.[7] –

Gewiß, ich hatte mir Illusionen gemacht, ehe ich nach Berlin kam. Das Elsaß – das ich noch glaubte retten zu können – war nach menschlichem Ermessen verloren, vielleicht noch mehr. Aber die letzten Heeresberichte bestätigten, daß auch jetzt die feindliche Infanterie nicht ihre Höchstleistung vollbrachte, um die gewonnenen Vorteile auszunutzen. Ich traute mir und meinem Programm zu, den Angriffswillen der Feinde noch weiter zu lahmen; man konnte ja schließlich die 14 Punkte öffentlich annehmen, wenn man nur gleichzeitig zum letzten Aufgebot rief.

Je mehr sich meine Gedanken klärten, um so fester wurde ich in dem Glauben: es kann noch nicht zu spät sein, die Umkehr herbeizuführen. Wenn ich nur drei oder vier Tage gegenhielte und in dieser Zeit keine Katastrophe einträte, dann würde sich auch General Ludendorff auf seine Grundsätze zurückbesinnen und es verschmähen, einen erbarmungslosen Feind um Gnade zu bitten. Ich setzte meine Hoffnung auf den Kaiser und den Feldmarschall, die beide morgen erwartet wurden.

Meinen Kampf gegen das Angebot gedachte ich auf drei Linien zu führen:

Unsere Lage ist nicht derart, um diesen Schritt der Verzweiflung zu rechtfertigen.

Das geplante Angebot verschlechtert unsere Lage.

---

[7] Man stelle sich einmal vor, wie die Oberste Heeresleitung Herrn v. Bethmann entgegengetreten wäre, wenn er einen solchen Antrag gestellt hätte.

Es gibt einen anderen, besseren Weg.

Am 2. Oktober um 7 Uhr früh rief Hahn auf meinen Wunsch seinen Chef Haeften an, um noch einmal alle Gründe gegen den Plan zusammenzutragen.

Er sprach von den Schwächen in der feindlichen Position, der industriellen Unruhe in England, der unbedingten Entschlossenheit der Engländer, in diesem Jahre Schluß zu machen, und der Friedenssehnsucht, die drüben unvermeidlich losbrechen würde, wenn wir nur bis zum Ende der Kampagne durchhielten. Er erinnerte Oberst v. Haeften daran, wie schon einmal der Pessimismus einen verhängnisvollen Entschluß gezeitigt hätte, im Januar 1917, als die Oberste Heeresleitung in Erwartung der Generaloffensive der Entente – die dann nicht kam – den verschärften U-Bootkrieg durchsetzte. Er sagte ihm, daß die Hoffnung auf Wilson trügerisch wäre, und schloß mit den Worten: „Was geplant wird, bedeutet ein Jena, das ist die weiße Fahne."

Haeften antwortete: „Sie kennen die militärische Lage nicht," und fügte hinzu: Wilsons Eitelkeit werde ihn dazu veranlassen, die Friedensvermittlung zu übernehmen.
Ich beschloß, Herrn Max Warburg zu Hilfe zu rufen, um gegen die Illusion anzukämpfen, Amerika würde Entgegenkommen zeigen, wenn wir uns demütigten. Warburg war als einer der besten Kenner Amerikas von unseren militärischen und politischen Behörden mehrfach zu Rate gezogen worden.
Um 8 Uhr morgens war Haeften bei mir. Er berichtete über seine Verhandlungen mit Ludendorff: Um Mitternacht hatte er den General ans Telephon gerufen[8] und anderthalb Stunden mit ihm gerechtet, vor allem für Aufschub plädiert und auf technische Schwierigkeiten der Regierungsbildung hingewiesen. General Ludendorff schnitt immer wieder die Gegengründe mit den Worten ab: Ich will meine Armee retten. Der Feld-

---

[8] Vgl. Ludendorff, Erinnerungen, S. 588 f.

herr dachte nur an seine todmüden, dahinschwindenden Truppen, und der Glaube beherrschte ihn, der Feind würde die erbetene Ruhepause gewähren; dann hoffte er wieder kämpfen zu können und das Schlimmste abzuwenden.

Während des Gesprächs erhielt Ludendorff die Nachricht, daß die Verbindung zwischen dem Kaiser und dem Großherzog hatte hergestellt werden können[9] und daß der Großherzog die erbetene Zustimmung erteilt hätte. General Ludendorff forderte nun Haeften auf, mich noch in der Nacht zu wecken und zur Unterschrift zu bewegen. – Haeften hatte den nächtlichen Auftrag nicht ausgeführt. Er legte mir jetzt den Telegrammwechsel zwischen dem Kaiser und dem Großherzog von Baden vor:

„An den Großherzog von Baden K. H.
Karlsruhe, 1. Oktober 1918.

In der schwersten Schicksalsstunde des Vaterlandes, in der wir durch das Hinschwinden unserer militärischen Reserven und unseres Ersatzes gezwungen sein werden, einen Frieden zu schließen, der nicht den Siegen, die wir erfochten haben, entspricht, bitte ich Dich, dem Prinzen Max die Genehmigung zu geben, den Posten des Reichskanzlers zu übernehmen. Ich weiß, daß ich ein schweres Opfer von Dir verlange, bitte Dich aber, es im Interesse des ganzen Vaterlandes zu bringen, ebenso wie Max bereit ist. Ich muß Dich um sofortige Entscheidung bitten, da ein Friedensangebot unsererseits durch die Lage geboten ist und Unterschrift des neuen Kanzlers tragen muß.

Ich bin auf dem Wege nach dem Neuen Palais."

Der Großherzog antwortete:

„Herzlichen Dank für Dein mich tief bewegendes Telegramm. Ich kann nicht verstehen, daß es gerade Max sein muß, der solch Angebot mit seinem Namen decken soll; wenn dies aber unabwendbar ist, so ist es mir vaterländische Pflicht, nicht entgegen zu sein. Max selbst hat meine Zustimmung noch nicht erbeten.

Treueste Wünsche begleiten Dich bei diesen entscheidungsschweren Entschlüssen."

---

[9] Dank den Bemühungen des Generalstabs, „um die Ernennung des Prinzen Max zu beschleunigen" (Ludendorff, a. a. O., S. 588). Vgl. auch Payer, a. a. O., S.

Haeften drang in mich, ich dürfe mich als Offizier nicht versagen und müsse das Opfer bringen, das die Armee von mir verlange.

Ich unterbrach das Gespräch, um den Abgeordneten Ebert zu empfangen, den ich zu mir gebeten hatte. Ich erwähnte nichts von dem Beschluß des Hauptquartiers und stellte zu meiner Genugtuung fest, daß von seiner Seite keinerlei Verzweiflungsschritte erwogen wurden. Wohl stand er unter dem Eindruck unserer großen Gefahr, aber sein ganzes Auftreten hatte keinen Anflug von Nervosität. Ich setzte ihm auseinander, daß ich ein Gegner von Friedensangeboten sei, aber für Präzise und öffentliche Feststellung der Kriegsziele einträte. Er erhob keinen Einwand.

Ich sagte Herrn Ebert, daß ich keine Regierung bilden würde, der die Sozialdemokraten fernblieben. Er war erleichtert, als ich den Gedanken eines Koalitionsministeriums verwarf und die Begründung gab, eine Regierung, die sich auf die Majorität stützte, brauche die Opposition der Rechten. Ebert sprach von dem Opfer, das seine Partei bringen würde, wenn sie in diesem Augenblick an der Verantwortung teilnähme. Aber ich hatte sofort keinen Zweifel, daß er dieses Opfer verlangen und durchsetzen würde.

Ebert hat mich nicht enttäuscht. In einer der Sitzungen seiner Fraktion, die an diesem Tage stattfanden, erklärte er: Pflicht der Partei ist es, dem deutschen Volk in diesen unendlich schicksalsschweren Tagen seine Kraft in jeder Beziehung zur Verfügung zu stellen; er drang mit dieser Auffassung auch durch gegen Scheidemann, der davor warnte, in ein „bankrottes Unternehmen" einzutreten.[10]

Vormittags bald nach 9 Uhr versammelte Herr v. Payer die Führer der Parteien, um sie durch Major v. d. Bussche, den Vertreter der Obersten Heeresleitung, über die militärische Lage orientieren zu lassen.[11] Ich wußte nichts von dieser Veranstaltung. Es waren alle Fraktionen vertreten. Herr v. Payer hielt es für richtig, auf diese Weise den Stoß abzufan-

---

100f.
[10] Vgl. Scheidemann, Der Zusammenbruch, Berlin 1921, S. 174ff.
[11] Vgl. Payer, a. a. O., S. 101 ff., Ludendorff, Kriegserinnerungen, S. 585ff.

gen, der sonst mit überwältigender Wucht des deutschen Volkes Haltung zerbrechen würde.

Es fehlte nicht an ermahnenden Worten in dem Vortrag[12] des Majors v. d. Bussche:

Heer und Heimat dürften keine Schwäche erkennen lassen, der Gegner müsse eine geschlossene Front der Heimat und den unbeugsamen Willen, den Krieg fortzusetzen, erkennen, wenn er keinen Frieden oder nur einen demütigenden Frieden geben wolle.

Aber was bedeuteten diese Wendungen gegenüber seiner Erklärung:

Die Oberste Heeresleitung habe sich veranlaßt gesehen, Seiner Majestät vorzuschlagen, zu versuchen, den Kampf abzubrechen, und es mußte der Entschluß gefaßt werden, die Fortsetzung des Krieges als aussichtslos aufzugeben. Jede 24 Stunden können die Lage verschlechtern und den Feind unsere eigentliche Schwäche erkennen lassen.
Zeugen haben mir später den Eindruck geschildert: Die Abgeordneten waren ganz gebrochen; Ebert wurde totenblaß und konnte kein Wort herausbringen; der Abgeordnete Stresemann sah aus, als ob ihm etwas zustoßen würde; einzig und allein Graf Westarp begehrte auf gegen die vorbehaltlose Annahme der 14 Punkte. Der Minister v. Waldow soll den Saal mit den Worten verlassen haben: Jetzt bliebe ja nur übrig, sich eine Kugel durch den Kopf zu schießen.

Der Pole Seyda und der Unabhängige Haase waren Zeugen des Vortrages. Haeften hatte nicht zugegen sein dürfen, sondern wartete draußen im Vorzimmer. Seyda kam zuerst heraus, strahlend. Haase stürzte dem Abgeordneten Ledebour mit den Worten entgegen: „Jetzt haben wir sie!"[13]

---

[12] Gedruckt: Ludendorff, Urkunden, S. 535ff.
[13] Vgl. Bericht Haeftens, a. a. O., S. 376.

So führte der Abgesandte der Obersten Heeresleitung, ohne daß er es wollte, den entscheidenden Schlag gegen mich und mein Vorhaben.[14] Die innere Front stand bis zu diesem Augenblick noch aufrecht. Eine übermächtige Suggestion hatte sie gehalten, die von den beiden Feldherren ausgegangen war: Nur durchhalten, nicht verzagen! – Jetzt sprang der Funke der Panik auf die Heimat über. Ich sollte das schon bei meinen Verhandlungen mit den Parteiführern spüren.

Im Verlauf des Morgens ging ich in das Reichsamt des Innern zum Vizekanzler. Von dort aus wurde ich mit dem Großherzog telephonisch verbunden. Ich mußte sorgenvolle Worte hören; der Großherzog haßte den Gedanken, daß ein badischer Prinz mit der Liquidierung des verlorenen Krieges beauftragt würde. Er warnte vor den bösen Folgen für mich und unser Haus. Ich konnte nur erwidern, daß nach meiner Überzeugung das Opfer gebracht werden müsse.

Später empfing ich die Abgeordneten Fischbeck und Stresemann. Stresemann war betroffen durch meine Erklärung, daß ich ihn und seine Gesinnungsgenossen in der Opposition brauche, aber nicht in der Regierung.

Ich hielt den Augenblick für gekommen, um Herrn v. Payer zu unterbreiten, wen und wen nicht ich mir als Mitarbeiter wünschte. Aber ich mußte feststellen, daß ich auch hier vor vollendete Tatsachen gestellt werden sollte.[15] Der Freikonservative Kardorff als Chef der Reichskanzlei sei in der gegenwärtigen Situation nicht mehr tragbar. Payer hielt Erzberger für unvermeidlich; Haußmann sei von der eigenen Partei nicht nominiert worden, überdies würden Sozialdemokraten und Zentrum geltend machen, daß die Fortschrittliche Volkspartei ihrer numerischen Stärke entsprechend keine weiteren Vertreter in der Regierung beanspruchen könnte. Der Vizekanzler versprach mir, noch einen Versuch zu machen, Ebert statt Scheidemann als Mitarbeiter zu gewinnen, aber er

---

[14] Ludendorff bezeichnete es bald darauf selbst als einen schweren Fehler, daß er damals nicht in Berlin war. Vgl. Haeftens Bericht, a. a. O., S. 377, ferner Ludendorff. Das Friedens- und Waffenstillstandsangebot, Berlin 1919, S. 44.
[15] Vgl. Payer, a. a. O., S. 104ff.

hatte wenig Hoffnung, daß es gelingen werde; die Parteien hätten schon bestimmt, wen sie entsenden wollten.

So rächte es sich, daß der Auftrag des Kaisers zur Regierungsbildung in die Hände eines zurücktretenden und nicht eines neu berufenen Kanzlers gelegt worden war.

In mein Quartier zurückgekehrt, traf ich Max Warburg. Er hatte schon von der furchtbaren Zumutung gehört, die an mich gestellt wurde, und war überzeugt, daß wir verloren wären, wenn wir diesen Weg gingen. Ich dürfe nicht annehmen. Der neue Kanzler wäre von vornherein lahmgelegt. „Wenn die Militärs die Lage so ansehen, dann lassen Sie sie selbst mit der weißen Fahne herübergehen." Ich sollte mich nicht mißbrauchen lassen, es käme der Tag, wo man mir die Verantwortung zuschieben würde.

Ich entgegnete ihm, der Schritt von Armee zu Armee wäre die Kapitulation im Felde. So weit wären wir noch nicht.

Das von mir herbeigeführte Gespräch zwischen Warburg und Haeften fand in meiner Gegenwart statt. Warburg schilderte die Amerikaner, wie er sie von seiner Geschäftserfahrung her kannte: die besten Vertreter in ihrer Vornehmheit und ihrem Verantwortungsgefühl, und dann die europafremden eigensinnigen Formalisten. Wenn wir uns jetzt demütigten, dann würde nicht der gute Typ die Lage beherrschen, sondern der andere. „Wilson kann sich dann gegen das Parteiwesen nicht durchsetzen, passen Sie auf, er fordert die deutsche Republik!"

Zum Schlüsse sagte er: „Es kommt mir seltsam vor, daß ich als Zivilist den Militärs heute zurufen muß: Kämpfen Sie weiter. Ich weiß, daß mein einziger Sohn, der jetzt ausgebildet wird, in vier Wochen im Schützengraben ist; aber ich beschwöre Sie, machen Sie jetzt nicht Schluß."

Haeften aber zog sich auf die Parole zurück, die in diesen Tagen wie eine Zwangsvorstellung das militärische Denken zu beherrschen schien: die Armee braucht Ruhe.

Am frühen Nachmittag sprach ich den Grafen Westarp. Die Konservativen hatten sich am Morgen des Tages bereit erklärt, auf den Boden des kaiserlichen Erlasses vom 30. September zu treten und sich auch unter Opfern der Überzeugung an einer Regierung zu beteiligen, die es sich zur Aufgabe mache, alle Kräfte des Volkes in geschlossener Einheitsfront für die ehrenvolle Beendigung des Krieges einzusetzen. Ich war mehr denn je davon überzeugt, daß die Rechte in diesem Augenblick draußen bleiben müßte. Waren Arbeitervertreter nicht in der Regierung, so konnte ein Aufruf zur nationalen Verteidigung auf keine Resonanz bei den Massen rechnen; und die Sozialdemokraten waren unter keinen Umständen bereit, mit den Konservativen zusammenzuarbeiten. Die Wirkung nach außen fiel noch schwerer ins Gewicht. Der Eindruck der Schwäche und Unaufrichtigkeit würde verstärkt werden, wenn die Anhänger des Annexionsfriedens sich plötzlich die Grundsätze des Präsidenten Wilson zu eigen machten.

Graf Westarp erwiderte: Selbstverständlich würde seine Partei nach wie vor ihre Pflicht dem Vaterlande gegenüber erfüllen. Der Umstand, daß jeder das von den Konservativen und den hinter ihnen stehenden Kreisen wisse, erleichtere es ja immer wieber, über sie zur Tagesordnung überzugehen. Diese Schwäche der eigenen taktischen Position sei den Konservativen wohlbekannt, könne sie aber nicht hindern, weiterhin alles für die Verteidigung des Vaterlandes einzusetzen.[16]

Das Ressentiment, das in diesen Worten lag, war nicht folgerichtig, denn Graf Westarp hatte selbst am 29. September in der „Kreuzzeitung" gewarnt vor den „verhängnisvollen Wirkungen nach innen und nach außen", die eintreten würden, wenn die Konservativen jetzt „auf Sicherungen in Belgien oder auf Kriegsentschädigungen verzichteten". –

Der Generalfeldmarschall war angekommen. Gegen 3 Uhr war die erste Besprechung bei Herrn v. Payer.[17] Herr v. Hintze, Graf Roedern, Herr v. Berg und andere waren zugegen.

Sowie der Feldmarschall in seiner sicheren Gelassenheit das Zimmer betrat, befestigte sich meine Hoffnung, er würde schließlich auf meiner Seite stehen. Sein Ton war ruhig im Gegensatz zu den Botschaften des Generals Ludendorff. Sachlich stand er auf demselben Boden. Ich machte wiederholt den Versuch, aus der einen oder anderen optimistisch ge-

---

[16] Graf Westarp, Die Regierung des Prinzen Max von Baden und die Konservative Partei, Beiträge zu konservativer Politik und Weltanschauung, Heft 1, S. 11.
[17] Vgl. Payer, a. a. O., S. 106f.

färbten Wendung Hindenburgs die politische Schlußfolgerung zu ziehen: also laßt der neuen Regierung Zeit, sich der Welt und Deutschland vorzustellen; laßt uns innere Politik machen und Kriegsziele verkünden, gebt nur zehn, acht, ja vier Tage Spielraum, ehe ich mich an den Feind wenden muß.

Ich erhielt aber immer nur die Antwort: Der Ernst der militärischen Lage läßt keinen Aufschub zu.

Während einer Diskussion der Staatssekretäre und des Vizekanzlers fand ich Gelegenheit, Hindenburg einen Augenblick beiseite zu sprechen. Ich bat ihn eindringlich, mir mitzuteilen, ob denn wirklich die militärische Lage eine solche Überstürzung nötig mache.

Darauf erhielt ich die Antwort: „Diesen Angriff haben wir noch ausgehalten; ich erwarte innerhalb von acht Tagen einen neuen Großangriff, kann aber keine Verantwortung dafür übernehmen, daß dann nicht eine Katastrophe eintritt." Nach dem Wort „Katastrophe" verbesserte er sich; die Worte, die er dann brauchte, waren dem Sinne nach: „oder zum mindestens die allerschwersten Folgen."

Die Sitzung wurde unterbrochen, weil der Kaiser einen kurzen Kronrat abhalten wollte. Auf dem Wege zum Reichskanzlerpalais erklärte ich Oberst v. Haeften, daß ich das Waffenstillstandsangebot nicht herausbringen würde. Auch Haeften war aufgefallen, daß der Feldmarschall die Lage ruhiger ansah als der General Ludendorff. Ich bat ihn, sofort mit Spa zu telephonieren.

Als Haeften sich auf der Treppe des Reichskanzlerpalais von mir getrennt hatte, traf er den Grafen Hertling. Sie wechselten einige Worte:

„Was denken Sie von der Lage?"

Haeften erwiderte: „Ich halte sie für katastrophal."

„Das Friedensangebot an Wilson finde ich eine glänzende Idee von Herrn v. Hintze."

„Aber Exzellenz, was geschieht nun, wenn Wilson die Abdankung des Kaisers fordert?"

„Das hat mich der Kaiser am vorigen Sonntag auch gefragt, und ich erwiderte ihm: ‚Majestät, ich glaube nicht, daß er das tut, aber wenn die Forderung kommt, dann werden wir den Kampf eben wieder aufnehmen.'"

Darauf stellte Haeften die Frage, ob dann noch ein Soldat den Finger krumm machen würde.

Hertling wehrte ab: „Ich glaube, Sie sehen die Dinge viel zu schwarz."[18]

Gegen 6 Uhr begann der Kronrat. Der Kaiser war anscheinend guter Stimmung, als er den Sitzungssaal betrat. Mit der Frage: „Was für eine Nervosität muß ich hier in Berlin finden?" begrüßte er die Anwesenden.

Als mir das Wort erteilt wurde, wußte ich, daß die Entscheidung für das Angebot fallen mußte, wenn es mir nicht sofort gelang, den Kaiser auf meine Seite zu ziehen. Ich begann daher mit der Erklärung: „Ich bin ein Gegner des Angebots." Seine Majestät unterbrach mich: „Die Oberste Heeresleitung hält es für nötig, und du bist nicht hierher gekommen, um der Obersten Heeresleitung Schwierigkeiten zu machen." Die ganze Besprechung trug nur formalen Charakter.

Haeften hatte inzwischen den General Ludendorff telephonisch erreicht und ihn dringend gebeten, er möchte mir wenigstens Zeit lassen bis nach der ersten Reichstagssitzung. Die Überstürzung würde in der Heimat die Katastrophe herbeiführen. Der Feldmarschall schiene gar nicht so schwarz zu sehen.

Ludendorff erwiderte: „Der Feldmarschall mag recht haben, heute liegt keine unmittelbare Gefahr vor; aber wer würde dafür stehen können, daß keine neuen Großangriffe kommen. Da sind vier Tage von großer Bedeutung."

Am Abend sollte die Note bei Herrn v. Payer besprochen werden. Herr v. Hintze, Graf Roedern, Vertreter des Auswärtigen Amts waren zugegen, ebenso Staatssekretär Solf, um dessen Zuziehung ich gebeten hatte, weil ich wußte, daß auch er das Angebot für unser Unglück hielt.

---

[18] Oberst v. Haeften war in den Tagen vom 1. bis 5. Oktober fast ununterbrochen in meiner Umgebung. Nach meiner Ernennung wurde er der Vertreter der Obersten Heeresleitung beim Reichskanzler neben Oberst v. Winterfeldt. Ich berichte zuweilen über Vorgänge, die sich in meiner Abwesenheit abspielten, deren Zeuge aber Haeften war. Dabei stütze ich mich auf mündliche Mitteilungen, die mir Haeften in der Zeit vom 1. Oktober bis 9. November gemacht hat.

Herr v. Hintze las den von ihm redigierten Entwurf vor. Zunächst opponierte Solf dagegen, daß man sich an Wilson allein wandte. Der Präsident hätte immer Sonderaktionen abgelehnt und könne unser Angebot durch eine Erklärung parieren, Deutschland suche Amerika von den Alliierten abzusprengen. Solf fand Zustimmung, Hintze sagte eine Änderung des Textes zu.

Nun machte ich noch einmal den Gegenvorschlag: Eine große Programmrede im Reichstag, zwei Tage nach meiner Ernennung; ich stelle mein neues Ministerium vor, fasse Wilsons letzte Rede als eine Annäherung auf und beantworte sie mit einem deutschen Friedensangebot, das konkrete Bedingungen enthält und sich an alle Mächte richtet.

Ich begegnete allgemeinem Widerspruch. Graf Roedern und Herr v. Hintze standen noch ganz unter dem Eindruck ihrer Erlebnisse in Spa und fühlten sich persönlich dafür verantwortlich, daß die Beschlüsse vom 29. September durchgeführt wurden. Sie drangen auf mich ein: Wie ich die Verantwortung dafür übernehmen könne, entgegen dem Gutachten der Obersten Heeresleitung die notwendigen politischen Konsequenzen unserer militärischen Lage aufzuhalten.

Auch Herr v. Payer[19] hatte jeden Widerstand gegen das Angebot aufgegeben und drang nur darauf, daß die neue Regierung unterzeichnen müsse.

Das Preußische Staatsministerium hatte bereits seine Zustimmung erteilt.

So stand an diesem Tage mit Ausnahme Solfs die gesamte alte Regierung gegen mich. Ich beschloß, am nächsten Morgen den Generalfeldmarschall noch einmal unter vier Augen zu sprechen.

Der Nachtbericht (vom 2. zum 3. Oktober) war nicht ungünstig; Haeften stellte in Aussicht, daß infolge ihrer starken Verluste an Menschen und Material, besonders an Tanks, die Gegner erst nach zehn Tagen in der Lage sein würden, einen neuen großen Durchbruchsversuch zu unternehmen.

---

[19] Vgl. Payer, a. a. O., S. 107.

Die Begegnung mit dem Feldmarschall fand um 9 Uhr morgens im Generalstabsgebäude statt. Ich hatte meine Bedenken in einer „Verbalnote" zusammengefaßt, die ich ihm vorlas. Darin machte ich geltend:

Ein sofortiges Waffenstillstandsangebot ist unwirksam und schädlich; es wird in der ganzen Welt als das Eingeständnis der deutschen Niederlage wirken;
   es wird den Chauvinismus in Feindesland so stärken, daß Wilson dagegen machtlos sein wird;
   die ganze friedenfördernde Wirkung der neuen Regierungsbildung wird unter der Sensation des Waffenstillstandsangebotes verloren gehen.

Ich schlug dann folgenden Weg vor:
- Keine Absendung einer diplomatischen Note, aber in meiner Antrittsrede:
- Verkündigung eines detaillierten Kriegszielprogramms in „enger, aber nicht
   würdeloser Anlehnung" an die Wilsonschen Punkte;
- Aufforderung an alle kriegführenden Regierungen, auf dieser Basis zu verhandeln.

Eine Rede könne die psychologische Wirkung eines solchen Angebots anders abstimmen als eine diplomatische Note.

Die verlesene Erklärung schloß mit den Worten:

„Nur unter einer Voraussetzung bin ich bereit, mich für ein sofortiges Absenden einer Note, aber allerdings nicht nur an Wilson, sondern an sämtliche Feinde zu erklären. Nämlich für den Fall, daß die Oberste Heeresleitung schriftlich erklärt – so daß ich imstande bin, diese Mitteilung heute im Kabinett, später öffentlich weiterzugeben –, daß die militärische Lage an der Westfront eine Verzögerung der Absendung der Note bis zu meiner Rede oder richtiger bis zum Eintreffen der Übermittlung der Rede am Sonnabend (5. Oktober) an die Feinde nicht mehr erträgt. Hierbei ist aber seitens der Obersten Heeresleitung nur über die militärische Lage ein Urteil abzugeben – die Frage, welcher Schritt wirksamer ist, die öffentliche Rede oder Note von Regierung zu Regierung, ist nicht Sache des militärischen Gutachtens."

Die Antwort erhielt ich in dem folgenden Brief des Generalfeldmarschalls vom 3. Oktober, nach dessen Anlaß und Zweck ich oft gefragt worden bin:

Berlin, den 3. Oktober 1918.
„Die Oberste Heeresleitung bleibt auf ihrer am Sonntag, dem 29. September d. J., gestellten Forderung der sofortigen Herausgabe des Friedensangebotes an unsere Feinde bestehen.
„Infolge des Zusammenbruchs der mazedonischen Front, der dadurch notwendig gewordenen Schwächung unserer Westreserven und infolge der Unmöglichkeit, die in den Schlachten der letzten Tage eingetretenen sehr erheblichen Verluste zu ergänzen, besteht nach menschlichem Ermessen keine Aussicht mehr, dem Feinde den Frieden aufzuzwingen.
„Der Gegner seinerseits führt ständig neue, frische Reserven in die Schlacht.
„Noch steht das deutsche Heer festgefügt und wehrt siegreich alle Angriffe ab.Die Lage verschärft sich aber täglich und kann die Oberste Heeresleitung zu schwerwiegenden Entschlüssen zwingend
„Unter diesen Umständen ist es geboten, den Kampf abzubrechen, um dem deutschen Volke und seinen Verbündeten nutzlose Opfer zu ersparen. Jeder versäumte Tag kostet Tausenden von tapferen Soldaten das Leben.
v. Hindenburg, Generalfeldmarschall."

Der Kernsatz war: Der Kampf muß abgebrochen werden. Das war überhaupt die entscheidende Folgerung, die aus den Verhandlungen heraussprang: die Oberste Heeresleitung hält uns für verloren, wenn der Waffenstillstand nicht kommt.

Am Vormittag des 3. Oktober begab ich mich in den Reichstag; dort wurde mir das Präsidium vorgestellt. Ich zog Herrn Scheidemann ins Gespräch und sondierte, ob ich noch Hilfe aus dem Parlament erwarten könnte, um wenigstens einen Aufschub des Angebots zu erreichen. Aber die Herren hatten sich bereits der Autorität der Obersten Heeresleitung gefügt.

Scheidemann erblickte in dem Waffenstillstandsangebot das Ende des Krieges.

„Nur kein Blutvergießen mehr!"
Ich unternahm einen neuen Versuch. Am Nachmittag des 3. Oktober sollte noch eine Sitzung mit dem Feldmarschall stattfinden. Ich übersandte ihm um 2 Uhr nachmittags den folgenden Fragebogen:

„Berlin, den 3. Oktober 1918.
Dringend.
Bevor ich mich über die Einleitung der von der Obersten Heeresleitung gewünschten Friedensaktion schlüssig mache, beehre ich mich, Euer Exzellenz um Stellungnahme zu folgenden Fragen zu bitten:
Wie lange kann die Armee den Feind noch jenseits der deutschen Grenzen halten?
Muß die Oberste Heeresleitung einen militärischen Zusammenbruch erwarten und bejahendenfalls in welcher Zeit? Würde der Zusammenbruch das Ende unserer militärischen Widerstandskraft bedeuten?
Ist die militärische Lage so kritisch, daß sofort eine Aktion mit dem Ziel Waffenstillstand und Friede eingeleitet werden muß?
Für den Fall, daß die Frage zu 3. bejaht wird, ist die Oberste Heeresleitung sich bewußt, daß die Einleitung einer Friedensaktion unter dem Druck der militärischen Zwangslage zum Verlust deutscher Kolonien und deutschen Gebiets, namentlich Elsaß-Lothringens und rein polnischer Kreise der östlichen Provinzen führen kann?
5. Ist die Oberste Heeresleitung mit Absendung des anliegenden Notenentwurfes einverstanden?
Euer Exzellenz wäre ich für sofortige Antwort dankbar."

Meine Hoffnung auf klärende Auskunft erfüllte sich nicht. Die Antworten wurden in der Sitzung verlesen[20] und waren allgemein gehalten. Sehr ernst klingende Worte standen neben zuversichtlichen Wendungen:

Ob die Front noch halten könne, ob ein Durchbruch zu befürchten sei, hänge von vielen Faktoren, besonders von den Kräften ab, die der Gegner einsetzen werde, und von der Dauer unserer Widerstandskraft. Zähes Anklammern an den Boden, ausweichendes Zusammenziehen der Front könnten einen allgemeinen Zusammenbruch verhüten und ließen hoffen, daß bis zum Frühjahr das deutsche Gebiet geschützt werden könne.

„Die Oberste Heeresleitung zieht, falls es nicht anders geht, die Aufgabe geringer, französisch sprechender Teile Elsaß-Lothringens in Betracht, Abtretung deutschen Gebiets im Osten kommt für sie nicht in Frage."

---

[20] Ludendorff bringt (Urkunden S.540f.) die erteilten Antworten, ferner die Berichte Haeftens und Busches über den 3. Oktober. Vgl. auch Payer, a. a. O., S. 109 f.

Der Grundton blieb immer der gleiche: „Die Lage verschärft sich aber täglich und kann die Oberste Heeresleitung zu schwerwiegenden Entschlüssen zwingen."

Die Forderung nach Herausgabe des Angebots wurde aufrechterhalten, aber die Worte, mit denen der Feldmarschall die vorbereiteten Antworten erläuterte, enthielten nichts, was die Überstürzung rechtfertigte. Im Gegenteil, sie verstärkten den Eindruck, daß für den Augenblick die Gefahr vorüber sei.

Daher forderte ich noch einmal Verschiebung des Angebots, bis die Regierung sich vorgestellt und ihre Ziele verkündet hätte. Dann sollte die Wirkung der neuen Männer und ihres Programms abgewartet werden. Bei guter Resonanz in Feindesland könne das Angebot dann erfolgen – es würde weniger als ein Eingeständnis militärischer Schwäche erscheinen. Hierdurch würde nur eine Verzögerung von wenigen Tagen notwendig werden.

Der Feldmarschall schien einen Augenblick geneigt, auf meinen Vorschlag einzugehen. Aber als Herr v. Hintze auf rasches Handeln drängte, stellte er sich auf seine Seite.

Nach der Sitzung beauftragte ich Haeften, den General Ludendorff in meinem Namen anzurufen und ihm einen letzten Vorschlag zu machen: das Friedensangebot möge sofort hinausgehen, aber nicht mit der Bitte um Waffenstillstand verknüpft werden.

Haeften machte den General darauf aufmerksam, daß der Feldmarschall wiederum die militärische Lage nicht so ernst dargestellt habe wie der Major v. d. Bussche. General Ludendorff entgegnete wie am Tage vorher: „Der Feldmarschall habe mit seiner Beurteilung der Lage gewiß recht, trotzdem müsse er auf dem Waffenstillstandsangebot und dessen baldigster Absendung bestehen. Wenn auch die Lage im jetzigen Augenblick nicht bedrohlich sei, so sei doch bestimmt in kurzer Zeit mit einer Wiederholung der Großangriffe der Entente auf der ganzen Front zu rechnen. Dann aber – in zwei oder drei Wochen – könne es von entscheidender Bedeutung werden, ob das deutsche Heer 24 Stunden früher oder später die so dringend nötige Waffenruhe erhielte.[21]

Gegen Abend wurde dann der endgültige Wortlaut der Note festgestellt. Ich unterschrieb und wurde noch an diesem Tage zum Kanzler ernannt.

Die Frage ist oft an mich gerichtet worden, warum ich meinen Namen hergab. Ich antworte darauf:

Der Kampf gegen das Angebot war verloren. Auch wenn ich ablehnte, ging es hinaus.

Dann trug es die Unterschrift von Hindenburg oder Payer. Baten die Soldaten um Waffenstillstand, so war das die Kapitulation. Auch Payers Name konnte unsere Notlage nicht verhüllen, denn der Vizekanzler hatte sich noch jüngst[22] gegen Wilsons Programm ausgesprochen.

Der Schein der Freiwilligkeit mußte vor dem eigenen Volke gewahrt werden, selbst wenn die „Verschleierung" nur 24 Stunden dauerte. Ein neuer Kanzler mußte vor Deutschland und der Welt den unseligen Schritt mit seiner Verantwortung decken, ja sich sogar den Anschein geben, als stände seine politische Initiative dahinter und nicht die der Obersten Heeresleitung.

Wenn das Angebot nicht mehr aufzuhalten war, dann mußte alles geschehen, um wenigstens eine Ablehnung zu verhindern. Es galt, die Anhänger des Friedens in den alliierten Ländern auf den Plan zu rufen.

Ich wurde von allen Seiten bedrängt, meinen Namen herzugeben, weil meine Reden und meine Tätigkeit in der Gefangenenfürsorge am ehesten eine Resonanz verbürgten. Mir schien es feig, auszubrechen, nachdem ich gerufen worden war und nun eine Lage vorfand, die viel schlimmer, war, als ich erwartet hatte. Ich mußte zugeben, daß in meinem Munde das Bekenntnis zum Rechtsfrieden nicht nur als Notschrei wirken würde.

---

[21] Vgl. Bericht Haeftens, a. a. O., S. 378.
[22] In einer Rede am 12. September 1918 in Stuttgart.

Kurz ehe ich das Kanzleramt annahm, hatte ich eine Unterredung mit einem Landsmann, der mich aus dynastischen Gründen beschwor, abzulehnen: „Wenn dann Zusammenbruch und Umsturz kommen, was wird dann aus Ihnen?" Ich antwortete ihm: „Dann gehe ich eben mit zugrunde; ich kann heute, wo Deutschland und der Kaiser in höchster Gefahr sind und ein schwacher Hoffnungsschimmer besteht, daß ich etwas zu ihrer Rettung beitragen kann, unmöglich an mich und meine Zukunft denken."

Unser Angebot ging in der Nacht vom 3. auf 4. Oktober hinaus:

„Berlin, den 3. Oktober 1918.[23]

Die deutsche Regierung ersucht den Präsidenten der Vereinigten Staaten von Amerika, die Herstellung des Friedens in die Hand zu nehmen, alle kriegführenden Staaten von diesem Ersuchen in Kenntnis zu setzen und sie zur Entsendung von Bevollmächtigten zwecks Anbahnung von Verhandlungen einzuladen. Sie nimmt das von dem Präsidenten der Vereinigten Staaten von Amerika in der Kongreßbotschaft vom 8. Januar 1918 und in seinen späteren Kundgebungen, namentlich der Rede vom 27. September,[24] aufgestellte Programm als Grundlage für die Friedensverhandlungen an.

Um weiteres Blutvergießen zu vermeiden, ersucht die deutsche Regierung, den sofortigen Abschluß eines Waffenstillstandes zu Lande, zu Wasser und in der Luft herbeizuführen.

gez. Max, Prinz von Baden, Reichskanzler."

---

[23] Amtliche Urkunden Nr. 34.
[24] Ansprache für die vierte Freiheitsanleihe 1918.

Zweites Kapitel

Die Unterwerfung unter die 14 Punkte; die Rede vom 5. Oktober. Das Reichskabinett

Als ich am Morgen des 4. erwachte, war mir zumute wie einem Menschen, der zum Tode verurteilt ist und es im Schlaf vergessen hatte.

Es lag in unserer Note eine doppelte Schmach: einmal die Bitte um Waffenstillstand – daran war nichts mehr zu ändern –; sodann die uneingeschränkte Annahme des Wilsonschen Programms.[25] Nur eine besiegte, am Boden liegende Nation ist gezwungen, das ganze Kriegsziel des Feindes anzunehmen mit einem Ja ohne Vorbehalt und Kommentar.

Da schien sich mir ein letzter Ausweg zu eröffnen. Mir kam der Gedanke, morgen eine Rede zu halten, darin ich Wilsons Bedingungen interpretieren würde: ihren Sinn wollte ich nicht biegen, aber in jedem

---

[25] Die Oberste Heeresleitung hatte wohl ursprünglich keine klare Vorstellung, welche schicksalsschweren Bindungen die 14 Punkte in jedem Fall Deutschland auferlegten. Sie sah wohl in Wilsons Programm nur eine Sammlung allgemeiner Redensarten, denen eine geschickte Diplomatie am Verhandlungstisch eine Deutschland günstige Deutung zu geben hätte. Ich hatte daher die Frage gestellt, ob sich die Oberste Heeresleitung bewußt wäre, daß die Einleitung der Aktion zum Verlust deutscher Kolonien und deutschen Gebiets – namentlich Elsaß-Lothringens und rein polnischer Kreise der östlichen Provinzen – führen könne, und darauf die ausweichende Antwort erhalten: „Die Oberste Heeresleitung zieht, falls es nicht anders geht, die Aufgabe geringer, französisch sprechender Teile Elsaß-Lothringens in Betracht. Abtretung deutschen Gebiets im Osten kommt für sie nicht in Frage" (Amtliche Urkunden S. 72, Anm.). Noch im letzten Augenblick suchte die Oberste Heeresleitung ihrer reservatio mentalis dadurch Rechnung zu tragen, daß sie für unsere Note die Fassung vorschlug: Die deutsche Regierung ist damit einverstanden, daß die 14 Punkte Wilsons „als Grundlage für die Friedensbesprechungen dienen"sollten (Amtliche Urkunden Nr.29). Aber die Staatssekretäre waren – von ihrem Standpunkt aus mit Recht – darauf bedacht, keine Wendung zu gebrauchen, die Wilson stutzig machen und zu unbequemen Rückfragen herausfordern würde. Sie glaubten schließlich in der endgültigen Fassung unserer Note das vermieden zu haben; – wie sich bald zeigte, hatten sie die Wachsamkeit unseres Gegners unterschätzt.

einzelnen Punkt zähe unser Recht verteidigen, das ja Wilson zu achten versprach.

Ich hatte in jedem Falle vorgesehen, den Geheimrat Simons im Laufe des Tages zu empfangen, um ihm das Amt des Chefs der Reichskanzlei anzubieten. Nun schickte ich ihm Botschaft, daß ich ihn so bald als möglich zu sprechen wünschte. Simons war damals noch Vortragender Rat im Auswärtigen Amt. Ich kannte ihn nicht persönlich, aber hatte seit Jahren von ihm gehört und von seiner Stellung zum Kriege, zu unserem Einmarsch in Belgien, zur feindlichen Blockade, zum U-Bootkrieg, zur Schuldfrage. Sein Nationalgefühl war von der Art, daß er unerträglich darunter litt, wenn er glaubte, sein Vaterland tue Unrecht, und daß er es andererseits für eine große Sünde hielt, wenn Deutschland kampflos Unrecht und Verleumdungen hinnahm. Er war ein hervorragender Jurist, aber sein Scharfsinn verleitete ihn nicht zur Dialektik, sondern wurde durch sein Rechtsgefühl gezügelt, dem er siegreichen Ausdruck zu geben verstand.

Simons trat mir mit großer, ich möchte beinahe sagen, vorwurfsvoller Traurigkeit entgegen. Er sprach sofort vom Angebot mit jener scharfen Präzision, die seine gesprochenen und geschriebenen Worte kennzeichnet. Er glaubte, alles sei verloren. Ich bat ihn, mir zu helfen, um zu retten, was zu retten sei. Er zögerte, das ihm angebotene Amt anzunehmen, und wollte eine Bedenkzeit haben, aber er war sofort bereit, an der Rede mitzuarbeiten, durch die ich den Rahmen der 14 Punkte mit klar umrissenen Bedingungen erfüllen wollte.

Das deutsche Volk, so sagte Simons, muß wissen, was die 14 Punkte bedeuten – es darf nicht blind an den Verhandlungstisch geführt werden; und die Feinde müssen wissen, daß wir so weit und nicht weiter gehen wollen. Wir sprachen die 14 Punkte[26] durch: die meisten trugen eine

---

[26] Die 14 Punkte lauteten (Wilson, Das staatsmännische Werk des Präsidenten in seinen Reden, Berlin 1919, S. 222 ff.):
1. Öffentliche und öffentlich zustande gekommene Friedensverträge, denen keine geheimen internationalen Vereinbarungen irgendwelcher Art folgen dürfen. Die Diplomatie soll immer offen und vor aller Welt getrieben werden.
2. Vollkommene Freiheit der Schiffahrt auf See außerhalb der

Hoheitsgewässer im Frieden wie im Krieg, mit Ausnahme jener Meere, die ganz oder teilweise durch eine internationale Handlung zwecks Durchsetzung internationaler Verträge geschlossen werden.

3. Beseitigung aller wirtschaftlichen Schranken, soweit sie möglich ist, und Herstellung gleicher Handelsbedingungen unter allen Staaten, die sich dem Frieden anschließen und sich zu seiner Aufrechterhaltung vereinigen.

4. Austausch angemessener Bürgschaften dafür, daß die Rüstungen der Völker auf das niedrigste, mit der inneren Sicherheit zu vereinbarende Maß herabgesetzt werden.

5. Freie, weitherzige und unbedingt unparteiische Schlichtung aller kolonialen Ansprüche unter strenger Beobachtung des Grundsatzes, daß bei der Entscheidung aller solcher Souveränitätsfragen die Interessen der betroffenen Bevölkerung gleiches Gewicht haben müssen wie die berechtigten Ansprüche der Regierung, deren Rechtsanspruch bestimmt werden soll.

6. Räumung des ganzen russischen Gebiets sowie Regelung aller Fragen, die Rußland betreffen, so daß die beste und freieste Zusammenarbeit der anderen Weltvölker ihm zu einer unbeeinträchtigten und unbehinderten Gelegenheit verhilft, seine eigene politische Entwicklung und nationale Politik unabhängig zu bestimmen und ihm eine herzliche Aufnahme in die Gesellschaft freier Nationen unter selbstgewählten Staatseinrichtungen sicher ist; und nicht nur das, sondern auch Beistand jeder Art den es brauchen und selber wünschen mag. Die Behandlung, die Rußland in den nächsten Monaten von seinen Brudervölkern zuteil werden wird, wird der Prüfstein ihrer guten Absichten, ihres Verständnisses für seine Bedürfnisse, auch wo sie von ihren Interessen abweichen, und ihres verständigen und selbstlosen Mitgefühls sein.

7. Belgien muß, worin die ganze Welt übereinstimmen wird, geräumt und wiederhergestellt werden, ohne jeden Versuch zur Beschränkung seiner Souveränität, die es in gleicher Weise wie alle anderen freien Nationen genießt. Keine andere einzelne Handlung wird wie diese dazu dienen, unter den Völkern das Vertrauen in die Rechte wiederherzustellen, die sie selbst sich zur Regelung ihrer Beziehungen untereinander gesetzt haben. Ohne diesen heilenden Eingriff sind Bau und Geltung des Völkerrechts für immer erschüttert.

8. Alles französische Gebiet sollte befreit und die besetzten Teile wiederhergestellt, das Unrecht aber, das Frankreich von Preußen im Jahre 1871 in Elsaß-Lothringen zugefügt wurde und fast ein halbes Jahrhundert den Weltfrieden gestört hat, sollte wiedergutgemacht werden, damit der Friede im Interesse aller wieder gesichert wird.

9. Eine Berichtigung der Grenzen Italiens nach dem klar erkennbaren nationalen Besitzstand sollte durchgeführt werden.

10. Den Völkern Österreich-Ungarns, deren Platz unter den anderen Nationen wir gewährleistet und sichergestellt zu sehen wünschen, müßte freiester Spielraum zu selbständiger Entwicklung gegeben werden.

deutliche Spitze gegen Deutschland, aber das Recht, das sie verkündeten, bedrohte uns nicht nur, sondern versprach uns auch Schutz gegen die maßlosen Ansprüche der Alliierten, die sich bereits allenthalben meldeten. Wir mußten uns von vornherein zur Wehr setzen gegen ein polnisches Danzig, gegen die gewaltsame Lostrennung Elsaß-Lothringens, gegen den Raub der Kolonien, gegen die einseitige Abrüstung. Es galt, den Propheten des Völkerbundes und der öffentlichen Verträge vor den geheimen Abreden seiner Alliierten zu warnen und vor den Plänen, mit denen sie den Krieg im Frieden gegen uns fortzuführen gedachten.

Einen 15. Punkt wollte ich von mir aus aufstellen: die Forderung nach der unparteiischen Untersuchung der Schuldfrage.

Geheimrat Simons überzeugte mich davon, daß wir nicht gut täten, bei der Besprechung des 8. Punktes die Autonomie Elsaß-Lothringens zu fordern. Nach Annahme des Wilson-Programms war unsere Hoffnung das Referendum. Wir würden Sympathien bei den Elsässern gewinnen,

---

11. Rumänien, Serbien und Montenegro sollten geräumt und die besetzten Gebiete zurückerstattet werden; Serbien sollte einen freien und sicheren Zugang zur See erhalten, und die Beziehungen der Balkanstaaten zueinander sollten durch freundschaftliche Verständigung auf den geschichtlich feststehenden Linien der Zugehörigkeit und des Volkstums bestimmt werden; auch müßten völkerrechtliche Sicherungsverträge über die politische und wirtschaftliche Unabhängigkeit und Unverletzlichkeit des Gebiets der Balkanstaaten gegeben werden.
12. Den türkischen Teilen des gegenwärtigen Osmanischen Kaiserreichs sollte unbedingte Selbständigkeit gesichert werden. Aber den anderen Nationalitäten, die jetzt unter türkischer Herrschaft stehen, sollte völlige Sicherheit des Lebens und ganz ungestörte Gelegenheit zu selbständiger Entwicklung gesichert werden; die Dardanellen sollten als freie Durchfahrt den Schiffen und dem Handel aller Nationen unter völkerrechtlichen Bürgschaften dauernd geöffnet werden.
13. Ein unabhängiger polnischer Staat sollte errichtet werden, alle Länder, die von einer unzweifelhaft polnischen Bevölkerung bewohnt sind, umfassen und einen freien sicheren Zugang zur See erhalten. Seine politische und wirtschaftliche Unabhängigkeit und die Unverletzlichkeit seines Gebiets sollte durch völkerrechtlichen Vertrag gewährleistet werden.
14. Es muß eine allgemeine Vereinigung der Völker unter bestimmten Vertragsbedingungen gebildet werden, um großen wie kleinen Nationen gleichermaßen ihre politische Unabhängigkeit und die Unverletzlichkeit ihres Gebiets zu gewährleisten.

wenn wir als die Ersten die Volksabstimmung in die Debatte warfen. Ebenso hielten wir für richtig, die Forderung Wilsons – Punkt 13 –, Polen einen freien und sicheren Ausgang zur See zu geben, nicht mit einem glatten „Nein" zu beantworten, sondern eine Lösung vorzuschlagen, die Polen wirtschaftlich entgegenkam, ohne unsere Souveränität über altes deutsches Land anzutasten.

Ich trennte mich von Simons mit den Worten:
„Ich will eine Rede halten, die die Demütigung von gestern nacht auslöschen wird und den Feinden zeigt: wir haben noch Atem."

Dann gab ich Simons und Hahn den Auftrag, die Redaktion der Rede zu übernehmen, und bat sie, Solf, Warburg, Haußmann und Haeften als Sachverständige zu Rate zu ziehen. Für mich war an diesem Tage jede Minute ausgefüllt durch Besprechungen mit Parlamentariern und Ministern. Die Bildung der Regierung mußte vollendet werden, ehe ich morgen vor den Reichstag treten konnte.

Der Versuch, Ebert anstatt Scheidemann für mein Ministerium zu gewinnen, hatte Kränkung hervorgerufen, und zwar auch bei Ebert, der diesen Eingriff in die Kommandogewalt der Partei ablehnte. Als zweiter Vertreter der Sozialdemokraten wurde Bauer entsandt.

Die Ernennung Haußmanns schon jetzt durchzusetzen, mißlang; Eifersucht eigener Parteigenossen auf ihn und anderer Parteien auf die Fortschrittler stand im Wege:

Der Posten des Staatssekretärs des Auswärtigen wurde glücklicherweise nicht von den Parteien begehrt. Ich schwankte zwischen Solf und Graf Brockdorff-Rantzau, unserem Gesandten in Kopenhagen. Von verschiedenen Seiten wollte man einen Druck auf mich ausüben, Herrn v. Hintze im Amt zu belassen.

Als Herr v. Hintze, Herr v. Payer und ich am Nachmittag beim Kaiser waren, wandte sich Seine Majestät direkt an Hintze und drang in ihn, zu bleiben, aber der Staatssekretär blieb fest bei seiner Weigerung, die er schon einmal ausgesprochen hatte.[27]

---

[27] Hintze wurde dann neben Lersner Vertreter des Auswärtigen Amts bei der O.H.L.

Ich entschied mich dann schließlich für Solf. Ausschlaggebend waren für mich zwei Erwägungen: Solf hatte sich in kraftvollen Reden zum ethischen Imperialismus und zum Verständigungsfrieden bekannt und auch die Feinde aufhorchen machen. Ferner: seine Berufung würde unseren Rechtsanspruch auf Kolonien demonstrativ anmelden. Das Motto „Kolonisieren heißt Missionieren" stammte von ihm und stand nicht nur über seinen Reden: er hatte als Gouverneur von Samoa und als Staatssekretär für die Kolonien vorbildliche Menschlichkeit und Festigkeit bewährt, wie selbst unsere Feinde anerkannten.

Der Kaiser trennte sich ungern von Hintze. Auch die Ernennung Erzbergers vollzog er nur widerstrebend. Herr v. Payer hielt in dieser Situation Erzberger für ungefährlicher in der Regierung als im Parlament.

Übrigens hatte das Zentrum in drängender Form auf seiner Berufung bestanden. Als weitere Vertreter des Zentrums wurden die Herren Gröber und Trimborn benannt.

Ich konnte mich nicht entschließen, für alle neuberufenen Parteiführer Ressorts freizumachen. Nur Trimborn und Bauer traten an die Spitze von Reichsämtern. Scheidemann, Erzberger, Gröber wurden Staatssekretäre ohne Portefeuille. Schon am 4. war mein Plan, sie in einem engeren Kriegsrat zusammenzufassen, an dem in der Regel nur noch der Vizekanzler, Graf Roedern und Solf teilnehmen sollten.

Die endgültige Ministerliste setzte sich wie folgt zusammen:

Trimborn, M. d. R., Reichsamt des Innern,
Bauer, M. d. R., Reichsarbeitsamt.

Zu Staatssekretären ohne Portefeuille wurden ernannt:

Gröber, M. d. R.,
Scheidemann, M. d. R.,
Erzberger, M. d. R.,
Haußmann, M. d. R. (am 14. Oktober),

Dr. Solf behielt das Reichskolonialamt, aber wurde überdies Staatssekretär des Auswärtigen Amts.

Aus der Regierung Hertling sollten die folgenden Staatssekretäre ihre Ämter weiter innehaben:

Dr. v. Krause, Reichsjustizamt,
Graf v. Roedern, Reichsschatzamt,
Rüdlin, Reichspostamt,
Freiherr v. Stein, Reichswirtschaftsamt,
v. Waldow, Reichsernährungsamt,
Ritter v. Mann, Reichsmarineamt.

Herrn v. Waldow wurde es sehr schwer, unter den veränderten Verhältnissen zu bleiben. Aber er wollte das Opfer bringen, um der neuen Regierung den guten Willen der Landwirtschaft zu sichern.

Ich kam mit Herrn v. Payer überein, daß ich zunächst nur preußischer Minister des Auswärtigen, aber nicht Ministerpräsident wurde. Das Bedenken: als badischer Thronfolger dieses Amt für Preußen zu führen; der Zweifel, ob der Reichskanzler in den kommenden Wochen nicht zu überlastet sein würde, um es wirklich auszuüben, d. h. an den Sitzungen des preußischen Staatsministeriums teilzunehmen, veranlaßten mich, die Entscheidung hinauszuschieben. Fürs erste sollte das preußische Staatsministerium unter dem Vorsitz des Vizepräsidenten Friedberg stehen, der zugleich als Staatssekretär ohne Portefeuille an den Beratungen der Reichsregierung teilnahm und dadurch die Verbindung mit der preußischen Regierung herstellen würde. Durch ihn hätten dann auch die Nationalliberalen eine Vertretung in der Reichsregierung.

An der Zusammensetzung des preußischen Staatsministeriums wollten wir im wesentlichen nichts ändern. Hergt (Finanz), Drews (Inneres), Spahn (Justiz), Schmidt-Ott (Kultus), Fischbeck (Handel), v. Eisenhardt-Rothe (Landwirtschaft) sollten bleiben.

Dann besprach ich mit Herrn v. Payer das morgen zu verkündende innere Programm. Es ergaben sich kaum Meinungsverschiedenheiten, denn in den meisten Fragen (Autonomie für Elsaß-Lothringen, Handhabung des Belagerungszustandes, Wahlrecht für Preußen) war der Weg vorgezeichnet teils durch die Macht der Verhältnisse, teils durch Zusagen, die Graf Hertling bereits den Parteien gemacht hatte.

Wir sträubten uns beide dagegen, an der grundlegenden Bestimmung des Artikels 9 zu rütteln: „Niemand kann gleichzeitig Mitglied des Bundesrats und des Reichstags sein." Ich wußte, daß die Bundesregierungen meine Bedenken teilten. Für sie mußte das Mitglied des Bundesrats ein Gesandter sein, den sie instruierten, und der gegebenenfalls auch gegen seine Überzeugung seinen Instruktionen entsprechend zu stimmen hatte. Ein Reichstagsabgeordneter aber durfte von Rechts wegen nur die Bindung anerkennen, die ihm sein Gewissen und die Verantwortung gegen seine Wähler auferlegten.

Wir einigten uns auf eine Lösung, die meiner Erinnerung nach Unterstaatssekretär Lewald vom Reichsamt des Innern vorgeschlagen hatte: den parlamentarischen Staatssekretären ihr Reichstagsmandat zu lassen (also den Artikel 21 abzuschaffen), aber sie nicht zu Bundesratsmitgliedern zu ernennen. Bisher war jeder Staatssekretär Mitglied des Bundesrats geworden, auf Grund einer Übung, die der 1. Satz des Artikels 9 notwendig machte, demzufolge die Stellvertreter des Reichskanzlers nur als Bundesratsmitglieder jederzeit im Reichstag das Wort ergreifen durften. Wir fanden nun den Ausweg: das Stellvertretergesetz dahin zu ergänzen, daß die Staatssekretäre, auch ohne Mitglieder des Bundesrats zu sein, jederzeit als Stellvertreter des Reichskanzlers auf Verlangen im Reichstag gehört werden mußten. Auf diese Weise glaubten wir der Forderung Genüge zu tun, daß das Übergewicht des Bundesrats über den Reichstag beseitigt werde, und gleichzeitig den Bundesrat vor der „Parlamentarisierung" zu schützen, die dieser „eigentümlichsten der deutschen Reichsinstitutionen" des Deutschen Reichs ihren Charakter genommen hätte.

Erst am späten Nachmittag kam ich dazu, auf wenige Minuten die Herren zu besuchen, die mit der Vorbereitung der Rede beschäftigt waren. Ich fand sie in der freudigen Stimmung gelingender Arbeit. Simons hatte seine 14.Punkte formuliert. Man spürte in jedem Worte die verhaltene Leidenschaft, mit der er daran ging, den Prozeß für Deutschland vor der ganzen Welt zu führen.

Während der Arbeit hatte er zu Hahn gesagt: „Ich weiß gar nicht, ob der Prinz mich als Mitarbeiter gebrauchen kann. Wissen Sie denn, welchem Grundsatz ich in der äußeren Politik folge? ‚Trachtet am ersten nach dem Reiche Gottes und nach seiner Gerechtigkeit, so wird euch solches alles zufallen.'"

Hahn konnte ihm erwidern: „Im Ethischen Imperialismus hat sich der Prinz zu dem gleichen Wahlspruch bekannt.

Erst um 11 Uhr abends war der erste Entwurf der Rede fertig. Ich hatte in meinem Hotelzimmer unter anderen: Haeften, Solf, Warburg, Simons, Haußmann, Hahn versammelt; alle im Grunde Gegner des Waffenstillstandsangebots.

Ich bringe die Rede in ihrer noch rohen Form, so wie sie damals in diesem Kreise vorgelesen wurde.

Meine Herren!
„Ich habe die erste Gelegenheit gesucht, um die neue Regierung dem Reichstag vorzustellen.

„Nach dem Rücktritt des allverehrten Grafen Hertling hat mich Seine Majestät der Kaiser beauftragt, Verhandlungen mit den Parteiführern einzuleiten. Ich habe diesen Auftrag übernommen in dem Bewußtsein, daß eine gemeinsame politische Willensrichtung zwischen den erklärten Zielen der Reichstagsmajorität und dem von mir öffentlich vertretenen Standpunkt vorlag. Auf der Grundlage dieser Übereinstimmung sind die Verhandlungen mit den Vertretern der drei Mehrheitsparteien geführt worden und haben eine völlige programmatische Einigung ergeben.

„Sie wissen, welches die erste Handlung der neugebildeten Regierung war. Nach den Mitteilungen und Berichten der bisherigen Regierung und der militärischen Instanzen habe ich es für meine Pflicht gehalten, im Augenblick meines Amtsantritts die folgende Note an den Präsidenten der Vereinigten Staaten zu richten. Ich halte es für meine Pflicht, Ihnen rückhaltlos die Grundlagen vorzulegen, die die Regierung zu diesem Schritt veranlaßt haben:

„An der mazedonischen Front setzte Mitte September ein allgemeiner Angriff des Feindes ein. Es gelang ihm, am Czernabogen die bulgarischen Linien zu durchbrechen. Der Rückzug dehnte sich auf die rechts und links anschließenden Teile aus und führte zum Zusammenbruch der ganzen Front, unter dem Eindruck dieser Ereignisse hat sich die bulgarische Regierung mit der Bitte um Waffenstillstand und Frieden an den Feind gewandt.

„Wir hatten auf die ersten Nachrichten von der feindlichen Offensive alles

Menschenmögliche getan, um dem bulgarischen Bundesgenossen zu helfen. Die bulgarische Regierung hat das Eintreffen dieser Hilfe nicht abgewartet, sondern einen Waffenstillstand abgeschlossen, dessen hauptsächlichste Bedingungen in der Räumung des besetzten serbischen und griechischen Gebietes, der Demobilisierung des Heeres und der Auslieferung der Eisenbahnen bestehen. Durch dieses Verhalten ist Bulgarien aus der politischen und militärischen Bundesfront ausgeschieden.

„Der Landweg nach der Türkei ist damit abgeschnitten. Es steht uns aber die Verbindung über Konstanza und Odessa zur Verfügung. Trotzdem ihre Lage hierdurch erschwert ist und obwohl sie in Syrien vom Feinde heftig bedrängt wird, hält die Türkei in Treue an der Seite der Bundesgenossen aus.

„Der Kampf, der gegenwärtig an der Westfront ausgefochten wird, ist der schwerste seit Kriegsbeginn.

„Meine Herren, aus diesem Tatbestand ergab sich für mich sofort bei meinem Regierungsantritt die klare Schlußfolgerung:

„Wenn die Feinde auf der Fortsetzung des Krieges bestehen, weil sie Frieden nur mit einem zerschlagenen und gedemütigten Deutschland schließen wollen, nun, dann muß der Kampf fortgesetzt werden, und er soll ihnen teuer zu stehen kommen.

„Aber ich kann, als der verantwortliche Leiter der deutschen Politik, es nicht auf mich nehmen, unser Heer nur einen Tag in der Ungewißheit weiterkämpfen zu lassen, ob nicht doch vielleicht ein Friede erreichbar ist, der sich mit der Ehre Deutschlands vereinen läßt. Aus diesem Grunde habe ich einen politischen Schritt unternommen, ohne mich an Formen zu stoßen, der Klarheit bringen soll: Klarheit ins deutsche Volk, Klarheit ins Heer.

„Wir haben mit der Note, die wir an Präsident Wilson gesandt haben, die Verpflichtung auf uns genommen, auf der Basis der von ihm vertretenen Grundsätze über alle Probleme, die dieser Krieg aufgeworfen hat, zu verhandeln. Das Programm des Präsidenten ist am ausführlichsten in den 14 Punkten seiner Botschaft vom 8. Januar ausgesprochen. Darin sind alle späteren Forderungen im wesentlichen enthalten. Ich will jetzt diese Punkte einzeln besprechen.

„Als 1. Ziel stellt der Präsident den Friedensbund auf, zu dem man auf offenem Wege gelangt ist und der jedes Sonderabkommen nach Art der bisherigen Defensiv- und Offensivbündnisse ausschließt. Es ist Deutschlands Interesse, daß die künftige Diplomatie der Staaten diesen offenen, von der öffentlichen Meinung der Völker kontrollierten Weg geht. Nichts hat zu der schweren Lage im August 1914 mehr beigetragen als die heimlichen Abreden, die man als Verträge vor den Parlamenten ableugnen konnte, die aber doch die Ehre der Regierung und der Völker für den Kriegsfall banden, ohne daß sich die Staatsmänner vorher selbst davon Rechenschaft gaben.

„An 2. Stelle verlangt Präsident Wilson unbedingte Freiheit der Schiffahrt auf dem Meere im Frieden und im Kriege.

„Diese Forderung wurzelt tief in der Geschichte des deutschen und des amerikanischen Volkes. Die Welt ist heute mit uns der Meinung, daß das freie Meer nicht mehr mißbraucht werden darf, um durch Sperrung seiner Wege die Bevölkerung eines Landes mit Aushungerung und die heranwachsende Generation mit Siechtum zu bedrohen.

„Ebenso fordert das öffentliche Gewissen, daß feindliche Handelsschiffe nicht durch die Vernichtungsmaschinen Kriegführender mit ihrer Mannschaft und ihren Passagieren ohne Warnung versenkt werden. Wir wollen den Schutz der Nichtkombattanten zu Wasser und zu Lande einer gleichmäßigen Regelung unterwerfen.

„Punkt 3: Für seine wirtschaftlichen und Handelsbeziehungen mit den anderen Völkern verlangt das deutsche Volk gleiches Recht, kein Vorrecht. Die Vorrechte waren es, die am häufigsten Anlaß zu wirtschaftlichen Reibungen unter den Nationen gegeben haben. Wird gleiches Recht gewährt, so verschwindet dieser Anlaß.

„Die 4. Forderung Wilsons betrifft die Frage der Abrüstung. Hier berührt er den Kernpunkt der künftigen Neugestaltung. Ein weiteres Wettrüsten zu Lande, zur See und in der Luft ist, nach dem Maßstabe dieses Krieges gemessen, einfach eine Unmöglichkeit. Eine gleichmäßige Abrüstung zu Lande, zur See und in der Luft verlangt aber nicht nur das wirtschaftliche Interesse, sondern auch das sittliche Gefühl der Menschheit, das auf die Dauer weder Luftbomben auf friedliche Städte noch Giftgase verträgt. Die deutsche Regierung hat sich in ihrer Antwortnote an den Papst zur Abrüstung bereit erklärt. Kein Staat kann sich jedoch waffenlos machen, bevor er angemessene Garantien hat, daß auch seine Nachbarn sich auf die Rüstung beschränken, die für ihre innere Sicherheit erforderlich ist. Um solche Garantien zu finden, werden wir gerne mit unseren jetzigen Feinden zusammenarbeiten. Dabei müssen die Regierungen durch die Kontrolle frei gewählter Vertretungen der Völker dauernd unterstützt werden.

„Punkt 5: Wir wünschen eine Regelung der kolonialen Fragen nach dem Grundsatze, daß kolonialer Besitz den wirtschaftlichen Kräften der europäischen Nationen entsprechen sollte und ihrer in der Geschichte bewiesenen Würdigkeit, die ihnen anvertrauten farbigen Völker zu beschützen. Die wirtschaftliche Tüchtigkeit allein gibt hier keinen Rechtstitel. Ich stehe auf dem Standpunkt des Staatssekretärs Solf: Kolonisieren heißt Missionieren. Diejenigen Staaten, die nach diesem Grundsatz vor dem Kriege zu handeln bestrebt waren, haben ein moralisches Recht erstritten, Kolonialmacht zu sein.

„Punkt 6: Präsident Wilson fordert weiter die Räumung aller russischen Gebiete, die Freiheit für Rußland, seine eigene nationale Politik zu führen mit jedem Beistand anderer Nationen, den es wünschen mag. Wir sind mit diesen Grundsätzen einverstanden und haben uns deshalb Rußland gegenüber verpflichtet, kein weiteres russisches Gebiet als selbständig zu behandeln, das Rußland nicht als selbständig anerkennt. Daß Präsident Wilson nicht jedes Gebiet für russisch hält, was ehemals dem Zaren untertänig war, geht aus seiner Behandlung Polens hervor, auf die ich später kommen werde. So nehme ich an, daß ich mit Wilson einig bin, wenn ich auch die baltischen, litauischen und kaukasischen Gebiete, wenn ich auch Finnland und die Ukraine nicht als russisches Gebiet in engerem Sinne bezeichne. Wir sind bereit, diese Gebiete zu räumen, wenn die Garantien gegeben werden, daß sie ihr künftiges Schicksal durch die in vollkommener Freiheit gewählten Vertretungen unter Ausschluß jedes demagogischen oder militärischen Terrors, aber auch unter Ausschluß von Bestechung und Verführung selbst bestimmen. Diese Freiheit der Selbstbestimmung könnte durch internationale Aufsichtsinstanzen gewährleistet werden. Sie umfaßt selbstverständlich auch das Recht jedes Teilgebietes, sich von neuem mit dem künftigen Rußland zusammenzuschließen oder ein anderes offenes Friedensbündnis einzugehen.

„Punkt 7: Die Wiederherstellung der belgischen Souveränität und Integrität habe ich von Anfang des Krieges an als eine Ehrenpflicht betrachtet. Ich stehe heute noch auf dem Standpunkt, den Herr v. Bethmann Hollweg am 4. August 1914 folgendermaßen ausgesprochen hat: Wir haben ein Unrecht an Belgien getan und müssen es wieder gutmachen.[28]

„Punkt 8: Auch darin kann keine Unklarheit bestehen, daß wir keine Angliederung französischen Gebietes an das Deutsche Reich wollen. Eine solche Angliederung könnte niemals mit dem Willen der Bevölkerung vonstatten gehen und müßte eine gewaltsame Annexion sein, die wir ausdrücklich abgelehnt haben.

„Wir haben uns ferner entschlossen, auch die elsaß-lothringische Frage mit unseren Gegnern zu erörtern. Wenn Wilson in dem Friedensvertrag von 1871, der Elsaß-Lothringen an Deutschland brachte, ein Unrecht sieht, so muß er, getreu seinen Grundsätzen, auch ein Unrecht in den Gewaltakten sehen, mit denen einst Frankreich die elsaß-lothringischen Gebiete von Deutschland abriß. Soll Elsaß-Lothringen nicht dauernd der Zankapfel Europas sein, so muß sein Schicksal nicht aus dem Gesichtspunkt früher begangenen Unrechts, sondern aus dem Gesichtspunkt des Rechts bestimmt werden, das mit seiner gegenwärtig lebenden Bevölkerung geboren ist. Diese Bevölkerung darf künftig ebensowenig einer nur militärisch gesicherten deutschen Herrschaft, wie einem rücksichtslosen französischen Chauvinismus ausgeliefert werden. Sie muß ihre Stimme haben bei der Entscheidung ihres künftigen Geschicks.

„Punkt 9 und 10: Die Regelung der inneren Verhältnisse Österreich-Ungarns und die Auseinandersetzung mit Italien sind Angelegenheiten unserer treuen Bundesgenossen, deren Interessen uns wie die eigenen am Herzen lie-

---

[28] Die Äußerung Bethmanns lautete wörtlich: „So waren wir gezwungen, uns über den berechtigten Protest der luxemburgischen und der belgischen Regierung hinwegzusetzen. Das Unrecht – ich spreche offen– das Unrecht, das wir damit tun, werden wir wieder gutzumachen suchen, sobald unser militärisches Ziel erreicht ist."

gen.²⁹

„Punkt 12: Präsident Wilson spricht auch über die Türkei. Die Forderungen, die er erhebt, gelten fast für alle Länder, die aus verschiedenartigen Volkselementen zusammengesetzt sind. Der Beweis, daß dieses Problem gelöst werden kann, ist die Schweiz mit ihren drei Nationalitäten und ihrer vorbildlichen Vaterlandsgesinnung.

„Punkt 13: Die Errichtung eines unabhängigen polnischen Staates ist bereits erfolgt. Indem sich Deutschland auf den Boden dieser Wilsonschen Forderung stellt, greift es in Verhältnisse ein, die in hohem Maße die Lebensinteressen seines treuen Verbündeten Österreich-Ungarn berühren. Wir konnten die Frage nach der polnischen Selbständigkeit ohne weiteres bejahen, weil in der Entschließung der Verbündeten vom November 1916 der Ausgangspunkt für ein unabhängiges Polen bereits gegeben ist. Darüber hinaus ist Deutschland bereit, Polen einen freien Zutritt zum Meere zu gewähren, der in eigenen Hafeneinrichtungen an der Ostsee, einer gesicherten Landverbindung zu diesem Hafen und einer zweckmäßigen Schiffahrtsordnung für die Weichsel zu bestehen hätte. Sollte Polen eine internationale Garantie für seine wirtschaftliche und politische Unabhängigkeit wünschen, die nicht einen feindlichen Charakter gegen ein anderes Mitglied der Völkergemeinschaft in sich schlösse, so hat Deutschland nicht im Sinne, sich dem zu widersetzen. Welche Gebiete freilich nur von fraglos polnischer Bevölkerung bewohnt werden, ist der Gegenstand lebhaften Streites der beteiligten Bewohner. Es gibt hart umstrittene Distrikte in Polen, gerade wie in Ullster. Wie auch immer dieser Streit geschlichtet werden mag, unter allen Umständen muß dafür gesorgt werden, daß den nationalen und konfessionellen Minoritäten innerhalb der gefundenen Grenzen ein würdiges Dasein gesichert wird.

„Punkt 14: Mit Recht fügt Präsident Wilson allen diesen Friedenszielen als Schlußstein die Organisierung einer allgemeinen Völkergesellschaft ein, ohne den alle übrigen Bausteine des Friedenswerks keinen Halt haben würden. Das Deutschland, das aus den furchtbaren Erschütterungen des Weltkrieges hervorgeht, wird sich aus innerster Überzeugung an Verhandlungen beteiligen zu dem Zweck, gegenseitige Garantien politischer Unabhängigkeit und territorialer Unversehrtheit gleichermaßen für die großen wie für die kleinen Staaten herzustellen.

„Ein ehrlicher Völkerbund darf nicht verunreinigt werden durch einen Wirtschaftskrieg, wie ihn einige unserer Feinde nach Beendigung des Krieges planen. Nur wenn aufrichtig nach Beendigung dieses Krieges in allen Ländern Fremden die gleiche kommerzielle Betätigungsmöglichkeit gewährt wird, ist der Völkerbund Wirklichkeit und keine Phrase. Will man den Völkerbund zu einer kommerziellen feindlichen Liga gegen Deutschland gestalten, so handelt es sich um die Fortsetzung des Krieges mit anderen Mitteln.

---

[29] Im Entwurf fehlte noch Punkt 11 über Rumänien, Serbien, Montenegro.

„Ich möchte den Wilsonschen Forderungen noch einige Punkte hinzufügen. Aus den weiteren Kundgebungen des Präsidenten geht hervor, daß er die Grundsätze, die er hier gegen Deutschland und seine Verbündeten angewendet hat, als allgemeine Richtlinien der künftigen Völkergemeinschaft betrachtet. Sie müssen also auch für unsere Gegner gelten. Auch unter manchen von ihnen leben ganze Nationen oder doch Teile von Nationen, bedrückt durch eine Herrschaft, die ihnen gewaltsam aufgedrängt worden ist. Auch diese Nationen haben den Anspruch auf eine zusagende Lebensform innerhalb der Staatenverbände, zu denen sie gehören. Grundsätze, die sich einseitig gegen die Mittelmächte kehren, wird die Welt niemals als gerecht anerkennen können.

„Das sind die Kriegsziele, die die gegenwärtige Regierung in den Friedensverhandlungen zu erreichen anstreben würde. Ich habe es für richtig gehalten, daß unser Volk sie kennt und daß auch die anderen Völker sie kennen.

„In der inneren Politik habe ich durch die Methode, in der sich die Regierungsbildung vollzog, klar Stellung genommen. Ich habe mich allein an die Mehrheitsparteien gewandt, weil ich überzeugt bin, daß nur eine Regierung, die auf einer einheitlichen Grundauffassung steht, die Garantie für die Durchführung eines Programms übernehmen kann.

„Meine Herren, ich stehe nicht auf dem Standpunkt, daß die Majoritätsregierung, die heute gebildet wird, eine vorübergehende Kriegsmaßnahme ist, und daß im Frieden wieder das alte, vielfach gespaltene Parteileben anfangen wird. Majoritätsbildung heißt politische Willensbildung. Aus diesem Gesichtspunkt heraus habe ich den Gedanken eines Koalitionsministeriums, das sämtliche Parteien umfaßt, abgelehnt. Koalitionsministerien schwächen die Exekutive und lahmen die Kritik des Parlaments. Im parlamentarischen Leben ist eins nötig: eine patriotische Opposition.

„Die politische Kritik schwächt nicht die Kraft der nationalen Verteidigung, wenn es eine hilfreiche Kritik ist; und eine andere erwarte ich in dieser ernsten Stunde von keiner deutschen Partei.

„Die Durchführung des allgemeinen, geheimen, gleichen und direkten Wahlrechts in Preußen steht unmittelbar bevor. Sie wird hoffentlich in den anderen Bundesstaaten, in denen es noch fehlt, eine gleiche Entwicklung einleiten.

„Da die Mitglieder des Reichstags, die nach dem Willen des kaiserlichen Erlasses vom 30. September in der Regierung mitwirken werden, gerade zur Stärkung der Regierung auf ihr Mandat und diese Verbindung mit ihrer Wählerschaft nicht verzichten sollen, habe ich unter Zustimmung der verbündeten Regierungen einen Gesetzentwurf eingebracht, der den Artikel 9 zweckentsprechend einschränkt und den Artikel 21 aufhebt. Ich bitte Sie um rasche Verabschiedung des Gesetzes.

„Eine Aufhebung des Belagerungszustandes während des Krieges ist nicht ohne weiteres gangbar. Die verletzenden Zustände, zu denen er geführt hat, können aber dadurch abgestellt werden, daß der Kaiser kraft der ihm zustehenden Kommandogewalt die stellvertretenden Kommandierenden Generale dem Kriegsminister unterstellt, der seine Weisungen vom Reichskanzler empfängt. Diese Änderung werde ich sofort einführen, um die berechtigten Klagen über die Zensur zu beheben. Die Änderung des Gesetzes über den Belagerungszustand ist insoweit unaufschiebbar, als es zum Schutz der persönlichen Freiheit, des Versammlungsrechtes und der Pressefreiheit notwendig erscheint.

„Mit dem 30. September, dem Tage des kaiserlichen Erlasses, beginnt eine neue Epoche in Deutschlands Geschichte. Heute aber handelt es sich vor allem um die Frage: Was leistet die Regierung im gegenwärtigen Augenblick? Die Stoßkraft, die diese Regierung für den Frieden hat, hängt davon ab, daß ein fester Volkswille dahinter steht. Nur wenn die Feinde fühlen, das deutsche Volk steht geschlossen hinter seinen verantwortlichen Staatsmännern, nur dann können Worte zu Taten werden.

„Wir dürfen uns keinen Illusionen hingeben. Unsere Lage ist ernst. Ich rechne mit der Möglichkeit, daß der von mir unternommene Schritt den Weg zu einem ehrenvollen Frieden freimacht, aber die Möglichkeit liegt ebenso vor, daß das deutsche Volk noch einmal aufgerufen werden muß, alle Kräfte der Hingabe und der Freiwilligkeit einzusetzen, um den Kampf auf Leben und Tod zu führen, wenn die anderen es wollen.

„Möge sich kein Kleinmütiger in Deutschland selbst, mögen sich auch die Feinde nicht darüber täuschen, was in unserer Front und in unserem Volk heute noch für Verteidigungskraft steckt. Es würde nicht vom Volk und nicht von unserer in hundert Schlachten erprobten Armee verstanden werden, wenn die deutsche Regierung in einen Frieden willigen würde, der die Preisgabe der Ehre der Nation fordert.

„Ich zweifle nicht daran, daß auch Sie auf der Linken[30] in der Stunde der Not das Vaterland nicht im Stich lassen werden. Viele von Ihnen haben gegen einen Gewaltfrieden gekämpft [den Deutschland den Besiegten auferlegen würde] Nun, sind Sie sich [wenn Deutschland seinen Feinden unterliegt] darüber klar, daß es dann einen Ententefrieden geben würde, der alles in den Schatten stellt, was jemals in der Weltgeschichte einem tapferen Volk zugemutet worden ist?

„Sie haben meine Ansicht gehört. Ich habe offen und deutlich gesprochen. Ich konnte es, weil die Übereinstimmung zwischen den Regierungsmitgliedern feststeht. Ich bitte auch Sie um eine klare Stellungnahme, ich bitte um Ihr Vertrauensvotum für die neugebildete Regierung und ihr Programm."

---

[30] Bei diesen Worten wollte ich mich den Unabhängigen zuwenden, um, wenn irgend möglich, einen moralischen Druck auf sie auszuüben.

Als ich die Verlesung beendet hatte, fühlte ich aus Blicken und Worten, daß es den Zuhörern ging wie mir: das Gefühl der nationalen Erniedrigung begann zu weichen. Wir richteten uns auf an dem Kampf ums Recht, den meine Rede einleiten wollte.

Solf und Haeften gingen zu Herrn v. Payer, um im Kreise der dort versammelten Staatssekretäre die Rede zu verlesen und zu vertreten. Ich hielt das für einen bloßen Akt der Höflichkeit, darum blieb ich zurück und besprach noch Einzelheiten: Haußmann versuchte beim 8. Punkt eine Fassung durchzubringen, die nur die Autonomie versprach und nicht das Referendum erwähnte.

Ich fügte die Forderung nach internationaler Untersuchung der Schuldfrage ein:

„Wir sind erbötig, die Frage der Schuld am Kriege und der Verschuldung im Kriege vor dem Richterstuhl von Persönlichkeiten nachprüfen zu lassen, die die neutral gebliebenen Völker aus ihren würdigsten Männern bezeichnen mögen."

Da trat um Mitternacht Haeften ins Zimmer. Er war totenblaß. Ich glaubte, er würde eine Unglücksbotschaft von der Front bringen. Er meldete: Die versammelten Staatssekretäre und besonders auch die hinzugezogenen Mitglieder des Auswärtigen Amtes, darunter der Referent für Amerika, seien einstimmig der Meinung: unsere Lage vertrüge nicht eine Rede, wie ich sie halten wolle. An der guten Wirkung im Innern zweifelten die Herren nicht, die außenpolitischen Folgen aber würden verheerend sein. Die Spezialisierung der 14 Punkte würde die ganze Waffenstillstandsaktion gefährden. Wilson wolle seine 14 Punkte selbst interpretieren, er würde ein detailliertes Programm übelnehmen und entweder mit einer glatten Ablehnung antworten oder bestenfalls mit Rückfragen. Wir aber brauchten den Waffenstillstand. Das Auswärtige Amt halte nur die allgemeine Annahme der 14 Punkte für möglich.

Ich unterbrach Haeften mit der Frage: „Was sagt Exzellenz Solf dazu?"

„Exzellenz Solf schließt sich dem Gutachten des Auswärtigen Amtes an, und ich muß im Namen der Obersten Heeresleitung die Forderung stellen: Die Rede darf nicht gehalten werden."

Wir waren im Vorstürmen, noch vertrauend, eigene Ziele erreichen zu können, die abseits von der Linie des Angebots lagen. Es war, als ob Haeftens Botschaft uns die Sehnen durchschnitt. Ich sah mich im Kreis der versammelten Herren um. Auf allen Gesichtern war das Licht erloschen. Simons sprach dann als Erster: Er bleibe dabei, daß man der Welt und dem deutschen Volke sagen müsse, wie wir die 14 Punkte auffaßten; aber er könne nicht den Rat geben, das Urteil der Sachverständigen außer acht zu lassen. Warburg trat seiner Auffassung bei; er müsse die Möglichkeit von Rückfragen zugeben, und die militärische Situation sei entscheidend. Hahn wehrte verzweifelt ab: Wenn wir jetzt die 14 Punkte in Bausch und Bogen annähmen, könnten wir nicht hinterher Einschränkungen machen, wir müßten jede der 14 Bedingungen klar umreißen und bei einigen, wie bei Elsaß und Polen, unsere Vorbehalte vorbringen und durchsetzen, und zwar sofort, sonst hätten wir den Kopf in der Schlinge. Man dürfe nicht nur an Amerika denken. Solle die Friedenspartei in England aufstehen, so müsse man mit präzisen Kriegszielen herauskommen. Ein Friedensangebot, das sich auf allgemeine Redensarten beschränke, würde als unaufrichtig abgetan werden, wie schon früher. Haeften erwiderte: Alle diese Erwägungen träten zurück hinter der Aufgabe, den Waffenstillstand herbeizuführen, der nicht verzögert werden dürfe.

Ich bat die Herren, mich allein zu lassen. Mein Instinkt forderte, an meiner Rede festzuhalten, aber die logischen Gründe schienen auf der anderen Seite zu stehen. Das Angebot hatte nicht bessere, sondern noch schlechtere Chancen, angenommen zu werden, wenn wir unsere Auslegung der 14 Punkte präzisierten, das Nein würde Wilson erleichtert werden. Die Herren im Auswärtigen Amt hatten recht mit ihrem Gefühl, daß meine Rede nicht in der Linie der Schamade lag. Der Vertreter der Obersten Heeresleitung handelte pflichtgemäß, wenn er mich auf der Bahn festhalten wollte, auf die ich mich hatte zwingen lassen. Gewiß, die genauen Bedingungen würden die Friedensparteien in den feindlichen Ländern auf den Plan rufen zu einer Kraftprobe mit ihren Regierungen. Sie würden diesmal unterliegen und sich erst durchsetzen am Ende der Kampagne, wenn unser erwarteter Zusammenbruch nicht erfolgt wäre. Meine Rede half zum Frieden, nicht zum Waffenstillstand. Das Angebot aber sollte die Waffenruhe sofort herbeiführen: das war der Plan. Ich war überzeugt, er baut auf Illusionen; aber hatte ich das Recht, ihn zu sabotieren?

Damals glaubte ich, diese Verantwortung nicht tragen zu können. Ich entschloß mich, auf dem unseligen Weg weiterzugehen, den ich nun einmal beschritten hatte, und verzichtete auf meine Rede. Heute bereue ich diesen Entschluß. Das Schicksal Deutschlands wäre vielleicht ein anderes geworden, wenn ich damals entgegen dem Gutachten meiner berufenen Ratgeber den Karren herumgerissen und zu meiner eigenen Politik zurückgefunden hätte. Meine Rede hätte Deutschland aufgeschreckt, das sich keine Rechenschaft gab, was Wilsons Programm bedeutete.[31] Wilson aber würde meine 14 Punkte – das steht für mich im Lichte der späteren Entwicklung fest – als eine Herausforderung genommen und mit entehrenden Bedingungen beantwortet haben, die ihn entlarvt und unser Volk damals noch zum letzten Widerstand bereitgefunden hätten. Deutschland würde es am 5. Oktober noch ertragen haben, wenn die Waffenstillstandsaktion gescheitert wäre; im November nicht mehr, nachdem fünf Wochen lang der entnervende Notenwechsel über das Land hingegangen war und das kämpfende und arbeitende Volk sich mit täglich wachsender Sehnsucht auf das Aufhören des Blutvergießens eingestellt hatte. Es klingt vermessen, was ich sage, aber ich glaube heute, daß meine Rede zwar sicher nicht zu dem Waffenstillstand geführt hätte, den die Oberste Heeresleitung schließen wollte, aber auch nicht zu

---

[31] Ich füge einen Aufschrieb ein, der am 5. Oktober früh in dem irrtümlichen Glauben, es ließe sich noch etwas an dem Entschlusse ändern, die Rede fallen zu lassen, in meinem Sekretariat hergestellt ist: „ ... Man glaube nicht etwa durch nachträgliches Präzisieren der 14 Punkte sich helfen zu können. Im heutigen Wilsonschen Sinne enthalten sie vielleicht die Forderung nach Abtretung von Posen und Danzig, von Flensburg, natürlich von Elsaß-Lothringen – vielleicht wird gar in Schlesien eine polnische Irredenta entdeckt."

dem Waffenstillstand, wie er am 11. November geschlossen werden mußte.

Die Reichstagssitzung wurde auf 5 Uhr nachmittags verschoben. Deutelmoser, Haeften und Lewald fertigten noch in der Nacht und am Vormittag des 5. Oktober neue Entwürfe unter Benutzung des alten Manuskriptes an. Ich versuchte dann eine einheitlich klingende Rede zusammenzustellen. Jedes Wort wurde vermieden, das Wilson reizen und ihm einen Vorwand geben konnte, abzulehnen. Aber die Außenpolitik stand wenig mehr in der Rede als hie Ankündigung des Friedensschrittes. Es gelang noch, die Linie festzuhalten: Bereitschaft zu einem Frieden des Rechts; wenn die Feinde ihn uns versagen, Entschlossenheit zum Kampf. – Der innerpolitische Teil war von Unterstaatssekretär Lewald neu bearbeitet worden und wurde von mir wörtlich übernommen.

Die Wirkung der Rede[32] im Reichstag war stark und dämmte die Panik zurück, die in den letzten Tagen reißende Fortschritte gemacht hatte. Der Präsident des Reichstages kam zu mir in das Reichskanzlerzimmer und beglückwünschte mich, „denn", so sagte er, „ich hatte einen hysterischen Ausbruch bei den Abgeordneten befürchtet". Auch in der Öffentlichkeit verhinderte unsere Regierungsbildung, daß der Schreck über das Angebot katastrophenartige Formen annahm. Ein beschämendes Vertrauen kam mir von allen Seiten entgegen; aber ich fühlte die ungesunde Grundlage: niemand konnte sich vorstellen, daß wir mit unserem Angebot ins Leere stießen,[33] die Menschen glaubten an eine planmäßig handelnde Staatskunst, die sich vorher der Resonanz vergewissert hätte.

Die Note der Entschlossenheit fand wohltuenden Widerhall. Die Sozialdemokraten strafften sich im Vewußtsein ihrer Verantwortung. Der

---

[32] Ein Auszug aus der Rede ist in den Amtlichen Urkunden (Nr. 34a.) gedruckt.
[33] Aus dem Tagebuch des Prinzen Isenburg: „6. Oktober, Sonnt. – Bademax hat Friedensangebot an Wilson gemacht. Entweder haben Erzberger und Scheidemann schon hinter den Kulissen Verhandlungen gehabt, die sie eines glücklichen Verlaufs versicherten, oder sie sind wirklich so patriotisch, daß sie es übernehmen, die Volksstimmung bei einer Ablehnung fest und stark zu machen. Ich glaube eher das erstere."

„Vorwärts"[34] ermahnte die Arbeiter, den Krieg nicht zu früh abzubrechen, und wies sie warnend auf das russische Beispiel hin. Den Russen hätte es an moralischer Kraft gefehlt, Zucht und Ordnung bis zum letzten zu halten; die Auflösung der deutschen Disziplin würde nur einem gegnerischen Imperialismus zu Hilfe kommen.

Leider stimmte auch der „Vorwärts" die Erwartungen hoch:

„Das ist das Weltereignis des 5. Oktober, das unter den furchtbarsten aller Kriege tatsächlich den Schlußstrich setzt … Wird der Vorschlag der deutschen Regierung, wie er ist, angenommen, so wird der Waffenstillstand auf allen Kriegsschauplätzen die unittelbare Folge sein."

So trügerisch und unheimlich dieser Optimismus war, der meine Kanzlerschaft begrüßte, ich verdankte ihm doch die einzigen nicht gehetzten Tage, die mir während meiner Amtszeit beschieden waren.

Ich konnte meine Mitarbeiter kennenlernen, ich konnte planen und handeln ohne Druck des Auslandes oder der Obersten Heeresleitung.

Sehr bald wurden zwei entscheidende Konstruktionsfehler der von mir gebildeten Regierung offenbar.

Die Minister aus dem Parlament betrachteten sich nicht als die von mir berufenen Mitarbeiter, sondern als die von ihren Fraktionen mir zur Seite gestellten Parteivertreter und glaubten sich dauernd der Zustimmung ihrer Auftraggeber vergewissern zu müssen. Scheidemann vor allem war ein Opfer dieser Abhängigkeit. „Ich muß mit meinen Parteigenossen sprechen", war der ewige Kehrreim. Die deutschen Sozialdemokraten waren damals von dem Irrglauben beherrscht, Demokratie und Führergedanke schlössen sich aus. Sie verlangten die Teilung der Verantwortung und lähmten dadurch die Exekutive. Aber auch die anderen Parteivertreter waren in dauernder Fühlung mit ihren Fraktionen, infor-

---

[34] Vom 6. Oktober 1918. Die meisten patriotischen Artikel stammten aus der Feder des Chefredakteurs Stampfer, der auch während der Versailler Friedensverhandlungen ein Vorkämpfer für unser Recht wurde.

mierend und überredend.[35] Die Diskretion mußte naturgemäß darunter leiden, auch drangen Tagesstimmungen mehr als gut war in unsere Beratungen hinein.

Ein zweiter Konstruktionsfehler kommt auf mein Schuldkonto: das Kriegskabinett mit seinen Staatssekretären ohne Portefeuille. Ich hatte Wert darauf gelegt, Fachmänner in ihren Ämtern zu belassen. Während meiner Amtsperiode hätte ich es als große Wohltat empfunden, wären die parlamentarischen Staatssekretäre durch eigene Ressorts ausreichend beschäftigt gewesen. So trieb sie ihr Tatendrang auf die auswärtige Politik. Ich bin überzeugt davon, die Sitzungen über die Wilson-Noten wären rascher zu Ende gegangen, wenn die verschiedenen Ministerien auf die Rückkehr ihrer Chefs gewartet hätten. Der überlegene Fachverstand der Unterstaatssekretäre hätte eine unerfahrene Geschäftsführung wirksam ergänzen können.

Die Säule in meinem Kabinett war Herr v. Payer. Er war unerschütterlich in seinem Widerstand gegen jede unsachliche Zumutung, die das Tempo seiner Entschließungen beschleunigen sollte. Mit Bedacht und Festigkeit bremste er die temperamentvollen Mitglieder des Kriegskabinetts und wehrte ihren großen Worten, als wollte er sagen: Wir sind hier nicht im Interfraktionellen Ausschuß; hier darf man nur Dinge aussprechen, für die man auch am nächsten Tage noch einstehen kann. Er hatte die gleiche natürliche Würde im Verkehr mit der Heeresleitung wie mit den Parlamentariern. Auch seine politischen Gegner spürten, daß niemals persönliche Motive sein Urteil färbten. Er litt unsagbar unter dem Schicksal Deutschlands und blieb nur im Amt, um in der Not nicht das sinkende Schiff zu verlassen. Mir selbst trat Herr v. Payer vom ersten Tage an mit einer sorgenden Güte entgegen, die ich ihm nie vergessen

---

[35] „Wie die Ausschußmitglieder im Parlament nur die Beauftragten der Fraktionen waren und deren Entscheidung zu folgen hatten, so glaubten auch einzelne von den Fraktionen präsentierte Regierungsmitglieder nicht aufhören zu dürfen, sich nur als Beauftragte der Fraktion zu fühlen, tatsächlich waren sie auch teilweise, z.B. bei der sozialdemokratischen Fraktion, auch nichts anderes als bloße Vollmachtträger der Fraktion, ohne deren Entscheidung und Weisung sie in keiner irgendwie wichtigen Frage Stellung nehmen durften. Diese Auffassung

werde. Während er bei inneren Fragen wohl immer eine glückliche Hand zeigte, war er mir in der auswärtigen Politik kein Bundesgenosse. Zwar stand sein ganzer Instinkt gegen Unterwürfigkeit: „Wir können keine Erklärung von uns geben, wonach es uns an Kraft fehlt," hatte er noch am 28. September im Hauptausschuß gesagt. Aber leider traute er seinem Gefühl weniger als dem Fachverstand des Auswärtigen Amtes; denn er kannte das Ausland nicht und haßte Dilettantismus.

Das war anders bei Erzberger und Scheidemann. Auch sie kannten die Länder und die Menschen nicht, auf die sie wirken wollten. Aber sie hatten ein unbegrenztes Zutrauen zu ihrem gesunden Menschenverstand und zu ihrer Intuition, seitdem sie rechtzeitig gefordert hatten, den Verteidigungscharakter des deutschen Krieges zu betonen. So traten sie mit dem Sicherheitsgefühl in mein Kabinett ein: wir haben uns in der auswärtigen Politik bewährt. Auch in den Beratungen des Oktober und November fehlte es ihnen nicht an guten Einfällen und treffenden Worten. Aber in der entscheidenden Frage der auswärtigen Politik trog sie ihr Instinkt. Sie hatten eine übertriebene Scheu, Wilson durch eine stolze Sprache zu reizen, und wollten nicht glauben, daß Herrenvölker wie die angelsächsischen nur härter werden, wenn sie der Unterwürfigkeit begegnen. Das Unglück wollte, daß die beiden Herren es sich selbst und ihren Parteien schuldig zu sein glaubten, an den öffentlichen Staatsdokumenten mitzuarbeiten.

Graf Roedern im Kabinett zu haben, gab mir ein Gefühl der Beruhigung. Er war selbst wiederholt für den Reichskanzlerposten – auch in den letzten Tagen noch – genannt worden: im Elsaß bewährt, schon in jungen Jahren von-Clemens v. Delbrück[36] als eines seiner „besten Pferde im Stall" bezeichnet. Er war mir Persönlich seit Jahren gut bekannt, wir hatten oft auf Spaziergängen im Schwarzwald unsere Übereinstimmung in wesentlichen Fragen der Politik festgestellt. Aber Graf Roedern hatte sich nicht erholt von dem Schreckenstag, den er im Großen Hauptquartier miterlebt hatte, dem 29. September, als der General Ludendorff unse-

---

vom Regieren ist aber für ein Reich gefährlich." (Payer, a. a. O., S. N6.)
[36] Staatssekretär des Innern, später Chef des Zivilkabinetts des Kaisers.

re militärische Bankrotterklärung forderte und durchsetzte. Er war seitdem überzeugt, daß wir unter allen Umständen Schluß machen müßten, und wehrte sich gegen jedes öffentliche Wort, das Wilson den Abbruch der Verhandlungen erleichtern konnte.

Staatssekretär Solf war in der Nacht vom 4. zum 5. Oktober zu der Überzeugung gekommen, daß die Linie verlassen werden müsse, die wir bis dahin gemeinsam innegehalten hatten. Er fühlte sich als Staatssekretär des Äußeren gebunden, dem Angebot, das auch er anfangs als aussichtslos bekämpft hatte, nunmehr jede Chance zu geben. Nur widerstrebend war er als Außenseiter Chef dieser komplizierten Behörde geworden und stand in der Waffenstillstandsfrage einer wohldurchdachten Amtsmeinung gegenüber. Sie ist in einem Dokument festgelegt, dessen Entstehungsgeschichte noch heute dunkel ist, in dem sich aber die folgenden auffallenden Worte finden:

„Die auf diese Weise neu gebildete Regierung würde im gegebenen Moment an den Präsidenten Wilson heranzutreten haben mit dem Ersuchen, die Herstellung des Friedens in die Hand zu nehmen und zu diesem Zwecke allen kriegführenden Parteien die Entsendung von bevollmächtigten Delegierten nach Washington vorzuschlagen.

Je nach den Wünschen unserer militärischen Stellen würde dem Präsidenten nahezulegen sein, die Kriegführenden eventuell gleichzeitig zum Abschluß eines sofortigen Waffenstillstandes einzuladen. Unsere Aufforderung an Herrn Wilson wäre von der Erklärung zu begleiten, daß Deutschland, eventuell der Vierbund, bereit ist, den Friedensverhandlungen als Programm die bekannten 14 Punkte des Präsidenten zugrunde zu legen ... ."

Dieses Schriftstück[37] ist vom 28. September datiert, dem Tage vor der Abreise des Staatssekretärs v. Hintze ins Hauptquartier, und es trägt nicht etwa seine Unterschrift, sondern die Namen von drei Referenten, die den

---

[37] Amtliche Urkunden Nr. 12.

Rücktritt Hintzes überdauerten und die nunmehr Solf als seine gegebenen Berater vorfand.[38]

Der Staatssekretär begründete in diesen Tagen mit großer Offenheit seine Schwenkung. Die „psychologische Methode", für die er im Bunde mit mir, Haeften und Hahn so lange gekämpft, habe ihre militärische Grundlage, d. h. ihren Sinn verloren. Die Waffenstillstandsaktion müsse unter allen Umständen jetzt ungestört laufen. So war er wachsam besorgt, kein Wort heraus zu lassen, das unserer Lage nicht angemessen wäre. Letzten Endes bedrückte ihn, den Grafen Roedern, die Staatssekretäre Erzberger und Scheidemann ein Gefühl, wie es später einmal, als es sich um die Abwehr in der Schuldfrage handelte, ein prominenter Parlamentarier in die drastischen Worte gekleidet hat: „Wenn ich auf dem Boden liege und es tritt mir jemand auf den Bauch, so sage ich doch nichts, was ihn ärgert."

Gröber und Friedberg waren ihrem Empfinden nach entschiedene Gegner dieser Einstellung, aber sie haben sich in der auswärtigen Politik eine große Zurückhaltung auferlegt.

Als später Kriegsminister Scheuch und Conrad Haußmann[39] in den engeren Kriegsrat eintraten, wurde die Basis für die von mir erstrebte

---

[38] Den oben angeführten Worten gehen die folgenden voran: „Wichtigste Voraussetzung für die Einleitung des Friedens ist die sofortige Bildung einer neuen Regierung auf breiter nationaler Basis aus freier Initiative Seiner Majestät des Kaisers. Hierzu wäre erwünscht, daß möglichst schon morgen abend ein Telegramm in Berlin eintrifft, das die Annahme der von Graf Hertling erbetenen Demission mitteilt und den Vizekanzler v. Payer beauftragt, dem Kaiser sofort wegen der Person des neuen Kanzlers und der Zusammensetzung der neuen Regierung Vorschläge zu machen. Das neue Kabinett soll alle Kräfte des Volkes auf breitester nationaler Grundlage zusammenfassen und der Verteidigung des Vaterlandes nutzbar machen. Um die Erreichung dieses Zieles zu sichern, soll der Vizekanzler auf ausdrücklichen Wunsch des Kaisers das Präsidium des Reichstages und die Parteiführer hören und im engsten Einvernehmen mit der Volksvertretung seine Vorschläge ausarbeiten."

[39] Haußmann wurde am 14. Oktober, Scheuch am 9. Oktober ernannt. Letzterer war nicht ständiges Mitglied des engeren Kriegsrats, wurde aber häufig zu den Beratungen zugezogen. – David wurde Unterstaatssekretär im Auswärtigen Amt.

Politik breiter. Aber auch sie konnten gegen die allgemeine Stimmung nicht durchdringen. General Scheuch blieb in den Augen des Kabinetts der Militär, und Haußmann litt darunter, daß Payer ihm gegenüber stets die Haltung des älteren und weiseren Freundes einnahm.

In der Frage: Wie treten wir den Feinden gegenüber? würde ich allein stehen. Diese Erkenntnis drängte sich mir in den ersten Tagen meiner Kanzlerschaft auf. Ich wollte nicht nur auf die Unterstützung des Auswärtigen Amtes angewiesen sein und bestand daher darauf, Simons in die Reichskanzlei zu berufen. Die Stellung des Chefs lehnte er allerdings ab. Ich bot diesen Posten Exzellenz Wahnschaffe an, der unter Bethmann die Reichskanzlei geleitet hatte. Er nahm die Berufung an, wollte aber das Amt nur provisorisch bekleiden, bis er Geheimrat Simons in die Geschäfte eingeführt hätte. Hierauf ging schließlich auch Simons ein. Die Zusammenarbeit der beiden Männer war mir von größtem Wert. In der äußeren wie in der inneren Politik standen Rechtsfragen im Vordergrund und gaben Simons täglich Gelegenheit, seine Meisterschaft zu bewähren. Wahnschaffe hatte eine außerordentliche Kenntnis des Regierungsapparates, und ich bewunderte stets aufs neue seine Kunst der Menschenbehandlung.

Der Legationsrat v. Prittwitz wurde mein Adjutant – der beste, den ich mir wünschen konnte – ein Arbeiter von wohltuender Präzision und Leichtigkeit. Sein glückliches Temperament half mir über viele böse Stunden hinweg.

Haeften wurde neben Oberst v. Winterfeldt Vertreter der Obersten Heeresleitung beim Reichskanzler.

Ich sorgte dafür, daß Hahn Geheimrat Simons unterstellt wurde.

Er war in der Nacht vom 4. auf den 5. Oktober in dramatischen Konflikt mit Solf und Haeften gekommen. Gab ich ihm auch im Innern recht, so mußte ich doch jetzt, nachdem ich den folgenschweren Schritt mit meinem Namen gedeckt hatte, die Einheitlichkeit der Entschließungen wahren. So ließ ich einen früheren Plan fallen, Hahn in meine unmittelbare Umgebung zu ziehen. Aber ich wollte ihn in Bereitschaft halten, wenn es sich darum handeln würde, die Linie des Waffenstillstandsangebots wieder zu verlassen.

Vielleicht würde uns schon die erwartete Note Wilsons vor eine neue Situation stellen.

In diesen ersten Tagen zeichneten sich die Beratungen des Kabinetts durch guten Willen und Sachlichkeit besonders aus. Ein gelinder Parteidruck war allerdings zu spüren: die Herren beharrten auf ihrer Forderung, zwei Kommandierende Generale zu entfernen, die sich in ihren Bezirken durch die Handhabung des Belagerungszustandes mißliebig gemacht hatten.

Den Kriegsminister v.Stein konnte ich nicht halten: nach den Mitteilungen der Staatssekretäre war die Feindschaft zwischen ihm und dem Reichstag so wenig verhüllt, daß ein vertrauensvolles Zusammenarbeiten mit der parlamentarischen Regierung nicht zu erwarten war.

Eine ernste Meinungsverschiedenheit trat bei der Besprechung über die Begnadigung politischer Verbrecher zutage: die Mehrzahl der Kabinettsmitglieder war im Falle Liebknecht nur für die Umwandlung der Zuchthausstrafe in Gefängnis oder Festung. Echeidemann aber erklärte sich gegen jede weitere Inhaftierung Liebknechts: der Märtyrer sei gefährlicher, gegen den freien Liebknecht könne man reden. Als ich ihn fragte: Ist die Freilassung Liebknechts mit der Sicherheit des Vaterlandes vereinbar? antwortete er mit einem bestimmten Ja: wenn Gefahr bestünde, könne man ihn ja aufs neue einsperren. Lewald vom Reichsamt des Innern machte geltend: dann würde das Odium der Wiederverhaftung auf die gegenwärtige Regierung fallen. Scheidemann aber blieb bei seiner Ansicht, überzeugt, daß im Grunde die Unabhängigen die Fortsetzung der Haft Liebknechts wünschten und brauchten, um den Mehrheitssozialdemokraten im Parlament und vor den Massen immer neue Verlegenheiten bereiten zu können. – Wir schoben die Entscheidung noch hinaus.

Seit der Absendung unserer Note an Wilson ließ mir die Sorge keine Ruhe, der Präsident möchte in seiner Antwort die Abdankung des Kaisers fordern. Ich versuchte vorzubeugen. Durch einen von mir besonders geschätzten neutralen Gesandten ließ ich in die Kanäle des amerikanischen Auswärtigen Amts die Warnung leiten, Wilson möge sich nicht in unsere inneren Verhältnisse einmischen, das Friedenswerk müsse sonst scheitern: der Krieg würde weitergehen mit unserer ganzen nationalen Kraft, und das Vertrauen in den Völkerbundgedanken wäre erschüttert ebenso wie das Vertrauen zu den Menschen, die dafür eingetreten sind. – Aber ich hatte im Grunde wenig Hoffnung, daß Wilson sich zurückhalten würde.

Meinen Kollegen gab ich von dem unternommenen Schritt keine Kenntnis; aber ich benutzte die erste Gelegenheit, die Frage an das versammelte Kabinett zu stellen: Sollte Wilson, was nicht unmöglich ist, die Abdankung des Kaisers fordern, würde ich das Kabinett geschlossen in Abwehr gegen diese Einmischung hinter mir haben? – Ich bat jeden Staatssekretär einzeln, mir zu antworten. Gröber wollte sich für die Gesinnung der Mehrheit verbürgen. Scheidemann erklärte, die Stimmung sei böse, besonders erschreckend die Berliner Stimmung. „Aber ich nehme an, daß solche Bedingung uns nie gestellt wird." Erzberger widersprach: Man müsse auf solche Bedingungen gefaßt sein; aber die Republik wäre der Untergang des Reiches, „die süddeutschen Staaten sind streng monarchisch". Ich wiederholte dann meine Frage an Scheidemann: „Was wir das Volk sagen, wenn diese Bedingung gestellt wird?" Scheidemann erwiderte: „Wird die Frage so gestellt: Krieg oder Preisgabe der Hohenzollern, so wäre das Volk für den Frieden, selbst um diesen Preis. Ich werde mich auf den Ablehnungsstandpunkt stellen; ein Erfolg ist dann möglich, da so unverschämte Bedingungen wohl auch mit anderen unverschämten verknüpft sein würden."

Ohne Widerspruch zu finden, faßte Payer den Standpunkt des Kabinetts folgendermaßen zusammen: „Wir müssen uns gegen solche Forderungen Wilsons mit Hörnern und Klauen wehren." – Ich äußerte meine Genugtuung über diese Einmütigkeit.[40]

Die Herren sprachen damals nicht nur ihre eigenen Gefühle aus, sondern gaben die wahre Stimmung der Kreise wieder, die hinter ihnen standen. Die Forderung nach der Abdankung wäre von keiner der in meinem Kabinett vertretenen Parteien zur Diskussion gestellt worden, wenn Wilson nicht planmäßig den Streit um die Person des Kaisers in das deutsche Volk hineingetragen hätte. Wünsche, der Kaiser möge ab-

---

[40] Bei unbelegten Zitaten aus Sitzungen und ähnlichem liegen Protokolle aus dem Archiv der Reichskanzlei zugrunde.

danken, wurden damals eher auf der Rechten laut[41] und bei einigen überzeugten Monarchisten der Linken, wie Max Weber und Naumann, für die der Gedanke unerträglich war, ein Kaiser von Deutschland hätte den Präsidenten Wilson um Waffenstillstand gebeten.

„Es ist seiner [des Kaisers] und des Kaisertums unwert," so heißt es in einem der jetzt veröffentlichten Briefe Max Webers,[42] „in einem verstümmelten Deutschland das Gnadenbrot zu essen. Geht er, ohne Druck von außen, jetzt, so geht er in Ehren, und das ritterliche Mitgefühl der Nation ist bei ihm. Vor allem aber: die Stellung der Dynastie bleibt gewahrt."

Ähnlich schrieb Naumann in diesen Tagen an den Chef des Zivilkabinetts.

Solche unerbittliche Voraussicht lag mir damals fern. Der Kaiser allerdings fühlte in diesen Tagen wiederholt Neigung, sich zurückzuziehen; das erfuhr ich aus mehreren Gesprächen mit Herrn v. Berg. Einmal riet mir der Chef des Zivilkabinetts dringend, den Kaiser zu schonen. Ich fragte ihn erstaunt, wie er sich das vorstellte. Die furchtbare Lage, in der

---

[41] „Deutsche Zeitung", 12. Oktober 1918, morgens: „Wir warten auf die Stunde der Abrechnung und geben die Versicherung, daß wir schonungslos, erbarmungslos abrechnen werden mit allen den Männern, die durch die Zermürbung unseres Volkes der Demokratie zwar den Sieg, Deutschland aber die Niederlage gebracht haben. Es steht uns keiner hoch genug, den wir nicht vor den Richterstuhl der Geschichte rufen werden, der nicht die Verantwortung auf sich nehmen muß für diese ungeheuerlichen Ereignisse der letzten Zeit. Die Not der Stunde gebietet uns, im Augenblick manches zu verschweigen, das gesagt werden müßte ... Deutschlands Elend begann im Jahre 1890, als man Deutschland zum Sachsenwald schickte." 12. Oktober abends: „Heute ... kommen die anderen Elemente der modernen Zeit und entwinden dem Kaiser Zepter und Krone. Darüber zu trauern, wäre heute verfehlt. Wer sich das Zepter aus der Hand winden läßt, der kann es nicht führen. Für uns gibt es nur die Frage: Was wird aus unserem Reich? ..."

[42] Max Weber: Gesammelte politische Schriften, München 1921, S.477, Max Weber an Schulze-Gävernitz am 11. Oktober 1918.
In einer Rede kurz nach der Revolution sagte Max Weber ähnliche Worte und fügte hinzu: Der Thron der Hohenzollern war durch unseren Bittgang zu Wilson zu schmal für Wilhelm II. geworden, er konnte jetzt nur ein Kind tragen.

wir uns befänden, sei in keiner Weise dazu angetan, irgendeinem von uns, am wenigsten dem Kaiser, Schonung zu gewähren. Berg wiederholte nur seine Worte und fügte hinzu: „Denn der Kaiser trägt sich mit Abdankungsideen, und wenn der Kaiser abdankt, müssen auch alle deutschen Bundesfürsten abdanken." Ich ging auf diese Bemerkungen von Herrn v. Berg nicht ein. Meine Aufgabe sah ich damals darin, den Kaiser dem Volke wieder nahezubringen, und die Welle des Vertrauens, die mir entgegenkam, bestärkte mich in der Hoffnung, daß es gelingen könnte.

Der einzige Weg, den ich Seiner Majestät empfehlen konnte, war Zurückhaltung in Worten, aber Taten, die dem Volke deutlich machten: die Autorität des Kaisers deckt den Reformwillen des Kabinetts und überwindet alle Widerstände, die sich etwa beim Militär und der Bureaukratie einstellen sollten. Ich versprach mir von bestimmten Handlungen eine überzeugende Wirkung; unter anderem dachte ich an einen Wechsel im Zivilkabinett. Ich hoffte, Herrn v. Valentinis Zurückberufung herbeizuführen; war doch seinerzeit seine Entlassung von der Obersten Heeresleitung dem Kaiser abgetrotzt worden, weil er als Anhänger des Verständigungsfriedens galt.

Ich hatte mich auf den 6. Oktober bei Seiner Majestät angesagt. Wir hatten wohl das einzige ruhige Gespräch während meiner Kanzlerzeit.

Der Kaiser empfing mich zu Bette liegend, da er von einem Ischiasleiden geplagt war. Jede einzelne Entscheidung, die ich von ihm erbat, wurde ihm sichtlich schwer, besonders auch die Ersetzung des Kriegsministers und der beiden Generale. Er litt sichtlich unter der Unfreiheit seiner Entschließungen.

Ich suchte dem Kaiser nahezubringen, daß er wieder festen Boden finden würde, sobald die Hindernisse entfernt wären, die zwischen ihm und dem Vertrauen des Volkes stünden. Die politische Situation sei sicher voll drohender Gefahren; vorausschauende Politik müsse versuchen, Angriffsflächen zu beseitigen; es gelte den revolutionären Elementen das Spiel zu verderben.

Der Kaiser schien meinen Ausführungen zuzustimmen. Als ich aber auf die Notwendigkeit hinwies, Herrn v. Berg durch eine Persönlichkeit zu ersetzen, von der es feststünde, daß sie mit weniger Abneigung auf diese Regierung blicke als der gegenwärtige Kabinettchef, da wehrte sich der Kaiser mit Entschiedenheit: die Wahl des Kabinettchefs sei eine Prärogative der Krone.

Ich erwiderte, das entspräche ganz meiner Auffassung, ich müsse aber daran erinnern, daß diese Prärogative durch die Oberste Heeresleitung verletzt worden sei, als General Ludendorff dem Kaiser im Januar dieses Jahres das Ultimatum gestellt hatte, er würde sein Amt niederlegen, wenn Seine Majestät Herrn v. Valentini nicht entließe. Dieser Abergriff in die Rechte der Krone hätte dem Ansehen der Monarchie geschadet: der General drohte mit seinem Abschied in einem Augenblicke, da er wußte, daß der Kaiser nicht in der Lage war, ihn zu entlassen. Es böte sich jetzt die Gelegenheit, diesen Akt der Vergewaltigung wieder gutzumachen. Ich schlüge Seiner Majestät vor, daß er Herrn v. Valentini wieder zurückriefe. Mir sei bewußt, daß der Kaiser in Herrn v. Berg seinen persönlichen Freund sähe, den er nur sehr ungern aus seiner nächsten Nähe verlieren würde. Als Herrn v. Valentini sein Abschied bewilligt wurde, habe der Kaiser auch ihn als seinen Freund bezeichnet, und so dürfte ich hoffen, daß die Zurückberufung des früheren Kabinettchefs auch in rein persönlicher Beziehung einen Ersatz zu bieten vermöchte. Seine Majestät schien über diese Lösung erfreut, er fragte mich aber, ob der Feldmarsch all und General Ludendorff keinerlei Schwierigkeiten machen würden. Ich konnte beruhigende Auskunft geben, da ich die notwendigen Erkundigungen schon eingezogen hatte.

Von meinem Gespräch mit dem Kaiser nahm ich den zuversichtlichen Eindruck mit, daß er loyal mit der parlamentarischen Regierung zusammenarbeiten wollte. General Ludendorff hatte den gleichen Vorsatz. Das versicherte mir Haeften in diesen Tagen immer auss neue. Ich hatte keine Sorge vor politischen Einmischungen des Generals. Aber der unheimliche Zweifel verließ mich nicht: Hat Ludendorff noch die nötige seelische Spannkraft, um in diesem Augenblicke das Schicksal der deutschen Armee zu lenken? Zum mindesten sollte bei den Entscheidungen der kommenden Wochen sein militärisches Gutachten nicht mehr allein maßgebend sein. Ebensowenig wollte ich bei der Beurteilung der auswärtigen Lage nur auf das Auswärtige Amt angewiesen sein.[43] Ich hatte ein starkes Gefühl der Unsicherheit gegenüber den Informationsquellen, die mir bei meinem Amtsantritt zur Verfügung gestanden hatten.

Daher beabsichtigte ich, General v. Loßberg nach Berlin zu zitieren, und gab Auftrag, eine Konferenz der führenden Botschafter nach Berlin zu berufen. Rosen (Haag) und Graf Rantzau (Kopenhagen) waren sofort abkömmlich, Graf Metternich weilte sowieso in Berlin, Graf Bernstorff war noch nicht in Konstantinopel entbehrlich.

Der Wunsch, neuen militärischen Rat einzuholen, rief sofort ärgerlichen Protest seitens der Obersten Heeresleitung hervor. General Luden-

---

[43] Dieses Gefühl findet lebhaften Ausdruck in einem Aufschrieb aus den ersten Tagen meiner Kanzlerschaft:
„ ... Es hat sich herausgestellt, daß in den Veratungen von Dienstag- Donnerstag [1.- 3. Oktober] der Reichskanzler nicht in der Lage war, seine Entscheidung auf Grund von authentischen Informationen zu treffen:
a) über die Moral der deutschen Truppen,
b) über die Möglichkeit, noch einmal durch eine große nationale Erhebung die alte Kampfkraft herzustellen,
c) über den Zustand an den feindlichen Fronten, besonders aber hinter den feindlichen Fronten; über die Auffassung hierüber in neutralen militärischen Kreisen.
Hieraus leite ich die folgende Forderung ab:
Für die Sitzungen der Militärs und des Reichskanzlers, die Ende nächster Woche darüber abgehalten werden müssen, welche Antwort auf die Wilsons zu geben ist, muß der Reichskanzler diesmal in der Lage sein, auf Grund eines klaren Tatbestandes seine Entscheidung zu treffen. Hieraus ergeben sich die folgenden Vorschläge:
  1. Die sofortige Herberufung des Generals v. Loßberg.
  2. Die sofortige Herberufung Hermann Stegemanns.
   3. Der Vortrag eines Frontoffiziers sollte entgegengenommen werden, der die Kräfte der Freiwilligkeit, die heute noch im Volksheer stecken, miterlebt hat.
Es hat sich ergeben, daß bei den Dienstag-Donnerstag-Konferenzen ebenfalls ganz unzureichende Informationen über die internationale politische Situation vorlagen. Die Frage: Ist der Weg über Wilson besser oder über England? Soll man die Antwort auf die Mentalität der englischen Arbeiter abstimmen oder auf die Eitelkeit Wilsons? Auch diese Frage wurde gar nicht oder höchst oberflächlich diskutiert."

dorff erklärte, in den nächsten Tagen nach Berlin kommen zu wollen und zu jeder militärischen Auskunft zur Verfügung zu stehen.

Ich wollte naturgemäß die mündliche Auseinandersetzung mit Ludendorff abwarten, aber ich war nicht beruhigt, ebensowenig mein Kabinett.

Gerüchte über die Gesundheit des Generals Ludendorff vermehrten unsere Besorgnis. Oberst Bauer war dienstlich in Berlin und hatte sich mehreren Chefs gegenüber sehr pessimistisch über den Zustand des Generals ausgesprochen.

Da drang mit einem Male der Alarmruf: Ludendorff muß fort; er hat die Nerven verloren – in die Öffentlichkeit, aller Kriegszucht zum Trotz, der sich die Presse vier Jahre lang so geduldig unterworfen hatte. Walter Rathenau schrieb in der „Vossischen Zeitung" (vom 7. Oktober 1918) unter dem Titel:

„Ein dunkler Tag":

„Der Schritt war übereilt.
   Wir alle wollen Frieden. Wir, die wenigen, haben gemahnt und gewarnt, als keine Regierung daran dachte, der Wahrheit ins Auge zu blicken.
   Nun hat man sich hinreißen lassen, im unreifen Augenblick, im unreifen Entschluß.
   Nicht im Weichen mußte man Verhandlungen beginnen, sondern zuerst die Front befestigen.
   Die Gegner mußten sehen, daß der neue Geist des Staates und Volkes auch den Geist und Willen der Kämpfenden kräftigt. Dann mußte Wilson gefragt werden, was er unter den verfänglichsten seiner 14 Punkte versteht, vor allem über Elsaß-Lothringen, Polen und die Entschädigungen der westlichen Gebiete. Die verfrühte Bitte um Waffenstillstand war ein Fehler.
   Das Land ist ungebrochen, seine Mittel unerschöpft, seine Menschen unermüdet. Wir sind gewichen, aber nicht geschlagen.
   Die Antwort wird kommen. Sie wird unbefriedigend sein; mehr als das: zurückweisend, demütigend, überfordernd.
   Wir dürfen uns nicht wundern, wenn man die sofortige Räumung des Westens, wo nicht gar einschließlich der Reichslande verlangt. Punkt 8 wird auf Herausgabe zum mindesten Lothringens, vermutlich auch des Elsaß gedeutet. Als polnischer Hafen kann Danzig gemeint sein. Die Wiederherstellung Belgiens und Nordfrankreichs kann auf eine verhüllte Kriegsentschädigung in der Größenordnung von 50 Milliarden hinauslaufen.
   Hat man das übersehen? Wer die Nerven verloren hat, muß ersetzt werden.
   Warum wird man Wilsons Forderungen ausdeutend übersteigern? Weil man unseren Willen für gebrochen hält.

Gebrochen ist und soll sein die Anmaßung einzelner auf Weltbeherrschung, auf Rechtsbruch, auf Einpflanzung des dürren und überlebten Militarismus und Feudalismus in die erstarkten Völker der Erde.

Ungebrochen ist der Wille zur freien Selbstbehauptung und Selbstbestimmung. Kein Schiedsgericht der Welt schafft uns Arbeit und Stoff und Lebensraum, den schafft nur ein würdiger und erträglicher Frieden.

Wir wollen alles Unrecht abtun, innen und außen; wir haben begonnen und werden fortfahren, doch wir wollen kein Unrecht leiden.

Mit der Festigung mußte begonnen, mit dem Funkspruch geschlossen werden; das Umgekehrte ist geschehen und nicht mehr zu ändern; unser Wort müssen wir halten.

Kommt jedoch die unbefriedigende Antwort, die Antwort, die den Lebensraum uns kürzt, so müssen wir vorbereitet sein.

Die nationale Verteidigung, die Erhebung des Volkes muß eingeleitet, ein Verteidigungsamt errichtet werden. Beides tritt nur dann in Kraft, wenn die Not es fordert, wenn man uns zurückstößt; doch darf kein Tag verlorengehen.

Das Amt ist keiner bestehenden Behörde anzugliedern, es besteht aus Bürgern und Soldaten und hat weite Vollmacht.

Seine Aufgabe ist dreifach.

Erstens wendet es sich im Aufruf an das Volk, in einer Sprache der Rückhaltlosigkeit und Wahrheit. Wer sich berufen fühlt, mag sich melden, es gibt ältere Männer genug, die gesund, voll Leidenschaft und bereit sind, ermüdeten Brüdern an der Front mit Leib und Seele zu helfen.

Zweitens müssen alle die Feldgrauen zur Front zurück, die man heute in Städten, auf Bahnhöfen und in Eisenbahnen sieht, wenn es auch für manchen hart sein mag, den schwerverdienten Urlaub zu unterbrechen.

Drittens müssen in Ost und West, in Etappen und im Hinterland aus Kanzleien, Wachtstuben und Truppenplänen die Waffentragenden ausgesiebt werden. Was nützen uns heute noch Besatzungen und Expeditionen in Rußland? Schwerlich ist in diesem Augenblick mehr als die Hälfte unserer Truppen an der Westfront.

Einer erneuten Front werden andere Bedingungen geboten als einer ermüdeten.

Wir wollen nicht Krieg, sondern Frieden. Doch nicht den Frieden der Unterwerfung."

Das war der Herzensschrei eines großen Patrioten. Er traf mich hart. Seit dem 5. hatte ich versucht, mich auf den Boden der Tatsachen zu stellen, nach vorn zu sehen und nicht zurück auf den Kampf, den ich gegen das Waffenstillstandsangebot geführt und verloren hatte. Nun quälte und fragte ich mich wieder aufs neue: war auch wirklich das Letzte geschehen, um den „übereilten Schritt" zu verhindern.

Erst Jahre später habe ich von Freunden erfahren, daß Rathenau am 2. Oktober wie ein Kind geweint hat und seinen erfindungsreichen Geist zermarterte, ob er nichts tun könnte, um das Angebot aufzuhalten. Wäre er doch an jenem Tage zu mir gekommen! Ich hätte diesen Bundesgenossen brauchen können.

Rathenaus Artikel warf eine große Erregung in die Öffentlichkeit – die Menschen fuhren zusammen bei den mißtrauenden Worten, die gegen Ludendorff und gegen Wilson gerichtet waren.

Wir besprachen die „levée en masse" sofort im Kabinett. Der Grundgedanke war sicher richtig: Freiwilligkeit wird in diesem Augenblicke mehr vollbringen als Zwang. Noch können erneuernde Kräfte der Front zugeführt werden. Aber eine Massenerhebung wie zu Carnots Zeit ist nicht durchführbar. Sie würde einen heillosen Wirrwarr in der Kriegsorganisation anrichten. Einzig der Kriegsminister kann die sinnvolle Kräfteverteilung vornehmen und muß sie fest in der Hand behalten. Ich erwartete viel von General Scheuch, der vom Kaiser zum Kriegsminister ausersehen war. Er hatte als Chef des Kriegsamts einen tiefen Einblick in unser Wirtschaftsleben getan und war in nahe Berührung mit Arbeitgebern und Arbeitnehmern getreten.

Am gleichen Tage wurde mir ein zusammenfassender Bericht über die Stimmung in den alliierten Ländern erstattet. Danach schien es, daß Rathenaus Worte: „Warum wird man Wilsons Forderungen ausdeutend übersteigern? Weil man unseren Willen für gebrochen hält" – eine furchtbare Bestätigung erhalten sollten.

Die Pressekommentare vor dem Angebot machen deutlich, wie die Wendung in unserer inneren und äußeren Politik auf die Feinde gewirkt hätte ohne die gleichzeitige militärische Bankrotterklärung. Allenthalben ist die Spannung groß: Was wird der neue Kanzler sagen, wie weit wird das Entgegenkommen gehen, das Deutschland zeigt? Lord Robert Cecil sagte am 2. Oktober in einem Interview:[44]

---

[44] Unterredung mit dem Londoner Korrespondenten der „Neuen Zürcher Zeitung" Sperrungen von mir.

„Wahrscheinlich würde eine einzige Erklärung aus dem Munde eines leitenden deutschen Staatsmannes genügen, die Welt dem erstrebten Ziele näherzubringen. Dieser müßte die bündige Versicherung abgeben, daß Belgien geräumt und in seiner unbeschränkten Unabhängigkeit wieder hergestellt, sowie auch die übrigen Fragen ohne Annexionen und ohne Entschädigungen mit schuldiger Rücksicht auf das Selbstbestimmungsrecht der Völker bei Friedensschluß geregelt werden, endlich, daß gegen eine Wiederkehr des Krieges durch Abrüstung, Schiedsgerichte und Begründung eines Völkerbundes Schutzwehren geschaffen werden müssen. Trotz des bemerkenswerten Umschwunges in den Anschauungen, der sich in Deutschland vollzieht, hat indessen noch kein deutscher Staatsmann sich zu dem neuen Weltideal bekannt."

Ich will nicht darüber urteilen, ob dieser verschlagene Idealist guten oder bösen Willens war, als er solch ein klares Bekenntnis zum Verständigungsfrieden ablegte. Entscheidend ist: so konnte nur ein Staatsmann sprechen, der noch an die ungebrochene Kraft des Gegners glaubt und sich nicht des eigenen Sieges sicher fühlt.

Die Persönlichkeiten in der neuen Regierung interessieren die englische Öffentlichkeit nicht minder als die erwartete Kursänderung. Die liberale englische Presse zitiert aus Solfs und meinen Reden.

Massingham schreibt in der „Nation" kurz vor meiner Ernennung:

„Ich sehe eine solche rettende Persönlichkeit, das ist Prinz Max. Bei ihm besteht mindestens die Verheißung hohen sittlichen Wertes ... Wenn dieser Mann als Kanzler des Deutschen Reiches sprechen wird, ist in der Tat ein neues Faktum geschaffen."

Nach unserem Angebot war die Sache des Verständigungsfriedens verloren. Vor dem Ausland gelang es nicht, unsere Notlage auch nur 24 Stunden zu verschleiern. Die Bitte um Waffenstillstand wirkte wie ein Wunder; kein Mensch hatte dieses umstürzende Ereignis erwartet. Die kleinen Gruppen um Morel trugen ihre Fahne hoch, aber sie kämpften nicht mehr, sondern demonstrierten nur noch; die Opportunisten beeilten sich, ihre Bekehrung der Welt zu verkünden; Lansdowne sprach sich gegen die Gewährung eines Waffenstillstandes aus, der dem Feinde Gelegenheit geben würde, seine Kräfte zu konsolidieren.

Kein Mensch achtete mehr auf die Worte und Taten der deutschen Regierung anders als auf Symptome der militärischen Lage.

Die Schadenfreude der Kriegshetzer nahm hysterische Formen an: „Jetzt haben wir sie", so sagte auch Northcliffe und die gelbe amerikanische Presse:

„Wir haben nur eine Bedingung gestellt, die ist: Gewalt, Gewalt bis zum äußersten anzuwenden, grenzenlose, bis wir für immer das gemeine, unerträgliche, verbrecherische Ding vernichtet haben norden, das uns jetzt seine bluttriefende Hand entgegenhält." [45]

Ganz Frankreich atmete auf, als ob erst jetzt erlöst von tödlicher Gefahr, aber es ließ sich nicht gehen wie England und Amerika.[46] Sein Jubel war mehr ein Schlachtruf, der die Kräfte sammelt. Die Franzosen durchschauten mit erbarmungsloser Klarheit die Entstehungsgeschichte unseres Angebots.

„Sind diese Eile, um einen Waffenstillstand zu bitten, ohne weitere 24 Stunden die Zusammenkunft des Reichstags abzuwarten, diese Rede, in der der Wunsch sich spiegelt, die über das Schicksal des Heeres und des Volkes besorgten Parlamentarier zu beruhigen, nicht Beweise, daß die Regierung und die Oberste Heeresleitung den militärischen Zusammenbruch als unabwendbar betrachteten?"

So schreibt Marschall Foch[47] rückblickend, aber das sagten auch schon damals die französischen Kommentare.

Abschließend möchte ich über die Wirkung des Waffenstillstandsangebots auf die feindlichen Völker sagen: meine schlimmsten Erwartun-

---

[45] „New York Tribune".
[46] Mac Cumber brachte im Senat eine Resolution ein, so meldet Reuter aus Washington, daß Deutschland vor dem Waffenstillstand seine Armee demobilisieren, seine Flotte übergeben und den Schaden der vernichteten Schiffe vergüten, Elsaß-Lothringen wiederherstellen und die Schadenvergütung von 1870 an Frankreich zurückzahlen müsse.
[47] Die Gegenseite, Stimmen des Auslandes zum Krieg und Frieden, Heft 1. Der Irrtum des Marschalls Foch. Berlin 1919, S. 27, Anm. – Die Sperrungen sind von mir.

gen wurden übertroffen. Es blieb nur noch die schmale Hoffnung auf den Präsidenten Wilson. Wenn er den Willen und die Kraft hatte, entgegen den Machthabern der Entente und entgegen dem eigenen Volk sein der Menschheit verpfändetes Wort zu halten, nur dann konnte das Angebot zu dem Ergebnis führen, das seine Urheber erstrebten.

Am 8. Oktober wurde die Antwort Wilsons als unmittelbar bevorstehend angekündigt. Das Auswärtige Amt erhielt böse Voraussagen aus neutralen Ländern über die Vorbedingungen, die Wilson für die Gewährung des Waffenstillstands verlangen würde. Ich hatte von Anfang an mit der Forderung der Räumung Belgiens und Nordfrankreichs gerechnet. Nun erwartete ich noch Schlimmeres: vielleicht würde gar die Herausgabe der Reichslande gefordert werden. Ich wollte diesmal besser als vor acht Tagen Bescheid wissen über die militärischen Grundlagen, auf die sich unsere Entschließungen aufbauen mußten.

Der General Ludendorff sollte am nächsten Tage eintreffen. Die Ersatzlage mußte sorgfältig besprochen werden. Der General hatte uns so genau wie möglich zu sagen, wie lange wir aushalten könnten, wenn die Bundesgenossen abfielen. Konnte er die Schlacht in Feindesland zum Stehen bringen? Das war die Grundfrage, und die Antwort mußte darüber entscheiden, ob wir ein Räumungsverlangen ablehnten oder annähmen. Ich bereitete einen Fragebogen vor, der ins einzelne ging; er sollte Ludendorff unmittelbar nach seiner Ankunft vorgelegt werden; die Antworten würden wir dann im Kabinett erhalten.

„Berlin, den 8. Oktober 1918.[48]
An den General Ludendorff.

Die Antwort des Präsidenten der Vereinigten Staaten von Amerika auf unser Friedens- und Waffenstillstandsersuchen wird voraussichtlich weder in einer glatten Annahme noch in einer glatten Ablehnung bestehen, sondern sie wird Bedingungen nennen, von denen der Präsident sein Vorgehen abhängig macht.

---

[48] Amtliche Arkunden Nr. 36. – Eine mündliche Beantwortung der sieben ersten Fragen fand in der Sitzung vom 9. Oktober statt (s. u. S. 389 f.). Am 11. Oktober wurde der ganze Fragenkomplex vom Gr. H.-Qu. aus von Ludendorff schriftlich beantwortet, vgl. Amtliche Urk. Nr. 43.

Wir müssen mit der Möglichkeit rechnen, daß diese Bedingungen schwer sind. Wir werden also vor die Frage gestellt, ob unsere militärische Lage es uns gestattet, durch Verhandlungen eine Milderung der Bedingungen anzustreben auf die Gefahr hin, daß darüber eine Reihe von Wochen vergeht, Österreich-Ungarn und die Türkei sich von uns trennen, und wir die Bedingungen des Präsidenten schließlich doch in ihrer ursprünglichen Form annehmen müssen.

Am mir ein Bild über unsere militärische Lage machen zu können, wäre ich Euer Exzellenz für umgehende Beantwortung folgender Fragen dankbar:

Wie lange kann die Armee den Feind jenseits der deutschen Grenzen halten, sei es in den jetzigen Stellungen, sei es in allmählicher Rückwärtsbewegung?

Muß auch heute noch mit der Möglichkeit eines militärischen Zusammenbruchs vor dem Frühjahr gerechnet werden und, bejahendenfalls, besteht diese Gefahr schon für die nächsten drei bis vier Wochen?

Wie lange wird der augenblickliche kritische Zustand voraussichtlich noch dauern? Ist der Gefahrpunkt überschritten, wenn der Feind sich zur Ein« stellung seiner Großangriffe genötigt sieht, und wann wird dies voraussichtlich der Fall sein?

4. Kann nach Überwindung des Gefahrpunktes auf Konsolidierung unserer Front gerechnet werden und durch welche Mittel kann sie erreicht werden?

Wie liegen die Verhältnisse des Mannschafts, und Materialersatzes?

Kann beim Scheitern der gegenwärtigen Friedensaktion trotz des Abfalls eines der beiden uns noch verbliebenen Bundesgenossen der Krieg von uns allein bis zum Frühjahr fortgeführt werden?

Verspricht sich die Oberste Heeresleitung einen ausreichenden Kräftezuwachs von der levée en masse, wie von Walter Rathenau in der „Vossischen Zeitung" empfohlen ist?

Nach den bisher eingegangenen Nachrichten erscheint es nicht ausgeschlossen, daß PräsidentWilson als Vorbedingung für den Eintritt in die Verhandlungen die Räumung Belgiens und Nordfrankreichs fordern wird; es fragt sich daher weiter:

1. Würde die Oberste Heeresleitung empfehlen, daß wir eine solche Forderung bedingungslos annehmen, oder daß wir sie mit Gegenbedingungen beantworten? Falls die militärische Lage unter den obenangeführten Gesichtspunkten einen Zeitverlust durch Verhandlungen zuläßt, kämen als Gegenbedingungen in Frage:

a) Die von Frankreich und England besetzten Gebiete Oberelsaß (eventuell auch die deutschen Kolonien) sind gleichfalls zu räumen.

b) Garantien sind dafür zu leisten, daß der Feind uns nicht folgt. Eventuell könnte gefordert werden, daß die von uns geräumten französischen Gebiete nur von amerikanischen Truppen besetzt werden, und daß Belgien nur von belgischen Truppen betreten, seine Neutralität von allen Kriegführenden beachtet und der belgische Boden nicht wieder zum Kriegsschauplatz gemacht wird.

c) Erklärung unsererseits, daß wir, um die Verschlechterung unserer strategischen Lage im Westen auszugleichen, unsere Truppen auch aus den von uns besetzten Gebieten im Osten (Baltikum, Litauen, Polen und Ukraine) zurücknehmen müßten, was diese Gebiete dann dem Bolschewismus ausliefern würde.

Innerhalb welcher Zeit könnte die Räumung von Nordfrankreich und Belgien durchgeführt werden, wenn sie mit der Unterzeichnung des Waffenstillstands beginnt?

Werden wir nach der Räumung mit den uns noch zur Verfügung stehenden Kräften in der Lage sein, die deutsch-französische Grenze zu halten, falls im weiteren Verlauf die Friedensverhandlungen scheitern und die Gegner von neuem zum Angriff übergehen?

Präsident Wilson könnte mit der Begründung, daß er Sicherheiten braucht, die Besetzung deutscher Festungen an unserer Westgrenze fordern.

Würden wir angesichts der militärischen Lage gezwungen sein, eine solche Forderung anzunehmen?

Inwieweit würde die Annahme der Forderungen von Gegenbedingungen abhängig zu machen sein?

Max, Prinz von Baden,
Reichskanzler."

Der Abendbericht des 8. lautete eher beruhigend: die Gefahr von Durchbruch und Umfassung schien wirklich fürs erste vorüber zu sein. Oberst v. Haeften gab zu, das Angebot wäre militärisch nicht nötig gewesen. Ich kann schwer wiedergeben, wie mich dieses Eingeständnis traf. Warum hatte die Oberste Heeresleitung nicht den Rettungsanker ergriffen? Warum gab sie mir nicht die acht Tage Frist, die ich verlangt hatte, und die ausgereicht haben würden, um die Besinnung herbeizuführen? Am 8. Oktober wäre kein Angebot mehr erfolgt.

Drittes Kapitel

Wilsons Antwort und unsere zweite Note. Kanzlerkrise

Am 9. wurde die Ernennung des Kriegsministers Scheuch vollzogen. Herr v. Valentini aber wurde nicht berufen. Seine Majestät teilte mir zu meiner großen Überraschung mit, die Sache habe sich zerschlagen; es hätten sich in seiner Familie unerwartete Widerstände eingestellt. Er glaube aber einen guten Ersatz gefunden zu haben in dem Staatsminister Clemens v. Delbrück.

Im Laufe des Vormittags wurde mir die Antwort[49] des Präsidenten Wilson vorgelegt.

„Staatsdepartement, 8. Oktober 1918.
Mein Herr! Ich habe die Ehre, im Namen des Präsidenten den Empfang Ihrer Note vom 6. Oktober zu bestätigen, die die Mitteilung der deutschen Regierung an den Präsidenten einschloß, und ich bin von dem Präsidenten beauftragt. Sie zu bitten, dem deutschen Reichskanzler folgende Mitteilung zu machen:

Ehe er auf das Ansuchen der Kaiserlich Deutschen Regierung antwortet und damit die Antwort so aufrichtig und gradsinnig erteilt wird, wie die wichtigen Interessen, die darin eingeschlossen sind, es erfordern, hält der Präsident der Vereinigten Staaten es für notwendig, sich des genauen Sinnes der Note des Reichskanzlers zu versichern.

Meint der Herr Reichskanzler, daß die Kaiserlich Deutsche Regierung die Bedingungen, die vom Präsidenten in seiner Botschaft an den Kongreß der Vereinigten Staaten vom 8. Januar und in den folgenden Botschaften niedergelegt worden sind, annimmt, und daß ihr Zweck beim Eintritt in die Diskussion nur der sein würde, sich über die praktischen Einzelheiten ihrer Anwendung zu verständigen?

Der Präsident der Vereinigten Staaten fühlt sich verpflichtet, zu dem Vorschlage eines Waffenstillstandes zu erklären, daß er sich nicht berechtigt fühlen würde, den Regierungen, mit denen die Vereinigten Staaten gegen die

---

[49] Wiedergegeben nach den Amtlichen Urkunden (Nr. 37) unter Korrektur auf Grund des Originals

Mittelmächte verbunden sind, einen Waffenstillstand vorzuschlagen, solange die Heere dieser Mächte auf ihrem Boden stehen. Der gute Glaube jeder Diskussion würde offensichtlich von der Zustimmung der Mittelmächte abhängen, sofort die Truppen überall aus den besetzten Gebieten zurückzuziehen.

Der Präsident glaubt auch zu der Frage berechtigt zu sein, ob der Kanzler nur für diejenigen Gewalten des Reiches spricht, die bisher den Krieg geführt haben. Er hält die Antwort auf diese Frage von jedem Standpunkt aus für außerordentlich wichtig.

Empfangen Sie, mein Herr, die erneute Versicherung meiner Hochschätzung.

Robert Lansing."

Die Note schien den Optimisten recht zu geben. Gewiß, das gefürchtete Räumungsverlangen war gestellt, und die 14 Punkte sollten wir als Bedingungen annehmen, nicht bloß als Grundlage der Verhandlungen; mit der Frage: In wessen Namen spricht die deutsche Regierung? mischte sich Wilson in unsere inneren Angelegenheiten. Aber der vorherrschende Eindruck war damals trotz alledem: die Note klingt anders als das Wutgeheul der verbündeten Hetzpressen. Wilson sagt nicht nein, er will die Vermittlung in die Hand nehmen.

Staatssekretär Solf ging so weit, zu erklären: Wäre die Kanzlerrede vom 5. Oktober nach dem ersten Entwurf gehalten worden, so hätte die Antwort nicht so entgegenkommend gelautet.[50]

Wir konnten Wilson auf dreifache Weise begegnen:

---

[50] Staatssekretär Solf sagte am 12. Oktober im Bundesratsausschuß: Er beurteile Wilson als ehrlichen Mann, der den Ruhm des Friedenmachens noch nicht aufgegeben habe, deshalb habe man die erste Note auch an Wilson gerichtet. Er, Solf, sei zuerst auch der Meinung gewesen, daß man die Note nicht nur an Wilson richten solle; nach dem Erfolg, den der Schritt gehabt habe, müsse er zugeben, daß die Ratgeber, die sich für die Note an Wilson ausgesprochen haben, recht behalten haben. Was den Punkt 8 anbelange, so sei seines Erachtens Zweck dieses Verlangens nur, daß die elsaß-lothringische Frage vor ein neues Forum der Geschichte gerufen werde. An die Absicht der Wegnahme und Überantwortung an Frankreich glaube er, Solf, nicht, das wäre ja ein Gewaltfrieden, den Wilson auch nicht von seinen Verbündeten geschaffen haben wolle. – Was für Elsaß-Lothringen gälte, gälte auch für Polen. Eine Preisgabe ohne weiteres sei in der „En-bloc"-Annahme der 14 Punkte nicht zu erblicken. (Nach dem Bericht des braunschweigischen Gesandten Boden.)

dem Räumungsverlangen zustimmen, aber die bedingungslose Annahme der 14 Punkte ablehnen und jetzt unsere Interpretation vorbringen;

nur das Räumungsverlangen ablehnen;

beiden Forderungen zustimmen und auf seine Fragen eine kurze verfassungsrechtliche Belehrung erteilen.

Der erste Weg war jetzt nicht gangbar: Unsere Vorbehalte hätten am 5. Oktober präzisiert werden müssen. Ihre nachträgliche Anmeldung konnte dem Präsidenten Veranlassung geben, die bona fides des deutschen Angebots in Zweifel zu ziehen und ablehnend oder hinauszögernd zu antworten. Kein Mensch wußte damals, ob Wilson genügend starken oder guten Willens war, um gegen die öffentliche Meinung Amerikas an seinen Grundsätzen festzuhalten. Vielleicht wartete er nur auf einen Vorwand, um zu schwenken, zumal die Kongreßwahlen bevorstanden.

Ob wir in der Lage waren, das Räumungsverlangen abzulehnen, darüber mußte das militärische Gutachten Klarheit schaffen.

General Ludendorff war am 9. Oktober eingetroffen. Ich sah ihn kurz vor der Sitzung. Er machte nicht den Eindruck, in seiner Gesundheit erschüttert zu sein.

Ich hielt es für nötig, an die Entstehung des Angebots zu erinnern; wurde doch damals schon der „pazifistische" Prinz für die Bitte um Waffenstillstand verantwortlich gemacht. Ich sagte dem General: Um unsere Schwäche nicht noch weiter zu enthüllen, sei ich nicht in der Lage, in der Öffentlichkeit die wahren Zusammenhänge aufzuklären. Ich müsse jetzt das Angebot mit meinem Namen decken. Darauf erwiderte der General: „Ich danke Euer Großherzoglichen Hoheit im Namen der Obersten Heeresleitung und im Namen der Armee."

Im Verlaufe der Sitzung[51] beantwortete der General Ludendorff die ihm am 8. Oktober übersandten Fragen mündlich:

---

[51] Vgl. Amtliche Urkunden Nr. 38.

Frage: Wie lange kann die Armee den Feind jenseits der deutschen Grenzen halten, sei es in den jetzigen Stellungen, sei es in allmählicher Rückwärtsbewegung?

Antwort: Grenze der Westfront weit ab, können wir lange schützen. Angriffe in Lothringen möglich, Gefahr für lothringische Grenze sehe ich nicht. Wegen Holland sehe ich keine Gefahr, da Truppen, die etwa übertreten, interniert werden würden.

Frage: Muß auch heute noch mit der Möglichkeit eines militärischen Zusammenbruchs vor dem Frühjahr gerechnet werden und, bejahendenfalls, besteht diese Gefahr schon für die nächsten drei bis vier Wochen?

Antwort: Gefahr des Durchbruchs besteht immer. Engländer hätten beim ersten Tankangriff durchbrechen können.

Frage: Wie lange wird der augenblickliche kritische Zustand voraussichtlich noch dauern? Ist der Gefahrpunkt überschritten, wenn der Feind sich zur Einstellung seiner Großangriffe genötigt sieht, und wann wird dies voraussichtlich der Fall sein?

Antwort: Ja, nur Großangriffe gefährlich.

Frage: Kann nach Überwindung des Gefahrpunktes auf Konsolidierung unserer Front gerechnet werden, und durch welche Mittel kann sie erreicht werden?

Antwort: Wenn Angriffe eingestellt, ist Gefahr beseitigt.

Frage: Wie liegen die Verhältnisse des Mannschaft- und Materialersatzes?

Antwort: Uns fehlen im Monat[52] 70 000 Mann. Material ist genügend da.

Frage: Verspricht sich die Oberste Heeresleitung einen ausreichenden Kräftezuwachs von der levée en masse, wie von Walter Rathenau in der „Vossischen Zeitung" empfohlen ist?

Antwort: Nein. Ich verspreche mir trotz Menschenmangels von levée en masse nichts. Wir wollten immer Erhöhung der Arbeitsleistung. Ich kann nicht beurteilen, ob Drückeberger gefaßt werden können. Nach Ansicht der Obersten Heeresleitung sollte das G.-v.-System aufhören;

---

[52] In den Amtlichen Urkunden irrtümlich „Moment".

jetzt will G.-v.-Mann nicht kämpfen. Wir können durch schärferes Zufassen in der Heimat mehr Leute bekommen. Levée en masse würde mehr zerstören, als man vertragen kann.

Frage: Kann beim Scheitern der gegenwärtigen Friedensaktion trotz des Abfalls eines der beiden uns noch verbliebenen Bundesgenossen der Krieg von uns allein bis zum Frühjahr fortgeführt werden?

Ich erhielt darauf die Antwort: Wir brauchen eine Pause dazu, dann können wir uns wieder konsolidieren.

Also mit anderen Worten: Ich fragte: Können wir uns halten, wenn es nicht zu einer Pause kommt? und erhielt darauf die Antwort: Ja, wenn wir eine Pause bekommen, dann können wir uns halten. Unsere Lage war also denkbar schwer und dunkel.

Der General Ludendorff widersprach nicht, als Oberst Heye sagte:

„Es wäre Hasardspiel der Obersten Heeresleitung, wenn sie den Friedensschritt nicht beschleunigte ... Gestern hing es an einem Faden, ob Durchbruch gelang."

Aber es war unleugbar „mehr Ruhe"[53] bei der Obersten Heeresleitung als am 3. Oktober. Damals war die Parole: Macht schnell, wir fürchten die Katastrophe. Heute hieß es: Die Katastrophe ist möglich, aber wir hoffen, sie kommt nicht. In der Auskunft des Generals Ludendorff klang ein optimistischer unterton mit. Diese Stimmungsänderung hatte eine reale Grundlage. Der Feind hätte in diesen Tagen, besonders bei St. Quentin durchbrechen können, aber er war nicht durchgebrochen. Unsere Front spürte: die feindliche Infanterie tut nicht ihr Letztes, sondern schont sich, oder wird geschont. Heute wissen wir, daß die Führung der Alliierten

---

[53] Vgl. Amtliche Urkunden Nr. 42: Besprechung beim Reichskanzler am 11. Oktober 1918.

nicht den Willen hatte, die Entscheidung ohne Rücksicht auf die Kosten zu erzwingen.

Aber aus den Erfahrungen der letzten Kämpfe zog der General Ludendorff keineswegs den Schluß: die Verhandlungen müssen abgebrochen werden; mit keinem Wort wurde auch nur die Möglichkeit gestreift, das Räumungsverlangen abzulehnen.[54] Dabei sah er so scharf wie die Marine die Gefahren, die unserem Industriegebiet drohen würden, wenn die Basis für die feindlichen Luftangriffe an unsere Grenze verlegt wäre. Er erklärte es zwar für wünschenswert, daß nur Belgier folgen sollten; als ich aber fragte: „Sollen Verhandlungen mit Entente scheitern, wenn auch französische oder englische Truppen nach Belgien gehen?" antwortete Ludendorff mit einem bestimmten Nein. Die Wahrheit war eben, daß der General Ludendorff glaubte, die Landesgrenzen halten zu können, wenn die Armee in Ordnung zurückgeführt würde; anders, wenn sie bis an die

---

[54] Daß General Ludendorff in diesen Tagen auf dem hier geschilderten Standpunkt beharrte, erhellt aus dem folgenden Brief Rathenaus (Rathenau, Briefe, II. Bd., S.111) an Hauptmann W.Breucker, Berlin, 15.Januar 1919: „Zuvor bemerke ich: Ich schätze Ludendorffs strategische Größe und Willensstärke sehr hoch ein und glaube, daß wenn er im Juli 1917 auf meine Worte gehört hätte, als ich ihm die politische Lage und die Frage des 17 Bootkrieges klarlegte, alles gerettet worden wäre. Es ist schlimm, daß er schlecht beraten war und sich durch Menschenkenntnis nicht dieser Beratung entzog. Was Ihre Ausführungen betrifft, so bemerke ich zunächst, daß ich Ihre Auffassung nicht teile, Ludendorff sei entschlossen gewesen, weiterzukämpfen, wenn die Bedingungen zu schwer würden. Ich kann das Gegenteil beweisen. Bei seiner ersten Anwesenheit in Berlin nach dem Waffenstillstandsangebot besuchte ihn auf Veranlassung eines kleinen Kreises von Herren, zu denen ich gehörte, einer seiner nahen Freunde, um ihn über die Situation zu befragen. Auf unsere Veranlassung wurde ausdrücklich die Frage vorgelegt: Wissen Sie, daß das Waffenstillstandsangebot den Verlust Elsaß-Lothringens, möglicherweise Oberschlesiens, jedenfalls eine schwere Kriegsentschädigung bedeutet? Die erste und dritte Frage wurde bejaht, die zweite mit dem Hinweis beantwortet, dies sei Sache der Regierung, und wiederholt der Antwort hinzugefügt, es ist nichts zu ändern, die Front braucht Ruhe. Erst nach etwa zehn Tagen war L. der Meinung, daß man hätte weiterkämpfen können. In jener Unterhaltung erklärte L. außerdem, daß er leidend gewesen, jedoch wieder völlig hergestellt sei ..."

Grenze zurückgeschlagen wäre.[55] Er wollte die Ruhepause nicht um jeden Preis, Bedingungen wie die Übergabe der Festung Metz wollte er ablehnen; aber noch immer saß die Illusion fest, der Feind würde uns die Erholung gönnen und einen ehrenvollen Waffenstillstand gewähren. Das Leitmotiv kehrte wieder: die Armee braucht Ruhe.

Oberst Heye sagte:

> „Dringende Bitte, nicht von Nervosität zu sprechen. Schritt zum Frieden, noch mehr zu Waffenstillstand, ist unbedingt notwendig. Truppe hat keine Ruhe mehr. Unberechenbar, ob die Truppe hält oder nicht. Jeden Tag neue Überraschungen. Ich fürchte nicht eine Katastrophe, sondern möchte Armee retten, damit wir während der Friedensverhandlungen sie noch als Druckmittel haben.
> „Armee braucht Ruhe. Hat sie die und gewinnt sie neuen Ersatz, so kann sie auch wieder neue, Leistungen zeigen."

Diese Worte klangen fast, als wirkten im Unterbewußtsein der Generale Erinnerungen an vornehmere Perioden der Kriegführung mit, da man sich en bataille rangée gegenüberstand und über Kampf- und Waffenstillstand verhandelte. Das waren versunkene Zeiten.

Für unsere Aussichten sah der General Ludendorff die Ersatzlage mit Recht als maßgebend an. Er forderte 70 000 Mann im Monat. Der Kriegsminister Scheuch war erst am gleichen Tage ernannt worden. Seine Erhebungen darüber waren noch nicht abgeschlossen, wieviel Menschen er aufbringen könnte und in welcher Frist. So endete die Besprechung ohne Klarheit in dieser entscheidenden Frage.

Am folgenden Tage (10. Oktober) war der Kriegsminister in der Lage, dem General Ludendorff folgendes Angebot zu machen: Sechsmalhunderttausend Mann – nicht heute und morgen, aber innerhalb von soundso

---

[55] Protokoll der Kabinettssitzung vom 11. Oktober 1918: Graf Roedern: „ ... Die Räumung enthalte ein großes Risiko, aber nach den Äußerungen der Obersten Heeresleitung sei das Risiko, was wir sonst laufen, noch viel größer." Erzberger: „General Ludendorff habe wiederholt erklärt, die Armee brauche Ruhe. Die Landesgrenze könne sie, in Ordnung zurückgeführt, vollkommen halten. Anders, wenn sie bis an die Grenze zurückgeschlagen werde."

viel Wochen. Das Herausziehen von Soldaten aus der Industrie würde natürlich zu einem gewissen Rückgang in den Munitionslieferungen führen. Ebenso unvermeidlich wäre eine Verringerung des monatlichen regulären Rachersatzes. Aber den geringen Kampfwert dieses Menschenmaterials ließ der Kriegsminister keinen Zweifel. So sei der Jahrgang 1900 erst zum Teil ausgebildet. Scheuch erhielt darauf die Antwort: Dann noch nicht. Zwei Tage darauf aber kam der Bescheid aus dem Hauptquartier, daß der General Ludendorff die sechsmalhunderttausend Mann doch möglichst rasch haben wollte.

Für die Regierung war die klare Schlußfolgerung aus dem Gutachten der Heeresleitung: Fortsetzung der Waffenstillstandsaktion, d. h. prinzipielle Zustimmung zum Räumungsverlangen. Der Staatssekretär Ritter v. Mann wies noch einmal am 12.Oktober auf die „Gefahr hin, die dem deutschen Industriegebiet durch feindliche Kanonen und Flieger droht". Aber auch er beugte sich dem Gutachten der Obersten Heeresleitung:

„Nachdem ich diese Bedenken vorgebracht habe, muß ich sie in Anbetracht der Stellungnahme der Obersten Heeresleitung zurücksetzen."[56]

Außerhalb der Regierung aber lebte eine Bewegung auf, die auf Abbruch der Verhandlungen drängte.

Graf Westarp erschien bei mir und bei General Ludendorff und stellte im Namen seiner Fraktion die Forderung, das Räumungsverlangen abzulehnen.

Walter Rathenau warnte aufs neue, diesmal nicht öffentlich, sondern in einem Brief an den Kriegsminister Scheuch.

---

[56] Amtliche Urkunden Nr. 45.

„Berlin, 9. Oktober 1918.
Hochverehrte Exzellenz,
zuvörderst meinen herzlichen Glückwunsch, der sich nicht nur auf Sie, sondern auf uns alle bezieht.

Die gestrigen Erwägungen bitte ich, in kürzester Form rekapitulieren zu dürfen, nachdem inzwischen die Wilsonsche Antwort die von uns bereits ins Auge gefaßte Forderung der Räumung gebracht hat.

Die Räumung ist, abgesehen von der Gefahr eines regellosen Truppenzuges in die Heimat, die Besiegelung des Endes unserer Verteidigungsfähigkeit, somit Ergebung auf Gnade und Ungnade. Es ist keineswegs ausgeschlossen, daß nach der Räumung auf dem Wege erweiternder Interpretationen oder auch mit voller Offenheit seitens der übrigen Ententemitglieder neue Forderungen gestellt werden, die wir nicht abwenden können.

Es ist also die Frage: Sind wir am Ende unserer Kräfte, daß wir dieses Schicksal über uns ergehen lassen müssen, oder können wir die Front zum mindesten nach entsprechenden Reorganisationen 6–9 Monate halten?

Der Einwand, daß wir bei späterem Zusammenbruch Schlimmeres zu erwarten haben, kann nicht erhoben werden, denn mehr als Unterwerfung auf Gnade und Ungnade gibt es nicht, und im Laufe von 200 Tagen treten unter allen Umständen auch günstigere Momente ein, die benutzt werden können. Hält man sechs Monate, so kann man unter Umständen noch viel länger halten. Alte Erfahrungssätze sagen, erstens: es ist alles nur halb so schlimm, zweitens: kann man einen Selbstmörder eine Stunde lang aufhalten, so sieht er vom Vorsatz ab und kommt nicht wieder darauf zurück.

Aber die Fehler ist kein Wort zu verlieren. Es ist nicht der Schatten einer Erklärung dafür zu geben, daß man auch bei völligem Nervenzusammenbruch die Form der Bitte um Waffenstillstand gewählt hat, statt einfach eine Interpretation der 14 Punkte zu verlangen.

Können wir also 6–9 Monate halten? Die Truppenbilanz ist meines Erachtens die:

Wenn der Brester Friede reformiert wird (was aus politischen Gründen dringend erforderlich ist), so werden mehrere 100000 Mann frei.

Eine Auskämmung der Heimat, der Etappen und auch der Front schafft meiner Schätzung nach 200000 Mann.

Von Urlaubern kam eine halbe Million zurück.

Der Jahrgang 1900 wird noch einen anständigen Rest liefern.

Ein Aufruf an die älteren Leute, mit schärfster Ausschaltung der körperlich und seelisch Unzulänglichen, wird über 100 000 Mann bringen.

Der Industrie und dem Verkehr dürfen keine Kräfte entzogen werden.

Die verfügbare Summe wird sich auf ein bis anderthalb Millionen Menschen belaufen.

Sollte der Ausfall des rumänischen und galizischen Öles eintreten (bis dahin muß soviel wie möglich zur Raffination im Inland abtransportiert und aufgespeichert werden), so muß mit allgemein menschlicher Begründung der U-

Bootkrieg aufgegeben werden, der ohnehin keine Bedeutung mehr hat und meiner
Meinung nach nie gehabt hat.
Die Organisation der Kriegführung muß geändert werden. Ohne Bindeglied stehen sich heute Oberste Heeresleitung und Parlamentsregierung gegenüber. Läßt man den Dingen ihren Lauf, so wird die Parlamentsregierung in die Oberste Heeresleitung eindringen, was bedenklich ist. Das gegebene Bindeglied ist das Kriegsministerium, das bis zu einem bestimmten Grade parlamentarisiert, wenn möglich in ein Verteidigungsamt umgewandelt werden sollte, das auch nach außen dem Eindruck des Volkskrieges und der Massenerhebung entspricht. Es muß also gleichzeitig Bindeglied zwischen Regierung und Front und Bindeglied zwischen Armee und Volk darstellen. Dieses ist zu erreichen durch Angliederung eines Kriegsrates oder Kriegsausschusses, der den bürgerlichen und sozialen Elementen der neuen Regierung Rechnung trägt.

In der Front selbst bedarf es gewisser Reformen, um der Unzufriedenheit zu steuern; sie beziehen sich in erster Linie auf Verpflegung, Arbeitsersparnis, Umgestaltung der jüngeren Offiziersbestände und Behebung der wachsenden Gegensätze zwischen jüngeren Offizieren und Mannschaften.

Zum Schluß gestatte ich mir eine Bemerkung, die vielleicht über das Maß des Erlaubten hinausgeht. Für den fähigsten, großzügigsten und in der Behandlung von Menschen und Korporationen geeignetsten Offizier halte ich Oberstleutnant Koeth; ich möchte glauben, daß er als Unterstaatssekretär eines Verteidigungsamtes der rechte Mann am rechten Platze wäre.
In wahrhafter Verehrung
Euer Exzellenz
Ergebenster
Rathenau."

Stresemann forderte (10. Oktober) im Auftrag der nationalliberalen Fraktion, daß, „ehe in der Schicksalsfrage, von der die Zukunft des Deutschen Reiches und deutschen Volkes abhängt, eine Entscheidung getroffen würde, die mündlichen und schriftlichen Gutachten der Heerführer und ihrer Generalstabchefs über die gegenwärtige militärische Lage beigeholt werden müßten", und weder er noch seine Partei konnten „Beruhigung" finden, als ich sagen ließ, Ludendorff hätte sich vor seiner Abreise aus dem Hauptquartier der Abereinstimmung mit Kuhl, Loßberg und Schulenburg vergewissert.

Für mich war das Gutachten des General Ludendorffs schlüssig. Rathenau, Graf Westarp und Stresemann rechneten immer noch damit, daß wir die Schlacht in Feindesland zum Stehen bringen konnten. Das aber war ein grundlegender Irrtum. Der General Ludendorff ließ darüber keinen Zweifel, daß wir an die Landesgrenzen zurückmußten, entweder vom Feinde getrieben oder nach Vereinbarung räumend.

Überdies war die Maasstellung gar nicht ausgebaut, wie ich zu meinem Schrecken erfahren hatte. Also die tödliche Bedrohung für das Industriegebiet kam früher oder später doch, die Kampfbedingungen an der Landesgrenze aber waren günstigere, wenn wir uns vom Feinde lösen konnten und eine Atempause erhielten. Forderungen, die bezweckten, uns die Wiederaufnahme der Feindseligkeiten unmöglich zu machen, würden wir ablehnen, darüber herrschte am 9. und 10. Oktober Einmütigkeit zwischen Reichsleitung und Heeresleitung.

Die über die „ganze Zukunft Deutschlands bestimmende Frage" war heute noch nicht wieder gestellt: die „Schicksalsfrage" hatte am 29. September vor uns gestanden, sie würde erst wieder vor uns stehen, wenn Bedingungen kamen, bestimmt, uns zu entwaffnen und zu entehren.

Ich teilte also Ludendorffs Meinung: lieber räumen als abbrechen. Man suchte Trost in einer Erwägung, die jenseits der rein militärisch-technischen Gedankengänge lag: die moralischen Bedingungen des letzten Kampfes wären für die Alliierten verschlechtert und für uns verbessert, wenn es sich für sie darum handeln würde, nach Befreiung Belgiens und Nordfrankreichs den Krieg nach Deutschland zu tragen, und für uns, die Heimat zu schützen. Frankreichs in den letzten vier Kriegsjahren bewiesene Fähigkeit des Leidens und Widerstehens war beinahe über Menschenkraft gegangen und nur dadurch zu erklären, daß die Franzosen „la belle patrie" gegen den vordringenden Feind verteidigten. Der General Ludendorff hatte ganz recht, wenn er bei einer späteren Gelegenheit forderte, der Soldat in Belgien solle wissen, er verteidige deutsche Erde. Jetzt aber galt es, die primitiven Leidenschaften zu Hilfe zu rufen. Sie würden ganz anders aufstehen, wenn unsere Armeen an der Grenze deutschen Landes zum Verzweiflungskampf anträten.[57]

Meine Mitarbeiter waren schließlich alle von der Notwendigkeit überzeugt, die Note so zu beantworten, daß Wilson nicht gut abbrechen konnte. Der von Simons entworfene Text fand im allgemeinen Zustimmung. Eine Kontroverse entspann sich nur um einen bedeutsamen Zusatz, der von der Obersten Heeresleitung gefordert wurde:

„Die deutsche Regierung nimmt an, daß auch die anderen beteiligten Regierungen sich auf den Boden der Kundgebungen des Präsidenten Wilson stellen ..."[58]

Ich hatte mich zunächst ebenso wie der Staatssekretär Solf gegen diese Worte gewehrt, in der Absicht, vor Abschluß des Waffenstillstandes den Präsidenten Wilson in aller Form zu fragen, ob die Alliierten die 14 Punkte akzeptierten oder nicht; aber ich wurde vom Vertreter der Obersten Heeresleitung überzeugt, daß wir diese erste Gelegenheit benutzen müßten, um die Forderung anzumelden: auch die Alliierten sollten sich binden. Oberst v. Haeften wurde in der Diskussion wirksam und energisch von Erzberger unterstützt. Der Feldmarschall hatte noch in der Nacht des 11. Oktober mitgeteilt, welch großen Wert er auf die Einfügung legte. Heute steht für mich fest: wir haben durch die Voraussetzung, die wir an die Annahme des Wilsonschen Programms knüpften, dem Präsidenten die Handhabe gegeben, die Alliierten zu fragen, wie sie es mit den 14 Punkten halten wollten. Schwierige Auseinandersetzungen waren nötig, bis er am 5. November mitteilen konnte, auch die Alliierten hätten sich gebunden, die 14 Punkte mit zwei Ausnahmen anzunehmen.

---

[57] Unter dem 11. Oktober erhielt ich durch den Staatsminister des Innern Drews einen Stimmungsbericht über die Provinz Sachsen vom Oberpräsidenten von der Schulenburg. Der Bericht klang in die denkwürdigen Worte aus: „...Sollte es hiernach zur Fortführung des Kampfes kommen, so muß die stärkste psychologische Einwirkung auf das Volk geübt werden, um den Kampfgeist neu zu beleben und den leider fast geschwundenen Geist der Freiwilligkeit und Opferwilligkeit zu heben."

Ich bin oft gefragt worden: Was hat der Vertrag der 14 Punkte uns genützt? Er ist ja immer wieder im Versailler Frieden verletzt worden. Ich antworte darauf: Wo er gebrochen worden ist, haben wir die feste Rechtsgrundlage, Revision zu fordern.[59] Der Vertrag vom 5.November hat den unerträglichsten Bestimmungen des Versailler Friedens den Makel des öffentlichen Wortbruches aufgedrückt und damit den Kampf um unser Recht wesentlich erleichtert. Vor allem aber sind die Alliierten gezwungen worden, bestimmte Kriegsziele aufzugeben oder hinauszuschieben, die selbst verwegene Heuchelei nicht unternehmen konnte, mit einem noch so verfälschten Wilson-Programm in Einklang zu bringen. Wenn heute das Rheinland und die Saar noch deutsch sind, so verdanken wir das dem Vertrag der 14 Punkte. Unsere zweite Note ging in der folgenden Fassung heraus:

„Berlin, den 12. Oktober 1918.
In Beantwortung der Fragen des Präsidenten der Vereinigten Staaten von Amerika erklärt die deutsche Regierung:
  Die deutsche Regierung hat die Sätze angenommen, die Präsident Wilson in seiner Ansprache vom 8. Januar 1918 und in seinen späteren Ansprachen als Grundlagen eines dauernden Rechtsfriedens niedergelegt hat. Der Zweck der einleitenden Besprechungen wäre also lediglich der, sich über die praktischen Einzelheiten ihrer Anwendung zu verständigen.
  Die deutsche Regierung nimmt an, daß auch die Regierungen der mit den Vereinigten Staaten verbundenen Mächte sich auf den Boden der Kundgebung des Präsidenten Wilson stellen.
  Die deutsche Regierung erklärt sich im Einverständnis mit der österreichisch-ungarischen Regierung bereit, zur Herbeiführung eines Waffenstillstandes dem Räumungsvorschlage des Präsidenten zu entsprechen. Sie stellt dem Präsidenten anheim, den Zusammentritt einer gemischten Kommission zu veranlassen, der es obliegen würde, die zur Räumung erforderlichen Vereinbarungen zu treffen.
  Die jetzige deutsche Regierung, die die Verantwortung für den Friedensschritt trägt, ist gebildet durch Verhandlungen und in Übereinstimmung mit der großen Mehrheit des Reichstages. In jeder seiner Handlungen, gestützt auf den Willen dieser Mehrheit, spricht der Reichskanzler im Namen der deutschen Regierung und des deutschen Volkes.
  Solf
  Staatssekretär des Auswärtigen Amtes."

---

[58] Vgl. Amtliche Urkunden Nr. 41, Telegramm vom 11. Oktober 1918.
[59] Vgl. Anhang V.

Diese Note trug die Unterschrift des Staatssekretärs Solf, nicht die Meine. Ein dramatischer Zwischenfall hatte am 11. Oktober eine Kanzlerkrisis heraufgeführt, auf deren Lösung die Absendung unserer Antwort nicht warten konnte:

Die Franzosen hatten jenen Brief an sich gebracht und veröffentlicht, den ich im Januar 1918 an den Prinzen Alexander Hohenlohe geschrieben hatte.

Ich habe oben berichtet, daß ich damals den Zweck verfolgte, einen deutlichen Trennungsstrich zwischen mir und dem Schweizer Pazifistenkreis zu ziehen. Daraus erklärte sich mancher übertrieben scharfe Ausdruck. Sachlich aber konnte ich mich auch heute nicht lossagen von meiner Kritik an Friedensresolutionen und westlichen Phrasen. Meine Verlegenheit war jetzt groß, um so größer, als ich bei meinem Amtsantritt gezwungen worden war, meine eigene Politik zu verleugnen: ich hatte eine Regierung zu vertreten, die ich nicht gebildet hatte und wie ich sie nie gebildet haben würde, und ein Angebot zu unterzeichnen, das ohne mich beschlossen und gegen mich aufrechterhalten worden war. Im Vergleich zu unserer Bitte um Waffenstillstand war die von mir kritisierte Friedensresolution noch eine Fanfare gewesen, und bei der Bildung der Regierung war nach einem demokratischen Rezept verfahren worden, das sogar in parlamentarisch regierten Ländern des Westens unbekannt ist. Bisher hatte ich keine Gelegenheit gefunden, mich zu meinem eigenen Programm zu bekennen, das nun die Entente ans Licht zog.

Der Brief war am 9. Oktober 1918 in der von der Entente dirigierten „Freien Zeitung" in Bern erschienen. Havas und Reuter hatten ihn zwar aufgegriffen, aber die feindlichen Länder interessierten sich in diesem Augenblick für die militärische Lage Deutschlands und gar nicht für die Privatkorrespondenz seines Kanzlers.

> „Es schien kaum notwendig, die Note des Prinzen Max mit der Veröffentlichung (und dem wahrscheinlichen Diebstahl) seiner Privatbriefe zu beantworten. Aber, einmal angenommen, daß die Dokumente echt sind, was beweisen sie? Es ist erwiesen, daß Prinz Max, der Kanzler des Deutschen Reiches, in freundschaftlicher Korrespondenz mit dem Prinzen Alexander von Hohenlohe steht, einem entschiedenen Pazifisten und aus seinem Vaterland

Verbannten. Es ist genau das gleiche, als ob man entdeckte, daß Mr. Lloyd George (per impossibilo) mit Mr. Ramsay Macdonald in privater Verbindung stände. Es ist selbstverständlich, daß Prinz Max in einem Schreiben an einen Fanatiker eher seine Vorbehalte als seine Übereinstimmung hervorhebt. Ist das eine unbekannte oder zu verurteilende Erscheinung?"[60]

In Deutschland aber brach die Erregung los gemäß dem Plan der Entente: Herr v. Gerlach gab in der „Welt am Montag" (14. Oktober) das Stichwort: „Ein unmöglicher Kanzler".

Der Brief rief tiefe Kränkung und Beunruhigung unter meinen parlamentarischen Mitarbeitern und den sie stützenden Parteien hervor. Man war bei uns gewohnt, die Männer des öffentlichen Lebens entweder den Majoritätsparteien zuzurechnen oder der Vaterlandspartei. Die Linie: weder Angebote noch herausfordernde Ziele, war zwar scharf in meinen Leben verfolgt worden, aber die Parlamentarier hielten sich mit derlei feinen Unterscheidungen nicht auf – schon vor meinem Amtsantritt wurde ich von der Majorität als Gesinnungsgenosse gezählt. Nun schien mit einem Male alles Vertrauen vernichtet.

Ich beschloß, den Interfraktionellen Ausschuß zusammenzurufen, mich zu dem Gedankengang des Briefes zu bekennen und den verspäteten Versuch zu machen, die von mir verfolgte dritte Linie herauszustellen. Ich wollte auf solider Grundlage neues Vertrauen finden oder zurücktreten.

Am 12. und 13. Oktober tagte der Interfraktionelle Ausschuß in Betrübnis und Permanenz, klagend, richtend, Gutachten hörend, erst allein im Reichstag, dann bei Payer[61] – zunächst in kleinem Gremium und dann vollzählig, um meine Erklärung entgegenzunehmen –, später, um den Staatssekretär Solf und den inzwischen eingetroffenen Grafen Rantzau über die Auslandswirkung des Briefes und über meinen politischen Leumund zu hören.

---

[60] „Nation" vom 12. Oktober 1918.
[61] Vgl. Payer, a. a. O., S. 130f.

Die Gewissensnot der Sozialdemokraten beherrschte die Verhandlungen: können wir Mitglieder einer Regierung bleiben, an deren Spitze dieser Prinz steht?

Scheidemann hatte bereits ein formuliertes Entlassungsgesuch[62] mitgebracht und las es dem Ausschuß vor. Er fügte hinzu: Alle unsere Instanzen sind einmütig, wir können unmöglich im Kabinett bleiben. Wilson würde mit diesem Kanzler nicht mehr verhandeln wollen. „Ich kann nicht leugnen, daß ich den Prinzen Max in den wenigen Tagen liebgewonnen habe." [63] Aber es sei undenkbar, daß der Prinz bliebe. Ebert sekundierte: Die Politik des Kanzlers hätte konsequent geschienen – das Gradlinige sei nun völlig zerstört.

Erzberger und Stresemann wiesen auf das Unzweckmäßige eines Kanzlerwechsels hin: gewisse Fortschritte seien nur durch den Prinzen möglich; – Stresemann ermähnte die Sozialdemokraten, keine Revolution zu machen.

Payer und Haußmann redeten Ebert und Scheidemann gut zu: Die Behandlung der Angelegenheit sei der Prüfstein, ob man Wichtiges von Unwichtigem zu unterscheiden vermöge. Haußmann meinte: Ein Pudel sei kein Elefant, wenn er auch keine Mücke sei. Einmal riß ihm die Geduld, er rief Scheidemann zu: Sie können ja die Kraftprobe machen und das Kabinett sprengen – aber es sei doch wohl besser, den Kanzler erst zu hören.

Als ich um 5 Uhr nachmittags in der Sitzung des Interfraktionellen Ausschusses erschien, war die Stimmung noch äußerst gedrückt: die Sozialdemokraten sahen keinen anderen Ausweg als meinen Rücktritt, und die Mehrzahl der anderen Mitglieder hielt offenbar mein Verbleiben nur für das kleinere Übel. Haußmann fügte an dieser Stelle seinem Protokoll die Worte ein: „Die Szene wird zum Tribunal".[64] Der „Angeklagte" verlas nun die folgende Erklärung:

---

[62] Gedr. Scheidemann, a. a. O., S. 182f., vgl. auch ebd. S. 177ff.
[63] Vgl. Haußmann, a. a. O., S. 248, auch für das Folgende.
[64] Haußmann, a. a. O., S. 249

„Meine Herren!

„Diejenigen Kreise in der Entente, deren größte Sorge es ist, der Krieg könnte aufhören, und die ihre ganze Kraft zur Verhinderung des Friedens einsetzen, haben einen Brief aus meiner Privatkorrespondenz an sich gebracht und veröffentlicht, in der Absicht, die Aufrichtigkeit meines Bekenntnisses zum Rechtsfrieden und zur Demokratisierung zu diskreditieren. Ich habe den Brief geschrieben. Ob er wirklich genau wiedergegeben ist, kann ich nicht sagen, denn ich besitze keine Abschrift. Im ganzen scheint er richtig wiedergegeben.

„Ich muß wissen, ob in Ihrer Mitte dieser Verdächtigungsversuch Widerhall findet; zuvor will ich Ihnen einige Tatsachen mitteilen, die Ihnen Klarheit geben sollen über meine politische Gesinnung und mein politisches Programm vor meinem Amtsantritt.

„1. Ende Januar 1917 bin ich dafür eingetreten, nicht den verschärften U-Bootkrieg zu beginnen, sondern die bekannte Friedensnote des Präsidenten Wilson auch nach der ablehnenden Ententenote durch eine deutsche öffentliche Kriegszielerklärung zu unterstützen, darin als wesentlicher Punkt die Wiederherstellung der belgischen Souveränität und Integrität enthalten sein sollte.

„2. Am 15. Juli 1917 habe ich den folgenden Vorschlag eingereicht, für die Form, in der der Kanzler Michaelis sich zur Friedensresolution bekennen sollte. Ich zitiere daraus: ‚Der deutsche Krieg ist mir vom ersten Tage an ein Freiheitskrieg gewesen. Wer für sein Recht und seine Freiheit kämpft, der hat Achtung vor dem Recht und der Freiheit anderer Völker zu haben. Sonst ist ihm seine eigene Sache nicht heilig. Darum habe ich alle jene Pläne, die, unbekümmert um Recht und Freiheit anderer Nationen, Deutschlands Hegemoniestellung erkämpfen wollten, als eine Verfälschung der Motive empfunden, die uns wie ein Mann zum Schwerte greifen ließen. Meine eigene Weltanschauung fordert also von mir, mich auf den Boden Ihrer Resolution zu stellen. Aber ich kann Ihnen, meine Herren, nicht vorenthalten, daß ich den Zeitpunkt bedaure, an dem Sie erneut das Wort ‚Verständigung' in die Welt hinausrufen.'

„3. Im Februar 1918 vor der Offensive bin ich für eine unzweideutige Erklärung über Belgien eingetreten und für eine saubere Ausfüllung des Nahmens des Brest-Litowster Friedens im Sinne des Rechts.

„4. Ich habe diese Forderung wiederholt, als wir auf dem Höhepunkt unserer militärischen Erfolge standen.

„Diese Schritte entsprangen einer einheitlichen Grundauffassung. Ich habe nie anders geglaubt, als daß das Recht in diesem Kriege siegen würde. So forderten nationales Interesse ebenso wie Menschheitsgesinnung, den Rechtsgedanken aufrichtig auf unsere Fahnen zu schreiben. Ich habe daher von Anfang an die alldeutschen Kriegsziele bekämpft, sie waren geeignet, die feindliche Widerstandskraft zu stählen. Ich bin ebenso Gegner des Programms der Programmlosigkeit, das von dem Gesichtspunkt ausgeht, unseren Unterhändlern die Arbeit nicht durch eine verfrühte Festlegung auf bestimmte Bedingungen zu erschweren. Ich habe ferner die Friedensangebote für inopportun gehalten, soweit sie sich an Regierungen wandten, die nichts von einem Rechtsfrieden wissen wollten, einem Frieden, der sich mit der Ehre und Sicherheit aller Völker vereinen läßt.

„Unzweideutige Klarheit über unsere Kriegsziele vor aller Welt, das war das Programm, für das ich mich einsetzte, Und ich glaube in der Tat, daß eine rechtzeitige Klarheit, besonders über Belgien, uns den Weg zum Rechtsfrieden rascher freigemacht hätte, als alle Annäherungsversuche an den Feind.

„Nun zu meiner Stellung zur inneren Politik!

„Ich weise wieder auf bestimmte Schritte hin: Ich bin Ende Juni 1917 für die Einführung des allgemeinen, geheimen, gleichen und direkten Wahlrechts in Preußen eingetreten.

„Ich habe im Juli 1917 mich gegen ein Koalitionsministerium erklärt und für eine Regierung, die in überzeugender Weise den Ausdruck des Majoritätswillens bildete. Ich glaubte allerdings damals nicht, daß eine so weitgehende Parlamentarisierung nötig wäre wie heute.

„Ich war, ich gestehe es offen, ein erklärter Gegner des Siebener-Ausschusses zur Kontrolle der einzelnen Schritte der Regierungshandlungen. Ich glaube, daß auch gerade innerhalb der großen Demokratien Raum ist für den Führergedanken und für das Vertrauen in die Führung. Kontrollkommissionen zur Überwachung der einzelnen Schritte der Exekutive scheinen mir nur bei einem Mißtrauensverhältnis zwischen Parlament und Regierung berechtigt.

„Meine Herren, Sie erwarten nicht von mir, daß ich Ihnen mitteile, daß das demokratische Programm, das ich heute vertrete, in dieser Form schon von Anfang des Krieges an bei mir feststand. Aber meine Auffassung hat sich während des Krieges in gerader Linie fortentwickelt, und ich spreche hier nur aus, daß das, wofür ich heute überzeugt eintrete, ein logischer Schritt in dieser Entwicklung ist.

„Gegen eine kritiklose Übernahme westlicher Institutionen bin ich auch heute noch. Ich glaube, daß sich die deutsche Evolution nach unseren eigenen inneren Gesetzen vollziehen muß. Daß die Entwicklung in diesen Tagen sich auf dem Gebiete des Verfassungslebens und der Verwaltung mit unwiderruflichen Schritten vollzogen hat und vollzieht, wissen Sie. Ich werde nicht darauf eingehen.

„Meine Herren, ich glaube, daß die Grundlinien meiner politischen Auffassung selbst in dem Briefe an den Prinzen Hohenlohe nicht völlig verwischt sind, wenn auch alles verschoben und verzerrt ist durch den flüchtigen Stil eines ärgerlichen Privatbriefes. Dieses Schreiben ist eine Antwort auf einen Brief des Prinzen Hohenlohe, darin ich ebenso wie in Zeitungsartikeln, die seinen Namen tragen, als unbedingter Eideshelfer angesprochen wurde. Mir lag daran, hier einen deutlichen Trennungsstrich zu machen und zu diesem

Zwecke in der belgischen Frage den damaligen offiziösen Standpunkt zum Ausdruck zu bringen. Ich hatte und habe auch heute noch die größte Hochachtung vor der Wärme und Ehrlichkeit des Friedenswillens des Prinzen Hohenlohe ebenso wie vor seinem Patriotismus. Die Entente tut dem Prinzen Unrecht, wenn sie ihn als einen deutschen Agenten bezeichnet, ebenso wird ihm von Deutschland Unrecht getan, wenn er als ein Feind unserer Sache hingestellt wird.

„Das Ziel war es nicht, was uns trennte, wohl aber die Methode. Ich bin leider überzeugt davon, daß seine häufigen und öffentlichen Annäherungsversuche an den Feind weder Deutschland noch dem Frieden gedient haben. Ich wollte mich durchaus vor einer Identifizierung mit diesen Methoden bei Freund und Feind schützen; die Abstempelung als Anhänger des Prinzen Hohenlohe hätte mein öffentliches und vertrauliches Eintreten für die Friedenspolitik gestört, die ich für richtig hielt.

„Trotz alledem enthielt dieser Brief Ausdrücke, die schon meine damalige Überzeugung nicht zutreffend wiedergaben, die ich aber heute als unrichtig und irreführend selber am stärksten empfinde. Wenn diese Abweichung zwischen schnell hingeworfenen Äußerungen in einem Briefe an einen Verwandten und meinem öffentlich und privatim vorgetragenen politischen Programm dazu geführt hat, daß Sie mir mißtrauen, so bitte ich Sie, mir dieses rückhaltlos mitzuteilen, damit ich die Konsequenzen daraus ziehen kann. Ich kann die Verantwortung nur tragen, wenn ich Ihr Vertrauen habe, auf dem mein Wirken nicht nur moralisch, sondern auf Grund des neuen Verfassungslebens beruht. Ebenso wichtig ist heute aber auch das Zutrauen anderer. Drängt sich mir die Überzeugung auf, daß meine Person ein Hindernis auf dem Wege des Friedens ist, so werde ich es in diesem wie in jedem anderen Fall für meine Pflicht halten, mein Amt zu verlassen." [65]

Ich verließ sofort das Beratungszimmer, aber hatte schon während meiner Rede einen Stimmungsumschwung gespürt: die Herren erbaten sich Abschriften der Erklärung zur Verwertung in ihren Fraktionen und vertagten sich auf den nächsten Morgen.

Am 13. Oktober teilte Ebert dem wieder versammelten Interfraktionellen Ausschuß mit, daß die dem Parteivorstand verlesene Erklärung des Kanzlers großen Eindruck gemacht habe, daß vor der endgültigen Entscheidung aber noch die Fraktion gehört werden müsse. Als anschließend Erzberger – im Auftrag handelnd – erklärte, die Oberste Heeresleitung müsse die Verantwor-

---

[65] Bei der Erwähnung meiner Stellung zur Wahlrechtsfrage (oben S. 401) ist ein Irrtum unterlaufen: anstatt „Ende Juni" mußte es heißen: Mitte Juli.

tung für die militärischen Konsequenzen eines Kanzlerwechsels ablehnen, hätte für mein Gefühl Schluß gemacht werden können. Aber die Rückfragen und Diskussionen in den Fraktionszimmern schleppten sich noch tagelang hin, bis die sozialdemokratischen Minister endlich die Erlaubnis erhielten, im Kabinett zu verbleiben. – Dabei hatte Solf, unterstützt von Graf Rantzau, die Herren auf das seltsame Schauspiel hingewiesen, das wir dem Ausland bereiteten: man verstünde draußen nicht, daß wir in unserer Lage so viel Kraft und Zeit auf die Briefaffäre verschwenden könnten.

Viertes Kapitel

Die zweite Wilson-Note vom 14. Oktober

Am 12. Oktober wurde bekannt, daß die „Leinster" torpediert worden war, ein Passagierdampfer, der zwischen Irland und England verkehrte. Hunderte von Menschen kamen um, darunter viele Amerikaner und Mitglieder der in England herrschenden Kreise, zum Teil im ganzen Lande bekannte Persönlichkeiten. Tagelang standen die Angehörigen am Strande, um die angeschwemmten Leichen zu identifizieren.

Seit der „Lusitania" waren in England und Amerika Trauer und Wut nicht so groß gewesen. Wir hatten zwar rechtzeitig die U-Boote von der amerikanischen Küste abberufen, aber leider verabsäumt, einer solchen Katastrophe vorzubeugen, mit der nach Lage der Dinge gerechnet werden konnte.

Unsere Diplomatie hatte gewarnt. Romberg aus Bern gab am 11. Oktober die Anregung eines Vertrauensmannes weiter, den unterwegs befindlichen U-Bootkommandanten Schonung der Passagierdampfer anzuempfehlen, sonst werde Wilson dem Entrüstungssturm nicht standhalten können.[66] Ein Privatbrief[67] vom 12. Oktober an Staatssekretär Solf unterstrich diese Warnung.

> „Das einzige, was zunächst wieder große Komplikationen schaffen könnte, wäre die womöglich gerade jetzt erfolgende Versenkung eines Schiffes mit amerikanischen Passagieren usw. durch ein U-Boot. Bei dem Pech, das unsere Marine nun einmal hat, erscheint dieser Fall nicht unmöglich. Ein entsprechendes Telegramm ist gestern vom Herrn Gesandten an das Auswärtige Amt abgegangen."

Solf wollte neue Instruktionen an die U-Bootkommandanten durchsetzen, aber das Unglück mit der „Leinster" war bereits geschehen, und

---

[66] Vgl. Amtliche Urkunden Nr. 68
[67] Vgl. ebenda Nr. 69.

Wilson hatte den Grund oder Vorwand, um den Kriegshetzern zu Willen zu sein.

Wir erwarteten stündlich die Antwort des Präsidenten. Wiederum eilten bedrohliche Nachrichten über ihren Inhalt voraus. Wilson habe sich den alliierten Militärs gefügt. Die Gewährung des Waffenstillstands werde von der Abdankung des Kaisers abhängig gemacht.

Am 14. Oktober kamen die Prinzen Adalbert und August Wilhelm in großer Erregung zu mir und erzählten mir, in Berlin schwirrten die wildesten Gerüchte über die Abdankung des Kaisers herum. Prinz Adalbert fragte mich geradezu: Soll ich zu Papa gehen und ihm die Notwendigkeit vorstellen? Prinz August Wilhelm machte dabei eine abwehrende Bewegung. Ich sagte, daß ich einen solchen Schritt nicht für geboten hielte, ich hoffte, daß es mir gelingen würde, solange ich Kanzler wäre, eine Situation zu vermeiden, die die Abdankung des Kaisers notwendig mache.

In der Nacht vom 15. auf den 16. Oktober schrieb ich an meinen Vetter, den Großherzog von Baden. Ich setze wesentliche Stellen aus diesem Privatbrief her, weil er bezeichnend ist für die von trügerischen Hoffnungen und bangen Ahnungen erfüllte Stimmung dieser Tage.

„Berlin, 15. Oktober 1918.
„Mein lieber Fritz!
„In einer schlaflosen Stunde nach Mitternacht schreibe ich Dir diese Zeilen, damit der gute Düringer sie für Dich mitnimmt ...
„Mir ist der völlige Zusammenbruch des alten preußischen Systems erst klar geworden, als ich hier ankam. Erschreckt wollte ich zurückweichen, da ich erkannte, daß keine militärische Macht mehr hinter meiner Politik stehen würde, und wir auf dem Schlachtfeld bankerott waren. Ich tat es nicht, weil alle maßgebenden Faktoren mich als den einzigen bezeichneten, der die große Liquidation noch mit Anstand durchzuführen geeignet sei ... Ich glaubte, fünf Minuten vor zwölf zu kommen, und bin nun fünf Minuten nach zwölf gerufen worden.

„Wir stehen mitten in einer Revolution. Gelingt es mir, diese friedlich zu gestalten, so können wir noch als Staat nach Friedensschluß weiter bestehen. Gelingt das nicht, so kommt die Revolution der Gewalt und der Untergang. Heute noch hoffe ich, den Kaiser und die Dynastie Hohenzollern zu retten; aber dies allein erfordert einen Aufwand an Geist und Seelenstärke, die einen ganzen Mann in Anspruch nimmt. Die Konservativen[68] sprechen ganz offen von seiner Abdankung. Gottlob, daß ich in den Sozialdemokraten Männer auf meiner Seite habe, auf deren Loyalität wenigstens gegen mich ich mich vollkommen verlassen kann. Mit ihrer Hilfe werde ich hoffentlich imstande sein, den Kaiser zu retten. Welche Ironie des Schicksals.

„Eingekeilt zwischen erbarmungslosen Feinden im Westen und der Pest der Bolschewiki im Osten ist die letzte Rettung möglicherweise noch Wilsons Wunsch, eine Rolle zu spielen, und seine Weltbeglückungstheorie. Jeder Tag aber kann die Katastrophe an der Front bringen. So sind wir gezwungen, die harten Bedingungen Wilsons anzunehmen, wollen wir nicht die letzte Blüte deutscher Mannheit und unsere Zukunftshoffnungen auf dem Schlachtfeld nutzlos verbluten sehen. Deutschland kämpft heute nicht mehr für seinen Kaiser noch für Elsaß-Lothringen, wenn es den Frieden haben kann ohne beide.

„Für Baden bleibt nur das eine übrig: daß die Krone sich fest auf das Volk stützt. Unsere guten Institutionen haben sich bewährt. Aber in dem großen Zusammenbruch, der jetzt im Gang ist und reißende Fortschritte machen wird … wird auch in Baden eine schwere Belastungsprobe für die Krone kommen. Der alte Autoritätsglaube ist dahin. Nicht ohne Grund habe ich Dich zweimal aufgefordert, als deutscher Bundesfürst dem Kaiser beizuspringen.[69] Denn wer Deutschland rettete – das hatte ich schon lange erkannt –, hatte die Zukunft in Händen. Drum habe ich mich endlich selbst zum Opfer gebracht als einziger deutscher Fürst, der das noch zu tun vermochte, da Rupprecht von Bayern, der einzige andere, der die Gefahr hell erkannte, militärisch gebunden war. Nun steht aber auch über meinem Opfer das Wort: ‚Zu spät', da unser militärisches Rückgrat schon gebrochen ist. Vielleicht vermag ich einen Frieden zu erwirken, der uns das Leben noch läßt und eine Hoffnung auf Zukunft. Das ist aber das Äußerste, das ein Mensch heute noch zu leisten vermag. Ich bedaure mein Opfer keineswegs, selbst wenn ich darüber zugrunde gehen sollte. Einer der Unseren mußte es bringen, um des Reiches, des Kaisers und der Monarchie willen. Ich besitze Mut und Klarheit genug, um das an dieser Stelle zu leisten, was mir auf dem Schlachtfeld zu tun verwehrt war. Für diese Aufgabe bin ich von der Vorsehung aufbewahrt worden …

Aber ich bin in einer seelischen Verfassung und inneren Gespanntheit, die

---

[68] Natülich beziehen sich meine Worte nicht auf eine offizielle Stellungnahme der konservativen Partei, sondern auf Stimmungen, wie sie während jener Zeit in zahlreichen Unterhaltungen laut wurden. Vgl. die Äußerung Payers in der geheimen Sitzung vom 31. Oktober unten S. 548.

[69] Ich hatte den Großherzog gebeten, seinen Einfluß als Bundesfürst geltend zu machen, daß die militärische Offensive nicht gemacht werde, ohne vorher eine politische Offensive zu versuchen. Während der Drucklegung erfahre ich, daß der deutsche Kronprinz mit einem ähnlichen Vorschlag an die Oberste Heeresleitung herangetreten ist.

weit über diese Dinge hinausreicht, und mein eigenes Ich mit allem, was ihm an Liebe und Glück anhängt, ist völlig versunken. Ich sehe nur das eine Ziel vor mir: Rettung Deutschlands, und kenne nur den einen Glauben: den, der mich zu diesem Ziel trägt. Selbst, wenn der Zusammenbruch erfolgt, werde ich diesem Glauben treu bleiben. Eine Gruppe kluger Männer, die demselben Glauben leben, umgibt mich. Treueste der Treuen, wenn auch nur Bekannte von gestern. An ihnen habe ich Halt und Rat. Wir sind auf dieselbe Sache eingeschworen. Freilich, das Deutschland, das wird, wird anders aussehen als vor dem Kriege ...

„Ich habe Dir dies geschrieben, da ich fürchtete, daß Ihr alle zu Hause meine Aufgabe nicht begriffen habt. Auch Ihr seid betrogen worden wie das ganze deutsche Volk. Ich wußte es schon lang. Mein Warnen war aber fruchtlos, da die Atmosphäre für das Erfassen der furchtbaren Wahrheit nicht vorbereitet war. Möge die gute Saat im badischen Land trotz schwerster Stürme gedeihen und bestehen. Aber auch dort wird es zu schweren Tagen kommen, darüber dürfen wir uns nicht täuschen.

„Von morgen ab geheich den schwersten Stationen des Kalvarienberges, an dem ich hinaufsteige, entgegen. Mit grenzloser Liebe gedenke ich Eurer und der geliebten Heimat, und wenn ich in schwersten Stunden Kraft brauche, denke ich dorthin, die Ihr vom feindlichen Einbruch der Amerikaner ins Elsaß täglich bedroht seid.

... Wie die Dinge aber kommen werden, ich stehe und falle als echter Sohn meiner badischen Heimat, mich eins fühlend mit ihr und ihrer gottbegnadeten Natur."

Am 16. Oktober früh 5 Uhr 20 Min. traf die zweite Note[70] des Präsidenten Wilson ein:

Staatsdepartement, 14. Oktober.
„Mein Herr! In Beantwortung der Mitteilung der deutschen Regierung vom 12. Oktober, welche Sie mir heute übergeben haben, habe ich die Ehre, Sie um die Übermittlung folgender Antwort zu ersuchen. Die uneingeschränkte Annahme der von dem Präsidenten der Vereinigten Staaten vom 8. Januar 1918 und in seinen folgenden Botschaften niedergelegten Bedingungen von seiten der jetzigen deutschen Regierung und einer großen Mehrheit des deutschen Reichstags berechtigen den Präsidenten, eine offene und direkte Erklärung seines Entschlusses hinsichtlich der Mitteilungen der deutschen Regierung vom 5. Oktober und 12. Oktober 1918 abzugeben.

„Es muß Klarheit darüber bestehen, daß die Durchführung der Räumung

---

[70] Der folgende Abdruck weicht ebenfalls auf Grund des Originals verschiedentlich von Nr. 48 der Amtlichen Urkunden ab.

und die Bedingungen eines Waffenstillstandes Angelegenheiten sind, welche dem Urteil und dem Rate der militärischen Berater der Regierung der Vereinigten Staaten und der alliierten Regierungen überlassen werden müssen, und der Präsident fühlt sich verpflichtet, zu erklären, daß keine Regelung von der Regierung der Vereinigten Staaten angenommen werden kann, die nicht völlig befriedigende Sicherheiten und Bürgschaften für die Fortdauer der gegenwärtigen militärischen Überlegenheit der Armeen der Vereinigten Staaten und der Alliierten an der Front schafft. Er hat das Vertrauen, daß er als sicher annehmen kann, daß dies auch das Urteil und die Entscheidung der alliierten Regierungen sein wird.

„Der Präsident hält es auch für seine Pflicht, hinzuzufügen, daß weder die Regierung der Vereinigten Staaten noch, dessen ist er ganz gewiß, die Regierungen, mit denen die Vereinigten Staaten als Kriegführende assoziiert sind, einwilligen werden, einen Waffenstillstand in Erwägung zu ziehen? solange die Streitkräfte Deutschlands mit den ungesetzlichen und unmenschlichen Praktiken fortfahren, bei denen sie noch verharren.

„Zu derselben Zeit, wo die deutsche Regierung an die Regierung der Vereinigten Staaten mit Friedensvorschlägen herantritt, sind ihre U-Boote damit beschäftigt, auf der See Passagierschiffe zu versenken und nicht nur die Schiffe, sondern auch die Boote, in denen ihre Passagiere und Besatzungen versuchen, sich in Sicherheit zu bringen. Die deutschen Armeen schlagen bei ihrem jetzigen erzwungenen Rückzug aus Flandern und Frankreich einen Weg mutwilliger Zerstörung ein, der immer als direkte Verletzung der Regeln und Gebräuche der zivilisierten Kriegführung betrachtet wurde. Die Städte und Dörfer, wenn sie nicht zerstört sind, sind von allem, was sie enthalten, oft sogar ihrer Bewohner, beraubt. Es kann nicht erwartet werden, daß die gegen Deutschland assoziierten Nationen einem Waffenstillstand zustimmen werden, solange die unmenschlichen Handlungen, Plünderungen und Verwüstungen fortgesetzt werden, auf die sie gerechterweise mit Schrecken und empörtem Herzen hinblicken.

„Es ist auch notwendig, damit keine Möglichkeit eines Mißverständnisses entstehen kann, daß der Präsident mit großem Nachdruck die Aufmerksamkeit der Regierung Deutschlands auf die Fassung und die klare Absicht einer der Friedensbedingungen lenkt, welche die deutsche Regierung jetzt angenommen hat. Sie ist enthalten in der Botschaft des Präsidenten, die er am 4. Juli d. J. in Mount Vernon gehalten hat. Sie lautet wie folgt: ‚Vernichtung jeder willkürlichen Macht überall, welche es in Händen hat, allein, geheim und auf eigene Willensbestimmung den Weltfrieden zu stören, oder falls diese Macht gegenwärtig nicht vernichtet werden kann, wenigstens ihre Herabminderung bis zur tatsächlichen Ohnmacht.' Und die Macht, welche bis jetzt das Schicksal der deutschen Nation bestimmt hat, ist von der hier beschriebenen Art. Die deutsche Nation hat die Wahl, dies zu ändern. Die eben erwähnten Worte des Präsidenten bilden natürlich eine Bedingung, die vor dem Frieden erfüllt werden muß, wenn der Friede durch das Vorgehen des deutschen Volkes selbst kom-

men soll. Der Präsident hält sich für verpflichtet, zu erklären, daß die ganze Durchführung des Friedens seiner Ansicht nach von der Bestimmtheit und dem befriedigenden Charakter der Bürgschaften abhängen wird, welche in dieser grundlegenden Frage gegeben werden können. Es ist unumgänglich, daß die gegen Deutschland assoziierten Regierungen sich gegen Zufälligkeiten geschützt wissen in bezug auf diejenigen, mit denen sie verhandeln. Der Präsident wird eine besondere Antwort an die R. und R. Regierung von Österreich-Ungarn absenden. Empfangen Sie, mein Herr, die erneute Versicherung meiner Hochschätzung.
Robert Lansing."

Kein Wort in diesem furchtbaren Dokument gemahnte an das hohe Schiedsrichteramt, zu dem der Präsident sich auch nach dem Eintritt Amerikas in den Krieg bekannt hatte. Zuerst die Verbeugung vor den alliierten Heerführern; dann die Schmähungen gegen unsere Armee und unsere Marine; die Forderung nach der Einstellung des verschärften U-Bootkrieges; und zum Schluß in dunklen und vieldeutigen Worten der Appell an das deutsche Volk, sein Schicksal selbst in die Hand zu nehmen, um dadurch erst die Vorbedingung für die Herbeiführung des Friedens zu schaffen.

Die Note Wilsons verwandelte die deutsche Situation bis auf die Fundamente. Der neubeschworene Burgfriede ging in Trümmer. Nach unserem Angebot war die Sehnsucht nach Frieden die beherrschende Leidenschaft der Massen geworden. Millionen stauten ihre Ungeduld nur zu kurzfristiger Selbstbeherrschung. Einzig und allein die eingebildete Nähe des Friedens hielt sie von unpatriotischen Worten oder Taten zurück. Nun wirkte die Enttäuschung wie ein Dammbruch.

Die Unabhängigen hatten freie Bahn. Am 16. Oktober wird bereits in den Fabriken Berlins von der Regierung Haase-Ledebour als von dem kommenden Ereignis gesprochen. Zwar warnt der „Vorwärts", die Arbeiter: Dumme Streiche machen wir nicht mit. Die sozialistische Ordnung durch Proklamationen aufrichten, hieße eine Taschenuhr mit Hammer und Säge reparieren. So würde eine Regierung der Unabhängigen sich einführen müssen. „Wer den Mut hat, diese Aufgabe zu übernehmen, der trete vor."

Das klang ganz selbstsicher. In Wahrheit aber täuschten sich die Mehrheitssozialdemokraten über ihre Macht, die damals schon im Sinken war. Die Unabhängigen gewannen ständig Boden dadurch, daß sie gegen eine neue nationale Erhebung arbeiteten. Gestützt auf das den Parteiführern erstattete Gutachten der Obersten Heeresleitung vom 2. Oktober und allerhand erlogene Berichte über Äußerungen des Generalfeldmarschalls gaben sie über ganz Deutschland hin die Parole aus: Die nationale Verteidigung ist hoffnungslos.

Aus der Schweiz kam noch gefährlichere Botschaft: Die nationale Verteidigung ist unnötig. Die in der Schweiz lebenden Pazifisten waren zu einer öffentlichen Macht geworden, seit wir Wilson zu Hilfe gerufen und damit vor aller Welt ihre Illusionen als Wirklichkeit anerkannt hatten. Ihre Stimmungen färbten die Berichte der Berner Diplomaten. Privatbriefe strömten nach Deutschland, die uns beschworen, Wilson zu Willen zu sein und nur noch auf ihn und nicht mehr auf unsere militärische Kraft zu bauen. Der Dichter Fritz v. Unruh schickte mir aus Zürich ein Exposé, darin er eigentlich forderte, daß wir uns ergeben sollten: er fand es sündhaft und rückfällig, jetzt noch an eine Volkserhebung zu denken.

Das öffentliche Organ aber der Wilson-Gläubigen wurde die „Basler Nationalzeitung", darin der Österreicher Bauer die deutsche Sprache mit einer gefährlichen Meisterschaft handhabte, um Wilsons Sache vor Deutschland zu plädieren, als schriebe er in seinem Auftrag. Er wurde nicht müde, bald lockend, bald drohend in immer neuen Variationen das Thema zu behandeln: Vertraut Wilson! Schon vor der Waffenstillstandsbitte am 1. Oktober riet er Deutschland, das Schicksal der Welt lieber in Wilsons als in Ludendorffs Hände zu legen, und hob die großen Worte des Präsidenten heraus: Es darf kein Unterschied gemacht werden zwischen denen, gegen die wir gerecht, und denen, gegen die wir nicht gerecht zu sein wünschen. Nach der ersten Wilson-Note verbürgte er sich für die materielle und moralische Macht des Präsidenten, sich durchzusetzen, wenn nur die Mittelmächte im Vertrauen auf die Reinheit Wilsons ihr Schicksal ohne Winkelzüge in seine Hände legten. Seine Ehre und die Ehre der Union wäre verpfändet, er dürfte und würde nicht das Vertrauen des deutschen Volkes täuschen. – In diesem Augenblick, da die niederschmetternde Note vom 14. Oktober eintraf, gab er nur uns die Schuld: warum haben der Kaiser und der Kronprinz den Wink des Präsidenten nicht verstanden, warum geht auch jetzt die öffentliche Meinung Deutschlands nicht auf den Kern seiner Forderung ein. Je völliger die Mittelmächte zur Sühne bereit sind, desto mehr könne Wilson als moralischer Diktator wirken; andernfalls wüchse von Tag zu Tag die Macht des Marschalls Foch.

Solche Gedankengänge fanden in Deutschland einen wohlvorbereiteten Boden. – Man verachte unser Volk darum nicht. Als Ende September der General Ludendorff hörte, in Marseille sei die Lungenpest ausgebrochen, da klammerte er sich in seiner Not – so sagte er selbst[71] – an diese Nachricht wie ein Ertrinkender an einen Strohhalm. Kann man es unseren hungernden und erschöpften Massen verargen, daß sie in ihrer Verlassenheit sich an Wilson klammerten? Er hatte wie ein gottbegeisterter Prophet gesprochen und wirklich seine und seines Volkes Ehre für einen gerechten Frieden verpfändet. Menschlicher Anstand sträubte sich, ihm öffentlichen Wortbruch zuzutrauen. Vor allem aber war es doch die Oberste Heeresleitung selbst, die sich außerstande erklärt hatte, die verzweifelte Lage zu meistern, und das deutsche Volk an Wilson als Retter gewiesen hatte.

Um die Mitte des Oktober war das Elend in den Städten unsagbar. Keine Kohlen, keine ausreichende Kleidung, ein ständiger Hunger. Durch ganz Europa ging damals eine Grippeepidemie. In Berlin erkrankten allein am 15. Oktober 1722 Personen. Die Krankheit wütete furchtbar unter den Menschen, die keine Widerstandskraft mehr hatten.

Die Oberpräsidenten schrieben sehr ernste Berichte über die Stimmung in den Industriezentren der Provinzen. Immer wieder die Klage, daß der Geist der Freiwilligkeit dahinschwinde.

Es fehlte nicht an Gegenbewegungen. Sie waren nicht gemacht, sondern brachen aus elementarem Nationalgefühl hervor, am stärksten in der bedrohten Ostmark. Von überallher trafen Telegramme und Briefe in der Reichskanzlei ein, die mich beschworen, die Waffenstillstandsaktion

---

[71] Vgl. Schwertfeger: „Die politischen und militärischen Verantwortlichkeiten im Verlauf der Offensive von 1918", Das Werk des Untersuchungsausschusses. 2. Bd., Berlin 1925, S. 249.

abzubrechen, die Glocken läuten zu lassen und die Nation zum Entscheidungskampf aufzurufen; aber immer standen die Namen gebildeter Männer darunter: Schuldirektoren, Beamte, Akademiker aller Art.

Die konservative Fraktion trat aus ihrer Zurückhaltung heraus und erklärte in der „Kreuzzeitung" die Waffenstillstandsaktion für gescheitert; sie erließ auf eigene Faust einen Aufruf [72] zur nationalen Verteidigung. Darin hieß es:

> „Die Bedingungen, die der Präsident stellt, lassen in Verbindung mit seinem ganzen Verhalten nur folgende Auslegung zu: er will die Forderungen bis zur vollen Kapitulation, bis zur Auslieferung unserer U-Boote und unserer Rüstung zu Lande und bis zur Vernichtung der deutschen Kaisermacht weiter emporschrauben, um uns dann den Frieden der vollen Unterwerfung mit Abtretung von Elsaß-Lothringen und von Teilen der Ostmark und Übernahme vernichtender Kriegsentschädigungen aufzuerlegen.
>
> Unser Volk muß wissen, worum es sich handelt. Betreten die feindlichen Truppen mit den schwarzen Horden unser Vaterland, so werden die heimatlichen Fluren der Verwüstung und die Bevölkerung dem Elend überliefert. Müssen wir den Frieden wehrlos und mit gebundenen Händen abschließen, so steht uns, unseren Kindern und Kindeskindern eine Knechtschaft bevor, die weit über das Maß dessen hinausgeht, das Preußen nach 1806 von dem korsischen Eroberer zu erdulden hatte. Auf Menschenalter hinaus wird jeder deutsche Bürger und Bauer, wird jeder Besitzer und Unternehmer, wird vor allen Dingen aber jeder Angestellte und Arbeiter in Stadt und Land zum Lohnsklaven unserer Feinde werden. Freiheit wird es in deutschen Landen nicht mehr geben."

Graf Westarp unterstützte diese Kundgebung durch einen an mich gerichteten Brief (16. Oktober);[73] er drängte darauf, die neuen Wilson-Forderungen abzulehnen und schlug vor, unter anderem zu antworten:

> „Mag man in Deutschland selbst über die Verfassung des Deutschen Reiches noch so verschieden denken, die Forderung, daß die deutsche Kaisermacht vernichtet oder doch zu tatsächlicher Ohnmacht verurteilt werden müsse, ist eine Einmischung, die mit der deutschen Ehre um so unverträglicher ist, als der Präsident auch den kleinsten Nationen ihr Selbstbestimmungsrecht erhalten wissen will."

---

[72] Gedr. Westarp, a. a. O., S. 101.
[73] Gedr. ebenda, S. 100.

Ein ehemaliger Minister von besonderer Bedeutung riet, Wilson folgendermaßen anzuherrschen:

„Nachdem über die Friedensbedingungen auf Grund des von Herrn Wilson selbst verkündetem Programms eine grundsätzliche Einigung erzielt sei, habe die Fortsetzung des Menschenmordens jede Rechtfertigung verloren; sie sei unsinnig und verbrecherisch. Der deutschen Regierung, die ihre Hände frei von diesem Verbrechen zu halten wünsche, komme es darauf an, zu erfahren, ob die Vereinigten Staaten und ihre Verbündeten auf Grund der über die Friedensbedingungen erzielten Einigung und der sonstigen von der deutschen Regierung gegebenen Zusagen und Aufklärungen bereit seien, alsbald in Waffenstillstandsverhandlungen einzutreten oder nicht. Sie müsse Wert darauf legen, auf diese Frage ohne Verzug eine klare Antwort zu erhalten, um danach ihre Dispositionen zu treffen."

Admiral v. Tirpitz[74] erbat Direktiven für das Verhalten der in der Vaterlandspartei vereinigten Hunderttausende von Männern. Er erklärte, die von Wilson geforderte Einstellung des U-Bootkrieges würde jeden weiteren Widerstand unmöglich machen, und fuhr dann fort:

Der Irrtum, der unserem Waffenstillstandsangebot zugrunde lag, sei nun erwiesen, die Entente täte uns nicht den Gefallen, einen alsbaldigen Waffenstillstand unter Bedingungen zu gewähren, die uns die Möglichkeit geben würden, unser Heer und unsere Grenzen für den Fall des Scheiterns der Friedensverhandlungen in Verteidigungszustand zu versetzen:

Tirpitz sah nur den einen Ausweg:

„Aufruf des ganzen Volkes zur entschlossensten Verteidigung unserer Ehre und unserer Lebensmöglichkeiten, begleitet von sofortiger Handlung, die nach außen und innen nicht den mindesten Zweifel an unserem Willen bestehen lassen kann."

---

[74] Dieser Brief vom 17. Oktober 1918 ist gedr. Tirpitz, Deutsche Ohnmachtspolitik, S. 616ff.

Den stärksten Eindruck machte auf mich ein Brief (16. Oktober) des Grafen Arnim-Boitzenburg, des Präsidenten des Herrenhauses. Er beschwor mich, zum letzten Widerstand aufzurufen; dabei sah er scharf die seelische Lage unseres Volkes. Er ging so weit zu sagen, daß ein Aufruf zur nationalen Verteidigung mehr schaden als nutzen würde, wenn er von einzelnen Personen oder einzelnen Parteien ausginge: er müsse von der Regierung, der Obersten Heeresleitung und dem Reichstag unterzeichnet sein. Dem Volke müßten die Forderungen, die Wilson stelle, vor Augen geführt werden, aber nicht in der umschriebenen Form seiner Note, sondern klar und deutlich.

„Das geschlossene Aufstehen unseres Volkes aber bietet doch noch Aussicht auf Erfolg. Ganz abgesehen davon, daß nach meiner Ansicht nicht nur der Mut der Truppen an der Front wieder gehoben würde, es würde der Entschluß zu äußerstem Widerstand auch in den feindlichen Ländern seinen Einfluß auf die Friedensrichtung, die doch auch dort stark ist, nicht verfehlen. Man würde einsehn, daß durch Wilson der Bogen überspannt ist, und diese Stimmung könnte für uns nur förderlich sein."

Graf Arnim schloß mit Worten von feierlichem Ernst:

„Auch über Personenfragen dürfen wir nicht das große Ganze in den Hintergrund stellen. Wenn selbst dort ein Wechsel sich als notwendig erweist, so muß er vorgenommen werden. Wo ein Wille ist, ist auch ein Weg.
  Führt er schließlich nicht zum Ziel, so kann uns die Geschichte nicht vorwerfen, daß wir nicht unser Alles an unsere Existenz und Ehre gesetzt hätten. Gott mit uns; das muß auch die Losung in dieser Stunde sein. Aber Gott fordert von uns, daß wir auch alles tun, was in unseren Kräften steht. Er hat uns in ein dunkles Tal geführt, vielleicht um unser Volk noch einmal zu erwecken und es tüchtig zu machen, durch höchste Anspannung seiner ganzen hohen sittlichen Kräfte den Weg zu finden, der es zum Heil der Menschheit gegen Trug und Lug zum Siege führt.
  Handeln Sie, Großherzogliche Hoheit, das Vaterland würde es Ihnen ewig danken."

Am Morgen des 17. Oktober sollte der General Ludendorff eintreffen, um dem Kriegskabinett militärischen Vortrag zu halten. Vorher konnten keine Entscheidungen getroffen werden. Aber die Stellung des Generals zu der geforderten Einschränkung des U-Bootkriegs lauteten die Nachrichten widersprechend. Mir lag eine Depesche Baron Lersners, des Vertreters des Auswärtigen Amts bei der Obersten Heeresleitung vor.[75] Nach seinen Eindrücken sei die alsbaldige Einstellung des gesamten U-Bootkriegs erreichbar, falls die Regierung diese aus politischen Gründen für notwendig halten sollte. Bedenklich stimmte der Zusatz: Vereinzelte Stimmen im Hauptquartier treten dafür ein, der deutsche Oberbefehlshaber solle sich unmittelbar mit den feindlichen Oberbefehlshabern in Verbindung setzen.

Lersner warnte vor solchem Vorgehen, wir würden uns bei der augenblicklichen Stimmung der feindlichen Armeen eine glatte Abfuhr holen; er befürwortete dringend, weiter an dem Weg über Wilson festzuhalten.

Auf der anderen Seite meldeten sich Anzeichen, daß der General Ludendorff sich auf den Abbruch der Verhandlungen vorbereitete. Er schickte seiner Ankunft die folgende Frage voraus:[76]

„Wird das deutsche Volk, nicht nur die Kreise der Gebildeten, sondern in seinen breiten Massen, in den Kampf bis zum Äußersten mitgehen wenn es das Bewußtsein hat, daß sich dann unsere militärische Lage genügend verstärkt, um das Eindringen der Feinde über die Landesgrenze zu verhindern, oder ist die moralische Widerstandskraft so erschöpft, daß diese Frage nicht unbedingt bejaht werden kann? Dabei handelt es sich nicht um Zwang, sondern um freien Willen."

Darauf gab es leider nur eine Antwort: Noch ist das deutsche Volk nicht bereit. Der General Ludendorff hat recht, wenn er das entscheidende Gewicht auf den freien Willen legt: Zwang vermöchte niemals die letzte Kraft aus diesem todmüden Volk herauszuholen. Für den Entscheidungskampf mußte eine Parole gegeben sein, die den primitiven Selbsterhaltungstrieb der Nation losbrechen ließ. „Lieber, als den U-Bootkrieg aufgeben, gehen wir in den Verzweiflungskampf" – das war nicht der Weckruf, den wir brauchten, auch wenn alle Kirchenglocken Deutschlands gleichzeitig Sturm läuteten. Das Volk unterschätzte heute den tatsächlichen Wert des U-Bootkrieges aus einem Gefühl bitterer Enttäuschung heraus über die befristeten Versprechungen der Marine, die

---

[75] Amtliche Urkunden Nr. 52.
[76] Sitzung der Staatssekretäre vom 16. Oktober, Amtliche Urkunden Nr. 54.

unerfüllt geblieben waren. Auch gegen die Einmischung in unsere inneren Angelegenheiten stand die Leidenschaft der Massen nicht auf. Was sagte diese Note Neues gegenüber den Äußerungen, die der Präsident schon so oft getan hatte. Als wir ihn zu Hilfe riefen, wußten wir, daß die Beseitigung des preußischen Militarismus auf seinem Programm stand, und nicht nur sein Fanatismus, sondern auch sein und seines Volkes Prestige an dieses Kriegsziel gebunden war. Unsere Bitte um Waffenstillstand hatte das nationale Ehrgefühl von Millionen Deutscher tödlich getroffen. Wenn aber Forderungen vor dem deutschen Volke ständen, bestimmt, uns nicht allein zu entehren, sondern den Feinden wehrlos auszuliefern, nicht angedroht in doppelsinnigem Worten oder von der deutschen Regierung aus Wilson-Noten herausgeholt und ausgedeutet, sondern als furchtbare Wirklichkeit, als festgelegte Bedingungen für den einzigen Waffenstillstand, den die Feinde uns geben wollen – sagen wir: die Übergabe unserer Flotte, unserer Festungen, Elsaß-Lothringens–, dann, aber nur dann, würde ich handeln können, wie der Graf Arnim-Boitzenburg von mir forderte; ich würde, das war mein Glaube, Deutschland bereit finden.

Das Kabinett war am 16. Oktober versammelt, um über die durch die Note des Präsidenten geschaffene Lage zu beraten. Solf war ganz gebrochen. Das Furchtbarste an der Note sei der Ton; so spräche nicht ein Mann, der einen Rechtsfrieden anstrebe, sondern das Haupt eines Bundes, der unsere Vernichtung will.

Haußmann berichtete über die öffentliche Stimmung. Die Note Wilsons habe wie eine Bombe gewirkt; erst jetzt begriffe die Bevölkerung den ganzen Ernst der Lage, denn Wilson spreche wie einer, der die militärische Kapitulation Deutschlands erwarte. Man sei bestürzt über den scharfen Hinweis auf die Kaiserfrage. In Berlin werde über die Abdankung diskutiert.

Er fuhr dann fort: Die Frage, ob Wilson die Abdankung des Kaisers oder nur die konstitutionelle Monarchie verlange, sollte gründlich geprüft werden. Dabei müsse sich der Monarch die Frage vorlegen, ob er die eingeleitete Umbildung selbst vornehmen oder durch seinen Sohn oder Enkel vornehmen lassen wolle. Der Reichskanzler müsse auch diese Frage mit dem Monarchen besprechen. Er, Haußmann, halte es für genügend, die streng konstitutionelle Monarchie mit dem jetzigen Träger der Krone einzuführen.

Scheidemann widersprach sofort der Auffassung, daß Wilsons Worte auf die Abdankung des Kaisers zielten. Wilson käme es gar nicht darauf an, den Kaiser abzusetzen, sondern ihn in eine Stellung zu bringen wie die Könige von Italien und Belgien oder der nordischen Länder.

Auch ich hatte damals den Eindruck, daß die Worte: „Vernichtung jeder willkürlichen Macht" mit Sorgfalt gewählt waren und nur bezweckten, Deutschland auf dem Wege der Verfassungsreformen vorwärts zu treiben.

Wir alle empfanden die Sinnlosigkeit, die darin lag, in diesem Augenblick an unserer Verfassung zu bessern. Die Flandernfront war im Einstürzen, und wir verhandelten über den Art. 11 (Zustimmung des Reichstags zur Kriegserklärung). Dem inneren deutschen Bedürfnis war Genüge getan durch die Bildung einer Regierung, die sich auf die Mehrheit des Reichstags stützte.

Gröber hielt die Vorlage des veränderten Art. 11 für eine befriedigende Antwort auf Wilsons Forderung nach Ausschaltung der „friedenstörenden Macht", verwahrte sich aber dagegen, daß wir in Deutschland vorher eine Willkürherrschaft gehabt hätten. Ohne Kriegskredite hätte der Kaiser nie Krieg führen können.

Hier widersprach Scheidemann, aber mehr aus taktischen Gründen mit einem besorgten Seitenblick auf die unabhängigen, denen gegenüber die Sozialdemokratische Partei wegen der Bewilligung der Kriegskredite durch eine solche Behauptung in eine schiefe Lage kommen würde. Aber gerade er gab auch dem allgemeinen Gefühl lebhaften Ausdruck: Persönlich empfinde er es als schmachvoll, daß man alle die freiheitlichen Änderungen jetzt unter dem Druck der Feinde vornehmen müsse.

Aber den Punkt war also Einstimmigkeit: wie Wilsons Einmischung in unsere inneren Angelegenheiten zu deuten und sachlich zu beantworten sei. Ferner stand wohl bei uns allen fest, daß wir nicht die einmal begonnene Waffenstillstandsaktion jetzt abbrechen durften, nur um des verschärften U-Bootkriegs willen.

Der Vertreter der Obersten Heeresleitung in Berlin gab beruhigende Auskunft über die neue, an der Flandernfront entstandene Lage; selbst wenn sie nicht zu halten sei, brauchten wir keine militärische Katastrophe zu besorgen. Es bestünde ein festes Programm, die Truppe in drei Nächten in eine neue starke Stellung zurückzuführen, die sich rechts an Seeflandern anlehne. Die flandrische Küste hätte nur noch Prestigewert, da U-Bootbasis und Werften schon geräumt seien.

Wieviel Spielraum hatten wir für die Verhandlungen mit Wilson? Davon hing alles ab. Wir wollten natürlich die Besprechungen des 17. abwarten, ehe wir urteilten; aber schon heute ging die allgemeine Auffassung dahin: werden die angedrohten Bedingungen der Kapitulation wirklich präsentiert, so muß der Krieg weitergehen.

Haußmann sprach allen aus der Seele, als er sagte: „Wie der hier anwesende Vertreter der Obersten Heeresleitung erkennen muß, liegt uns nichts mehr am Herzen als die Ehre der Armee. Sie ist ein höchstes staatliches Bedürfnis." [77]

Am Schluß der Sitzung wurde mir wiederum der lebhafte Wunsch entgegengebracht, wir sollten über die militärische Lage nicht nur das Gutachten des Generals Ludendorff hören. Ich hatte bereits in diesem Sinne dem Kaiser Vortrag gehalten. Die Antwort erhielt ich noch im Laufe des Tages. Der Kaiser entschied, daß neben dem General Ludendorff noch andere Heerführer zu befragen seien.

Ich bereitete mit meinen militärischen Beratern die Besprechungen des folgenden Tages vor:

Kann die Westfront so verstärkt werden, daß sie steht, und zwar rechtzeitig, und woher? Aus der Heimat, aus Rußland? Kann die Räumung des Ostens militärisch und wirtschaftlich verantwortet werden? Wir mußten ferner wissen, wann voraussichtlich die Kampagne dieses Jahres enden wird, oder wenigstens, wann die Großangriffe wohl aufhören würden. Und schließlich sollten wir schon jetzt der Situation ins Auge sehen, daß wir allein sein werden, d. h. Österreich und die Türkei uns verlassen haben, Rumänien bei unseren Feinden ist, eine neue Südfront sich bildet und unserem Kriege das Öl ausgeht.

---

[77] Haußmann, a. a. O., S. 255f

Der General Ludendorff kam am 17. Oktober früh zu mir und schilderte die augenblickliche Lage an der Westfront ähnlich wie der Oberst v. Haeften. Trotz der einstürzenden Flandernfront, dem unmittelbar drohenden Fall von Lille fürchtete er keine militärische Katastrophe, sondern glaubte einen geordneten Rückzug durchführen zu können. Ich unterrichtete ihn über die Entscheidung des Kaisers. Er brauste auf: das sei ein Mißtrauensvotum. Ich bestritt das. Die Befragung anderer Heerführer werde nicht nur vom Kaiser verlangt, sondern sei der allgemeine Wunsch der Bevölkerung und eigentlich in unserer Lage selbstverständlich. Der General blieb bei seiner Meinung und drohte mit seinem und des Feldmarschalls sofortigen Rücktritt. Ich versammelte das Kriegskabinett[78] noch vor der großen Sitzung, in der Ludendorff sprechen sollte, machte Mitteilung von der ablehnenden Haltung des Generals und stellte die Frage, ob wir die Demission der Heerführer verantworten könnten.

Die Herren waren alle empört über die an uns gestellte Zumutung, in dieser Situation das Schicksal Deutschlands auf den richtigen Blick von zwei Augen zu stellen. Ein Staatssekretär erinnerte daran, daß es ein Kriegsrat gewesen war, der die Entlassung Falkenhayns und die Berufung Hindenburgs beschlossen hatte. Solf berichtete, wie der Abgeordnete Gießer heute zu ungewöhnlich früher Stunde bei ihm erschienen sei und ihm gesagt habe: das Vertrauen der Nationalliberalen Partei zu dem General Ludendorff sei so erschüttert, daß sie erwarte, die Regierung werde sich bei ihren Entschlüssen nicht nur auf Ludendorff und Hindenburg stützen. Aber keiner meiner Mitarbeiter wollte dazu raten, die Demission der Obersten Heeresleitung hervorzurufen. Die Regierung würde sich dem Vorwurf aussetzen, in dieser Kriegslage Deutschland um die beiden ersten Feldherren gebracht zu haben. Graf Roedern meinte, ob es nicht denkbar sei, daß der Kaiser den Generalfeldmarschall bewege, das große Opfer zu bringen, auch ohne den General Ludendorff zu bleiben. Schließlich fand Payer Zustimmung mit der Formel: Sage Ludendorff, daß wir nicht jede Bedingung anzunehmen brauchen, so würde er keinen Wert mehr auf die Vernehmung anderer Heerführer legen. Wenn dagegen Ludendorff erkläre, die Front nicht mehr halten zu können, so müsse man auch andere Generale hören.

---

[78] Sitzung des engeren Kabinetts vom 17. Oktober, Amtliche Urkunden Nr. 55.

Ich konnte mitteilen, daß die Oberste Heeresleitung die Lage nicht für verzweifelt hielt.

Zu der großen Sitzung vom 17. Oktober hatte der General Ludendorff wieder den Obersten Heye mitgebracht, den Chef der Operationsabteilung. Admiral Scheer begleitete den Staatssekretär des Reichsmarineamtes. Wir hatten als Sachverständigen für die militärischen Fragen des Ostens den General Hoffmann zugezogen, einst bei Tannenberg der intimste Mitarbeiter Ludendorffs, seit Brest-Litowsk aber ihm entfremdet. Der General Hoffmann hatte Freunde und Gegner in der deutschen Armee. Sein militärisches Ingenium aber und seine Energie waren unbestritten. Ich kenne den Ausspruch eines unserer bewährtesten Chefs, der sich nicht zu den Freunden des Generals Hoffmann zählt: Der General Ludendorff hätte gut daran getan, den Mann mit nach dem Westen zu nehmen, der mit ihm zusammen die Großtaten des Ostens ausgedacht und ausgeführt hat.

Ich gebe die denkwürdige Sitzung des 17. Oktober im Wortlaut des Protokolls wieder, das Dr. Simons selbst stenographisch aufgenommen hat.[79]

---

[79] Das Protokoll weicht etwas von der Fassung in den Amtlichen Urkunden Nr. 57 ab und führt auch weiter.

Fünftes Kapitel

Sitzung des Kriegskabinetts am 17. Oktober 1918

Anwesend: Der Reichskanzler; der Vizekanzler; der Kriegsminister; die Staatssekretäre des Auswärtigen Amts, des Reichsschatzamts, des Kriegsernährungsamts, des Reichsmarineamts; der Chef des Admiralstabs der Marine; der Vizepräsident des preußischen Staatsministeriums; die Staatssekretäre Gröber, Haußmann, Scheidemann; Unterstaatssekretär Göppert; Unterstaatssekretär v. Stumm; Unterstaatssekretär Wahnschaffe; Ministerialdirektor Deutelmoser; General Ludendorff; General Hoffmann; Oberst Heye.

Der Reichskanzler: Die Lage, in der wir uns befinden, ist die Folge des Schrittes, den wir am 5. Oktober getan haben. Damals war es der dringende Wunsch der Obersten Heeresleitung, daß wir die Friedensnote und das Waffenstillstandsersuchen an den Präsidenten Wilson gerichtet haben. Es kam die Rückfrage, die wir beantwortet haben. Jetzt liegt eine neue Note vor, die eine Steigerung der Forderungen Wilsons enthält, und über die wir uns schlüssig machen müssen. Wilson ist offenbar durch die amerikanischen Chauvinisten und durch den Druck Frankreichs und Englands in eine schwierige Lage geraten und, wie ich hoffe, hofft er selbst, daß wir ihm die Möglichkeit geben, mit uns weiter zu verhandeln und den Widerstand der Kriegstreiber zu überwinden.

So stelle ich mir die Lage vor. Es würde nun, ehe wir die Note an Wilson abgehen lassen, klarzustellen sein, was die militärische Lage Deutschlands fordert. Zu diesem Zweck haben wir Eure Exzellenz gebeten, herzukommen und uns Auskunft zu geben. Wir haben Eurer Exzellenz eine Anzahl formulierter Fragen vorgelegt, über die wir erwarten, Auskunft zu erhalten. Eure Exzellenz haben andere Fragen an uns gestellt, die wir im Laufe der Erörterung beantworten werden.

Die erste Frage ist die, ob dadurch, daß die Divisionen vom Osten herübergezogen werden, die Front im Westen so gestärkt werden kann, daß man auf ein längeres Durchhalten rechnen darf.

Die zweite Frage geht dahin, ob durch stärkere Zuführung von Truppenmaterial aus der Heimat erreicht werden kann, daß die Armee eine Kräftigung zum weiteren Durchhalten erfährt.

General Ludendorff: Es wurden schon früher eine Reihe von Fragen an mich gestellt, die präzise zu beantworten ganz ausgeschlossen ist. Der Krieg ist kein Rechenexempel. Es gibt im Krieg eine Menge Wahrscheinlichkeiten und Unwahrscheinlichkeiten. Was schließlich eintrifft, weiß kein Mensch. Als wir im August 1914 nach Ostpreußen kamen und mit Hilfe meines treuen Mitarbeiters Hoffmann die Befehle zur Schlacht von Tannenberg ausgegeben wurden, da wußte man auch nicht, wie es gehen würde, ob Rennenkampf marschieren würde oder nicht. Er ist nicht marschiert, und die Schlacht wurde gewonnen. Es gehört zum Krieg Soldatenglück; vielleicht bekommt Deutschland doch auch wieder einmal Soldatenglück.

Ich kann Ihnen nur meine Überzeugung sagen. Die Verantwortung dafür, was ich sage, trage ich und habe sie getragen vier lange, schwere Jahre.

Wenn man mich fragt, ob die Ostdivisionen einen Umschwung herbeiführen werden, so frage ich dagegen, was können wir aus dem Osten wegführen. Ich habe darüber mit Hoffmann gesprochen. Wir haben jetzt drei Divisionen locker gemacht durch Räumung Weißrußlands; aber das geht nur langsam. Wir haben in dem Gebiet noch große Haferbestände. Hafer wird uns im nächsten Jahr besonders fehlen; das ist zu bedenken.

Also drei Divisionen kommen. Einen Umschwung kann man mit drei Divisionen nicht herbeiführen; aber der Soldat muß alles zusammenziehen, was er kriegen kann. Früher konnten wir das nicht, weil wir die weitere Grenze gegen die Bolschewiken schützen mußten, bis wir das Geld bekamen. Wieviel haben wir denn jetzt im Osten?

Oberst Heye: Noch 24 Divisionen. Ober-Ost hat davon noch 7.

General Hoffmann: 7 hat Ober-Ost, 5 stehen in der Ukraine, 12 in Rumänien.

General Ludendorff: Dazu kommt die Frage, können wir die Ukraine aufgeben oder nicht? Die Oberste Heeresleitung ist im Einverständnis mit der Reichsleitung in die Ukraine einmarschiert, weil wir das Land für die Ergänzung unserer Wirtschaft brauchten, und weil wir die Ostfront der Feinde sprengen mußten. Können wir auf die Ukraine-Wirtschaft verzichten, und können wir die Gefahr auf uns nehmen, daß die Ukraine bolschewistisch wird, so können wir auch die Divisionen herausholen.

Wirtschaftlich glaube ich, daß wir die Ukraine unbedingt brauchen, auch militärisch. Wir könnten den Krieg im Westen nicht ohne die Pferde in der Ukraine führen; ob unsere Landwirtschaft noch so viel liefern kann, weiß ich nicht. Ich müßte dann um eine andere Direktive für die Behandlung der Ostfragen bitten, als sie mir im März gegeben worden ist.

Der Reichskanzler: Würde die Wegziehung der Osttruppen die Westfront so stärken, daß sie halten kann?

General Ludendorff: Das ist jedenfalls in gewissem Maße der Fall. Es fragt sich nur, ob die wirtschaftlichen und politischen Nachteile und die Gefahr im Innern nicht schwerer wiegen.

Der Reichskanzler: Würden die neuen Truppen unserem Westheer eine solche Stoßkraft geben, daß die Feinde an den Verhandlungstisch gebracht würden?

General Ludendorff: Nein, Stoßkraft haben diese Truppen nicht mehr. Wir haben alles Gute schon herausgenommen. Sie haben keine Stoßkraft mehr, aber eine gewisse Abwehrkraft. Es darf nicht unterschätzt werden, daß die Truppen im Osten nicht mehr den Geist haben wie die im Westen; darüber spricht vielleicht General Hoffmann.

Der Reichskanzler: Noch eine Frage vorher. Es würde also durch die Zuziehung der Truppen aus dem Osten nur der Zeitpunkt hinausgeschoben werden, den wir Anfang Oktober gekommen glaubten, und dann die Lage wieder eintreten, die uns gezwungen hat, den Friedensschritt zu tun?

General Ludendorff: Es kommt darauf an, was uns die Heimat noch gibt. Es ist eine Menschenfrage.

Der Reichskanzler: Ich bitte General Hoffmann, das Wort zu nehmen.

General Hoffmann: Die Divisionen im Osten bestehen aus Leuten zwischen 35 und 45 Jahren. Die weiten Gebiete, die sie besetzt halten, die Versuchungen, die an sie herantreten, und denen sie häufig unterliegen, sei es durch Bestechung der ostjüdischen Händler, sei es durch bolschewistische Propaganda, haben die Truppen recht leiden lassen. Vor

Abgabe der letzten Formationen hatten wir in Litauen auf ungefähr 18 Quadratkilometer einen Soldaten. Die Truppe steht seit Monaten zerstreut in einzelnen Postierungen, wenig beaufsichtigt, und die bolschewistischen Ideen, verbunden mit der Bestechung, haben sehr überhandgenommen.

Abgeben können wir nur 10 Divisionen, denn wir brauchen 2 Divisionen und die Kavallerie, um die Grenze nach der Ukraine zu sperren.

Daß die Divisionen zu einem Angriff nicht mehr brauchbar sind, möchte ich wiederholen. Defensiv haben sie noch Kraft. Ihre Ostaufgabe erfüllen sie glänzend. Ich würde mich sogar anheischig machen, im Osten noch einmal mit ihnen anzugreifen. Aber gegen die Machtmittel der Feinde im Westen sind sie nicht mehr zu verwenden.

Der Reichskanzler: Sie würden also die Wegnahme an sich für möglich halten?

General Hoffmann: Wenn wir [sie] wegziehen wollen, ist es sehr hohe Zeit. Ich brauche drei Monate, um die Truppen aus der Ukraine herauszubringen. Wir können dort nur zwei bis drei Züge täglich laufen lassen, von denen bei dem Mangel an Schmieröl noch manche ausfallen. Dabei ist mit Sabotage, ja mit Aufflammen einer Revolution zu rechnen, wenn die Bahnen von Ukrainern bedient werden. Schon jetzt würde das Bereitstellen der Truppen, wenn ich das ganze Material liegen lassen wollte, besonders auch die gesammelte Ernte, drei Tage bis zur Schmalspurbahn, sechs Tage bis zur Normalspurbahn in Anspruch nehmen. Diese Zeiten sind aber so errechnet, daß wir keine Vorräte mitnehmen können, die sind dann verloren. Der Truppenchef in Minsk sagt mir, daß er, um die Ernte fortzuschaffen, 500 Züge brauche; die haben wir natürlich nicht. Wir müßten dann die Truppen marschieren lassen.

General Ludendorff: Bis jetzt ist ungefähr eine Million Menschen aus dem Ostgebiet ernährt worden. Diese fallen nun der Heimat zur Last. Der Viehbezug aus der Ukraine hat die Viehbestände der Heimat sehr geschont. Wie gespannt die Lage der Viehversorgung in Deutschland ist, weiß man. Müssen wir auf das Ostvieh verzichten, so käme die Heimat nach Ansicht des Generalquartiermeisters in die größten Schwierigkeiten. Ich habe gebeten, das auch durch die Reichsleitung feststellen zu lassen. Wir haben bei der Obersten Heeresleitung gerade die Viehfrage für ausschlaggebend gehalten. Aus der Ukraine allein haben wir 140000 Pferde geholt.

Der Reichskanzler: Wie steht es mit der bolschewistischen Armee, wird sie stärker, kann sie uns bedrohen?

General Hoffmann: Nein, rein militärisch betrachtet wird sie uns in absehbarer Zeit nichts antun können, da haben wir nichts zu fürchten; aber die geistige Bedrohung.

General Ludendorff: And diese Gefahr ist groß. Der Kordon ist so schwach, daß wir nicht imstande sind, sie von der Heimat fernzuhalten.

Der Reichskanzler: Also der Westen wird durch die Osttruppen keine neue Stoßkraft erhalten; aber die verfügbaren 12 Divisionen würden für die Verteidigung wertvoll sein. Um sie herbeizuführen, würde man drei Monate brauchen. Dabei würden wir die Hafervorräte verlieren, außerdem würde eine große Anzahl von Menschen, die bis jetzt von drüben ernährt worden sind, hier ernährt werden müssen. Eure Exzellenz stellen jetzt die Gegenfrage, welchen Wert hat die Ukraine in den Augen der Reichsleitung für die Ernährung Deutschlands.

General Ludendorff: Ja. Wir haben anderthalb Millionen Tonnen aufgekauftes Getreide, das schon zu ... . beginnt.

Der Reichskanzler: Ich eröffne hierüber die Debatte.

Graf Roedern: Die beiden Staatssekretäre des Reichswirtschaftsamts und des Kriegsernährungsamts sind nicht anwesend. Es besteht Meinungsverschiedenheit zwischen ihnen. Das Kriegsernährungsamt wünscht die Ukraine weiter zu benutzen, das Reichswirtschaftsamt ist sehr skeptisch. Soweit ich die Lage aus dem hier mitgeteilten Schriftwechsel übersehen kann, scheint mir die Ansicht des Herrn Staatssekretärs des Reichswirtschaftsamts die begründetere. Jedenfalls ist, was wir für die Zivilbevölkerung aus der Ukraine bekommen haben, außerordentlich geringfügig, sehr viel höher der Wert dessen, was für das Heer geleistet worden ist und jetzt aus der Heimat beschafft werden muß. Hat das Heer noch Viehbestände aus der Ukraine bekommen?

General Ludendorff: Einen Unterschied zwischen Heer und Zivil kann man nicht machen. Es ist ein großer Wirtschaftstopf, und ob das Vieh aus der Ukraine für das Heer oder für das Zivil gebraucht wird, ist gleichgültig. Wir müssen das Vieh haben, woher wir es bekommen, darüber kann ich mir nicht den Kopf zerbrechen. Übrigens kommt noch die Kriegsrohstofffrage dazu. Wir verlieren jetzt auch das Kupferbergwerk Bor, weil die Serben es wieder nehmen; wenn wir auch Belgien räumen, so wird die Wirtschaftslage so gespannt, daß wir gar nicht wissen, wie wir den Krieg weiterführen sollen. Gehen wir also gleichzeitig im Osten und im Westen zurück, so brechen wir zusammen.

Staatssekretär Solf: Der Vertreter des Auswärtigen Amtes in der Ukraine hat mir gestern Vortrag gehalten über die dortigen Verhältnisse. Dem wirtschaftlichen Teil seines Berichtes möchte ich entnehmen, daß der Wert der Ukraine für die Verpflegung des Heeres ein ganz immenser ist, und da können wir keinen Unterschied machen, wer diese Vorräte zuerst verbraucht. Der wirtschaftliche Wert des Landes ist in jedem Fall sehr beträchtlich.

Ich habe dann Herrn v. Mumm gefragt, was in der Ukraine geschehen würde, wenn wir die deutschen Truppen wegnähmen. Er war ganz sicher, daß dann die Bolschewiken in der wildesten, fürchterlichsten Weise hausen würden. Alle Reichen würden geköpft werden.

General Ludendorff: Auch das müssen wir in Kauf nehmen, selbst wenn es gegen Treu und Glauben geht, wenn es für das Heil des deutschen Vaterlandes nötig wäre. Ist die Räumung nötig oder nicht nötig für Deutschland? Wenn ja, muß sie gemacht werden trotz aller schauderhaften Folgen.

Graf Roedern: Die Frage kann nur nach den jetzt vorliegenden Ernteschätzungen beantwortet werden. Dazu brauchen wir den Staatssekretär des Kriegsernährungsamts.

Herr Scheidemann: Wenn wir alle diese Fragen der Ernährung und des Bolschewismus beiseitesetzen, so bleibt immer noch die Frage, ob die Westfront nach drei Monaten noch stehen wird oder bis dahin ein Durchbruch erfolgt?

General Ludendorff: Ich habe schon dem Herrn Reichskanzler gesagt, ich halte einen Durchbruch für möglich, aber nicht für wahrscheinlich. Innerlich wahrscheinlich halte ich den Durchbruch nicht. Wenn Sie mich auf mein Gewissen fragen, kann ich nur antworten, ich fürchte ihn nicht.

Der Reichskanzler: Ich gehe auf die zweite Ftage über: Ist die Heimat bereit, der Obersten Heeresleitung das nötige Menschenmaterial zur Verfügung zu stellen?

Wir müssen aber auch vorher wissen, ob es technisch möglich ist, das nötige Material auszuheben.

General Ludendorff: Das übersehe ich nicht. Damit habe ich mich seit 1916 redlich bemüht; es ist kaum ein Monat vergangen, daß ich nicht gedrängt habe. Ob die Verstärkungen rechtzeitig kommen? Verstärkungen kommen immer rechtzeitig. Man kann nie wissen im Krieg, wie lange eine Aktion dauert. Wie oft habe ich Reserven geschickt, wenn man meinte, sie kämen zu spät, und sie kamen doch noch zur Zeit. Man muß sie schicken und das übrige dem Schicksal überlassen.

Der Reichskanzler: Ich bitte den Herrn Kriegsminister, sich dazu zu äußern.

Kriegsminister Scheüch: Es kommen zwei Maßnahmen in Betracht. Die normale allgemeine Ergänzung oder eine starke einmalige, unter Beeinträchtigung der normalen. Für die erste Maßnahme gilt folgendes: Der normale Nachschub an Ersatz für das Feldheer ergibt nach den neuesten Berechnungen für Preußen und die anderen Staaten zusammen monatlich 190000 Mann. Sie können gestellt werden ohne sehr fühlbare Eingriffe in die Heimatwirtschaft. Die einzelnen Zahlen brauche ich hier wohl nicht anzugeben.

Soll das Heer einen einmaligen starken Nachschub erhalten, so berechne ich den auf rund 600000 Mann. Dabei rechne ich nicht hoch. Die Einzelberechnungen ergeben sogar 637000 Mann. In diesem Falle würde der Eingriff schon fühlbar werden. Ich glaube nicht, daß eine erhebliche Minderproduktion an Kriegsgerät eintreten würde, aber die Heimatwirtschaft würde gestört. Die Nachweisung im einzelnen würde man in engeren Kreisen durchgehen können und dann auch in Betracht ziehen, was man an unausgebildeten Leuten erhält. So z. B. den Rest des Jahrgangs 1900, von dem noch 50000 Köpfe in den Betrieben stecken. Das andere ist schon ausgebildet, zum größten Teil in den Depots, zu einem Drittel in der Heimat. Das ist allerdings dann auch das letzte. Eine Ausbildung ist ja doch nötig für die anderen.

Nun ist aber zu bedenken: Wenn wir die 600000 in die Front hereinbekommen, ist weiterer Ersatz nötig. Dann können wir im Monat nicht mehr rund 190000, sondern nur rund 100 000 Mann für das nächste halbe Jahr sicherstellen. Den weiteren Ersatz bis zum Herbst 1919 könnte man dann wieder auf 150000 Mann monatlich anschlagen, wenn der Jahrgang 1901 früher eingestellt würde. Das Reservoir des nächsten Jahres wäre also gegen Ende September erschöpft.

General Ludendorff: Ich bin unbedingt für den zweiten Fall. Hätten wir diese günstigen Zahlen schon jetzt gehabt, so hätten wir die Krise an der Westfront nicht bekommen, und wenn ich die Leute bekomme, sehe ich vertrauensvoll in die Zukunft. Ich muß aber die Leute bekommen, und zwar bald bekommen, dann können wir wieder hoffnungsfreudig sein.

Kriegsminister Scheüch: Ich möchte die Versicherung geben, daß ich meine ganze Kraft einsetze, daß diese Zahl eingehalten wird. Dann wollen wir aber nach dieser Richtung auch keinen Tag versäumen.

General Ludendorff: Ich möchte den Herren ein Bild der Lage geben. Vorgestern war die Schlacht bei Ypern. Engländer und Franzosen griffen mit sehr starken Kräften an. Wir wußten das. Wir wollten standhalten. Wir sahen die Gefahr kommen. Es war eine schwere Lage, sich zu sagen, wir werden zurückgedrängt und müssen doch standhalten. Wir sind zurückgedrängt worden, aber es ist gut abgelaufen. Zwar sind Löcher von vier Kilometer Breite in der Front entstanden, aber der Feind hat nicht durchgestoßen, und wir haben die Front gehalten. Was hätten da die Ergänzungen aus der Heimat für eine Bedeutung für uns gehabt.

Die Anspannung des einzelnen Mannes hat einen Grad erreicht, der nicht mehr überboten werden darf. Mann und Offizier haben das Gefühl der Vereinsamung. Wenn der Offizier weggeht, sagen die Leute: „Wohin gehen Sie, Herr Leutnant?" und dann laufen sie weg. Können wir die Löcher zustopfen, so verhindern wir den Einbruch. Können wir der Front sagen, ihr bekommt Leute, dann gewinnt sie Vertrauen, und auch wir dürfen vertrauensvoll sein.

Kriegsminister Scheüch: Wenn ich Exzellenz Ludendorff recht verstehe, so sagt er: erhalten wir den einmaligen Zuwachs, so wird sich die Lage wesentlich verändern.

General Ludendorff: Ja.

Kriegsminister Scheüch: Ist dabei bedacht, daß die Amerikaner immer noch mehr Ergänzungen bekommen wie wir?

General Ludendorff: Man darf die Amerikaner nicht überschätzen. Sie sind wohl schlimm. Aber wir haben sie bisher abgeschlagen; auch wenn wir sehr in der Minderheit waren. Allerdings verschieben sich die Verhältniszahlen; aber unsere Leute haben keine Sorge vor den Amerikanern, wohl vor den Engländern. Man muß unserer Truppe nur das Gefühl der Vereinsamung nehmen.

Oberst Heye: In welchem Zeitraum kann der zweite Plan mit den 600000 Mann durchgeführt werden?

Kriegsminister Scheüch: Ich möchte nicht eine zu kurze Zeit angeben. Wir müssen ja aus der Industrie und Landwirtschaft schneller Menschen herausholen als wir anfangs glaubten. Schneller geht die Verwendung des Heimatheeres. Aus der preußischen Heimat werden zum Beispiel 75000 Mann kommen. Dahin habe ich den Druck gerichtet; darin dürfen wir nicht zu ängstlich sein. Dazu kommen dann noch etwa 25000 von den anderen Staaten. Zunächst haben wir etwa 50000 Unausgebildete und 250000 Ausgebildete; aber auch deren Verwendung zieht sich noch durch Wochen hin. Das wird auch der Obersten Heeresleitung recht sein.

General Ludendorff: Lieber wäre es uns schon, sie kämen alle gleich. Denn was das Niederziehende für die Armee ist, die Stärken werden immer geringer und geringer.

Kriegsminister Scheüch: Schwierigkeiten machen auch die heimatlichen Transportverhältnisse. Kürzlich standen bei einem Generalkommando 6000 Mann bereit zum Abtransport an die Westfront. Sie konnten aber nicht geschickt werden, weil das rollende Material fehlte. Das kann sich wiederholen.

General Ludendorff: Auch bei uns war durch die Räumung eine große Transportkrise ausgebrochen, die sich auf die Heimat fortpflanzte. Die ist aber jetzt behoben. Ich bin nur dankbar, wenn nach der Richtung in der Heimat das Menschenmögliche geschieht.

Ich komme noch auf einen anderen Punkt, der nicht auf dem Fragebogen steht: die Stimmung im Heer. Er ist sehr wichtig. Exzellenz Scheüch hat neulich auf die 41. Division hingewiesen und einen Befehl an sie angeführt. Ich habe leider zugeben müssen, daß der Befehl richtig war. Die Division hat am 8. August völlig versagt. Das war der schwarze Tag in Deutschlands Geschichte. Jetzt schlägt sich dieselbe Division glänzend auf dem Ostufer der Maas. Das ist Stimmungssache. Die Stimmung war damals schlecht. Die Division hatte Grippe gehabt, es fehlten ihr Kartoffeln. Die Stimmung, die die Leute aus der Heimat mitbrachten, war auch nicht gut. Die Transporte kamen heraus in einer Form, die der Zucht und Ordnung nicht mehr entsprach. Es kamen grobe Widersetzlichkeiten vor. Ich pflege mit den ankommenden Offizieren und Truppen zu sprechen. Damals sagte mir ein Herr, ein solcher Transport, wie er ihn aus dem Bezirk des VII. Armeekorps der 13. Division geholt hätte, wäre ihm noch nicht vorgekommen. Er hätte nicht geglaubt, deutsche Soldaten, sondern russische Bolschewisten unter sich zu haben.

Diese Stimmung ist aus der Heimat ins Heer gekommen, und ich bin mir wohl bewußt, daß jetzt umgekehrt die Stimmung, die die Urlauber nach der Heimat bringen, recht schlecht ist. Ich habe mich sehr bemüht, sie zu heben, ich muß aber dringend bitten, nicht nur für Menschen, sondern auch für die Stimmung zu sorgen.

Was halten sich z. B. für Drückeberger in Maubeuge auf. Wir haben ja in unserer großen Armee mit Helden zu tun und mit recht, recht schwachen Menschen. Auch auf die müssen wir uns einstellen. Auffrischung der Heimat. Ich richte die dringende Bitte an alle Stäbe, dafür zu sorgen, daß die Stimmung in der Heimat gehoben wird, und daß der Soldat in Belgien weiß, er verteidigt deutsche Erde. Von manchen Seiten, so aus der Armee Gallwitz, ist uns berichtet, daß diese Waffenstillstandsverhandlungen sehr böse Folgen haben. In Belgien sagen die Leute, was sollen wir uns hier noch schlagen, wenn wir doch räumen müssen, und vor Verdun heißt es, was nützen unsere Opfer, wenn die Franzosen doch Elsaß-Lothringen kriegen. Menschen mit schlechter Stimmung können wir nicht brauchen. Ein Divisionsstab sagte mir neulich, sie hätten ihre Leute aus dem Osten wieder weggeschickt, sie seien im Westen nicht mehr zu gebrauchen. Man muß mit dem Geiste der Heimat arbeiten.

Der Reichskanzler: Da Seine Exzellenz der General Ludendorff die Frage der Stimmung angeschnitten hat, so halte ich es für notwendig, an die drei parlamentarischen Staatssekretäre die Bitte zu richten, ihre Auffassung über die Stimmung in der Heimat mitzuteilen und sich über die Vorschläge zu äußern, die man gemacht hat.

Staatssekretär Gröber: Die Stimmung im Lande ist im Sommer dieses Jahres eine recht schlechte gewesen. Ich habe mich davon auf einer Reise nach Süddeutschland persönlich überzeugt. Das haben gerade Urlauber veranlaßt, die zu Hause allerlei Schauergeschichten erzählt haben. Viel falsche, aber auch manche richtige. Solche Sachen werden, je länger der Krieg dauert, um so schwerer empfunden. In einer großen Armee kommt natürlich manches Gewalttätige in der Behandlung der Leute vor, da kann noch viel gebessert werden.

Vor allem die Verpflegung für Mannschaften und Offiziere. Besonders die Ofsizierskantinen, da kann sich der Offizier mit Nahrungs- und Genußmitteln versehen, wenn der Soldat kommt, heißt es, das ist nicht für dich. In gewöhnlichen Zeiten läßt sich das ertragen; aber in solchen Zeiten wie diese stellt sich der Gedanke ein: was müssen wir aushalten und wie leben die Offiziere. Läßt sich dieser Gegensatz nicht beseitigen?

General Ludendorff: Ich stehe durchaus auf dem Standpunkt, daß der Offizier mit der Truppe die gleiche Lebensweise zu führen hat. Ich bin dem Vorwurf nachgegangen und habe durch den Generalintendanten festgestellt: es gibt nur eine Kantine, sie verkauft gleichmäßig an Offiziere und Mannschaften. Auch im Preis wird kein Unterschied gemacht. Ein Unterschied bestand: die kleinen Kantinen ergänzen ihre Bestände aus den großen Kantinen. Die großen liefern an die kleinen zu geringerem Preis, damit die kleinen verdienen. Nun hatten einige höchste Stäbe keine Truppenkantine, sondern bezogen ihre Bedürfnisse sogleich aus der großen Kantine, und zwar zu dem billigeren Preis. Sobald ich das festgestellt hatte, habe ich es untersagt und die Stabsbetriebe veranlaßt, aus den großen Kantinen zum gleichen Preise wie aus den kleinen zu beziehen.

Im Schützengraben essen ja Mann und Offizier aus derselben Feldküche. Daß der Stab sich die Sachen besser zubereiten läßt, ist doch zu verstehen, man wird uns nicht zumuten, aus der Feldküche zu essen. Aber was recht und billig ist, drücken wir durch.

Das schlimmste ist, es gehen Gerüchte um, die einem Ehre und Reputation abschneiden können, und man kann nichts dagegen machen. Geben Sie mir Einzelheiten, dann werde ich dahintergreifen, aber seien Sie überzeugt, die Verhältnisse liegen nicht so kraß, wie man behauptet. Im ganzen ist alles in Ordnung.

Der Reichskanzler: Ich bitte, nicht in Details zu gehen, dazu fehlt uns die Zeit. Wie beurteilen die Herren Staatssekretäre die Stimmung in Deutschland in Verbindung mit den Maßregeln, die der Herr Kriegsminister vorschlägt.

Staatssekretär Scheidemann: Ich glaube gern, daß man noch Hunderttausende für das Heer mobil machen kann, aber man täuscht sich, wenn man glaubt, daß diese Hunderttausende die Stimmung im Heer verbessern würden. Das Gegenteil ist meine feste Überzeugung. Schon die Dauer des Krieges zermürbt das Volk, und dazu die Enttäuschungen. Der U-Bootkrieg hat enttäuscht, die technische Überlegenheit der Gegner, der Abfall der Bundesgenossen oder doch ihr vollständiger Bankerott, dazu die sich steigernde Not im Innern. Nun tritt die Wechselwirkung ein. Aus dem Heer kommen die Urlauber mit schlechten Geschichten, aus der Heimat bringen sie schlimme Nachrichten in das Heer zurück. Dieser Austausch drückt die Stimmung. Wir würden uns täuschen, wenn wir das beschönigen wollten. Die Arbeiter kommen mehr und mehr dazu, zu sagen, lieber ein Ende mit Schrecken als ein Schrecken ohne Ende.

General Ludendorff: Wird es Eurer Exzellenz nicht gelingen, die Stimmung in den Massen zu heben?

Staatssekretär Scheidemann: Das ist eine Kartoffelfrage. Fleisch haben wir nicht mehr. Kartoffeln können wir nicht liefern, weil uns jeden Tag 4000 Wagen fehlen. Fett haben wir überhaupt nicht mehr. Die Not ist zu groß, daß man vor einem völligen Rätsel steht, wenn man sich fragt, wovon lebt Berlin-Nord und wovon lebt Berlin-Ost. Solange man dies Rätsel nicht lösen kann, ist es ausgeschlossen, die Stimmung zu bessern. Es wäre eine Unehrlichkeit ersten Ranges, wenn wir darüber irgendeinem Menschen einen Zweifel ließen.

Staatssekretär Haußmann: Wenn wir auf die Stimmung abstellen, so stellen wir auf einen sehr labilen Faktor ab. Kein Zweifel ist, daß das Parlament den Appell an das Volk in der allerstärksten Weise ergehen lassen wird und auch eine starke Wirkung erzielen kann. Wie lange, wieviel Wochen, wieviel Tage, hängt von dem Verlauf der nächste Ereignisse ab. Die Bevölkerung ist nämlich erst durch den unverschämte Ton der Wilson-Note vor den ganzen Ernst der Lage gestellt worden Daraus ergibt sich ein großer Widerspruch der Stimmung. Man könnte sie haben, wenn unverschämte Forderungen, die in der Note zwischen den Zeilen zu lesen sind, deutlich hervorträten. Wieviel Tage haben wir nach dem Bedürfnis der Armee noch frei zum Führen der Verhandlungen, davon hängt der Ton der Verhandlungen ab.

General Ludendorff: Wenn die Armee über die nächsten vier Wochen hinüberkommt und es in den Winter geht, so sind wir „fein heraus". Wenn es gelingt, die Stimmung während dieser vier Wochen zu heben, würde das von außerordentlichem militärischen Werte sein. Ich werde alles tun, was ich kann, um die Verpflegung der Heimat zu bessern. Ich werde das gleich mit dem Eisenbahnchef besprechen. Wie weit es möglich ist, übersehe ich nicht.

Staatssekretär Scheidemann: Der Mangel an Wagen wurde uns neulich durch Herrn v. Waldow eindringlich zu Gemüte geführt. Er sagte dabei, sehr bald würden wir nicht einmal mehr das kleine Quantum Kartoffeln haben, das jetzt noch verteilt wird.

General Ludendorff: Ich werde das Nötige veranlassen.

Vizekanzler v. Payer: Ich sehe nicht so schwarz wie Exzellenz Scheidemann. Man muß da unterscheiden. Ich erinnere an die Stimmung des Sommers. Kein Mensch hat da gezweifelt, daß wir schließlich als Sieger aus dem Kriege herausgehen, aber der Krieg war dem Volke sehr verleidet, und die Stimmung war deshalb schlecht. Trotzdem dachte niemand daran, daß wir zugrunde gehen könnten.

Als wir die erste Note schickten, haben sich die Leute gefragt, was ist los? Es scheint doch nicht so gut zu sein. Bald wurde die Stimmung unsicher. Als nun die zweite Wilson-Note kam, da ist die Stimmung zusammengeklappt, und man hat gesehen, daß es uns ans Leben geht, aber auch diese Stimmung schlug wieder um: bei der Erkenntnis, daß wir als Nation, vor allem auch wirtschaftlich, zugrunde gerichtet werden sollen, überlegt sich jeder: müssen wir das erdulden oder gibt es noch eine Möglichkeit, das abzuwenden? Wenn wir den Leuten sagen: es gibt noch eine Möglichkeit, das abzuwenden, wenn ihr nur durchhaltet; wenn ihr aber nicht noch ein paar Wochen halten könnt, dann müßt ihr damit rechnen, daß Deutschland ... halb und halb aus dem Kreise der Nationen ausgestrichen wird. Ihr müßt mit einer Belastung durch Entschädigungen rechnen, die uns erdrücken wird – dann könnte man sie noch einmal hoch bekommen.

Wenn es gelingt, die Note so zu fassen, daß die Bevölkerung die Sicherheit entnimmt, wir sind zwar in einer schweren Lage, aber wir werfen die Flinte nicht ins Korn – dann ist noch nicht alles verloren.

General Ludendorff: Der Vizekanzler hat mir aus der Seele gesprochen. Es fragt sich nur: wie schaffen wir's? Da kann ich nur die Bitte wiederholen: Packen Sie das Volk. Reißen Sie es hoch. Kann das nicht Herr Ebert tun? Es muß gelingen.

Vizepräsident Friedberg: Jedenfalls muß sehr schnell gehandelt werden. In der letzten Zeit war die Lage sehr schwierig. Wir haben die Oberpräsidenten hier versammelt gesehen. Die sämtlichen Pastoren von Berlin traten zusammen. Die Parteien halten Fraktionssitzungen – kein Mensch weiß, woran er ist, und alle fassen sich an den Kopf, wie man plötzlich vor einer solchen Katastrophe stehen kann. Wir werden aufgefordert zu sagen: stellt die Lage sehr ernst dar, aber noch nicht verzweifelt. Damit bekommt man keine Hochstimmung.

General Ludendorff: In keiner Weise.

Vizepräsident Friedberg: Jetzt hören wir, daß die Sache wesentlich anders liegt. Da stimme ich mit Exzellenz v. Payer darin überein, daß wir rasch aus der Note an Wilson herausholen sollten, was herausgeholt werden kann.

Der Reichskanzler: Eure Exzellenz meinen, daß vier Wochen guter Stimmung nötig sind?

General Ludendorff: Wenn es mehr sind, ist es mir lieber. Jedenfalls wird nach dieser Frist die Krise an der Westfront zu Ende sein, wenn wir auch noch zurückgehen müssen. Man hat das so im Gefühl. Die Angriffskraft war in den letzten Tagen nur noch gering.

Der Reichskanzler: Aber innerhalb von 8 bis 10 Tagen kommt wieder eine neue Welle, wie Eure Exzellenz damals im Gespräch mit mir selbst gesagt haben.

General Ludendorff: Die kommt. Ein neuer Angriff ist bei der Zehnten Armee schon in Gang; wie es da steht, weiß ich nicht. Morgen kommt wieder einer bei der Fünften Armee; das hört nicht auf.

Der Reichskanzler: Es kommt nun darauf an, daß die Maßregeln, die Sie empfehlen, den Angriffen einen solchen Riegel vorschieben, daß man politisch wieder frei arbeiten kann. Eure Exzellenz wissen, daß ich damals nicht für die Friedensnote war, aber es wurde mir gesagt, jede Stunde kostete uns soundso viele hunderttausend Mann und jeder Augenblick könne eine Katastrophe[80] herbeiführen. Exzellenz v. Hintze ist mein Zeuge.

Exzellenz v. Hintze: Das ist so, Eure Großherzogliche Hoheit.

General Ludendorff: Es ist auch heute so, daß wir jeden Tag eingedrückt und geschlagen werden können. Vorgestern ist es gut gegangen; es kann auch schlecht gehen.

Der Reichskanzler: Wenn Sie sagen, daß wir nach vier Wochen besser stehen, so sagen die Engländer, wenn es noch sechs Wochen dauert, so haben wir nicht mehr nötig, mit den Deutschen zu verhandeln. Jedenfalls tut die Entente alles, was sie kann, um unsere Verhandlungen mit Wilson in die Länge zu ziehen.

General Ludendorff: Die Verhandlungen in Berlin sind der Entente zu Ohren gekommen und haben die Angriffslust gewaltig erhöht. Aber das meine ich doch: jede militärische Stärkung der Front stärkt auch die Stellung Eurer Großherzoglichen Hoheit für den Friedensschluß.

Der Reichskanzler: Das ist richtig.

General Ludendorff: Ob die Stärkung rechtzeitig kommt oder nicht, kann ich nicht sagen. Ich wiederhole, was kommt, kommt rechtzeitig.

Der Reichskanzler: Wie stark ist das Westheer?

Oberst Heye: Die Westfront zählt jetzt 191 Divisionen, davon 4 Österreicher und 7 aus dem Osten. Sie sind sehr verschieden an Stärke. 28 Divisionen haben nur Bataillonsstärken von ungefähr 200 bis 300 Mann. Die übrigen stehen sich ungefähr auf 400 bis 500.

General Ludendorff: Hätten wir da vollkräftige Bataillone, so wäre die Lage gerettet.

---

[80] Äußerung Hindenburgs vom 2. Oktober.

Der Reichskanzler: Durch die bisherige Aussprache sind die Fragen 1–8, die wir zu stellen hatten, erledigt. Ich komme nun zur neunten Frage:

Wird durch eine Entblößung der Ostgebiete die Ölzufuhr für Heer und Heimat so in Frage gestellt, daß wir zum vorzeitigen Friedensschluß oder zur Einstellung des U-Bootkriegs gezwungen werden?

General Ludendorff: Das wird der Herr Kriegsminister beantworten.

Kriegsminister Scheüch: Dieser Punkt ist allerdings von größter Bedeutung. Wenn Rumänien uns nicht mehr zur Verfügung steht, können wir den Krieg noch anderthalb Monate weiterführen. Wir haben früher mit zwei Monaten gerechnet; das hat sich aber nicht bewahrheitet, da die Transportmittel geringer geworden sind und der Verbrauch sich erhöht hat.

Wie lange der U-Bootkrieg beim Wegfallen der Ölzufuhr Rumäniens weiter geführt werden kann, weiß die Heeresverwaltung nicht, weil wir den Verbrauch der Marine nicht kennen. Die Ziffern der Marinebehörden über den Verbrauch durch Automobile sind uns gestern zugekommen und noch nicht verarbeitet.

Es ist unbedingt nötig, daß die Ölbewirtschaftung bei Heer und Marine gemeinsam erfolgt. Wir müssen gemeinsam erwägen nicht nur, wie teilen wir? sondern auch, wie strecken wir? Das ist jetzt unklar. Ich bitte möglichst bald, wenn irgend tunlich heute nachmittag in Verhandlungen hierüber einzutreten. Vielleicht wird auch die Oberste Heeresleitung und der Admiralstab beizuziehen sein.

Wir gehen auch in bezug auf die Heimatwirtschaft ganz bedenklichen Verhältnissen entgegen. Wir sind nur noch für wenige Monate eingedeckt. Gestern ist im Reichswirtschaftsamt über die Frage verhandelt worden, wie können wir die Leuchtölmittel für die Heimat kürzen? Jede Kürzung wird natürlich sehr bedenklich sein, denn es gibt kaum noch Ersatz. In vielen Betrieben wird also die Beleuchtung einfach aufhören.

Aber auch hierüber kann ich nur ein klares Bild geben nach Einblick in die Verbrauchsziffern, Bestände, Deckungsmöglichkeiten und Streckungsmöglichkeiten der Marine.

Admiral Scheer: Bisher hat die Marine ihre Bestände selbst verwaltet. Erfolg: Wir können den U-Bootkrieg noch acht Monate durchführen, auch ohne rumänische Bestände.

Aber ich stehe nicht an, einzuräumen, daß die Vorräte so verwaltet werden müssen, daß das Heer nicht eher zu Ende ist als die Marine. Wir müssen beide zusammen den Krieg zu einem glücklichen Ende bringen. Ich bin ganz bereit, mitzuarbeiten, daß der eineTeil nicht der beatus possidens ist, wenn es beim anderen schon zu Ende geht.

Staatssekretär v.Mann: Ich bin ganz derselben Meinung. Ob und wie es zum Ziele führen kann, besondere Petroleumvorräte für die Zivilbevölkerung zu schaffen, weiß ich nicht. Vielleicht könnte man etwa 10 Prozent der Bestände dazu verwenden; aber darüber fehlt mir das Urteil.

Der Reichskanzler: Auch ich weiß nicht, wie groß der Verbrauch des Heeres, der Marine, der Landwirtschaft im Verhältnis zueinander ist.

Unterstaatssekretär Göppert: Ich bitte auch die Zivilbevölkerung in die Bewirtschaftung einzubeziehen. 10000 Tonnen monatlich hat man der Bevölkerung versprochen: das ist das Minimum. Wenn man die Bevölkerung im Winter leidlich ruhig halten will, muß das so bleiben. Als man im vorigen Winter 12000 monatlich gab, lag die Beleuchtungswirtschaft auch schon in den letzten Zügen.

Der Reichskanzler: Wie lange kann die Armee, die Marine und die Heimat aushalten in dem Moment, wo die Ölversorgung aus Rumänien ausfällt? Die Antwort auf diese Frage würde ich sehr gern in kürzester Frist haben. Wann kann ich sie bekommen?

Kriegsminister Scheüch: Heute nachmittag werden die Feststellungen getroffen.

Der Reichskanzler: Wenn man mir sagt: die Heimat kann noch ein paar Monate, das Heer noch anderthalb Monate, die Marine noch acht Monate auskommen, so habe ich kein Bild. Das muß auf den gleichen Nenner gebracht werden.

Ich möchte die Gelegenheit benutzen, um an Exzellenz Göppert noch eine Frage über die Wichtigkeit der Ukraine für die Versorgung zu richten. Ist angesichts der Lage an der Westfront die weitere Besetzung der Ukraine durch zwölf deutsche Divisionen durch das Bedürfnis der deutschen Versorgung zu rechtfertigen?

Vizekanzler v. Payer: Der Herr Staatssekretär des Kriegsernährungsamts ist soeben eingetroffen.

Der Reichskanzler: Ich bitte den Herrn Staatssekretär, die Frage zu beantworten.

Staatssekretär v. Waldow: Wenn die Frage so gestellt ist, kann ich sie glatt verneinen. Wir haben die Lebens- und Futtermittel der Ukraine in unseren Wirtschaftsplan nur eingestellt als Notbehelf und zur Verbesserung der Lage. Handelt es sich aber darum, ob der Verzweiflungskampf aufgenommen werden muß, so können wir auch auf die Ukraine verzichten und werden dann versuchen, durch Schmuggel unsere Bestände zu vermehren.

General Ludendorff: Ich weise nochmals darauf hin, daß jetzt aus den Ostgebieten ungefähr eine Million Menschen ernährt werden, die wir dann selbst mit verpflegen müßten.

Staatssekretär v. Waldow: Dann müßte mir zuvor angegeben werden, welche Verpflegungssätze, welche Quantitäten in Frage kommen.

General Ludendorff: Ich werde den Generalquartiermeister veranlassen, die Frage mit Ihnen einwandfrei zu klären. Uns hat das Kriegsernährungsamt wiederholt gesagt, wir müßten die Ukraine halten. Darüber muß einwandfrei Klarheit herrschen. Brauchen wir die Ukraine nicht, um zu leben, so handelt es sich nur noch um so viele Truppen, um die Gefahr des Bolschewismus von den Grenzen zu halten.

Staatssekretär v. Waldow: Als ich die Notwendigkeit der Ukraine bejahte, war die Lage eine ganz andere.

General Ludendorff: Wenn wir die Ukraine aufgeben, kommt unsere Viehwirtschaft zum Erlahmen. Die Frage ist aber nicht so eilig. Es rollen Truppen von Österreich nach Rumänien, auch aus der Ukraine. Es müssen nur grundsätzlich klare Entschlüsse gefaßt werden.

Unterstaatssekretär Göppert: Ein Kommissionär aus Kiew, den ich vor einer Stunde gesprochen habe, bestätigte mir, daß eine Hoffnung, größere Mengen Getreide in diesem Winter aus der Ukraine herauszubekommen, nicht besteht. Auch die Preise werden das verhindern. Man zahlt jetzt schon 3000 Rubel für ... Auch die Menge der anderen Lebensmittel ist nicht so groß, daß sie für die Ernährung des deutschen Volkes wesentlich in Betracht käme. Dagegen herrscht die Überzeugung, daß das Zurückziehen der deutschen Truppen sofort das Aufflammen des Bolschewismus mit allen seinen Folgen nach sich ziehen würde. Der Kristallisationspunkt für eine Beruhigung der russischen Gärung würde verschwinden, ganz Rußland wäre dem Bolschewismus ausgeliefert, unsere Anknüpfungen in Südrußland zerreißen. Das muß doch auch erwogen werden.

Der Reichskanzler: Das Auswärtige Amt hat Schritte getan, um uns Rumänien zu sichern, aber es ist möglich, daß Rumänien vorzieht, unsere Zerschmetterung abzuwarten. Will man Rumänien im Notfall zwingen?

General Ludendorff: Mit dem Auswärtigen Amt haben wir die Gefahr erkannt und ihre Haltung erörtert. Am 10. Oktober schlugen wir vor, Rumänien gemeinsam mit Österreich zu zwingen. Österreich wollte nicht. An sich hatten wir genug Truppen, einige kommen langsam aus Ungarn heran, dazu zwei Divisionen Österreicher und eine Kavalleriedivision aus der Ukraine, die General v. Arz herangezogen hat. Die rumänische Armee allein wird nicht losschlagen, nur wenn Ententetruppen in größerer Zahl zu ihr stoßen. Solche Truppenbewegungen sind jetzt im Gange. Eine wird jetzt über Nisch in Richtung auf Belgrad angesetzt, eine andere, wie es scheint, über die Maritzamündung gegen Konstantinopel. Soweit ich die Lage nach den eingegangenen Nachrichten überhaupt einschätzen kann, ist für die nächste Woche nichts zu besorgen.

Der Reichskanzler: Ich bitte das Auswärtige Amt, sich dazu zu äußern.

Staatssekretär Solf: Ich bin nicht orientiert.

Graf Roedern: Kann die Donaufront forciert werden?

General Ludendorff: Wenn Konstantinopel fällt, kommt die englische Flotte ins Schwarze Meer und dann ist Rumänien nicht zu halten. Es ist aber doch vom Auswärtigen Amt alles getan, um Rumänien bei der Stange zu halten?

Unterstaatssekretär v. Stumm: Sobald die Entente militärisch an Rumänien herankommt, können wir es nicht mehr halten.

General Ludendorff: Das ist auch meine Ansicht.

Der Reichskanzler: Ich komme nun zu einer weiteren Frage: Wie steht es mit den Reserven der Entente?

Oberst Heye: Vorige Woche hatten die Franzosen 40, die Engländer 25, die Amerikaner 18, die Italiener 1, dazu kommen noch Portugiesen, Polen und andere Hilfstruppen, im ganzen 87 Divisionen Reserven von der Gesamtstärke von 220 Divisionen.

General Ludendorff: Wir haben 191 Divisionen an der Westfront; die Zahlen der Divisionen sind also nicht einmal so sehr verschieden, wohl aber die Stärken. Die französische Division ist auch nur schwach, nicht wesentlich höher wie unsere, die englische ist stärker und die 40 amerikanischen sind recht stark. Die Überlegenheit an Menschen, über die die Entente gegen uns verfügt, drückt sich also in den Zahlen der Divisionen nicht hinreichend aus.

Der Reichskanzler: Die elfte Frage lautet: Wie lange ist noch mit Großangriffen an der Westfront zu rechnen?

General Ludendorff: Das kann weitergehen, kann aber aufhören, ich weiß es nicht.

Der Reichskanzler: Besteht die Wahrscheinlichkeit einer Überführung weiterer Italiener an die Westfront?

General Ludendorff: Die Möglichkeit, aber nicht die Wahrscheinlichkeit. Die Kriegsmüdigkeit in Italien ist sehr groß.

Graf Roedern: Ist ein Angriff der Italiener über Österreich gegen Deutschland ausgeschlossen?

General Ludendorff: Physisch unmöglich ist er nicht; sie können durch Tirol, aber wir brauchen jetzt nicht damit zu rechnen. Sonst machen wir uns noch mehr Angst, als wir schon haben. Wenn Italiener gegen Deutsche fechten, so wird das wohl nur an der Westfront geschehen.

Der Reichskanzler: Müssen wir eine neue Ostfront bilden?

General Ludendorff: In Serbien stehen drei Divisionen und zwei österreichische, dazu sind die (?) Truppen an die Donau gekommen. Augenblicklich ist keine Gefahr. Nach acht Tagen kann es anders sein.

Der Reichskanzler: Ich denke an die Ostfront gegen Rußland.

General Ludendorff: General Hoffmann meint, eine kampffähige Truppe wird uns da nicht mehr gegenübertreten; aber wir müssen die Grenzen sperren und uns gegen Banden wehren. Vielleicht schwillt nun, wenn wir die Ukraine räumen, den Bolschewiken der Kamm, so daß sie uns den Krieg erklären. Aber an eine kampffähige Rote Armee glaube ich nicht.

Der Reichskanzler: Die Sperre ist aber nicht dicht, es kommen doch Hunderte durch.

General Hoffmann: Ja, mit und ohne Paß, mit richtigen und falschen.

Der Reichskanzler: Aber ein militärischer Durchbruch ist nicht zu befürchten?

General Ludendorff: Nein, militärisch glaube ich nicht daran.

Der Reichskanzler: Eine weitere Frage: Wie viele Amerikaner kommen monatlich nach Frankreich?

Oberst Heye: Nach dem Durchschnitt der letzten Monate: 250000.

General Ludendorff: Im April, Mai und Juni waren es 350000.

Der Reichskanzler: Hat ihre Zahl seitdem nicht mehr zugenommen?

Oberst Heye: Im Anfang des Jahres war die Zahl viel geringer, etwa 85000 monatlich, dann kam der starke Aufstieg bis zum Hochsommer, seitdem sind es jedenfalls nicht mehr geworden.

Der Reichskanzler: Wie groß wird die Stärke des amerikanischen Heeres im nächsten Frühjahr sein?

Oberst Heye: Die amerikanische Heeresleitung berechnet die Truppenzahl jetzt auf 1200000, für das nächste Frühjahr rechnen sie mit 2300000 Kämpfern.

Der Reichskanzler: Und ist das entsprechende Material da?

Oberst Heye: Ja, wenn es so weitergeht wie bisher kann man damit rechnen. Die Amerikaner sind in ihren Angaben immer wahr gewesen.

Der Reichskanzler: Auf wie hoch darf man die Frontstärke der Feinde im Westen jetzt schätzen?

Oberst Heye: Bei den Franzosen ist sie stark verringert, bei den Engländern wird sie sich auf derselben Höhe halten, weil sie vorläufig noch Ersatztruppen aufstellen können, bei den Amerikanern wird sie sich vermehren.

General Ludendorff: Die Ersatzfrage ist sehr schwer zu beurteilen. Voriges Jahr hatten die englischen Divisionen noch 12 Bataillone, heute nur noch 9. Es hängt sehr davon ab, wie die wirtschaftlichen Interessen liegen. Nach der Niederlage im März mußte zum Beispiel England die Kohlenarbeiter einziehen; zieht es jetzt wegen der Kohlennot die Leute wieder heraus, so schwächt das natürlich die Front. Auch politische Momente spielen mit; bis jetzt können sie die Irländer nicht einstellen, das Wehrgesetz geht da zunächst nicht durch.

Der Reichskanzler: Also wir können bis nächstes Frühjahr 600000 bis 700000 Mann Ersatz aufstellen, die Feinde 1100000 Mann, wenn ich nur die Amerikaner berechne; dazu kommen dann vielleicht die Italiener. Wird sich also zum Frühjahr unsere Lage verschlechtern oder verbessern?

General Ludendorff: Nach den Zahlen ist es keine Verschlechterung. Aber dazu kommt die Rückwirkung der Räumung auf unsere wirtschaftliche Lage, wenn wir zurückgehen, wird die Lage unserer Kriegsindustrie im höchsten Maße verschlechtert. Das konnte man ja immer voraussehen, daß, wenn wir aus dem Kriege mit unseren jetzigen Grenzen herauskommen, wir militärpolitisch und industriell viel schlechter stehen als früher. Das wird sich auch jetzt bei einer Räumung zeigen.

Der Reichskanzler: Eure Exzellenz haben bis jetzt nur die Zahlen der Menschen erwähnt; aber es ist auch das Material zu bedenken, Flugzeuge, Tanks und anderes.

General Ludendorff: Die Flieger der beiden Heere verhalten sich schon jetzt wie 1:3. Trotzdem ist die Überlegenheit bei uns. Die Angaben über Feindverluste, die wir machen, bleiben weit hinter der Wirklichkeit zurück, wie wir später oft an den feindlichen Nachrichten feststellen können. Alles das schreckt mich nicht.

Der Reichskanzler: Und die Tanks nächstes Frühjahr?

General Ludendorff: Ich hoffe, daß, wenn unsere Infanterie wieder zu Kräften kommt, auch der Tankschrecken, der schon einmal überwunden war und wiedergekommen ist, nochmals überwunden wird. Er kam mit aller Kraft wieder am 8. August durch den Nebel und wer weiß was sonst. Ist aber die Stimmung der Truppen wiederhergestellt, so machen sich Teile von ihnen, so die Jägerbataillone und die Gardeschützen, geradezu einen Sport daraus, die Tanks abzuschießen. Es lockt auch aus materiellen Gründen, denn in den Tanks gibt es immer gute Verpflegung. Wir konnten nur nicht Schritt halten in dem Bau von Tanks, weil wir zuerst Lastautos bauen mußten; aber bis nächstes Frühjahr werden wir darin weiter sein.

Graf Roedern: Ich nehme an, daß, wenn wir eine gewisse Ruhepause haben, die Lage sich bessert, oder ist das Urteil des Generals Ludendorff auch dann gültig, wenn wir in den nächsten zwei bis drei Monaten kämpfend von unserer Linie auf der Westfront zurückgehen müssen?

General Ludendorff: Das kommt auf das Tempo an, jeder Rückzug kostet um so mehr Gefangene und Material, je rascher er vor sich geht. Bei dem langsamen Zurückgehen der Dritten, Ersten, Siebten und Achtzehnten Armee sind so gut wie keine Einbußen an Menschen und Material gewesen; wenn wir aber ausweichen müssen, wie bei der Siebzehnten und Zweiten Armee, dann ist es eine erhebliche Schwächung. Wir verkürzen uns außerordentlich, aber die Lebensbedingungen der Armee, das, was sie zum Handeln braucht, Munition usw., das wird erheblich verschlechtert, weil wir unser Industriegebiet den feindlichen Fliegern aussetzen.

Sollten die Waffenstillstandsverhandlungen kommen, so bedeutet schon die Zusage der Räumung an sich eine wesentliche Verschlimmerung der militärischen Lage.

Kriegsminister Scheüch: Daß die Zurückführung des Heeres auf den heimatlichen Boden eine außerordentliche Schwächung des Heeres bedeutet, ist zuzugeben, nicht nur wegen der geringeren Möglichkeit der Herstellung alles dessen, was das Heer zum Kampf nötig hat, sondern auch im Hinblick auf die Stimmung und den Gehalt der Truppe. Eine enge Verbindung mit der Heimatbevölkerung, die niedergedrückt ist durch die starke Belegung, drückt auch das Heer nieder. Es würden an der ganzen Grenze dieselben Bedingungen eintreten wie jetzt im Elsaß und noch schlechtere. Auch die Lebenshaltung der Bevölkerung selbst würde sehr herabgedrückt.

Admiral Scheer: Ich habe schon gestern gemeldet, wie der Stand bei der Marine ist, muß aber wohl auch hier ein Bild von den Verhältnissen der Flotte geben, weil es darauf ankommt, ob man den Waffenstillstand unter den Bedingungen bekommen soll, die Wilson stellt.

In den beiden letzten Jahren hat sich die Flotte nur in den Dienst des U-Bootkriegs gestellt und sich dabei völlig gefechtsbereit gehalten. Wenn uns die Arbeiterverhältnisse verbessert werden, können wir den Bau der Unterseeboote auf das Doppelte, ja Dreifache erhöhen. Nun geht die Forderung Wilsons dahin, daß wir den U-Bootkrieg einstellen sollen. Wenn wir dem nachgeben, würde ein ganz erhebliches Druckmittel preisgegeben und eine Gegenleistung für die Annahme des Waffenstillstands bei der jetzigen Stellung. Denn da ist doch die Lage so, daß das Heer standhalten kann. Deshalb brauchen wir auf die zweite Wilsonsche Bedingung nicht einzugehen.

Der Reichskanzler: Damals sprachen Eure Exzellenz von 40000 Arbeitern, die nötig wären. Können Sie die bekommen, wenn der Kriegsminister 600000 Mann aufbietet?

Admiral Scheer: Bis zum 1.Dezember brauchen wir nur 15000 bis 16000 Mann.

Der Reichskanzler: Und bis wann brauchen Sie die 40000?

Admiral Scheer: Erst bis in den Sommer. Wir können schon mit den ersten 16 000 Mann die monatliche Ablaufziffer von 10 auf 16 steigern.

Der Reichskanzler: Als letztes Wort möchte ich mir folgende Frage erlauben:

Wenn alle Maßnahmen getroffen werden, die Eure Exzellenz vorgeschlagen haben, wenn die Front für die nächsten Monate hält, sind dann Eure Exzellenz der Anschauung, daß wir dann im Lauf des nächsten Jahres eine Lage geschaffen haben werden, die besser ist als die, in der wir uns augenblicklich befinden? Wir müssen uns darüber klar sein, daß jede Kraftanstrengung, die wir jetzt machen und die sich nicht am Ende bezahlt macht, eine Kraftverschwendung bedeutet und eine Lage schaffen würde, deren Verantwortung wir tragen, und der wir fest ins Auge sehen müssen. Können wir im nächsten Jahre den Krieg unter besseren Bedingungen beenden als jetzt?

General Ludendorff: Jede Kraftanstrengung, die wir augenblicklich machen, verbessert unsere Lage.

Admiral Scheer: Man steht wohl allgemein unter dem Eindruck, daß der Feind den U-Bootkrieg sehr erheblich spürt, namentlich Italien. Das wird sich in nächster Zeit noch steigern, besonders auch gegenüber Amerika. Wenn wir aber die Bedingungen annehmen, die uns gestellt worden sind, geben wir das alles aus der Hand.

Der Reichskanzler: Das ist keine Antwort auf die Frage, die ich gestellt habe: Werden wir den Krieg unter besseren Bedingungen beenden, wenn wir den Wünschen der Obersten Heeresleitung nachgeben? Es handelt sich jetzt noch nicht um die Beantwortung der Note Wilsons.

Admiral Scheer: Unsere Lage wird sich bessern, weil die der Gegner sich verschlechtern wird. Deshalb sollen ja die Gegner gerade in diesem Herbst fertig werden.

Graf Roedern: Es ist schon so oft gesagt worden, daß sich die Lebenshaltung unserer Feinde verschlechtert hat, aber wir haben wenig davon gemerkt, daß das den Krieg beeinflußt hat. Wird das jetzt so viel anders sein? Wird dabei berücksichtigt, daß für uns die flandrische Küste wegfällt, daß Österreich jetzt zum Frieden kommt und wir damit die U-Bootbasis im Mittelmeer verlieren? Kann die Steigerung der U-Booterzeugung das ausgleichen?

Admiral Scheer: Der Ausfall der beiden U-Bootbasen in Flandern und im Mittelmeer hat auf unseren U-Bootkrieg nach meiner Auffassung und der meiner Mitarbeiter keinen Einfluß. Im Gegenteil, je mehr wir uns auf die Umgebung der britischen Inseln konzentrieren, desto wirksamer ist der Krieg. Bisher haben wir, wenn auch nur unter großen Anstrengungen, die Fahrt nach England offen gehalten.

Ich kann freilich nicht sagen, in der und der Zeit ist der Gegner zusammengebrochen. Es kommt darauf an, die Wirkungen, die schon vorliegen, zu verstärken und den Gegner dauernd unter Druck zu halten, dann wird sich die politische Wirkung schon bemerkbar machen.

Graf Roedern: Man hat der Marineleitung, gewiß mißverständlich, nachgesagt, daß sie bestimmte Zusagen wegen der Wirkung des U-Bootkriegs gemacht habe, aber eine Zusage ist sicher gemacht worden, nämlich darüber, daß man die Zufuhr amerikanischer Truppen verhindern könne. Gerade diese Zusage ist nicht gehalten worden. Der damalige Staatssekretär des Reichsmarineamts beantwortete die Frage danach ungefähr dahin: die amerikanischen Truppen sollen nur kommen, sie bilden willkommene Angriffspunkte für uns. Das hat sich doch als durchaus irrtümlich erwiesen.

Sind denn die Einwirkungen auf die englische Wirtschaft noch so hoch zu bewerten? Sobald die Amerikaner sich entschließen statt 250000 Mann nur noch 150000 monatlich zu schicken, wird die Versorgung Englands erheblich erleichtert. Es muß da eine Fehlerquelle liegen. Liegt sie vielleicht darin, daß das Tempo des amerikanischen Schiffsbaus unterschätzt worden ist?

Admiral Scheer: Ich kenne die Erklärung des Staatssekretärs nur aus den Zeitungen. Ich weiß nur, daß er die amerikanischen Truppen nicht hoch eingeschätzt hat, wahrscheinlich weil er ihre Unterhaltung auf französischem Boden für schwierig ansah. Man kann die U-Boote nicht nur auf Transportschiffe ansetzen, sie müssen ihre Torpedos da brauchen, wo sie den meisten Schiffsraum vernichten.

(Der Reichskanzler übergibt den Vorsitz an den Vizekanzler.)

Vizekanzler v. Payer: Der Eindruck der militärischen Lage ist doch heute wesentlich günstiger als zu Anfang des Monats. Liegen die Gründe dafür auf militärischem Gebiete?

General Ludendorff: An der Front ist es der nicht gelungene Angriff des Feindes von gestern und vorgestern. Der Feind hat nicht ordentlich angebissen. Hätte er alles getan, was er konnte, so wären wir geschlagen worden. An dieser Stelle hat sich die Kampfkraft der Entente nicht auf der Höhe gezeigt wie bisher.

Dazu kommt, daß die Amerikaner starke Grippe haben. Allerdings fängt sie auch bei uns an zu grassieren, und zwar in einer sehr bösen Form. Unsere Truppe ist müde und der müde Mensch erliegt der Seuche leichter als der frische.

(Der Reichskanzler übernimmt den Vorsitz wieder.)

Der Reichskanzler: Die Lage ist also nicht mehr dieselbe, wie sie am 5. Oktober war, als wir veranlaßt wurden, den Friedensschritt bei Wilson zu tun.

General Ludendorff: Ich habe den Eindruck, ehe wir durch diese Note Bedingungen auf uns nehmen, die zu hart sind, müßten wir dem Feinde sagen: erkämpft euch solche Bedingungen.

Der Reichskanzler: Und wenn er sie erkämpft hat, wird er uns dann nicht noch schlechtere stellen?

General Ludendorff: Schlechtere gibt es nicht.

Der Reichskanzler: O ja, sie brechen in Deutschland ein und verwüsten das Land.

General Ludendorff: So weit sind wir noch nicht.

Graf Roedern: Es ist bisher nur von Sieg oder Niederlage gesprochen worden. Es gibt noch eine dritte Möglichkeit: wir gehen langsam zurück. Das ist das Wahrscheinlichste, wenn wir einen Durchbruch der Feinde nicht zu befürchten haben. Ich halte auch nicht für wahrscheinlich, daß wir die Feinde zurückwerfen. Also angenommen, wir gehen zurück, wir füllen auf, unsere Widerstandskraft wird gestärkt: wird dann Amerika veranlaßt, uns bessere Bedingungen zu stellen? Amerika weiß, daß wir unsere letzten Reserven verbrauchen; es wird seine Zeit abwarten.

General Ludendorff: Wie sieht es denn in den anderen Ländern aus? Ich habe eine Agentenmeldung, daß in England und Frankreich ernste Befürchtungen auftreten, der Krieg könnte den Monat überdauern, Deutschland wird die Entente noch auf feindlichem Boden zum Stehen bringen. Die Furcht vor einem Umschlag der Lage ist dort sehr groß.

Staatssekretär Solf: Ich habe den Reichskanzler verantwortlich zu beraten, wie die Note, die wir an Wilson zu richten haben, nach Ton und Inhalt zu fassen ist. Für diese Aufgabe bin ich durch die Ausführungen von Exzellenz Ludendorff nicht wesentlich besser vorbereitet als vorher.

Zu Anfang dieses Monats ist die politische Leitung des Reichs von der Obersten Heeresleitung gedrängt worden, die Gegner um Waffenstillstand zu bitten und Frieden vorzuschlagen. Gegen den Willen und gegen die Auffassung des Herrn Reichskanzlers hat er sich entschließen müssen, diesen Schritt mit seiner Verantwortlichkeit zu decken. Dann kam die Gegenfrage, und auch damals ist an der Auffassung festgehalten worden, daß in unserer Antwort an den von uns vorgeschlagenen Bedingungen einfach festzuhalten sei. Jetzt ist die Antwort Wilsons gekommen, die uns vor schwere Entschlüsse stellt, und sofort ändert sich das Bild, so daß wir die Lage noch halten können, ja, daß, wenn wir die nächsten vier Wochen überdauern, wir sogar viel besser dastehen als bisher.

Davor stehe ich wie vor einem Rätsel. Was ist der wirkliche Grund, weshalb geht jetzt, was vorher für unmöglich erklärt worden war?

General Ludendorff: Ich habe immer den Menschenmangel als das Wichtigste dargestellt. Heute höre ich, daß der Mangel nicht so groß ist, wie ich angenommen hatte. Heute höre ich, daß ich in absehbarer Zeit 600000 Mann bekommen kann. Weshalb ich sie nicht früher bekommen konnte, darüber will ich nicht sprechen. Kann ich sie jetzt bekommen, so hört die Vereinsamung der Armee auf. Trotz der unglücklichen Ereignisse an der Front ändert sich die Lage, weil zugleich die Kampfkraft des Feindes nachläßt.

Nach wie vor glaube ich, daß wir die Waffenstillstandsverhandlungen, wenn es irgend geht, erreichen müssen. Aber nur solche Waffenstillstandsverhandlungen dürfen wir annehmen, die eine geregelte Räumung des Landes gestatten, also mindestens zwei bis drei Monat Frist. And dann dürften wir keine Bedingungen auf uns nehmen, die eine Wiederaufnahme der Feindseligkeiten unmöglich erscheinen lassen. Daß dies die Absicht ist, muß man aber nach der Note annehmen. Die Bedingungen sollen uns außer Gefecht setzen. Bevor wir uns auf weiteres einlassen, muß der Feind einmal sagen, was denn eigentlich seine Bedingungen sind.

Nicht kurzerhand mit Wilson abbrechen. Im Gegenteil: „Sagt doch mal, was sollen wir eigentlich tun? Wenn du etwas gegen unsere nationale Ehre verlangst, uns kampfunfähig machen willst, dann heißt es allerdings: nein."

Damit verlasse ich den bisherigen Boden nicht. Ich bitte nur, die Maßnahme, die der Kriegsminister vorgeschlagen hat, rasch durchzuführen.

Staatssekretär Solf: Diese Maßnahme war doch auch damals schon in Aussicht genommen.

General Ludendorff: Seit dem April und viel länger noch kämpfe ich um Menschen. Sie sind mir nicht gegeben worden. Es ist doch eine Tatsache, daß wir 70 000 Mann monatlich zu wenig bekommen. Hört dieses Defizit auf, und die Kampfkraft des Feindes läßt nach, so braucht man nicht alle Bedingungen anzunehmen.

Der Reichskanzler: Könnte sich die deutsche Oberste Heeresleitung mit der amerikanischen direkt in Verbindung setzen?

General Ludendorff: Die amerikanische hat nicht die Führung, sondern Foch. Ist es nicht besser, zunächst noch einmal die Regierung zu fragen?

Kriegsminister Scheüch: Foch zu fragen ist es noch nicht Zeit. Das wäre ein Eingeständnis der Niederlage.

General Ludendorff: Ich möchte noch einige für die Kriegführung wichtige Punkte vorbringen:

Das Generalgouvernement Belgien muß Etappengebiet werden. Das Abgrenzen der Zuständigkeiten ist allerdings schwierig. Es ist so gedacht, daß das Generalgouvernement möglichst die innere Verwaltung, die Beziehungen zur Kirche usw. behält, aber die Verpflichtungen, die wir eingegangen sind, als wir die Verpflegungskommission zuließen, werden wir nicht mehr einhalten können. Wir müssen ehrlich sein und den Stellen kündigen, denen wir damals die Zusage gegeben haben. Wie soll mit ihnen die Einquartierungslast in Einklang gebracht werden. Wir müssen ihnen sagen: Schickt jetzt keine Verpflegung mehr ins Land. Das wird in Belgien ganz gut wirken. In Tournai wollte die Bevölkerung schon nicht weggehen, weil sie sagten, jetzt kommt der Friede. Der Gedanke darf aber nicht hochkommen: man muß Belgien sagen, der Friede ist noch weitab, und das Furchtbare, das nun einmal im Kriege liegt, kann noch über Belgien kommen, dagegen ist 1914 ein Kinderspiel. Man weiß, daß, wenn auch die Befehlsstellen sich die größte Mühe geben, nicht alle vier Millionen Menschen von Gewalttätigkeiten abgehalten werden können.

Die Frage der Zerstörungen. Ich habe von Eurer Großherzoglichen Hoheit und auch vom Auswärtigen Amt Telegramme darüber bekommen. Wir haben pflichtgemäß alles getan, das Heer in den Schranken zu halten, die militärisch noch zu vertreten sind. Das ist eigentlich schon nicht mehr zu verantworten, daß man Häuser unzerstört läßt; denn Unterkunft ist eine große Hilfe für den Feind. Und später haben die Franzosen die Häuser doch zerstört. In Lille sind das elektrische Licht, die Wasserleitung, die Trambahn unzerstört gelassen, aber Telegraph, Telephon und Bahn zerstört worden. Das Schlimmste sind die englischen Flieger und die englischen großen Kanonen. Das Material haben wir dem Auswärtigen Amt mitgeteilt.

Die Armee ist nicht dasselbe wie die einzelnen rohen Menschen, die darin sind. Die Leitung kämpft gegen solche Roheit an. Ich bitte, das in der Note an Wilson zu betonen, denn die Armee hat ein Recht darauf.

Staatssekretär v. Waldow: Wenn die Vereinbarungen über die Ernährung Belgiens gekündigt werden sollen, so wird das vorher sehr genau geprüft werden müssen.

General Ludendorff: Damit bin ich einverstanden. Aber wie bisher geht es nicht weiter. Die Truppe quartiert sich selbst ein und nimmt die Kuh vom Felde und die Lebensmittel aus dem Haus. Das geht nun, einmal nicht anders. Belgien muß aus der Friedensduselei wieder herauskommen, so wird es ein ganz guter Verbündeter von uns. Je mehr es die Schrecken des Krieges empfindet, desto friedensbedürftiger wird es sein.

Staatssekretär Scheidemann: Nachdem im feindlichen Ausland und besonders auch im neutralen Gebiet die Verleumdungen unseres Heeres verbreitet worden sind, muß ihnen entgegengetreten werden. Ich glaube es daher Eurer Großherzoglichen Hoheit nahelegen zu sollen, daß es gut wirken würde, wenn man im Anschluß an frühere Befehle noch einmal einen Befehl ergehen läßt, Zerstörungen zu unterlassen. Wenn dann die Kuh weggenommen wird, so ist das verständlich, denn die Truppen müssen leben, aber was nicht nötig ist, und was wir mit Bedauern von den Urlaubern hören, daß Möbel zerstört, Bilder zerschnitten, Betten verwüstet werden, das muß man abstellen.

General Ludendorff: Wir haben vier Jahre Grabenkrieg geführt und haben zu Unterständen und Holzbaracken greifen müssen, darin sollte sich die Truppe ruhen, das kann sie aber nicht, wenn die Unterstände und Baracken leer bleiben, sie müssen möbliert werden, dazu sind die Möbel requiriert. Ich halte das für militärisch erlaubt. Wie kann sich die Truppe sonst erholen? Leider sind viele Mißgriffe geschehen. Wir eifern dagegen.

Aber sobald die Truppe weg ist, plündert auch die Bevölkerung. Waffen können wir nicht zurücklassen. Da ist viel Schlimmes vorgekommen. Das ist leider richtig. Offiziell ist aber der Gebrauch der Möbel nur für die Unterkunft erlaubt.

Wir haben Wertpapiere zurückgebracht, aber in Obhut genommen, sie werden zurückgegeben werden. Die Gemäldesammlungen haben wir nach Balenciennes zurückgeschafft. Wir wollten sie noch weiter zurückbringen, um sie besser zu schützen, aber auf die Bitten des Auswärtigen Amts haben wir sie in französischem Gebiet gelassen.

Der Reichskanzler: Konnte man die Bilder nicht nach Holland bringen?

General Ludendorff: Wir haben darüber mit dem Auswärtigen Amt immer in Verbindung gestanden und die Sache völkerrechtlich geprüft. Das Amt hat gesagt: nicht aus dem Lande heraus, das würde wie Raub sein. Die einzige Ausnahme bilden die Kirchengüter und Weihgefäße, die haben wir dem Erzbischof von Köln in Aufbewahrung gegeben.

Der Reichskanzler: Ist zu den Fragen, die wir an Exzellenz Ludendorff zu stellen hatten, noch etwas zu bemerken?

Dann schließe ich die Sitzung. – –

Herr Haußmann und Herr Gröber sollen dem General Ludendorff dafür gedankt haben, daß er ihre Stimmung gehoben habe. Auch ich war erleichtert, daß die Panik der ersten Oktobertage gewichen war, aber das Gutachten Ludendorffs hatte mich nicht befriedigt und beruhigt.

Ich fragte den General unter vier Augen: „Glauben Sie, daß wir im nächsten Jahr den Krieg unter besseren Bedingungen beenden würden als heute?"

Die Antwort war ein klares „Ja".

„Sie sehen also dem Abbruch der Beziehungen zu Wilson mit Ruhe entgegen?"

Die Antwort war wieder ein klares „Ja".

Ich war nicht überzeugt. Entkleidete man die uns gewordene militärische Auskunft des verhüllenden Beiwerks, so ergab sich der folgende Tatbestand:

Ein Umschwung zu unseren Gunsten ist ausgeschlossen.

Der U-Bootkrieg kann ihn nicht herbeiführen.

Die Initiative ist aus unserer Hand. Weder die Osttruppen können sie uns wiedergeben, deren Kampfwert für die Aufgaben des Westens höchst zweifelhaft ist, noch die 600000 Mann, die der Kriegsminister Scheüch noch auskämmen will. Dieser Ersatz bedeutet nur Stärkung, wenn die Stimmung sich bessert. Gegenwärtig ist die Stimmung in der Heimat furchtbar und die Not nicht zu lindern.

Im günstigen Falle geht das Heer kämpfend zurück, ohne zu große Einbuße an Menschen und Material, und steht noch einmal an der Maaslinie oder an den Grenzen der Heimat.

Aber die Kampfbedingungen wären verschlechtert: die Munitionsherstellung würde durch Fliegerangriffe auf das rheinische Industriegebiet leiden.

Die Überlegenheit an Menschen und Material ist heute bei den Feinden und verschiebt sich wachsend zu unseren Angunsten. Die Flieger verhalten sich schon jetzt wie 1 zu 3, und der Tankwaffe haben wir heute noch keine wirksame Abwehr entgegenzusetzen.

Wir müssen mit Italienern an der Westfront und mit der Bildung einer neuen deutschen Südfront rechnen.

Der Wirtschaftswert der Ukraine für die Versorgung der Heimat ist umstritten. Sicher aber ist die starke Einbuße an Hafer und Pferden, die das Heer erleiden würde. Die Räumung des Ostens läßt sich nicht rechtfertigen: die Vorteile, die im Westen erwachsen würden, wären zu gering.

Eine neue Ostfront wäre wahrscheinlich nicht nötig, dank der Minderwertigkeit der Roten Armee, wohl aber würde die Preisgabe der Ukraine einen Triumph des Bolschewismus und eine große Ermutigung seiner Propaganda bedeuten.

Rumänien ist für uns verloren: Fallen seine Ölquellen aus, so reichen unsere Vorräte nur noch einige Monate, obgleich die Marine ihre großen Bestände dem Kriegsminister zur gemeinsamen Bewirtschaftung zur Verfügung stellen will.

Ein neues und günstiges Moment – schon am 9. angedeutet – ist heute nachgewiesen: Das ist das Nachlassen der Kampfkraft des Feindes. Während der letzten Wochen, ja noch vor zwei Tagen hätte er einen Durchbruch erzwingen können, aber er tat es nicht, weil er nicht sein Letztes gab.

Zusammenfassend ließ sich also sagen: die militärische Lage hatte sich seit dem 5. Oktober nicht zum Besseren gewandt. Aber so schlecht, wie sie der General Ludendorff am 29. September ansah, war sie auch heute noch nicht. Wir durften am 5. Oktober die weiße Fahne nicht hissen. Wir brauchten sie auch heute nicht zu hissen. Nach ein paar Monaten würde allerdings die Situation verzweifelt sein.

Daraus ergab sich für mich die klare Schlußfolgerung: die Aktion mit Wilson muß weiterlaufen. Wir haben uns an ihn gewandt; nun gilt es, seinem guten Willen jede Chance zu geben, ob wir an ihn glauben oder nicht; unsere Lage zwingt uns, die schwersten Opfer für den Frieden zu bringen. Kommen aber entehrende Waffenstillstandsbedingungen, dann muß zur letzten Verteidigung gerufen werden.

Das würde dann der Verzweiflungskampf sein.

Eines aber war mir klar: Diesen Verzweiflungskampf durfte der General Ludendorff nicht leiten.

Ich hatte in dieser Sitzung das Vertrauen zum Menschen Ludendorff verloren. Er mußte der Situation rücksichtslos ins Auge sehen, auch ohne jede Rücksicht auf das eigene Prestige. Nur eine heroische Ehrlichkeit konnte helfen.

Aber der General Ludendorff hatte den Wunsch, andere Heerführer zu hören, als persönliche Beleidigung genommen und mit seiner und des Generalfeldmarschalls Demission gedroht. Ich weiß, in Generalstabskreisen herrscht ein Vorurteil gegen Kriegsräte. „Im Kriegsrat", so sagte Friedrich der Große, „siegt immer die timideste Partei." Dieses Wort hatte für unsere Situation seine Bedeutung verloren: am 29. September hatte der Pessimismus gesiegt, weil kein Kriegsrat berufen worden war. Ich habe Grund zu der Annahme, das Waffenstillstandsangebot wäre nie herausgekommen, wenn Ende September etwa Gallwitz, Loßberg over Schulenburg nach Spa berufen worden wäre.

Heute hatte der General Ludendorff mit keiner Silbe das Waffenstillstandsangebot und seine katastrophalen Wirkungen in der Welt und in Deutschland erwähnt, dagegen die Waffenstillstandsbesprechungen in Berlin für die Ermutigung des Feindes und die Verschlechterung der Frontstimmung verantwortlich gemacht.

Die bösen Grundlagen der Situation steckten in seiner militärischen Auskunft, aber sie waren durch beruhigende und beschönigende Worte verkleidet: wurde im Vordersatz eine schlimme Tatsache zugegeben, so wurde im Nachsatz eine günstige Möglichkeit herangeholt, die vielfach nicht verläßlich war:

„Wenn die Armee über die nächsten vier Wochen hinüberkommt und es in den Winter geht, so sind wir ‚fein heraus'."
   Es besteht die Möglichkeit, aber nicht die Wahrscheinlichkeit weiterer Italiener an der Westfront. Die Kriegsmüdigkeit ist in Italien sehr groß. Der Angriff der Italiener gegen Deutschland ist über Tirol physisch nicht unmöglich, „aber wir brauchen jetzt nicht damit zu rechnen. Sonst machen wir uns noch mehr Angst, als wir schon haben. Wenn Italiener gegen Deutsche fechten, so wird das wohl nur an der Westfront geschehen."
   „Man darf die Amerikaner nicht überschätzen. Sie sind wohl schlimm, aber wir haben sie bisher abgeschlagen, auch wenn wir sehr in der Minderheit waren. Allerdings verschieben sich die Verhältniszahlen; aber unsere Leute haben keine Sorge vor den Amerikanern."
   „Die Flieger der beiden Heere verhalten sich schon jetzt wie 1: 3. Trotzdem ist die Überlegenheit bei uns. Die Angaben über Feindverluste die wir machen, bleiben weit hinter der Wirklichkeit zurück, wie wir später oft an den feindlichen Nachrichten feststellen können. Alles das schreckt mich nicht."
   „Ich hoffe, daß, wenn unsere Infanterie wieder zu Kräften kommt, auch der Tankschrecken, der schon einmal überwunden war und wiedergekommen ist, nochmals überwunden wird ... Ist aber die Stimmung, der Truppen wiederhergestellt, so machen sich Teile von ihnen, so die Jägerbataillone und die Gardeschützen, geradezu einen Sport daraus, die Tanks abzuschießen. Es lockt auch aus materiellen Gründen, denn in den Tanks gibt es immer gute Verpflegung. Wir konnten nur nicht Schritt halten in dem Bau von Tanks, weil wir zuerst Lastautos bauen mußten; aber bis nächstes Frühjahr werden wir darin weiter sein."
   Das war nicht der Rechenschaftsbericht des verantwortlichen Feldherrn vor der verantwortlichen Regierung, sondern Stimmungsmache.
   Schließlich hatte ich versucht, den General auf ein Ergebnis festzulegen:

„Die Lage ist also nicht mehr dieselbe, wie sie am 5. Oktober war, als wir veranlaßt wurden, den Friedensschritt bei Wilson zu tun.".

Auf diese Frage ging Ludendorff in seiner Antwort nicht ein: „Ich habe den Eindruck, ehe wir durch diese Note Bedingungen auf uns nehmen, die zu hart sind, müßten wir dem Feinde sagen: Erkämpft euch solche Bedingungen."

Da gab schließlich der Staatssekretär Solf dem allgemeinen Mißtrauen Ausdruck: „Davor stehe ich wie vor einem Rätsel. Was ist der wirkliche Grund, weshalb geht jetzt, was vorher für unmöglich erklärt worden war?"

Hier war dem General Ludendorff noch einmal Gelegenheit gegeben, sich rückhaltlos auszusprechen. So hätte er sagen können:

Ich habe heute Vertrauen und Nerven wieder. Beides hatte ich vom 29. September bis zum 3. Oktober verloren. Meine Verantwortung war beispiellos. Die Anspannung, in der ich vier Jahre gelebt habe, ging über Menschenkraft. Zur Überstürzung war damals und ist heute kein Grund. Allerdings spätestens im Frühjahr nächsten Jahres brechen wir unrettbar zusammen. Ich bedaure, daß ich die Panik ins Heer und ins Volk geworfen habe. Helfen Sie mir, daß wir die Katastrophe des Waffenstillstandsangebots wieder gutmachen. Ich sehe ein neues, hoffnungsvolles Moment: die Angriffsenergie des Feindes läßt nach. Wenn wir die Kraft zum Verzweiflungskampf zeigen, vielleicht bringt dann der Feind die Kraft zum Vernichtungskampf nicht mehr auf und gibt uns einen Frieden, der uns das Leben läßt.

Anstatt dessen sagte der General Ludendorff: Ich habe immer den Menschenmangel als das Wichtigste dargestellt. Heute höre ich, daß ich in absehbarer Zeit 600000 Mann bekommen kann.

Dieser Behauptung gegenüber ist festzustellen:
1. Der General Ludendorff hat das Waffenstillstandsangebot nicht in erster Linie gestellt wegen der Ersatzlage. Warum rief er sonst nicht den Kriegsminister v. Stein nach Spa. Er hat die Waffenstillstandsbitte er-

zwungen, weil er eine militärische Katastrophe, und zwar die sofortige, fürchtete.

2. Der General Ludendorff hat nicht erst „heute", d. h. am 17. Oktober gehört, daß der General Scheüch ihm 600000 Mann aus der Heimat herausholen könnte. Das wußte er seit dem 10. Oktober abends,[81] und trotzdem hat er dein Räumungsverlangen der Feinde zugestimmt.

Am Nachmittag trat das Kabinett wieder zusammen. Ich war anfangs nicht anwesend und Herr v. Payer führte den Vorsitz. Haußmann[82] faßte in seiner pointierten Art die veränderte Haltung der Obersten Heeresleitung dahin zusammen: „Die frühere Auffassung sei gewesen, keine militärische Katastrophe, sondern diplomatische Hilfsaktion; die heutige: lieber militärische Kapitulation als Annahme von entehrenden Bedingungen. Dies sei eine große Änderung." Die Oberste Heeresleitung wünsche jedoch keinen Abbruch der Waffenstillstandsverhandlungen.

Von Waldow bis Scheidemann herrschte Einstimmigkeit über die Konsequenzen, die sich aus dem militärischen Gutachten des Generals Ludendorff ergaben:

Erstens: Wilson darf keinen Vorwand bekommen, abzubrechen, d.h. Konzessionen in der U-Bootfrage sind notwendig. Über ihren Umfang gingen die Meinungen auseinander.

Zweitens: Wir können entehrende Bedingungen nicht annehmen, ohne für immer am Boden zu liegen. „Lieber voll geschlagen werden, als sich ergeben" (Friedberg), das müsse der Grundton der Note sein.

---

[81] General Scheüch in der „Deutschen Allgemeinen Zeitung", zitiert nach der Preuß. Zeitung vom 3. November 1919, Nr. 532 Abendausgabe: „Was bedeutet mein Ersatzangebot anderes, als daß ich für Weiterkämpfen nicht allein mit Worten, sondern auch mit den Mitteln dazu eintrat! Dies Ersatzangebot nahm die Oberste Heeresleitung, als ich es ihr am 10. Oktober 1918 abends machte, vorläufig noch nicht an, aus Befürchtung vor Einschränkung des Materialnachschubs. Zwei Tage darauf griff sie es – man kann sagen: begierig auf. War es doch die Voraussetzung und Grundbedingung, ohne die nach den Ereignissen vom 28. und 29. September an ein Weiterkämpfen überhaupt nicht zu denken war." – Eine Erwiderung ist unseres Wissens nicht darauf erfolgt.
[82] Vgl. Haußmann, a. a. O., S. 257.

Der Vertreter der Obersten Heeresleitung, Oberst v. Haeften, gab die Erklärung ab, daß sich im wesentlichen die Auffassung der Staatssekretäre mit der Auffassung der Obersten Heeresleitung decke.

Ich betrat das Konferenzzimmer wenige Minuten vor dem General Ludendorff und konnte die allgemeine Stimmung durch ein Telegramm unterstützen, das ich soeben aus dem Ausland erhalten hatte:

Wenn unsere Front hielte, würde England geneigt sein, sich Wilsons Aktion anzuschließen. Die Engländer hätten doch auch das Gefühl, daß es besser sei, wenn sie früher aufhörten als später. Die Rivalität zwischen England und Amerika spiele eine Rolle. Wenn wir jetzt noch einige Monate durchhielten, so wirke das vielleicht friedenfördernd.

Als der General Ludendorff und Oberst Heye wieder erschienen,[83] schnitt Payer die Frage an: wie die in Österreich zu erwartende Katastrophe voraussichtlich auf unsere militärische Lage wirken würde. In der Antwort war die Linie nicht weniger verwischt als am Vormittag:

„Nach Nachrichten des Generals v. Cramon sei der Geist der österreichischen Armee überraschend gut. Der Abfall Österreichs würde natürlich sehr ungünstig wirken, ob allerdings auf unsere Truppen, das sei sehr zweifelhaft, da auch der Abfall Bulgariens auf diese keinen besonderen Eindruck gemacht habe. Gleichwohl befürworte er, mit Rücksicht auf den zu befürchtenden Abfall Österreichs, die Fortsetzung der Friedensverhandlungen. Er sehe jedoch die Lage in Österreich nicht so an, daß wir dadurch gezwungen würden, jede Bedingung anzunehmen. Durch den Abfall Österreichs würde allerdings die italienische Armee frei, das sei natürlich schlimm. Schließlich sei aber dann immer noch Zeit, klein beizugeben."

Payer meinte, ob wir nicht mit plötzlichen Mißerfolgen an der Front rechnen müßten, die uns zwingen würden, sofort Frieden zu schließen.

Ludendorff entgegnete:

---

[83] Protokoll der Besprechung am 17. Oktober nachmittags, Amtl. Ark. Nr. 58.

„Wäre die Front so gesichert, daß man absolut nichts zu befürchten hätte, dann wäre die ganze Aktion von uns nicht gemacht worden. Er habe ja jetzt auch wieder ausdrücklich erklärt, daß die Aktion fortgesetzt werden solle. Wir würden vielleicht gezwungen sein, noch mehr zurückzugehen. Daß eine Katastrophe eintrete, befürchte er jedoch nicht. Werde aber trotzdem die Lage schlechter, dann müsse eben der angesponnene Faden weiter fortgesetzt werden. Jetzt müsse man aber die Lage mit etwas mehr Ruhe auf Grund der letzten Kriegserlebnisse ansehen. Wenn wir tatsächlich geschlagen werden sollten, so müßten wir eben sofort kapitulieren. Gefährlich könnte es werden, wenn wir bei Verdun eine Niederlage erlitten, sonst sehe er die Gefahr nicht für so groß an."

Auf die Frage Solfs, ob wir eine kräftigere Antwort, die unserer Würde entspräche, wählen dürften, die Gefahr vor Augen, daß Wilson abschnappe, erklärte Ludendorff mit aller Bestimmtheit, daß wir das verantworten könnten; unsere Note müßte der Prüfstein werden, ob Wilson es ehrlich meinte oder nicht.

Nachdem General Ludendorff und Oberst Heye die Sitzung verlassen hatten, bat ich meine Mitarbeiter, sich zu äußern, ob sie nunmehr für notwendig hielten, die anderen Heerführer vor Absendung unserer Note anzuhören oder ob sie damit bis nach dem Eintreffen der Antwort Wilsons warten wollten. Die Herren erklärten einstimmig, daß sie im gegenwärtigen Augenblick sich mit dem Gutachten des Generals Ludendorff begnügen würden.

So endeten die Besprechungen anscheinend in einer großen, sachlichen Übereinstimmung. Auch in der Öffentlichkeit schienen wieder Brücken von links nach rechts zu führen, nachdem der erste Choc über die zweite Wilson-Note überwunden war. Der Aufruf des sozialdemokratischen Parteivorstandes, der am nächsten Morgen erschien,[84] bestärkte mich in der Hoffnung, das Land werde mit der Regierung gehen:

„Jetzt ist die Lage unseres Landes bitter ernst. Die Südostfront ist zusammengebrochen und an der Westfront stürmen die Massenheere der Entente, der die Menschen und Wirtschaftskräfte von drei Weltteilen zur Verfügung stehen, mit furchtbarem Übergewicht an Menschen und Material gegen unsere Truppen an.

---

[84] „Vorwärts" vom 18. Oktober 1918.

> Deutschland und das deutsche Volk ist in Gefahr, das Opfer der Eroberungssucht englisch-französischer Chauvinisten und Eroberungspolitiker zu werden.
> Was wir am 4. August 1914 erklärt haben: ‚In der Stunde der Gefahr lassen wir unser Vaterland nicht im Stich' gilt heute in verstärktem Maße. Mit einem Frieden der Vergewaltigung, der Demütigung und der Verletzung seiner Lebensinteressen wird sich das deutsche Volk nie und nimmer abfinden."

Der Schluß der Kundgebung wurde leider durch die Verdächtigung entstellt: der Großgrundbesitz hielte Lebensmittel zurück – ein ungerechter Vorwurf, der in diesem Augenblick eine bedauerliche Störung des Burgfriedens bedeutete. Der Agrarier v. Waldow hatte sich in der Not auch dieser Regierung zur Verfügung gestellt und tat als Staatssekretär des Reichsernährungsamts alles, um aus dem Großgrundbesitz die Höchstleistung für die Volksernährung herauszuholen.

Auch die Polemik der Rechten zeigte Schönheitsfehler; die Schweigepflicht wurde der Regierung nicht leicht gemacht; immer wieder hieß es in der Presse der Vaterlandspartei: die Majorität habe den Bittgang an Wilson veranlaßt – aber diese Gehässigkeiten waren schließlich nichts weiter als noch nicht verheilte Narben eines jahrelangen giftigen Parteikampfes, der hoffentlich hinter uns lag. Es war wohltuend, in diesen Tagen viele Kundgebungen zu lesen, bei denen sich die Parteizugehörigkeit der Verfasser nur aus der Unterschrift erkennen ließ.

Allerdings stand jenseits der patriotischen Linken eine täglich wachsende Masse von Menschen, die den Frieden um jeden Preis wollten. Sie war unübersehbar in ihrer Zahl und unberechenbar in ihrer Macht. Ihr Grundstock war sicher der am meisten leidende Teil der deutschen Bevölkerung. „Wovon lebt Berlin-Nord und wovon lebt Berlin-Ost?" [85] Mißvergnügte und Wilson-Gläubige aus allen Lagern schlossen sich an. Jugendliche hochbezahlte Munitionsarbeiter fühlten sich in ihrer Unabkömmlichkeit bedroht und brachen in offene Kriegsfeindschaft aus.

Ich merkte, wie Scheidemanns Seitenblicke nach links immer nervöser wurden.

---

[85] Scheidemanns Worte aus der Großen Sitzung s. o. S. 429.

Sechstes Kapitel

Die Aufgabe des U-Bootkrieges

Aber die Bedeutung der Note Wilsons lagen widerspruchvolle Nachrichten aus dem Auslande vor. Der Präsident fordere die Abdankung des Kaisers, so wurde mir aus der Schweiz und aus Belgien gemeldet und die Warnung daran geknüpft, uns nicht schrittweise zum Thronverzicht des Kaisers und Kronprinzen drängen zu lassen. Die holländischen Berichterstatter hielten daran fest, daß die Zurückführung der Macht des Kaisers auf die ornamentale Stellung des Königs von England genügen würde, um die von Wilson erstrebten Voraussetzungen zu schaffen. Darin aber waren sich alle Gewährsmänner einig: im gegenwärtigen Augenblick ging es hart her zwischen den Alliierten und innerhalb ihrer Länder: Soll der Waffenstillstand gewährt werden oder nicht? Von der Widerstandskraft der deutschen Front und der Heimat hinge es ab, ob der Wille zum Frieden sich durchsetzen könnte. Lucius telegraphierte am 16. Oktober aus Stockholm an das Auswärtige Amt:[86] Das andauernde militärische Zurückgehen steigere die Forderungen unserer Gegner immer mehr. Besonders wollten Franzosen und Amerikaner den Krieg nach Deutschland hineintragen; jeder auch nur kleine deutsche Erfolg würde im gegenwärtigen Augenblick den Einfluß besonnener Elemente in England wesentlich stärken.

Am 18. Oktober kehrte einer meiner Mitarbeiter von einer Informationsreise aus dem Haag zurück. Sein Vortrag war mir deshalb besonders wertvoll, weil er mit einem aktiven Diplomaten der Alliierten selbst verhandelt hatte unter Ausschaltung des sogenannten „Vertrauensmannes", auf den unsere Gesandtschaften naturgemäß angewiesen waren. Die Folgerungen, die dieser Bericht zog, fanden Verwendung in dem

---

[86] Vgl. Amtliche Urkunden Nr. 53.

folgenden Rundschreiben[87] des Generalfeldmarschalls, an den ich die Orientierung sofort weitergegeben hatte:

„Es besteht zur Zeit großer Gegensatz Wilson-Foch. Wilson will einen Rechtsfrieden der Versöhnung und Verständigung. Foch will völlige Demütigung Deutschlands und Befriedigung der französischen Eitelkeit.

Jede Festigung der deutschen Front und der deutschen diplomatischen Haltung stärkt die Stellung Wilsons, jedes Zeichen militärischer und politischer Schwäche stärkt Foch.
Wilson erstrebt nur Nachgeben in zwei Punkten:
U-Bootkrieg. Keine Passagierdampfer mehr versenken.[88]
Demokratisierung Deutschlands. (Keine Absetzung des Kaisers, nur konstitutionelle Monarchie, Stellung der Krone wie in England.)
Eine militärische Demütigung Deutschlands erstrebt Wilson nicht. Foch dagegen will mit allen Mitteln volle militärische Kapitulation und Demütigung (Befriedigung französischen Rachegefühls) erreichen.
Wer von beiden die Oberhand gewinnt, hängt einzig und allein von der Haltung Deutschlands ab. Steht die Front und halten wir uns diplomatisch würdig, so siegt Wilson. Ein Nachgeben gegenüber Fochschen Forderungen bedeutet die Vernichtung Deutschlands und das Scheitern jeder Friedensaussicht.
Englands Stellung ist mehr vermittelnd. Die Hauptschwierigkeit für die Friedensaktion liegt bei Frankreich.
Scheitern die Verhandlungen durch Schuld der französischen Imperialisten, so wird dies voraussichtlich zum Zusammenschluß französischer Sozialisten, englischer Liberaler und Arbeiterpartei mit Wilson führen.
Erreichung des Verständigungsfriedens ist Wilson sehr erschwert durch das zeitliche Zusammenfallen der Demokratisierung und des Friedensschrittes. Dies wird als Schwäche ausgelegt und hat Fochs Stellung gestärkt. Freunde eines Rechtsfriedens raten uns jetzt, in alles mehr ‚Stop' zu bringen, namentlich in unser Friedens- und Waffenstillstandsbedürfnis, und alles zu tun, damit die Front noch hält und die weitere Demokratisierung in ruhige, glaubwürdige Bahnen gelangt."

Diese politische Aufklärung wurde den Armee-Oberkommandos mit folgendem Begleitschreiben übersandt:

---

[87] Vgl. ebenda Nr. 59 o.
[88] Anmerkung des Referenten (für Amerika) im Auswärtigen Amt v. Haniel hierzu (22. Oktober): Darin spricht sich Hindenburg implizite für Einschränkung

„Chef des Generalstabes des Feldheeres.
Großes Hauptquartier, den 18. Oktober 1918.
Durch Offizier.

Umstehend bringe ich eine mir auf vertraulichem Wege zugegangene Beurteilung der politischen Lage zur Kenntnis, die ich für zutreffend halte. Sie betont erneut die Bedeutung des Haltens unserer derzeitigen Stellungen für den Ausgang der im Gang befindlichen Verhandlungen. Es ist Sache der Armeen, ihre Fronten zu halten.

Unsere Einheitsfront im Innern kann jetzt als gesichert angesehen werden. Die Auslassungen der Presse aller Parteien, mit Ausnahme der unabhängigen Sozialdemokraten und Polen, beweisen es. Das Kriegsministerium hat die Zuführung weiteren Ersatzes unter Heranziehung aller irgend entbehrlichen Kräfte der Heimat zugesagt.

Ich bitte, mit aller Strenge dafür zu sorgen, daß alle frontverwendungsfähigen Mannschaften aus den Etappen und Wirtschaftsformationen der fechtenden Truppe zugeführt werden."

Was wollte die Oberste Heeresleitung mit der Verbreitung dieses Berichts erreichen? In erster Linie natürlich der Armee vor Augen stellen, daß der Erfolg der begonnenen Friedensaktion von ihrer Kraft des Durchhaltens abhinge. Ein Zweck aber mußte auch sein, die Front mit der Notwendigkeit vertraut zu machen, Wilson durch die Demokratisierung und die Einschränkung des U-Bootkriegs im Rate der Alliierten zu stützen.

Für die Beantwortung der Note gab ich die folgenden Instruktionen:

1. Unsere Antwort an den Präsidenten muß so gehalten sein, daß, wenn Wilson ablehnt, seine Ablehnung ein Aufruf an das deutsche Volk zur nationalen Erhebung wird.

2. Welche Ablehnung seitens des Präsidenten würde dieses Resultat nicht herbeiführen?

   a) Wenn der Präsident in seiner Note darauf hinweisen kann, daß wir ihm in der U-Bootkriegführung nicht genügende Konzessionen gemacht haben. Der U-Bootkrieg ist heute für das deutsche Volk das rote

---

des U-Bootkrieges aus.

Tuch. Es betrachtet ihn als sein Unglück und erwartet nichts mehr von ihm. Für die Erhaltung des U-Bootkrieges gibt es heute keine levée en masse mehr.

b) Wenn Wilson deutlich macht, daß unsere Demokratisierung noch nicht weitgehend genug ist.

3. Nehmen wir an, wir machen Wilson die genügenden Konzessionen in der Frage des U-Bootkrieges und in der Frage der Demokratisierung[89] und nehmen wir dann an, es kommt eine Ablehnung Wilsons auf Grund der Forderungen der alliierten Armeen, so ergibt das die folgende Situation:

Die feindlichen Völker müssen weiterkämpfen nicht mehr für den Wilsonschen Rechtsfrieden, sondern für die Fochsche Waffenehre. Die Klarstellung dieser Tatsache –und sie würde durch ein Wilsonsches Refüs klargestellt werden –bedeutet eine ungeheure Schwächung der feindlichen Kriegskraft, die sich nicht nur in der Munitionsindustrie, sondern auch an der Front bemerkbar machen würde.

Mündlich trug ich noch dem Geheimrat Simons auf: wenn irgend möglich zum Ausdruck zu bringen, daß es nun genug mit der Einmischung in unsere inneren Angelegenheiten sei. Ich hoffte, dadurch Wilson von weiteren Fragen nach der Stellung des Kaisers zurückzuhalten, oder zum mindesten das Ehrgefühl des deutschen Volkes in Bereitschaft zu setzen, sollte die Forderung nach der Abdankung doch kommen. In gemeinsamer Arbeit entstand am 18. Oktober 1918 der folgende Entwurf:

„Auf die Note des Präsidenten Wilson vom 14. Oktober antwortet die deutsche Regierung folgendes:

„1. Als sich die deutsche Regierung damit einverstanden erklärte, die besetzten Gebiete zu räumen, hat sie nicht anders angenommen, als daß die Einzelheiten des Vorganges und die Bedingungen eines Waffenstillstandes von militärischen Sachverständigen beurteilt und beraten werden müßten und das

---

[89] Gedacht wurde vor allem an die Umgestaltung des Artikels 11 der Reichsverfassung, vgl. S. 475.

Ergebnis nach Möglichkeit dem gegenwärtigen Kräfteverhältnis an den Fronten entsprechen sollte.

„Aus den Worten des Präsidenten geht nicht hervor, ob er die rasche Erledigung der technischen Einzelfragen durch eine Aussprache zwischen den militärischen Sachverständigen beider Parteien ablehnt oder billigt. Wenn der Präsident glaubt, auch hierüber einen öffentlichen Notenwechsel herbeiführen zu sollen, so ist die deutsche Regierung bereit, darauf einzugehen. Sie ersucht dann aber den Präsidenten Wilson, sobald er die Vermittlung in die Hand nehmen will, die Forderungen der amerikanischen Regierung und der alliierten Regierungen in diesem Punkt offen bekanntzugeben. Die deutsche Regierung setzt dabei voraus, daß der Präsident keine Forderungen gutheißen wird, die die Ehre des deutschen Volkes preisgeben oder mit dem Gedanken des Rechtsfriedens unvereinbar sind.

„2. Der Präsident erhebt Anklagen gegen die deutscheKriegführung zu Wasser und zu Lande. Hierauf erwidert die deutsche Regierung folgendes:

„Die Torpedierung von Passagierdampfern widerspricht der Gesinnung der deutschen Regierung. Es sind daher an sämtliche U-Bootkommandanten Befehle ergangen, die eine Torpedierung von Passagierschiffen unmöglich machen. Der U-Bootkrieg wird jetzt nach den Grundsätzen des Kreuzerkrieges geführt, unter Sicherstellung des Lebens der Nichtkombattanten.

„Bei dieser Gelegenheit erinnert die deutsche Regierung daran, daß die deutschen Nichtkombattanten heute unter einer Seekriegführung leiden, die den Grundsätzen des Präsidenten über die Freiheit der Meere ebenso wie dem bisher geltenden Völkerrecht widerspricht.

„Der Präsident erhebt weiter Anklage wegen der nutzlosen Verheerung des Kampfgebiets, der Plünderung von Städten und Dörfern und der Verschleppung ihrer Bewohner. Die deutsche Regierung erwidert hierauf:

„Gewisse Zerstörungen sind zur Deckung des Rückzugs notwendig gewesen und Völkerrechtlich gestattet. Im übrigen aber ist den deutschen Truppen in Belgien und Frankreich, in Wiederholung der geltenden Befehle, strengste Weisung erteilt worden, keine Zerstörungen an Privateigentum vorzunehmen, für die Bevölkerung nach Kräften zu sorgen und sich an ihrer Habe nicht zu vergreifen. Keine Heeresleitung kann die Garantie dafür übernehmen, daß Ausschreitungen überhaupt nicht vorkommen; wo sich solche feststellen lassen, werden die Schuldigen bestraft.

„Die Flucht der Zivilbevölkerung wird keineswegs von deutscher Seite veranlaßt; im Gegenteil bemühten sich die deutschen Befehlshaber, die Bewohner zum Bleiben zu bewegen, wo sich dies irgend mit ihrer Sicherheit vertrug. Aus Furcht vor den Gefahren des Kampfgebiets flieht die Bevölkerung trotzdem in großen Massen. Wir haben ihre Fortschaffung nunmehr nach Möglichkeit erleichtert; neutrale Kommissionen sind uns dabei behilflich gewesen. Wir werden diese neutralen Kommissionen bitten, den Tatbestand, über den der Präsident Klage führt, durch eine genaue Untersuchung aufzuklären.

„Die deutsche Regierung spricht hierbei den Wunsch aus, daß dereinst auf der Friedenskonferenz solche neutralen Kommissionen mit der Untersuchung aller Beschuldigungen von Greueltaten und Völkerrechtsverletzungen, die während des Krieges von den Kriegführenden gegeneinander erhoben worden sind, betraut werden mögen, damit eine unparteiische Aufklärung auf allen Seiten die Schuldigen wie die Verleumder bloßstellt.

„3. Als wesentliche Bedingung für den Frieden bezeichnet der Präsident das Aufhören eines willkürlichen Regiments in Deutschland. Auch hierüber will die deutsche Regierung dem Präsidenten mit aller Offenheit Rede stehen. Deutschland war bisher ein Obrigkeitsstaat; das lag nicht an der Willkür der eingesetzten Gewalten, sondern daran, daß das Volk in seiner Mehrheit der Obrigkeit gegenüberstand, ohne das Bedürfnis der vollen eigenen Verantwortung. Das ist während des Krieges anders geworden. Ein starker politischer Wille hat sich in der Volksvertretung herausgebildet und eine grundlegende Umwandlung im deutschen Verfassungsleben vollzogen. Die Entscheidung über alle Lebensfragen der Nation, besonders über Krieg und Frieden, steht heute beim Parlament. Schon jetzt sind die wesentlichen Machtbefugnisse in die Hände der Regierung gelegt, die für ihre Handlungen zur Rechenschaft gezogen werden kann. Die Antwort, die der Reichskanzler dem Präsidenten erteilt, gibt er also im Namen einer Regierung, die dem Volke verantwortlich ist. Diese Entwicklung ist durch die Entstehung her gegenwärtigen Regierung gekennzeichnet und wird durch Verfassungsänderungen festgelegt.

„Der Präsident fragt nach den Bürgschaften für die Dauer des neuen Systems.

„Gesetzesartikel allein können diese Bürgschaft nicht geben. Die Gewähr für die Unwiderruflichkeit des neuen Systems, das gegenwärtig in Deutschland seine erste Probe besteht, liegt darin, daß der erklärte Wille und die innere Überzeugung der großen Mehrheit des deutschen Volkes hinter ihm steht. Ein Rückfall wäre nur dann zu befürchten, wenn Deutschland sich dem Auslande zuliebe mit unaufrichtiger Eile eine Verfassungsform aufdrängen ließe, die seiner Eigenart und Geschichte nicht entspräche."

Ich glaubte mit dieser Antwort dem Friedenswillen wie dem gekränkten Ehrgefühl der Nation Ausdruck verliehen zu haben, fühlte mich der Zustimmung meiner Mitarbeiter sicher und rechnete zuversichtlich mit der Billigung der Obersten Heeresleitung.

Vierundzwanzig Stunden später hatte ich fast mein ganzes Kabinett gegen mich und befand mich in einem so scharfen Konflikt mit der Obersten Heeresleitung und der Marine, daß ich gezwungen war, dem Kaiser die Kabinettsfrage zu stellen.

Am 19. Oktober früh hatte Solf den Entwurf Simons gebilligt und legte ihn nun als Vertreter seines Ressorts in der Kabinettssitzung vor.

Friedberg erklärte sofort, die Note sei für die innere Situation nicht tragbar; Graf Roedern behauptete, die Note sei nicht würdig; Scheidemann fürchtete, sie sei zu herausfordernd, „Wilson würde abschnappen". Dem schärfsten Protest begegnete die Stelle, in der eine neutrale Untersuchung der „Greuelbeschuldigungen" gefordert wurde. Solf berief sich, unter Zustimmung von Roedern und Scheidemann, auf Geheimrat Kriege von der Rechtsabteilung des Auswärtigen Amtes, der erklärt hatte: Wenn wir diese Untersuchung fordern, dann bekommen wir die ganzen Kriegsschäden aufgebrummt. Scheidemann geriet ganz außer sich über den Schlußpassus. Wie könne man überhaupt von der Widerruflichkeit des gegenwärtigen Systems sprechen oder von Rückfällen; das hieße doch das Mißtrauen des Feindes wachrufen. Der Streit um Ton und Beiwerk der Note trat aber bald zurück hinter einem schweren sachlichen Gegensatz: Admiral v. Scheer und Staatssekretär v. Mann erklärten es für unmöglich, den U-Bootkrieg als Kreuzerkrieg zu führen; die Forderung Wilsons annehmen, hieße den U-Bootkrieg ganz aufgeben. Sie wandten sich gegen jede Konzession in der U-Bootfrage. Erzberger unterstützte den Standpunkt der Marine. Vergeblich wies ich die Herren auf die Gefahren neuer Rückfragen hin und auf die Notwendigkeit, Wilson gegen den englisch-französischen Druck stark zu machen. Scheidemann, Haußmann und Scheüch sekundierten mir. Nach der Sitzung machte der Kriegsminister noch einen Versuch, den Staatssekretär des Reichsmarineamts zu überzeugen: sei der U-Bootkrieg es wert, daß um seinetwillen die Verhandlungen abgebrochen würden?

Dahin sprach sich auch das Gutachten der herbeigerufenen Botschafter aus. GrafMetternich, Dr. Rosen und Graf Brockdorff-Rantzau erklärten übereinstimmend, daß es ein Widerspruch in sich selbst sei, mit Wilson weiter verhandeln zu wollen und gleichzeitig am verschärften U-Bootkrieg festzuhalten. Graf Bernstorff, der Konstantinopel noch immer nicht verlassen konnte, hatte in gleichem Sinne telegraphiert. Graf Brockdorff-Rantzau sprach eindrucksvoll über die Zwangslage, in der wir uns heute befänden. Das Waffenstillstandsangebot sei einer Kapitulation gleichgekommen. Er beschrieb die furchtbare Wirkung auf die deutschen Vertreter im Ausland, als sie eines Tages aufwachten und lasen:

Deutschland bittet Wilson um Frieden. Der erste Schritt war entscheidend: nun bleibe nichts übrig, als den betretenen Weg zu Ende zu gehen. Unser früherer Botschafter in London, Graf Wolff Metternich, gab sein Votum mit jener Festigkeit und Klarheit, die man von ihm erwarten durfte. Er sagte unter anderem:

Der Präsident verlangt, daß keine Passagierdampfer mehr versenkt werden, sonst keine Verhandlungen. Wollen wir die Möglichkeit, zu einem Waffenstillstand zu gelangen, weiter verfolgen – und wir sind dazu gezwungen, ihn zu suchen –, so müssen wir erklären, daß an die Seestreitkräfte die Weisung erteilt ist, keine Passagierdampfer zu versenken, mit dem Zusatz, daß eine Gewähr dafür, daß der Befehl sämtliche U-Bootkommandanten erreicht hat, erst nach einer gewissen Zeit übernommen werden könne. Es ist mir bekannt, daß nach Ansicht der Marine dieser Befehl gleichbedeutend ist mit der Einstellung des U-Bootkrieges überhaupt. Wenn dem so ist, gut, dann muß er eingestellt werden. Denn es ist ausgeschlossen, daß der Präsident weiter mit uns spricht, wenn wir ihm hierin nicht nachgeben. Das amerikanische Millionenheer mit allem Zubehör ist trotz des unbeschränkten U-Bootkrieges herübergekommen. Verschwindend wenig ist davon versenkt worden. Es kann niemand mehr im Ernste annehmen, daß der unbeschränkte U-Bootkrieg in diesem Kriege noch eine entscheidende Wirkung zu unseren Gunsten wird ausüben können. Also fort damit, da er ein unübersteigliches Hindernis zur Anbahnung des Waffenstillstandes bildet.[90]

Nach der Auskunft der Botschafter war das ganze Kabinett davon überzeugt, daß der verschärfte U-Bootkrieg eingestellt werden mußte. Da die Behauptung der Marine nicht zu widerlegen war, daß, es technisch unmöglich sei, einen U-Bootkreuzerkrieg zu führen, so schlug Solf die Lösung vor: Externer Befehl, keine Passagierdampfer zu torpedieren,

---

[90] Äußerung in der Sitzung vom 19. Oktober, gedruckt in der Monatsschrift „Europäische Gespräche", zitiert nach dem „Berliner Tageblatt" vom 24. Februar 1927.

interner Befehl, den U-Bootkrieg ganz aufzugeben. Die Fassung: „Um alles zu verhüten, was das Friedenswerk erschweren könnte, sind auf Veranlassung der deutschen Regierung an sämtliche Unterseebootkommandanten Befehle ergangen, die eine Torpedierung von Passagierschiffen ausschließen," fand die Zustimmung des Kabinetts. In diesen Worten war zum Ausdruck gebracht, daß beim Scheitern der Waffenstillstandsaktion wir die Freiheit haben würden, die aus der Hand gelegte Waffe wieder aufzunehmen.

Admiral Scheer hatte sich nicht gefügt, sondern nach der Botschafterkonferenz die Oberste Heeresleitung und den Kaiser zu Hilfe gerufen. In der Nacht vom 19. zum 20. Oktober trat der General Ludendorff auf die Seite der Marine.

Oberst v. Haeften legte mir am Morgen des 20. Oktober das folgende Telephonat vor:

Telephonat der Obersten Heeresleitung vom 20. Oktober 1918, 1 Uhr nachts.[91]

„An den Herrn Reichskanzler.
(Übermittelt durch Oberst v. Haeften.)
Die Lage hat sich nicht geändert. Die Türkei hat Sonderverhandlungen begonnen. Österreich-Ungarn wird bald folgen. Wir werden sehr bald in Europa allein stehen. Die Westfront ist in größter Anspannung. Ein Durchbruch bleibt möglich, wenn ich ihn auch nicht befürchte. Durch Absetzen vom Feinde in Belgien und Zuführen des zugesagten Ersatzes könnte ein nachhaltiger Widerstand organisiert werden, der den Kampf an der Westfront in die Länge zieht und uns zwar nicht den ausgesprochenen Sieg beschert, wohl aber uns vor dem Äußersten bewahrt. Aber selbst, wenn wir geschlagen würden, stünden wir nicht wesentlich schlechter da, als wenn wir jetzt schon alles annähmen.

Es ist die Frage zu stellen: Will das deutsche Volk um seine Ehre nicht nur in Worten, sondern tatsächlich bis zum letzten Mann kämpfen und sich damit die Möglichkeit des Wiedererstehens sichern oder will es sich zur Kapitulation und damit zum Untergang vor der äußersten Kraftanstrengung drängen lassen?

Mit der durch das Zugeständnis der Note bewirkten Preisgabe des U-Bootkrieges ohne jede Gegenleistung beschreiten wir den letzteren Weg.

Wir würden zudem auf die Stimmung der durch die harten Kämpfe schwer

---

[91] Die Amtlichen Urkunden Nr. 63 geben irrtümlich 1 Uhr nachmittags an.

geprüften Armee äußerst ungünstig einwirken. Ich kann daher der Note in diesem Punkt nicht zustimmen. Muß die Regierung, falls sie sich dieser Ansicht anschließt, damit rechnen, daß die Verhandlungen mit Wilson scheitern, so muß sie entschlossen sein, den Kampf bis zum letzten Mann unserer Ehre halber auszukämpfen.

Ich kann mir trotz der ungemein schweren Lage der Armee keinen anderen Weg denken und hoffe fest, daß die Regierung für diesen schweren Entschluß das ganze Vaterland hinter sich haben wird.

Im einzelnen schlage ich noch folgende Änderungen des mir übersandten Wortlauts vor:

1. Absatz 3 muß lauten: „Zerstörungen infolge von Kampfhandlungen werden immer notwendig sein und sind völkerrechtlich gestattet."

2. Absatz 5 hinter den Worten „aufklären zu lassen", ist einzufügen: „Sie hat durch solche neutrale Kommissionen bereits Erhebungen veranlaßt, z. B. in Tournai, Balenciennes und anderen Orten. Die Feststellungen dieser Kommissionen haben die Unrichtigkeit der Anklagen wegen Verletzung des Völkerrechts ergeben."

Ich war betroffen durch den Ton dieser Kundgebung: „Will das deutsche Volk sich zur Kapitulation und damit zum Untergang vor der äußersten Kraftanstrengung drängen lassen?" Das waren Worte, die einem Feldherren wohl angestanden hätten, der am 29. September einer verzagenden Reichsleitung gegenüber fest geblieben wäre, nicht aber dem General Ludendorff, der eine zur nationalen Verteidigung entschlossene Regierung genötigt hatte, die weiße Fahne zu hissen.

Es war nicht richtig, daß wir mit der Preisgabe des U-Bootkrieges den Weg zur Kapitulation beschritten: auf diese Bahn hatte mich der General Ludendorff gestoßen – nun wollte er zurück; ich auch – aber jetzt war keine Stelle zum Wenden. Ich war überzeugt: wir mußten auf dem unseligen Wege noch ein Stück weiter, ehe wir den Wagen herumreißen konnten.

Ich verbrachte einen guten Teil des Morgens damit, dem Obersten v. Haeften Argumente an die Hand zu geben, die den General Ludendorff von der Notwendigkeit unserer Konzession überzeugen sollten.

Am Telephon setzte er seinem Chef auseinander:

Wir seien auf Grund der Auslandsnachrichten überzeugt: wenn die Note nicht das Eingeständnis der Schonung von Passagierdampfern enthielte, würde Wilson abbrechen. Der Präsident müßte ein Gegengewicht in den Händen haben gegenüber den Forderungen der französischen Armee nach einer ehrverletzenden Kapitulation der deutschen Armee. Dann würde entweder das erstrebte Ziel einer ehrenvollen schnellen Waffenruhe erreicht werden oder die Vorbedingungen wären gegeben, um dem deutschen Volke einen starken moralischen Auftrieb zu vermitteln.

„Ein solcher Auftrieb ist unbedingt erforderlich zur erfolgreichen Durchführung der letzten äußersten Kraftanspannung des Volkes. Die Vorbedingungen hierfür sind bei der heutigen Lage noch nicht gegeben. Voraussichtlich würde nicht nur von unseren Feinden, sondern, nach den hier vorliegenden Nachrichten, in der Heimat sogar von der Straße die Einstellung des U-Bootkrieges verlangt werden, um dadurch den Frieden zu erreichen. Der U-Bootkrieg ist in den breiten Massen durchaus unpopulär. Nach Ansicht des Reichskanzlers würde, falls die Antwort auf die Note demütigende Forderungen, die die Waffenehre der Armee berühren, enthalten sollte, der notwendige moralische Auftrieb in den breiten Massen erreicht werden." [92]

Es war alles vergeblich. Ich kann nicht leugnen, daß mir die Vermutung aufstieg, daß es dem General Ludendorff weniger darauf ankam, unseren Entschluß zu ändern als gegen ihn zu demonstrieren. [93]

---

[92] Aus dem schriftlichen Verkehr der Obersten Heeresleitung mit der Reichskanzlei: Telephonat Oberst v. Haeften an General v. Bartenwerffer.

[93] Die Gerechtigkeit fordert, festzustellen, daß in diesen Tagen die Oberste Heeresleitung gereizt und beunruhigt wurde durch taktlose Hinweise auf die Entstehung des Waffenstillstandsangebots, mit denen die Presse der Majoritätsparteien auf die Angriffe der Rechten antwortete. Die Oberste Heeresleitung konnte sich für die ungünstige Wirkung dieser Enthüllungen auf einen Bericht unseres Gesandten in Bern berufen: „Französische gegen Waffenstillstand gerichtete Hetze bedient sich besonders des Argumentes, Oberste Heeresleitung sei mit Räumung durchaus einverstanden oder wünsche sie sogar, da sie hierdurch Heeres- und Kriegsmaterial Deutschlands vor gänzlicher Niederlage bewahren und sich günstige militärische Aussichten offenhalten könne, was gefährlich und unannehmbar für Entente sei. In diesem Sinne wird das eindringliche Betonen deutscher Presse von Gegnern stark ausgebeutet, daß militärische Stellen (Ludendorff) mit Räumung einverstanden seien." (Amtliche Urkunden Nr. 51.) Der Generalfeldmarschall wandte sich an mich in einem ergreifenden Telegramm vom 20. Oktober: „Aus zahlreichen

Das Kabinett tagte inzwischen ohne mich, in heller Empörung. Conrad Haußmann faßte den allgemeinen Eindruck in die Worte: „Der General Ludendorff hat strategisch und taktisch in die Flanke der Regierung manövriert." Payer rief aus: „Ich habe mich seinerzeit gegen die Haltung der Obersten Heeresleitung gesträubt. Man darf an seinen ehrlichen Namen denken; nun sollen wir es sein, die den verlorenen Krieg verloren machen. Wir tragen die Verantwortung vor der Geschichte." Erzberger verlangte jetzt öffentliche Klarstellung, daß die Oberste Heeresleitung die Waffenstillstandsbitte erzwungen habe, sonst würde von den Soldaten der Vorwurf erhoben werden, die Regierung gebe sie den amerikanischen Granaten preis. Das Kabinett müsse verlangen, daß die Oberste Heeresleitung sich vorbehaltlos auf den Standpunkt der Note stelle. Graf

---

mündlichen und schriftlichen Mitteilungen ersehe ich, daß mein Name dazu mißbraucht wird, eine völlig verzweifelte Stimmung zu erzeugen. Mir werden Äußerungen nachgesagt wie ‚wir könnten keinen Widerstand mehr leisten', ‚wir könnten das Heer nicht mehr zusammenhalten', ‚die Frist sei nur noch nach Stunden gezählt' und ähnliches mehr. Abgesehen davon, daß es mir nicht gleichgültig sein kann, wenn derartig mit meinem Namen umgegangen wird, halte ich es auch im Interesse der Kriegführung für nötig, dem entgegenzutreten. Euer Großherzoglichen Hoheit bitte ich daher, in geeignet erscheinender Weise eine Aufklärung dahin veranlassen zu wollen, daß alle diese mir nachgesagten Äußerungen restlos erfunden sind. Jeder, der solche Äußerungen mit meinem Namen weitergibt, muß sich klar sein, daß er damit dem Feinde Vorschub leistet. v. Hindenburg, Generalfeldmarschall." Ich antwortete darauf:
Berlin, den 24. Oktober 1918.
Euer Exzellenz Telegramm vom 20. d. M. habe ich zu erhalten die Ehre gehabt. Ich habe zunächst erwogen, ob ich im Sinne E. E. Telegramms zweckmäßig eine Mitteilung im Reichstag machen könnte. Daraus hätte sich aber die Gefahr ergeben, daß jene erfundenen Äußerungen weiteren Schichten des Volkes erst zur Kenntnis gekommen wären. Auch die stärkste Unterstreichung ihrer Unrichtigkeit hätte nicht verhindert, daß Unruhe geschaffen worden wäre, anstatt sie völlig zu beseitigen. Ich habe es deswegen für richtiger gehalten, eine öffentliche Kundgebung zu vermeiden, und habe den Herrn Kriegsminister gebeten, die stellvertretenden Generalkommandos zu unterrichten, damit durch ihre Aufklärungsorgane diesen falschen Ausstreuungen entgegengetreten wird. Ebenso habe ich dafür Sorge getragen, daß sämtliche zivilen Nachrichtenstellen mit entsprechenden Weisungen versehen werden. (R. R.)

Roedern machte als einziger geltend, daß wir die Oberste Heeresleitung nicht zwingen könnten, ihr Votum abzuändern; es genügte, wenn wir uns nicht davon beeinflussen ließen.

Noch am Vormittag wurde mir ein neuer Notenentwurf vorgelegt. Er war von den Staatssekretären in meiner Abwesenheit hergestellt worden. Das Flickwerk, das aus der „kollegialen" Zusammenarbeit entstanden war, entsprach in der Sache durchaus meiner Auffassung, aber gar nicht im Ton. Haußmann hatte vergeblich gemahnt, daß wir durch fühlbare Zurückhaltung die trunkenen Feinde zur Besinnung bringen sollten.

Ich stand inmitten ernster Auseinandersetzungen mit dem General Ludendorff, die um den Inhalt der Note gingen; sollte ich gleichzeitig den Kampf um die Imponderabilien gegen mein Kabinett aufnehmen? Ich habe damals davon Abstand genommen; heute weiß ich, daß das ein schwerer Fehler war.

Aus dem Entwurf Simons waren noch zwei Sätze stehengeblieben, auf die ich besonderen Wert legte: in dem einen war die Erwartung ausgesprochen, daß keine Bedingung gestellt würde, die mit der Ehre unserer Armee unvereinbar wäre. Der andere lautete:

> „Bei dieser Gelegenheit erinnert die deutsche Regierung daran, daß die deutschen Nichtkombattanten heute unter einer Seekriegführung leiden, die den Grundsätzen des Präsidenten Wilson über die Freiheit der Meere ebenso wie dem bisher geltenden Völkerrecht widerspricht."

Dieser Ausfall gegen den Hungerkrieg war nötig, weil dadurch das Schuldeingeständnis, das nach dem Plan von Wilson in der Einstellung des U-Bootkrieges liegen sollte, aufgehoben wurde: der gute Name der Marine blieb dann nicht unverteidigt, und die Konzession wurde für unser Ehrgefühl leichter tragbar.

Um 12 Uhr sollte ich im Bundesrat sein, um dort die Note zu erklären und zu vertreten. Ich konnte die Sitzung gerade eröffnen, als ich abgerufen wurde: Herr v. Plessen war im Auftrag des Kaisers gekommen, um mir eine wichtige Botschaft zu bringen. Er meldete mir: Seine Majestät macht sich die Auffassung der Marine zu eigen und will für den Nachmittag einen Kronrat nach Potsdam einberufen, falls der Reichskanzler bei seiner Anschauung beharrt. Ich erwiderte dem General, daß es technisch unmöglich sei, diesen Kronrat am Nachmittage abzuhalten, da nicht aufzuschiebende Sitzungen angesagt wären. Ich bäte daher Seine Majestät, die Gnade zu haben, nach Berlin zu kommen und meinen Vortrag entgegenzunehmen. Meinen Standpunkt würde ich nicht aufgeben. Ohne die Einstellung des verschärften U-Bootkrieges würden die Verhandlungen mit Wilson abbrechen; die Stimmung des deutschen Volkes aber vertrüge nicht, daß an dieser Frage der Frieden scheiterte. Ich würde mich gezwungen sehen, mein Amt niederzulegen, wenn sich Seine Majestät auf die Seite der Marine stellte. „Es macht mir keine Freude," so schloß ich die Unterredung, „es hier Euer Exzellenz aussprechen zu müssen, aber es steht für mich fest: wenn ich gehe, dann fällt das Kabinett auseinander, und dann kommt die Revolution." Herr v. Plessen fragte mich hierauf: „Soll ich dies Seiner Majestät melden?" Ich antwortete: „Ich bitte darum."

Danach ging ich nicht mehr in die Bundesratssitzung zurück. In der Mittagspause berichtete mir der bayerische Gesandte Graf Lerchenfeld: Staatssekretär Solf hätte den Ausschuß über den schwebenden Konflikt orientiert und die überwiegende Mehrzahl der Herren auf der Seite der Regierung gefunden. An einer Stelle der Note war Kritik geübt worden. Dandl wünschte das Zugeständnis in der U-Bootfrage deutlicher ausgesprochen. Ferner war der Rat gegeben worden, das Militärkabinett abzuschaffen oder wenigstens seine Stellung verfassungsmäßig zu regeln und womöglich noch „pari passu" mit unserer Antwortnote vorzugehen. Dandl hatte die Sitzung mit den Worten geschlossen: Die Oberste Heeresleitung dürfe nicht nur auf sich, sie müsse auch auf den Kaiser sehen.

Graf Lerchenfeld sprach mir von der stürmischen Friedenssehnsucht in Bayern. Was er sagte, deckte sich ganz mit den Informationen, die wir von dem preußischen Gesandten in München, Herrn v. Treutler, erhalten hatten.

München, den 20. Oktober 1918.[94]
„Es erscheint mir Pflicht, dringend davor zu warnen, aus dem geschlossenen Ton fast der gesamten Presse Schlüsse auf die wahre Stimmung zu ziehen.

---

[94] Amtliche Arkunden Nr. 66.

Tatsächlich wünscht überwiegende Mehrheit nur Frieden.
Treutler."

Ein gerade eintreffender Brief des Kronprinzen Rupprecht gab mir die Gewißheit, daß der General Ludendorff auch die Stimmung der Armee nicht hinter sich hatte, wenn er dem Abbruch der Verhandlungen „mit Ruhe entgegensah".

Unter dem 18. Oktober schrieb mir Kronprinz Rupprecht über die militärische Lage:

„Vielleicht wird es Dich interessieren, etwas über die militärische Seite der Lage zu vernehmen: Unsere Truppen sind übermüdet und in erschreckender Weise zusammengeschmolzen. Die Kopfzahl der kampffähigen Infanterie einer Division beträgt selten 3000 Mann, meist ist die Infanterie einer Division etwa gleich 1–2 Bataillonen zu rechnen, in einzelnen Fällen sogar nur 2–3 Kompagnien. – Sehr viele Maschinengewehre gingen verloren, und es mangelt an ausgebildeten Schützen. Ebenso hat die Artillerie recht viele Geschütze eingebüßt und leidet unter dem Mangel an ausgebildeten Richtkanonieren. Bei einzelnen Armeen sind 50 Prozent der Geschütze ohne Bespannung! Auch fehlt es an Munition und gerade für besonders wichtige Geschützarten, wie Feldkanonen 16, leichte Feldhaubitzen, 10-Zentimeter-Kanonen, da in der Heimat nicht mehr genügend gefertigt werden kann. An aktiven Offizieren sind nur noch welche in den höheren Stäben zu finden, außer den Regimentskommandeuren.

„Die Stimmung der Truppe hat sehr gelitten und ihre Widerstandskraft verringert sich ständig, die Leute ergeben sich scharenweise bei feindlichen Angriffen, und Tausende von Marodeuren treiben sich im Etappengebiet umher. – Ausgebaute Stellungen haben wir jetzt keine mehr und es lassen sich auch keine mehr schaffen. Für die Lastkraftwagen mangelt es an Betriebsstoff, und wenn die Österreicher vom Bündnis abspringen und wir aus Rumänien kein Benzin mehr erhalten, muß in zwei Monaten der Flugbetrieb eingestellt werden. –Von einer „levée en masse" nach dem Muster jener Carnots zu Beginn der französischen Revolutionskriege verspreche ich mir nicht viel: sie war damals so ergiebig, weil sie zu Anfang eines Krieges vorgenommen wurde, wir aber stehen schon im 5. Kriegsjahr, und unsere Reserven an Mannschaften sind schon bis zur Neige erschöpft. Wie soll ferner bei einer „levée en masse" die Kriegsindustrie befähigt bleiben, weiterzuarbeiten, wo sie doch jetzt schon den zu stellenden Anforderungen nicht durchaus genügt.

„Ernsten feindlichen Angriffen können wir bei dem Fehlen von Reserven nicht mehr standhalten. Gelingt es uns, durch Zurückgehen hinter das starke Hindernis der Maas unsere Front wesentlich zu verkürzen, können wir günstigenfalls ein bis zwei Monate dort aushalten, aber nur dann, wenn Hollands

Neutralität nicht vom Gegner verletzt oder Holland nicht zur Parteinahme gegen uns gezwungen wird, und die österreich-ungarischen Truppen nicht von der Westfront abberufen werden.

„Bemerken möchte ich noch, daß bei jedem neuen Rückzuge wir immer einen guten Teil unseres Materials im Stich lassen müssen.

„Die Möglichkeit, über den Dezember auszuhalten, halte ich nicht für gegeben, zumal die Amerikaner monatlich etwa 300 000 Mann über den Ozean ziehen. Ich möchte betonen, daß schon jetzt unsere Lage eine überaus gefährliche ist und es nach Umständen über Nacht zu einer Katastrophe kommen kann.

„Ludendorff erkennt nicht den ganzen Ernst der Lage. unter allen Umständen müssen wir zum Frieden gelangen, ehe der Gegner sich den Weg nach Deutschland erzwingt, denn dann wehe uns!"

19. Oktober 1918.

„Gestern abend mir zugegangene Berichte lassen leider die Kopfzahlen der Infanterie noch wesentlich niederer erscheinen, als ich annahm: Die Divisionen zählen abzüglich des noch nicht eingestellten geringen Ersatzes und ihrer unausgebildeten Rekruten (etwa 1 100 pro Division) durchschnittlich 3000 Mann Infanterie. Unter diesen befinden sich jedoch sehr viele nur garnisonsdienstfähige Leute, so daß abzüglich dieser Leute, Kranker und sonst unabkömmlicher Leute, die Divisionen im Durchschnitt nur mit 1000 Mann Infanterie ins Gefecht treten können gegenüber 12000 zu Anfang des Krieges.

„Erwähnen möchte ich noch, daß, wenn wir hinter die Maas zurückgehen, die rheinisch-westfälischen wie lothringischen Industriegebiete in erhöhtem Maße Fliegerangriffen ausgesetzt sein werden."

Am frühen Nachmittag kam der Kaiser. Graf Lerchenfeld war noch bei mir. Ich bat ihn, dem Gespräch beizuwohnen als Vertreter Bayerns, das den Vorsitz im Auswärtigen Ausschuß führte; auch wußte ich, daß der Graf die Achtung und die Sympathie des Kaisers besaß. Seine Majestät war durch die Gegenwart des Grafen Lerchenfeld betroffen und begrüßte ihn mit den Worten: „Ich wußte nicht, daß Sie Sachverständiger für Marineangelegenheiten sind." Dann sprach er sich gegen die Aufhebung des verschärften U-Bootkrieges aus. Wir setzten unsere Gegengründe auseinander, und ich fügte hinzu, daß ich mein Bleiben von der Zustimmung des Kaisers zu der als notwendig erachteten Konzession abhängig machen müsse. Nur sehr unwillig gab der Kaiser seine Zustimmung. Nunmehr wies Graf Lerchenfeld auf gefährliche Strömungen im Reiche hin, die eine besondere Spitze gegen den Kaiser angenommen haben. Seine

Majestät unterbrach ihn: er wisse dies, er wisse auch, daß manche seine Abdankung forderten; aber, so fügte er mit großem Ernst hinzu, ein Nachfolger Friedrichs des Großen danke nicht ab. Darauf verließ er uns und empfing sofort den Chef des Admiralstabs, dem er seine Entscheidung mitteilte.

Der Nachmittagssitzung des Kabinetts blieb ich zunächst fern. Da trat Exzellenz Wahnschaffe bei mir ein und teilte mir mit: die Staatssekretäre hätten von meiner Aktion gehört und befänden sich in erheblicher Aufregung; sie verlangten mich zu sprechen. Ich konnte die Herren durch die Erklärung beruhigen: der Konflikt hätte zu einer raschen Entscheidung gedrängt; auch hätte ich auf eigene Verantwortung handeln wollen, um meine Mitarbeiter nicht in meine Demission hineinzureißen, falls diese wirklich notwendig werden sollte. Payer dankte mir für den beim Kaiser unternommenen Schritt. Für mich war die Sache durch die Entscheidung Seiner Majestät erledigt. Ich zweifelte nicht daran, daß der General Ludendorff gehorchen würde. Die Staatssekretäre aber forderten auch die Einsicht der Obersten Heeresleitung und wollten sie um jeden Preis erzwingen, noch ehe die Note hinausging, „die sonst Zwiespalt in jede Partei tragen würde". Haeften erklärte, alle seine Argumente erschöpft zu haben; der General Ludendorff glaube, es sei an der Zeit, mit Wilson Schluß zu machen. Der Kriegsminister erhielt daraufhin den Auftrag, noch einen neuen Überzeugungsversuch zu unternehmen. Er kam nach einer halben Stunde vom Telephon zurück, ohne mit irgendeinem Vernunftgrund durchgedrungen zu sein. Er hatte dem General immer wieder die Alternative vorgestellt: Wenn Sie verhandeln wollen, geben Sie den verschärften U-Bootkrieg auf. Wenn Sie ihn führen wollen, brechen Sie die Verhandlungen ab. Der General wollte an das Entweder-Oder nicht glauben.

Scheüch meinte zu Haeften: „Ich beneide Sie nicht, daß Sie jeden Tag diese Telephonkämpfe durchfechten müssen."

Die Oberste Heeresleitung blieb bei ihrer Meinung, aber es gelang dem Kriegsminister, den Herren klarzumachen, daß in Anbetracht der erwarteten Großkämpfe die Absendung der Note beschleunigt erfolgen müsse.

Spät am Abend hatte ich noch eine unangenehme Überraschung. Simons teilte mir in großer Erregung mit, Solf hätte gegenüber den plötzlich auftauchenden Bedenken einiger Staatssekretäre die beiden Sätze, auf die ich solchen Wert legte, nicht halten können, und die Note ginge nun ohne die Verwahrung gegen entehrende Bedingungen und gegen die Hungerblockade heraus. Meine Entrüstung war groß, und ich schrieb sofort an den Staatssekretär Solf einen bitterbösen Brief, der ihn noch vor Mitternacht erreichte und bewirkte, daß unsere Note, die um 12 Uhr 20 Minuten herausging, wenigstens den Ehrenpassus wieder enthielt.

Ich suchte mir die veränderte Haltung meiner Mitarbeiter zu erklären. Der öffentliche Pessimismus hatte seit dem 18. Oktober reißende Fortschritte gemacht. Der Fall Lilles, Ostendes und Douais traf die Bevölkerung ebenso stark wie die Sonderverhandlungen der Türkei mit dem Feinde. Gleichzeitig wurde Wilsons Note vom 16. Oktober an Österreich bekannt, welche die Jugoslawen und Tschechoslowaken ermächtigte, die Donaumonarchie aufzulösen. Die parlamentarischen Staatssekretäre waren besonders beeindruckt durch eine Sitzung des Interfraktionellen Ausschusses, in der nach Referaten von Scheidemann und Haußmann zwar die Linie des Kabinetts gebilligt, aber von allen Seiten der täglich wachsenden Kriegsmüdigkeit Erwähnung getan wurde. Am schwersten wogen Eberts Worte:

Das Volk deute auf Ludendorff als den Schuldigen; aller Haß richte sich gegen Wilhelm II. Die Unabhängigen ließen ihren Geist durch die Psychologie der Munitionsarbeiter bestimmen; man könne die Masse nicht mehr lange beim Kriege halten; trotzdem gälte es, noch Widerstandskraft zu markieren.

Unsere Note fand in der Öffentlichkeit scharfe Kritik – fast noch mehr wegen der Form als wegen des Inhalts.
    Ich setze den endgültigen Text[95] her:

---

[95] Amtliche Arkunden Nr. 64.

„Berlin, den 20. Oktober 1918,
abgegangen 21. Oktober.

„Die Deutsche Regierung ist bei der Annahme des Vorschlags zur Räumung der besetzten Gebiete davon ausgegangen, daß das Verfahren bei dieser Räumung und die Bedingungen des Waffenstillstands der Beurteilung militärischer Ratgeber zu überlassen sei und daß das gegenwärtige Kräfteverhältnis an den Fronten den Abmachungen zugrunde zu legen ist, die es sichern und verbürgen. Die Deutsche Regierung gibt dem Präsidenten anheim, zur Regelung der Einzelheiten eine Gelegenheit zu schaffen, sie vertraut darauf, daß der Präsident der Vereinigten Staaten keine Forderung gutheißen wird, die mit der Ehre des deutschen Volkes und mit der Anbahnung eines Friedens der Gerechtigkeit unvereinbar sein würden.

„Die Deutsche Regierung legt Verwahrung ein gegen den Vorwurf ungesetzlicher und unmenschlicher Handlungen, der gegen die deutschen Land- und Seestreitkräfte und damit gegen das deutsche Volk erhoben wird.

„Zerstörungen werden zur Deckung eines Rückzuges immer nötig sein und sind insoweit völkerrechtlich gestattet. Die deutschen Truppen haben die strengste Weisung, das Privateigentum zu schonen und für die Bevölkerung nach Kräften zu sorgen. Wo trotzdem Ausschreitungen vorkommen, werden die Schuldigen bestraft.

„Die Deutsche Regierung bestreitet auch, daß die deutsche Marine bei Versenkung von Schiffen Rettungsboote nebst ihren Insassen absichtlich vernichtet habe.

„Die Deutsche Regierung schlägt vor, in allen diesen Punkten den Sachverhalt durch neutrale Kommissionen aufklären zu lassen.

„Um alles zu verhüten, was das Friedenswerk erschweren könnte, sind auf Veranlassung der Deutschen Regierung an sämtliche Unterseebootkommandanten Befehle ergangen, die eine Torpedierung von Passagierschiffen ausschließen, wobei jedoch aus technischen Gründen eine Gewähr nicht dafür übernommen werden kann, daß dieser Befehl jedes auf See befindliche Unterseeboot vor seiner Rückkehr erreicht.

„Als grundlegende Bedingung für den Frieden bezeichnet der Präsident die Beseitigung jeder auf Willkür beruhenden Macht, die für sich, unkontrolliert und aus eigenem Empfinden den Frieden der Welt stören kann. Darauf antwortet die Deutsche Regierung: Im Deutschen Reich stand der Volksvertretung ein Einfluß auf die Bildung der Regierung bisher nicht zu. Die Verfassung sah bei der Entscheidung über Krieg und Frieden eine Mitwirkung der Volksvertretung nicht vor. In diesen Verhältnissen ist ein grundlegender Wandel eingetreten. Die neue Regierung ist in völliger Übereinstimmung mit den Wünschen dir aus dem gleichen, allgemeinen, geheimen und direkten Wahlrecht hervorgegangenen Volksvertretung gebildet. Die Führer der großen Parteien des Reichstags gehören zu ihren Mitgliedern. Auch künftig kann keine Regierung ihr Amt antreten oder weiterführen, ohne das Vertrauen der

Mehrheit des Reichstags zu besitzen. Die Verantwortung des Reichskanzlers gegenüber der Volksvertretung wird gesetzlich ausgebaut und sichergestellt. Die erste Tat der neuen Regierung ist gewesen, dem Reichstag ein Gesetz vorzulegen, durch das die Verfassung des Reichs dahin geändert wird, daß zur Entscheidung über Krieg und Frieden die Zustimmung der Volksvertretung erforderlich ist.

„Die Gewähr für die Dauer des neuen Systems ruht aber nicht nur in den gesetzlichen Bürgschaften, sondern auch in dem unerschütterlichen Willen des deutschen Volkes, das in seiner großen Mehrheit hinter diesen Reformen steht und deren energische Fortführung fordert.

„Die Frage des Präsidenten, mit wem er und die gegen Deutschland verbündeten Regierungen es zu tun haben, wird somit klar und unzweideutig dahin beantwortet, daß das Friedens- und Waffenstillstandsangebot ausgeht von einer Regierung, die, frei von jedem willkürlichen und unverantwortlichen Einfluß, getragen wird von der Zustimmung der überwältigenden Mehrheit des deutschen Volkes.

Solf."

Am Morgen des 21. Oktober lebte der Sturm im Kabinett wieder auf. Staatssekretär Solf hatte zu Anfang der Sitzung Ludendorffs Standpunkt in den Worten wiedergegeben, die der General selbst in der Nacht Haeften gegenüber gebraucht hatte:

„Militärisch ist die Sache für mich entschieden durch den Befehl Seiner Majestät, aber über meine Überzeugung hat Seine Majestät keine Macht."

Ich war nicht zugegen, durch Regierungsgeschäfte verhindert; auch interessierte ich mich nicht mehr für einen Konflikt, der jeder ernsthaften Grundlage entbehrte und nunmehr in einem Nachspiel enden sollte, das in einem seltsamen Gegensatz zu der Tragik unserer Lage stand. Die Herren bestanden darauf, mit dem General Ludendorff weiter zu argumentieren. Haeften sollte erneut in ultimativer Form fordern, daß die Oberste Heeresleitung der inzwischen abgegangenen Note nachträglich zustimmte. Er kam ganz verzweifelt aus der Kabinettssitzung, überzeugt, daß der ihm gewordene Auftrag sinn- und zwecklos war. Im Vorzimmer traf er Hahn und machte ihn mit der neuen Krisis bekannt. Hahn wies seinen früheren Chef darauf hin, daß die Staatssekretäre ja urbi et orbi verkündeten, sie seien jetzt Herren im eigenen Haus. Daran sollte man sie erinnern und sie darauf aufmerksam machen, daß es keinen größeren Beweis ihrer Macht gäbe, als wenn sich der General Ludendorff fügte, obgleich er nicht überzeugt sei. Das leuchtete Haeften ein. Er eilte in das Beratungszimmer zurück, wo er den rührigsten Staatssekretär, Herrn Erzberger, in eine Ecke zog und ihm darlegte: Die politische Macht läge jetzt in den Händen der Regierung, die Oberste Heeresleitung sei kein politischer Machtfaktor mehr. Nicht darauf käme es an, daß die O.H.L. und die Reichsleitung stets einer Meinung seien, sondern daß die Reichsleitung immer die ihrige durchsetze. Erzberger fiel es wie Schuppen von den Augen: „Da haben Sie eigentlich ganz recht, es ist nur gut, wenn man in der Welt weiß, daß wir eigentlich die Herren im Hause sind;" und schnell entschlossen ergriff er die Gelegenheit, der Mann zu sein, der die Krisis beschwor. Er holte sich nun Scheidemann beiseite und redete eine Viertelstunde auf ihn ein. Dann bat er ums Wort und hielt eine schwungvolle Rede: Es würde eine Blamage für das ganze Kabinett sein, wenn es zu seiner Rückendeckung der erzwungenen Zustimmung der Obersten Heeresleitung bedürfte. Scheidemann sekundierte. Das Kabinett war gewonnen und faßte eine Entschließung: Die Oberste Heeresleitung solle erklären, sie sei kein politischer Machtfattor. Haeften stürzte ans Telephon und erreichte, daß der General Ludendorff die nachstehende Erklärung[96] sich zu eigen machte:

> „1. Die Oberste Heeresleitung hält sich für keinen politischen Machtfaktor, sie trägt daher auch keine politische Verantwortung. Ihre politische Zustimmung zu der Note ist daher auch nicht erforderlich.
> Wird in der Öffentlichkeit – sei es im Reichstage oder in der Presse – nach der Stellungnahme der Obersten Heeresleitung gefragt, so kann von seiten der Regierung eine Erklärung in obenstehendem Sinne abgegeben werden.
> Die Oberste Heeresleitung wird sich in der Angelegenheit gegenüber der Regierung durchaus loyal verhalten; sie wird alles vermeiden, was geeignet wäre, der Regierung Schwierigkeiten in der Vertretung der Note gegenüber der Öffentlichkeit zu machen.
> Die von der Reichsleitung gewünschte Erklärung, daß die Oberste Heeres-

---

[96] Amtliche Urkunden Nr. 66 b.

leitung zwar auf ihrem militärischen Standpunkte beharre, jedoch anerkenne, daß zur Erreichung des politischen Erfolges der Note die Konzession bezüglich der U-Boote nötig gewesen sei, kann die Oberste Heeresleitung nicht abgeben, da sie über kein Material verfügt, um sich über die politische Seite der Angelegenheit ein Urteil zu bilden, sie also nicht in der Lage ist, hierzu Stellung zu nehmen."
   v. Haeften
   Oberst.[97]

---

[97] Oberst v. Haeften fügte dem Dokument die Anmerkung zu: „Vorstehende Erklärung wurde dem General Ludendorff von mir am 21. Oktober 12 Uhr 30 Minuten nachmittags telephonisch übermittelt. Er erklärte sich mit ihr einverstanden."

Siebentes Kapitel

Die Reichstagssitzungen vom 22. bis 24. Oktober 1918

Am 21. Oktober empfing der Kaiser die Staatssekretäre im Schloß Bellevue. Ich stellte ihm die Herren einzeln vor, und es war wohl keiner, der sich der spontanen Liebenswürdigkeit seines Wesens entziehen konnte. Er verlas eindrucksvoll die folgende Ansprache:

> „Meine Herren! Ich heiße Sie in Ihren neuen Ämtern willkommen, in die Sie als die Vertrauensmänner des Volkes berufen sind. Mit Meinem Erlaß vom 30. September, auf Grund dessen Ihre Ernennung erfolgt ist, habe Ich den entscheidenden Schritt getan, der das deutsche Volk in neue Verfassungszustände hinübergeführt. In den furchtbaren Stürmen des Weltkrieges ist uns die Aufgabe gestellt worden, den Bau des Reiches im Innern durch neue und breitere Grundlagen zu sichern. Die Erschütterungen des Krieges haben uns erkennen lassen, wo die Stützen des uns alle schirmenden Hauses schwach und veraltet sind, wo sie der Erneuerung bedürfen. Sie haben uns aber auch die frischen quellenden Kräfte zur Anschauung gebracht, die in unserem Volke zum Licht streben, Unauslöschlich stehen Mir die Eindrücke der ersten Kriegstage vor dem Gedächtnis, und nur noch tiefer haben sie sich Mir eingeprägt in diesen Jahren des Kampfes, in denen unser Volk eine wahrhaft erhabene Größe bewiesen hat, sich wehrend gegen eine immer drückendere Übermacht, arbeitend unter immer schwereren Bedingungen, leidend in immer härterer Not. Ein Volk, das so heldenhaft gekämpft, so Übermenschliches geleistet hat, sieht für alle Zeit in Ehren da. All dies ist Mir tief ins Herz geschrieben, und erneut lege Ich davon heute Zeugnis ab.
>
> In einer Reihe von Kundgebungen habe Ich Meinen Entschluß bekräftigt, daß der neuen Zeit eine neue Ordnung entsprechen soll. In umfassender Weise soll das deutsche Volk berufen sein, an der Gestaltung seiner Geschicke mitzuwirken, an politischer Freiheit keinem Volk der Erde nachstehend, an innerer Tüchtigkeit und fester Staatsgesinnung keinen Vergleich scheuend.
>
> Sie, Meine Herren, haben die Aufgabe, Deutschland mit hinüberzuführen in die neuen Zustände. Ich weiß, daß keiner unter Ihnen ist, der sich nicht der Größe dieser Aufgabe und seiner ungeheuren Verantwortung bewußt wäre. Mir aber liegt es am Herzen, Ihnen in dieser Stunde auszusprechen, daß es Mein fester Wille ist, zu Meinem Teil alles daran zu setzen, um mit Ihnen und der Volksvertretung die in dem Erlaß vom 30. September gewiesenen Ziele zu erreichen. Mit Ihnen, Meine Herren, die Ich heute zum ersten Male als Meine

Mitarbeiter begrüße, weiß Ich Mich eins in dem heiligen Willen, das Deutsche Reich aus der Not dieser Zeit zu einer ruhigen und friedlichen Entwicklung zurückzuführen. Ich hoffe, daß es uns, durch heiße Vaterlandsliebe und das Gefühl starker Verantwortung verbunden, gelingen wird, dem neuen Deutschland den Weg zu einer hellen und glücklichen Zukunft zu bahnen. Daran wollen wir alle unsere Kraft setzen, bereit, den Weg des Friedens zu gehen, bereit aber auch zu kämpfen bis auf den letzten Hauch und den letzten Hieb, wenn unsere Feinde es nicht anders wollen."

Als in der Kabinettssitzung des Nachmittags die Ansprache erörtert wurde, meinte Haußmann: „Wäre nur diese Rede vor drei Monaten gehalten worden!" Man überlegte, ob eine Veröffentlichung ratsam sei. Die Meinungen waren geteilt.

Ich war nicht dafür; wußte ich doch, wie bitter weh dem Kaiser die Schmälerung seiner Kronrechte tat, die ihm die Not des Landes abgetrotzt hatte, Und nun sollte er sich in der Öffentlichkeit zu dem neuen System und der Zusammenarbeit mit den neuen Männern bekennen. Das war gegen die Würde – aber schließlich war es seine Sache, ob er sich über diese Bedenken hinwegsetzen wollte; ich hätte dem Kaiser von Herzen die Freude an der guten Presse gegönnt, die seine Rede sicher finden würde. Ausschlaggebend war für mich der Vernunftgrund: je weniger vom Kaiser gesprochen wird, um so besser. Jetzt wollte ich keine Erörterung seiner Kundgebungen herbeiführen. Allen Warnungen aus dem Auslande zum Trotz, hielt ich es noch immer für möglich, Wilson werde die Abdankungsfrage nicht in unser Volk werfen. An dieser Hoffnung hielt ich fest, wohl aus dem dunklen Gefühl heraus: fordert Wilson die Thronentsagung, dann bricht das Kabinett, ja, dann bricht die Nation auseinander. Und ich glaubte, je mehr sich der Kaiser in der Öffentlichkeit effaciert, desto weniger geben wir den Feinden Anlaß, sich mit seiner Person zu beschäftigen.

Ich wurde auch nicht irre durch das folgende Telegramm Seiner Majestät:

„Neues Palais, 21. Oktober 1918.
An Reichskanzler
Berlin.

Da Ich höre, daß der Wunsch der empfangenen Herren dahin geht, er [der Text der Ansprache] möge veröffentlicht werden, so kann Ich das nur befürworten. Es ist für Dich und sie eine gute Einführung für morgen und für unser Volk ein Fingerzeig, daß Ich an der Spitze der neuen Regierung stehe, was vielem Geschwätz und Intrigieren auch gegen Mich persönlich sofort die Spitze abbrechen würde und Böswillige oder Laue an uns heranziehen wird.
  Wilhelm I. R."

Zum 22. Oktober war der Reichstag einberufen. Ich beabsichtigte, auf die versöhnende Kraft eines Rechtsfriedens hinzuweisen, zugleich aber Friedenshoffnungen herabzustimmen und auf die nationale Verteidigung vorzubereiten.

Außerdem hatte ich die verfassungsändernden Gesetzentwürfe anzukündigen, die wir vorbereitet hatten oder noch bearbeiteten:

Die Vorlage über die Stellung der Staatssekretäre, die dem Reichstag angehörten: Die Abänderung des Art. 21, dessen zweiter Absatz gestrichen wurde,[98] und eine neue Fassung des Stellvertretergesetzes.[99]

Eine Abänderung des Art. 11, welche die Kriegserklärung durch den Kaiser nicht wie bisher nur von der Zustimmung des Bundesrats, sondern auch von der des Reichstags abhängig machte.[100]

---

[98] Art. 21 Abs. 2: „Wenn ein Mitglied des Reichstags ein besoldetes Reichsamt oder in einem Bundesstaat ein besoldetes Staatsamt annimmt, oder im Reichs- oder Staatsdienst in ein Amt eintritt, mit welchem ein höherer Rang oder ein höheres Gehalt verbunden ist, so verliert es Sitz und Stimme in dem Reichstag und kann seine Stelle in demselben nur durch neue Wahl wiedererlangen."
2 Nach der neuen Fassung konnten alle Stellvertreter des Reichskanzlers (auch Staatssekretäre ohne Portefeuille) jederzeit im Reichstag das Wort ergreifen, auch wenn sie nicht Mitglieder des Bundesrats waren.
[99] Art. 11: „Zur Erklärung des Krieges im Namen des Reichs ist die Zustimmung des Bundesrats (Zusatz: und des Reichstags) erforderlich. Friedensverträge, sowie diejenigen Verträge mit fremden Staaten, welche sich auf Gegenstände der Reichsgesetzgebung beziehen, bedürfen der Zustimmung des Bundesrats (Zusatz: und des Reichstags)."

In unserer Vorlage stand noch die Einschränkung: „Es sei denn, daß ein Angriff auf das Bundesgebiet oder dessen Küste erfolgt"; aber wir hatten verabredet, daß die Parteien beantragen sollten, diesen Zusatz zu streichen. Dieses Zugeständnis sollte Wilson den Vorwand nehmen, seinem unorientierten Volke einzureden, der Kaiser könnte immer einen Überfall konstruieren und dadurch den Reichstag bei der Kriegserklärung ausschalten. Wir glaubten auf die Einschränkung verzichten zu können, weil im Ernstfall keine Verzögerung der notwendigen Abwehrmaßnahmen erfolgen würdet Das Wort Scheidemanns bei Beratung dieses Artikels: „Im Ernstfall wehrt sich das Volk seiner Haut," leuchtete mir ein.

Wir planten dann noch, die Rechte und Pflichten des Reichskanzlers anders als bisher in der Verfassung sicherzustellen: seine Verantwortung gegenüber dem Reichstag und Bundesrat festzulegen und auf alle politischen Handlungen des Kaisers auszudehnen; sodann die Ernennung der Offiziere der Marine von der Gegenzeichnung des Reichskanzlers, die Ernennung der Offiziere der Armee von der Gegenzeichnung des Kriegsministers des jeweiligen Kontingents abhängig zu machen. Die Kriegsminister selbst sollten dem Reichstag und dem Bundesrat für ihre Verwaltung verantwortlich sein.

Das Kabinett sah der Sitzung mit schweren Sorgen entgegen. Die unabhängigen, Elsässer und Polen hatten vor, der Welt zu verkünden, daß sie keine Furcht mehr vor der deutschen Macht hatten.

Die Unabhängigen wollten die Arbeiter gegen die nationale Verteidigung mobil machen.

Scheidemann war sehr beunruhigt, wie nach diesem Vorstoß die Regierungssozialisten vor den Massen dastehen würden. Er hatte erklärt, ohne die Begnadigung Liebknechts sei er dem Ansturm nicht gewachsen. Liebknecht stünde als der große Märtyrer da, der immer Frieden und Waffenstillstand gefordert hätte. Der Staatssekretär bestand auf seiner Meinung, daß Liebknecht im Gefängnis gefährlicher sei als draußen. Ich

---

[100] Die Erklärung des „Zustandes drohender Kriegsgefahr" bedürfte nicht der Zustimmung des Reichstags.

traute damals seinem Gefühl für die Stimmung der Arbeiter und hielt es für lebenswichtig, daß die Mehrheitssozialdemokraten ihre Macht in den Gewerkschaften behaupteten. Daher setzte ich am 21. Oktober die Begnadigung Liebknechts gegen den Widerstand des Vorsitzenden des Reichsmilitärgerichts und des Kriegsministers durch.

Die Elsässer wollten die Autonomie zurückstoßen.

Ohne unser Waffenstillstandsangebot wäre der Status als gleichberechtigter Bundesstaat noch Anfang Oktober willkommen geheißen worden. Aber unsere Ohnmachtserklärung, verbunden mit der vorbehaltlosen Annahme des 8. Wilsonschen Punktes richtete naturgemäß die Augen der Elsässer nach Frankreich, weniger sehnsüchtig als angstvoll. Manche altdeutschen Familien hatten sofort nach dem 5. Oktober ihren Grundbesitz verkauft und brachten sich und ihr Mobiliar nach Deutschland in Sicherheit. Kaufleute richteten ihre Worte und Handlungen so ein, daß sie auch später in Frankreich Geschäfte machen konnten. – Das Elsaß war Etappengebiet gewesen. Die Behörden mußten mißtrauisch gegen die Bevölkerung sein; so hatten die unvermeidlichen Kriegslasten sich im Laufe der Jahre zu unerträglichen Bedrückungen gesteigert. Jetzt wagte sich der Haß gegen die deutsche Militärverwaltung heraus und drängte die natürlichen wirtschaftlichen Rücksichten zurück, die nach Deutschland wiesen. Es war klar: die Majorität der Bevölkerung war nicht mehr für das Verbleiben bei Deutschland. Vor die alleinige Wahl gestellt, „zu Frankreich oder zu Deutschland", würde Elsaß-Lothringen sich in diesem Augenblick für Frankreich entscheiden. Aber die Parole „Selbstbestimmungsrecht der Völker" hatte den Drang nach Selbständigkeit auch im Reichsland erweckt und bot nun die einzige Hoffnung, eine Annexion durch Frankreich zu verhindern. Der neu ernannte Statthalter Schwander, ein treuer Elsässer und treuer Deutscher, gab sein wohlerwogenes Gutachten dahin ab, daß sich beim Plebiszit die meisten Stimmen für einen selbständigen neutralen Staat erklären würden, aus einer allgemeinen Sehnsucht heraus, nicht mehr der Zankapfel der beiden Nationen zu sein. Er riet uns, die Neutralitätsbestrebungen zu fördern: „Unter den Änderungen, die zu befürchten sind, stellt ihre Befriedigung das weitaus kleinere Übel dar, sowohl im Sinne der Ehre, wie auch der wirtschaftlichen

Interessen des Reiches, wie auch ganz besonders im Sinne der Erhaltung der völkischen Eigenart."[101]

Ich hatte seit dem ersten Tage des Angebots damit gerechnet, daß Elsaß-Lothringen für das Reich verloren war. Morgen würden die elsaß-lothringischen Abgeordneten es offen sagen – das war das Furchtbare.

Die Polen wollten ihren Anspruch auf Posen, Danzig und Oberschlesien öffentlich anmelden.

In diesen Tagen wurde die aktivistische Regierung in Warschau gestürzt, schon die zweite nach meinem Amtsantritt. Der erbitterte Deutschenhasser Glombinsky wurde Minister des Äußern, der in Deutschland noch gefangen gehaltene General Pilsudsky Kriegsminister; die Deutsch-Polen Korfanty und Seyda wurden zu kommissarischen Ministern für die von Deutschland zu erwerbenden Gebiete ernannt.

Es hat keinen Zweck, in diesem Zusammenhang von den Fehlern der deutschen Polenpolitik zu sprechen. Selbst wenn wir das Recht der Polnisch sprechenden Deutschen auf ein eigenes kulturelles Leben immer geachtet und das unselige Enteignungsgesetz nie eingebracht hätten, selbst wenn bei der Verwaltung des besetzten Polen bureaukratische Schikanen vermieden worden wären, so würde unsere Unterwerfung unter die dreizehnte Wilsonsche Bedingung die Schleusen des polnischen Nationalismus geöffnet haben; Gefühle der Loyalität und Dankbarkeit wären bedeutungslos geworden.

Um die polnische Begehrlichkeit zu zügeln, hatten wir nur ein Mittel in der Hand: die Zurückziehung unserer Truppen und Eisenbahnen aus den besetzten Gebieten, d. h. die Auslieferung des Landes an den Bolschewismus und den Hunger. Der preußische Minister Drews und sämtliche Präsidenten und Oberpräsidenten der bedrohten Ostmark wollten uns zu diesem verzweifelten Schritt drängen. Im preußischen Staatsministerium war es Hergt, der der „brutalen" Lösung widersprach. Auch ich hatte schwere Bedenken.[102] Überdies – wer hatte es in der Hand, den

---

[101] Bericht Schwanders vom 26. Oktober 1918, mir dem Inhalt nach schon früher mitgeteilt.
[102] Ich habe die planmäßige Infizierung feindlicher Länder mit revolutionären Giften immer aus Gründen der politischen Reinlichkeit als eine höchst

Siegeszug des Bolschewismus an unserer Landesgrenze zum Stehen zu bringen? Ausschlaggebend wurde das ablehnende Gutachten des Generalgouvernements: Herr v. Veseler hielt es für wahrscheinlich, daß die Flammen nach Deutschland überschlagen würden. Auch tauchte in diesen Wochen der Gedanke einer deutsch-polnischen Militärkonvention auf, der in der gemeinsamen östlichen Gefahr eine ernsthafte Grundlage hatte: der polnische Generalstab war mit einer bestimmten Anregung an uns herangetreten. Aber er war offenbar ohne Fühlung mit der öffentlichen Meinung, die von den Nationaldemokraten beherrscht wurde. Seit dem 5. Oktober lenkte die Entente die polnischen Parteien.

Bei dem Kongreß der slawischen Völker, der in Paris stattfand, waren nur die galizischen Polen eingeladen, die „Warschauer" waren ausgeschlossen zur Strafe für ihre Zusammenarbeit mit den Deutschen. Nun galt es, sich zu rehabilitieren: die Frechheit der polnischen Presse wuchs mit jeder neuen Note Wilsons.

Es stand zu erwarten, daß Korfanty und Seyda im Reichstag alles tun würden, um der Entente auch ihre Bündnisfähigkeit nachzuweisen.

Durch Schaden klug geworden, besprach ich meine Rede nicht im Kabinett. Ich setze sie hierher, wie ich sie am 22. Oktober gehalten habe:

„Meine Herren, seitdem ich zum ersten Male zu Ihnen sprach, sind in Verfolgung der Friedensaktion, die die Regierung bei ihrem Amtsantritt eingeleitet hat, weitere Schritte von beiden Seiten getan.

„Zunächst kam Präsident Wilsons Gegenfrage, Unsere unzweideutige bejahende Antwort hat zu einer erneuten Anfrage des Präsidenten geführt, Unsere Antwort hierauf ist gestern veröffentlicht worden.
„Meine Herren, das ganze deutsche Volk wartet darauf, zu hören, welche Aussichten die Regierung für das Gelingen des Friedenswerkes zu sehen glaubt. Sie werden verstehen, daß ich mich hierüber nur mit der größten Zurückhaltung äußern kann. Ich weiß, daß auch die Parteien den Wunsch haben, die Debatte möge sich eine dem Ernst der Stunde entsprechende Beschränkung auferlegen. Das deutsche Volk ist vom Präsidenten Wilson angeredet

---

bedenkliche Maßnahme angesehen und besonders den Transport Lenins im plombierten Wagen nach Rußland mißbilligt.

worden. Diese Tatsache gibt den Äußerungen der Vertreter aller Parteien erhöhtes Gewicht.

„Ich möchte daher heute über die internationale Lage nicht mehr als dieses Eine sagen:

„Die erste Antwort des Präsidenten auf den Friedensschritt der deutschen Regierung hat in allen Ländern den Kampf der Meinungen über die Frage: Rechtsfriede oder Gewaltfriede? auf den Höhepunkt geführt. Es handelt sich um den Gesinnungsstreit, der in jedem einzelnen Lande öffentlich ausgefochten wird, wie er auch in gleicher Lage bei uns ausgefochten werden müßte.

„Auf der einen Seite erheben diejenigen lauter denn je ihre Stimme, die sich einbilden, der Augenblick sei nahe, in dem sie all die angesammelten Leidenschaften des Hasses und der Rachsucht auf dem Boden unserer deutschen Heimat befriedigen können; auf der anderen sind sich die aufrichtigen Anhänger des Völkerbundes vollständig klar darüber, daß der Grundgedanke des neuen Glaubens heute seine entscheidende Probe besteht. Dieser Grundgedanke lautet: Ehe irgendeine einzelne Macht oder Mächtegruppe es unternimmt, das Zwangsmittel der Gewalt zur Durchsetzung des von ihr vertretenen Rechts gegen eine andere Nation anzuwenden, muß mit aller Gründlichkeit und Ehrlichkeit der Versuch gemacht werden, auf dem Wege freiwilliger Übereinkunft den Frieden zu erhalten oder – auf die gegenwärtige internationale Lage angewandt – ihn zu erreichen.

„Dieser Kampf der Meinungen ist noch unentschieden. Wir können die seelischen Gewalten nennen, die gegeneinander stehen, aber nicht ihr Kräfteverhältnis abschätzen.

„Die letzte Note des Präsidenten Wilson hat dem deutschen Volke keine Klarheit darüber gebracht, wie der öffentliche Meinungsstreit ausgehen wird. Vielleicht wird die neue Antwort des Präsidenten die endgültige Gewißheit bringen.

„Bis dahin, meine Herren, müssen wir uns in allen unseren Gedanken und in allen unseren Handlungen auf die beiden Möglichkeiten rüsten:

„Erstens darauf, daß die feindlichen Regierungen den Krieg wollen, und daß uns keine andere Wahl bleibt, als uns zur Wehr zu setzen mit der ganzen Kraft eines Volkes, das man zum Äußersten treibt. Wenn diese Notwendigkeit eintritt, so habe ich keinen Zweifel, daß die deutsche Regierung im Namen des deutschen Volkes zur nationalen Verteidigung aufrufen darf, wie sie im Namen des deutschen Volkes sprechen durfte, als sie für den Frieden handelnd eingriff.

„Wer sich ehrlich auf den Boden des Rechtsfriedens gestellt hat, der hat zugleich die Pflicht übernommen, sich nicht kampflos einem Gewaltfrieden zu beugen. Eine Regierung, die hierfür kein Empfinden hat, wäre der Verachtung des kämpfenden und arbeitenden Volkes preisgegeben. Sie würde vom Zorn der öffentlichen Meinung weggefegt.

„Aber, meine Herren, auch die zweite Möglichkeit müssen wir schon heute in ihrer ganzen Tragweite ins Auge fassen. Das deutsche Volk darf nicht blind an den Verhandlungstisch geführt werden. Die Nation hat heute ein Recht, die Frage zu stellen: wenn nun ein Friede auf der Basis der Wilsonschen Bedingungen zustande kommt, was bedeutet das für unser Leben und für unsere Zukunft? Erst unsere Antwort auf die Fragen des Präsidenten hat, nach dem Widerhall der öffentlichen Meinung zu schließen, dem deutschen Volke zum Bewußtsein gebracht, um was es sich handelt. Jetzt will es Klarheit haben.

„Ja, meine Herren, es ist ein Entschluß von gewaltiger Tragweite für unsere Machtstellung. Es soll nicht mehr gelten, was wir selbst für recht halten, sondern was in freier Aussprache mit unseren Gegnern als Recht erkannt wird. Eine schwere Überwindung für ein stolzes und siegegewohntes Volk! Denn die Rechtsfrage macht nicht halt vor unseren Landesgrenzen, die wir der Gewalt niemals freiwillig öffnen würden: die Sätze, die wir als für uns maßgebend angenommen haben, berühren auch Probleme innerhalb des Reichsgebiets.

„Meine Herren, mir ist von vielen Seiten entgegengehalten worden, daß die Annahme der Wilsonschen Bedingungen die Unterwerfung unter ein Deutschland feindliches Tribunal bedeuten würde, das die Rechtsfrage ausschließlich unter dem Gesichtspunkt eigener Interessen entscheiden würde. Wenn dem so wäre, warum scheuen denn dann gerade die extremen Machtpolitiker in der Entente das Verhandlungszimmer wie der Schuldige das Gericht? Der Kernpunkt des ganzen Wilsonschen Programms ist der Völkerbund. Er kann gar nicht zustande kommen, wenn nicht sämtliche Völker zur nationalen Selbstüberwindung sich aufraffen. Die Realisierung der Rechtsgemeinschaft verlangt das Aufgeben eines Teils der unbedingten Selbständigkeit, die bisher das Zeichen der Staatshoheit war, von uns wie von den anderen.

„Für unsere ganze Zukunft wird es von entscheidender Bedeutung sein, in welchem Geist wir dieser notwendigen Entwicklung folgen. Verharren wir innerlich auf der Basis des nationalen Egoismus, der bis vor kurzer Zeit die herrschende Kraft im Leben der Völker war, dann, meine Herren, gibt es für uns keine Wiederaufrichtung und Erneuerung. Dann bleibt ein Gefühl der Bitterkeit, das uns für Generationen lahmlegen würde. Aber wenn wir eingesehen haben, daß der Sinn dieses furchtbaren Krieges vor allem der Sieg der Rechtsidee ist, und wenn wir uns dieser Idee nicht widerstrebend unterwerfen, nicht mit inneren Vorbehalten, sondern mit aller Freiwilligkeit, so finden wir darin ein Heilmittel für die Wunden der Gegenwart und eine Aufgabe für die Kräfte der Zukunft. An dieser Aufgabe wird das deutsche Volk mit allem sachlichen Ernst und aller Gewissenhaftigkeit mitarbeiten, die unser Erbteil sind.

„Meine Herren, wir brauchen bloß auf die Zeit vor zwei Generationen zurückzugreifen, um alle notwendigen moralischen Triebfedern für die neue Entwicklung vorzufinden. Sind aber einmal diese Menschheitsziele unser, so wird uns die Zusammenarbeit der Nationen zu der großen befreienden Aufgabe. Ich möchte hier meine Worte zitieren dürfen, die ich am 15. Februar sagte:

„Der bloße Daseinskampf, wenn er allein steht, läßt große menschliche Kraftquellen unerschlossen. Wir müssen das Glück und das Recht anderer

Völker in unseren nationalen Willen aufnehmen."

„Wenn ich heute in dieser schweren Stunde unserem Volke die Völkerbundsgedanken als eine Quelle des Trostes und neuer Kraft vor Augen stelle, so will ich keinen Augenblick darüber hinwegtäuschen, welche gewaltigen Widerstände noch zu überwinden sind, ehe der Gedanke Wirklichkeit werden kann. Kein Mensch kann sagen, ob das rasch oder langsam geschehen wird.

„Mögen uns die nächsten Tage oder Wochen zu weiterem Kampfe aufrufen oder mag sich der Weg zum Frieden öffnen: darüber kann kein Zweifel sein, daß wir den Aufgaben des Krieges oder des Friedens nur gewachsen sein werden durch die Durchführung des Regierungsprogramms und die entschiedene Abkehr vom alten System.

„Damit aber, meine Herren, bin ich zu den Fragen der inneren Politik gekommen, über die ich der deutschen Volksvertretung Rechenschaft schuldig bin. Meine Herren, ich habe Ihnen schon am 5. Oktober die allgemeinen Grundsätze dargelegt, nach denen ich mein Amt als Kanzler zu führen gedachte, und mich dabei mit dem Programm der Mehrheitsparteien auseinandergesetzt, deren Vertrauen meinen Eintritt in dies Amt gestattete. Durch diese Grundsätze geleitet, habe ich mit meinen Mitarbeitern die Schritte getan, die im Innern Deutschlands freiheitliche Zustände herbeiführen sollen und über die ich nun zu berichten habe.

„Die Reform des Wahlrechts in Preußen ist durch ein dankenswertes Entgegenkommen der Parteien auf die Vorschläge der Regierung so weit gefördert worden, daß die Einführung des allgemeinen, gleichen, direkten und geheimen Wahlrechts dort gesichert ist.

„Dem Reichstag liegen zwei Gesetzentwürfe vor, die unsere neue Regierungsweise von den verfassungsmäßigen Schranken befreien sollen, die ihr noch im Wege stehen.

„Der erste Entwurf will für die Mitglieder dieses hohen Hauses die Möglichkeit schaffen, in die Reichsleitung einzutreten, ohne ihr Reichstagsmandat zu verlieren. Das ist unerläßlich, wenn die Verbindung zwischen dem Parlament und den obersten Reichsbehörden so fest bleiben soll, wie die gemeinsame Arbeit und das gegenseitige Vertrauen es erfordern.

„Der Entwurf schlägt ferner eine Änderung des Gesetzes über die Stellvertretung des Reichskanzlers vor. Bisher konnten nur die Leiter der obersten Reichsbehörden Stellvertreter des Reichskanzlers werden, in Zukunft sollen sich Reichstagsabgeordnete an der Leitung der Reichspolitik beteiligen und namens des Reichskanzlers Rede stehen können, ohne zugleich ein Ressort übernommen zu haben. Damit ist ein neuer Weg geöffnet, um zur verantwortlichen Leitung der Reichsgeschäfte zu gelangen: der parlamentarische Weg. Wir sind überzeugt, daß er sich als ein Zubringer wertvoller, bisher brachliegender Volkskräfte nicht nur für die Regierung, sondern mittelbar auch für das Parlament erweisen wird. Der Aufstieg der geborenen Führer aus anderen freien Berufen wird dadurch nicht versperrt.

„Im Zusammenhang hiermit stehen die Vorarbeiten für den rechtlichen Ausbau der politischen Verantwortlichkeit des Reichskanzlers, die durch die Einsetzung eines Staatsgerichtshofes zu sichern wäre. Man könnte zwar bezweifeln, ob es zur Bekräftigung der Verantwortlichkeit des Reichskanzlers noch eines Staatsgerichtshofes bedarf, da kein Kanzler oder Staatssekretär im Amt bleiben kann, wenn er das Vertrauen der Mehrheit dieses Hauses verloren hat. Ich halte es aber doch für nützlich, wenn die politische Neugestaltung der deutschen Regierungsform auch durch eine solche neue Einrichtung des öffentlichen Rechts bekräftigt und verbürgt wird, und ich hoffe deshalb, dem Reichstag das Ergebnis der Vorarbeiten bald vorlegen zu können.

„Das neue System der Reichsregierung hat eine neue Regierungsweise in den Reichslanden zur natürlichen Folge gehabt. Die Statthalterschaft Elsaß-Lothringens hat ein Elsässer übernommen, ein Elsässer ist sein Staatssekretär geworden. In die Landesregierung sollen weitere führende Männer aus der Zweiten Kammer des Landtags eintreten. Ich nehme an, daß der neue Herr Statthalter mit den Parteiführern ein Programm für seine Regierung aufstellen und es öffentlich darlegen wird.

„Meine Herren, der zweite Entwurf, der die Änderung des Artikels 11 der Reichsverfassung bezweckt, enthält die zwingende Festlegung für den Grundgedanken der neuen Regierungsart. Er will, daß der Reichstag als die berufene Volksvertretung bei der Entscheidung über die wichtigsten Lebensfragen der ganzen Nation, bei den Fragen von Krieg und Frieden ein volles Mitbestimmungsrecht hat. Darin liegt eine Gewähr für die friedliche Weiterentwicklung des Reichs und seiner Beziehungen zu den anderen Mächten. Die Bürgschaft könnte verstärkt werden, wenn auch die Bündnisverträge der neuen Bestimmung unterworfen würden. Auch zu einer solchen Erweiterung der Volksrechte wird die Reichsregierung gerne die Hand bieten, wenn der Völkerbund praktische Gestalt gewinnt. Solange darüber noch kein Weltrecht besteht, würde Deutschland durch eine einseitige innere Bindung in Nachteil geraten; hat aber der Völkerbund alle geheimen Sonderbündnisse und vertraulichen Abreden beseitigt, so wird der Artikel 11 auch in dieser Richtung ausgebaut werden können.

„Der Kriegszustand hat in allen Ländern drückende Einschränkungen der staatsbürgerlichen Freiheit zur Folge gehabt. Ihre volle Wiederherstellung wird uns der Friede bringen. Die außerordentlichen Vollmachten der Kriegszeit sind noch nicht entbehrlich; sie können aber jetzt nur noch im Einverständnis mit dem Reichskanzler ausgeübt werden, der für die Ausführung dem Reichstag verantwortlich ist. Unbillige Härten sollen dadurch vermieden werden.

„Die Anordnungen Seiner Majestät des Kaisers, die ich am 5. Oktober angekündigt habe, sind inzwischen ergangen und umfassen nicht allein die Maßnahmen auf dem Gebiete der Zensur, des Vereins- und Versammlungswesens und der Beschränkung der persönlichen Freiheit, sondern sie erstrecken sich auf die gesamte Tätigkeit der vollziehenden Gewalt auch im Arbeitsgebiet der

Wirtschafts- und Sozialpolitik. Einigen sich hier die lokalen Militärbefehlshaber nicht mit den Verwaltungsbehörden, so ist unverzüglich die Entscheidung des Obermilitärbefehlshabers einzuholen, und dieser kann keine Entscheidung oder Anordnung treffen, der ich nicht selbst oder durch meinen Vertreter zugestimmt habe. Mein Vertreter ist der Staatssekretär Gröber. Da der Oberbefehlshaber außerdem die Befugnis erlangt hat, mit meiner Zustimmung allgemeine Grundsätze festzulegen, so ist dafür gesorgt, daß der Belagerungszustand in dem Geist gehandhabt wird, in dem ich die Leitung der Reichsgeschäfte übernommen habe und sie durchzuführen entschlossen bin.

„Auf meinem Programm vom 5. Oktober stand auch die Begnadigung der Personen, die wegen politischer Verbrechen oder Vergehen, besonders im Zusammenhang mit Arbeitseinstellung, Straßenkundgebungen oder ähnlichen Vorfällen verurteilt sind. Eine weitgehende Amnestie dieser Art ist beim Kaiser und sämtlichen Bundesregierungen angeregt und in Ausführung. Schon haben Verurteilte in großer Zahl ihre Freiheit wiedergewonnen. Manchen von ihnen hat die Regierung die Gnade erst nach Überwindung ernster vaterländischer Sorgen vermittelt. Die Überzeugung von der Heilkraft einer Politik des Vertrauens hat den Ausschlag gegeben.

„Allen Schritten auf der neuen Bahn, die ich Ihnen hier aufzählen durfte, haben alle verfassungsmäßigen Instanzen einmütig zugestimmt; sie haben sich damit auf den Boden der von mir und meinen Mitarbeitern vertretenen Regierungsart gestellt. Wenn auch Sie, meine Herren, woran ich nicht zweifele, den Vorlagen beipflichten, die auf der Tagesordnung stehen, wird die Volksregierung fest in den Reichsgesetzen verankert sein.

„Ich weiß, meine Herren, der Rückblick auf die innerpolitische Ernte der denkwürdigen drei Oktoberwochen löst sehr verschiedene Stimmungen in Ihnen aus. Dem einen wird er als die Schilderung eines unbesonnenen Laufs auf der schiefen Ebene erscheinen, die zum Umsturz der bestehenden Ordnung führt, dem anderen als ein unsicheres, zögerndes Tasten nach der neuen Staatsform. Beide Stimmungen mögen ihren Ausdruck finden; das ist das Recht und die Aufgabe der Opposition, die wir gerade für die Unabhängigkeit des Parlaments brauchen. Wer frei von der Verantwortung ist, der ist frei in der Kritik. Beiden gegenüber stelle ich für die Regierung der Reichstagsmehrheit fest, daß meine Kollegen und ich sowohl im Ziel als in der Art, in der wir ihm nachstreben, völlig einig sind. Das Ziel ist die politische Mündigkeit des deutschen Volkes. Mir und meinen Mitarbeitern steht es vor Augen unverrückt als Leitstern. Die einzelnen Mitglieder der Regierung gingen ursprünglich von verschiedenen Ausgangspunkten aus; sie verfolgen aber das gemeinsame Ziel mit derselben Treue, und deshalb haben ihre Wege immer näher zueinander geführt.

„Das deutsche Volk sitzt seit langem im Sattel, nun soll es reiten. Unser Volk hatte schon längst eine Reihe von Rechten, um die es mancher politisch reife Nachbar beneidete. Die deutsche kommunale Selbstverwaltung war in mehr als einer Hinsicht mustergültig. Das Reichstagswahlrecht war lange Zeit das freieste Wahlrecht der Welt, und der Reichstag, der so frei gewählt war, hatte stets das starke politische Machtmittel der Budgetbewilligung. Aber das deutsche Volk machte in den entscheidenden Punkten von seiner Macht keinen Gebrauch.

„Wem eine Meistergeige geschenkt wird, der ist deshalb noch kein Meister des Geigenspiels; er muß gewillt sein, seine Fähigkeiten daran zu üben. Das deutsche Volk hatte sein Instrument nicht mit voller Kraft zu spielen unternommen, weil es die tüchtigen eingesetzten Gewalten gern gewähren ließ. Seine Hauptkraft wirkte sich aus in großen Einzelleistungen außerhalb der Politik. Nicht die Willkür der eingesetzten Gewalten, sondern der Mangel an politischem Machtwillen im Volk erhielt Deutschland so lange als Obrigkeitsstaat. Seit dem Juli 1917 reifte der Entschluß zur politischen Verantwortung – jetzt, Ende September, ist er zum Durchbruch gekommen, und dadurch ist alles neu geworden. Und, meine Herren, darin liegt die Gewähr für den Bestand und den Ausbau des neuen Systems. Es kam durch eine entscheidende Wendung in der Charakterentwicklung des deutschen Volks, die nach allen Leistungen dieses Krieges, allen Taten und Opfern unausbleiblich geworden war. Darin liegt eine bessere reale Garantie als in irgendwelchen Gesetzesparagraphen; darin sehe ich die Wurzeln der Kraft der neuen Regierung. Hieraus ergibt sich für mich eine sichere Marschroute für alle unsere Maßnahmen: wir dürfen nicht um des Auslands willen, auch nicht, um der Not des Augenblicks Herr zu werden, zu Regierungsformen greifen, hinter denen nicht unsere innere Überzeugung steht und die nicht ein Ausdruck unserer Eigenart und Geschichte sind.

„Sonst handelten wir unaufrichtig und nähmen dadurch dem neuen System, das jetzt seine erste Probe besteht, den Stempel der Unwiderruflich keit, den wir nicht entbehren können.

„Der gewaltige Ruf, den Fichte in schwerer Zeit an die Deutschen richtete, ergeht auch an uns: Erhaltet euch als Volk für die Aufgaben in der Welt, die nur ihr lösen könnt, wie jedes Volk eine Aufgabe hat, die ihm vor anderen gestellt ist. Es liegen noch Schätze in der Tiefe unseres Volkes, die nur die neue Freiheit heben kann. Die Stunden im Leben der deutschen Nation, die sie niederzuschlagen schienen, sind noch immer die Geburtsstunden einer neuen geistigen Kraft gewesen.

„Aber um unsere Eigenart ruhig zu entwickeln, müssen wir unser Hausrecht wahren können. An unseren Toren steht der Feind. Unser erster und letzter Gedanke gehört den Tapferen, die sie gegen die Übermacht verteidigen und die wir gegen ungerechte Anklagen verteidigen müssen. Man soll nicht glauben, daß man unser Heer beleidigen kann, ohne unser Volk an der Ehre zu treffen. Schlimme Einzeltaten und Maßnahmen hat es in jeder Armee gegeben, aber der Grundwille des Volksheeres lehnt sie ab. Als die Worte gesprochen wurden, daß der Geist des Roten Kreuzes geradesogut zu einem rechten Heer gehört wie der Offensivgeist, kam überwältigende Zustimmung gerade aus Kreisen der Armee, und es kam die Bestätigung von christlichen Soldaten aus Feindesland, die gegen Deutsche gekämpft haben.

„Meine Herren, unsere Soldaten haben es heute furchtbar schwer. Sie kämpfen mit Sorgen um die Heimat, sie kämpfen mit dem Gedanken an den Frieden und halten stand. Wir danken ihnen, wir vertrauen ihnen, wir rufen ihnen zu: Die Heimat läßt euch nicht im Stich! Was ihr braucht und was sie hergeben kann an Menschen, an Mitteln und Mut, das soll euch werden."

Die Vertreter der Majorität kamen zuerst zu Wort; sie sekundierten wie erwartet. Nur legte Ebert Wert darauf, keinerlei Zufriedenheit mit der bisher geleisteten Reformarbeit zu zeigen, offenbar bestrebt, vor den Massen als der vorwärtsdrängende Arbeiterführer dazustehen. Er forderte die Begnadigung der 1917 wegen Meuterei bestraften Matrosen, protestierte gegen die harten Urteile, die in Finnland und Litauen gegen Sozialdemokraten gefällt würden, und warnte die Alldeutschen, die gegen die Regierung hetzten, vor einem Volksgericht. Wohl schlug er den nationalen Ton an, der ihm natürlich war, und bekannte sich erneut zur Landesverteidigung „heute wie am 4. August 1914", aber er schloß seine Rede mit Worten, die der ungestümen Friedenssehnsucht des Volkes bedenklich entgegenkamen:

„Geht es nach unserem Willen, dann soll es nicht zum Verzweiflungskampf kommen ... Die erste deutsche Reichsleitung, in der Sozialdemokraten sitzen, soll eine Friedensregierung sein.
„ ... Was auch kommen mag, wir bleiben stehen in derMitte Europas als ein zahlreiches, tüchtiges, ehrliebendes Volk ... " Wenn die Feinde uns „als Auswurf der Menschheit und als ihre Schuldknechte behandeln, so rufen wir ihnen zu: Nehmt euch in acht, jede Knechtschaft hat einmal ein Ende ... Wir glauben an die Menschheit. Erleben wir eine Enttäuschung, so werden wir nicht verzagen, denn wir glauben an unser Volk. Zu ihm wollen wir dann in Treue stehen, bis auch ihm die Freiheitsstunde schlägt."

Das war ein gefährlicher Trost, den heute in Bereitschaft zu halten die letzte Entschlossenheit lahmen mußte.

Stresemann trat entschieden auf die Seite der Regierung und legte besonderes Gewicht auf die Zusammenarbeit mit den Sozialdemokraten:

„Hätte ein Bismarck jemals eine große, mächtige Arbeiterpartei zur Verfügung gehabt, die gewillt gewesen wäre, in die Regierung einzutreten und staatliche Verantwortung auf sich zu nehmen, er wäre der erste gewesen, der sich dieser Kräfte für seine Ziele mitbedient hätte ... Wir sind und bleiben Monarchisten, deshalb sind wir überzeugt, daß wir die Monarchie am besten schützen, wenn wir an dieser Neuordnung der Verhältnisse jetzt kräftig mitarbeiten."

Nach Stresemann sprach Westarp mit der Zurückhaltung, die ihm seine bisherige Kriegspolitik auferlegte. Er griff das parlamentarische System an, versprach aber, sich hinter die Regierung zu stellen, sowie sie das Volk zur nationalen Verteidigung aufrief. Bedeutsam war sein Eingeständnis, daß heute die Stimme der Konservativen Partei nicht weit genug trug „vermöge mancher Verhetzung" und „der bisherigen politischen Entwicklung". Einmal entgleiste er. Er konnte es nicht lassen und mußte das Waffenstillstandsangebot als die erste Tat der Mehrheitsregierung bezeichnen, obgleich er den wahren Zusammenhang in allen Einzelheiten kannte.

An diesem Abend erkrankte ich an Grippe; Simons, Wahnschaffe und Haeften hielten mich während der nächsten Tage auf dem laufenden über den Fortgang der Aussprache.

Am 23. Oktober kamen die Feinde des Reiches zu Wort. Wie verabredet, einer nach dem anderen, marschierten sie auf und kündigten Deutschland den Gehorsam. „Wir wollen und können offen sprechen", mit diesen und ähnlichen Worten leiteten sie ihre Absage ein.

Der Eindruck soll furchtbar gewesen sein. „Finis Germaniae", so berichtete mir ein Zeuge. Einer meiner Mitarbeiter sprach von dem Chor der Schakale: „Alt-Deutschland, wir weben dein Leichentuch, wir weben hinein den dreifachen Fluch." Haases Rede kam zuerst, sie war erfüllt von Schadenfreude über die deutsche Niederlage, an der nichts mehr zu ändern wäre.

„Jedes weitere Blutvergießen ist jetzt selbst von militärischen Gesichtspunkten aus völlig unnütz, völlig sinnlos." Höhnend fragte er: Ringsherum tun sich Republiken auf, „die Kronen rollen auf das Pflaster ... und da soll Deutschland allein, umgeben von Republiken, noch einen Kronenträger haben oder Träger vieler Kronen und Krönlein".

Dann kam der Pole Stychel. Er führte sich mit den Worten ein:

„Wir treten aus der Reserve heraus", und feierte Wilson als den Wohltäter der Menschheit, nannte seine Grundsätze von Gott gegeben. Schon jetzt wollte der Pole einer Volksabstimmung in den Ostmarken vorbeugen, man müßte die Toten mitstimmen lassen. Polen habe sich trotz seiner Aufteilung in drei Reiche stets als ein einheitlicher Organismus gefühlt. Die Politik der preußischen Staatsräson räche sich jetzt an ihren Urhebern.

Ricklin erklärte es für seine „Gewissenspflicht, dem deutschen Volk die Wahrheit zu sagen".

Die elsaß-lothringische Frage sei in ein Stadium getreten, in dem die Gewährung der Autonomie keine wesentliche Einwirkung auf die Stimmung der Bevölkerung mehr ausüben könne. „Das von unseren Wählern empfangene Mandat, dem Lande die bundesstaatliche Autonomie zu erlangen ist überholt."

Er schloß:

„Wenn dieser Schritt ... früher erfolgt wäre, so wäre er nicht nur imstande gewesen, bei uns viel Unheil zu verhüten ... , sondern auch geeignet, das gräßliche Unglück, welches durch den Krieg über die Welt hereingebrochen ist, mit zu verhindern."

Aus diesen Worten klang ein trauriges „Zu spät". Der Elsässer triumphierte nicht, er fürchtete die künftigen Herren Elsaß-Lothringens – und mit Recht.

Zum Schluß gab der Däne Hanssen den Eselstritt:

„Der Ernst der Stunde fordert eine klare und offene Sprache."

Er forderte:

„Als Vertreter der dänischen Bevölkerung Nordschleswigs im Namen des Rechts und der Gerechtigkeit die Durchführung des § 5 im Friedensvertrag von

Prag[103] und damit bei dem bevorstehenden Friedensschluß die endgültige Lösung der nordschleswigschen Frage auf Grund des Selbstbestimmungsrechts der Völker."

Es fehlte nicht an empörter Abwehr vom Regierungstisch und aus dem Parlament heraus, aber die Polen und Unabhängigen ließen sich nicht einschüchtern.

Am nächsten Tage (24. Oktober) sprach zuerst Solf, würdig und geschickt. Er protestierte nicht nur als Deutscher gegen die Vergewaltigung seiner Volksgenossen, sondern wies den Polen nach, daß ihre Ansprüche in schreiendem Widerspruch zu den Grundsätzen des Präsidenten Wilson stünden. Als er daran erinnerte, was in diesem Kriege das deutsche Heer und das deutsche Volk an Gut und Blut geopfert habe, bis es überhaupt möglich wurde, auf die Plattform zu treten, auf der die Freiheit von Polen jetzt geschaffen werden solle, da fand er stürmische Zustimmung, aber Korfanty schrie in den Beifall hinein: „Geraubt, geplündert haben sie." Es kam zu erregten Szenen unter den Abgeordneten. Der Zwischenruf auf der Rechten: „Heraus mit dem Hund", entsprach der Stimmung der Tribünen.

Dann stellte sich der Kriegsminister Scheüch dem Reichstag vor. In seiner ruhigen und unbeirrbaren Art versuchte er der verzweifelten Stimmung zu steuern, die die eigentliche Kraftquelle der Unabhängigen war:

„Meine Herren, nachdem Seine Majestät der Kaiser und König mich zum Kriegsminister ernannt hat, habe ich in dieser Eigenschaft heute zum ersten Male die Ehre, vor diesem Hohen Hause zu sprechen. Es sind tief ernste Tage, es sind schwere Tage, in denen das geschieht, für einen Kriegsminister besonders schwer. Es sind aber nicht verzweifelte Tage, und daß es nicht verzweifelte Tage werden, das liegt bei uns, in unserem Heer, in unserem Volk (lebhafte Zustimmung rechts), in unserer ganzen Wirtschaft, und das sage ich, entgegen dem, was der Herr Abgeordnete Haase gestern behauptet, und in voller Übereinstimmung mit dem, was der Herr Abgeordnete Westarp sagte: In unserem Heer, in unserem Volk, in unserer Wirtschaft sind die Kräfte voll vorhanden, geeignet uns zum nachhaltigen Widerstand zu befähigen. (Lebhafter Beifall rechts und links. – Lachen bei den Unabhängigen Sozialdemokraten.) Dieses Lachen wird die Kräfte nicht im mindesten mindern (stürmischer Beifall rechts); es wird aber dazu beitragen, diese Kräfte zu steigern. (Erneuter lebhafter Beifall rechts, im

---

[103] Vom 23. August 1866.

Zentrum und links. – Zuruf von den Unabhängigen Sozialdemokraten. Glocke des Präsidenten.)

Präsident: Herr Abgeordneter Haase, Sie haben gestern ein und eine halbe Stunde lang reden dürfen, lassen Sie jetzt den Herrn Kriegsminister ausreden.

Scheüch: Meine Herren, diese Kräfte dauernd zu beleben, sie zu stärken und sie unserer Kampffront zuzuführen, das wird die vornehmste Aufgabe für mich in meinem Amte sein. (Bravo!! rechts und links.) Und in dieserAufgabe bitte ich um das Vertrauen für das mir unterstellte Kriegsministerium, für die mir unterstellten Verwaltungszweige. Wir werden dieser Aufgabe mit Zuversicht entgegensehen. Dieses Vertrauen aber von Ihnen brauchen wir gerade jetzt.

„Wenn Kritik geübt werden soll, so werden wir sie gern entgegennehmen. Man kann daraus lernen. Sie geschehe aber, wenn sie sich nach außen richtet, mit dem Maße, welches meiner Auffassung nach am Platze ist gegenüber den Leistungen unserer Heerführer und gegenüber der hohen Verantwortung unserer Kommandostellen daheim. Meine Herren, wenn Kritik geübt wird, so richte sie sich gegen mich, wenn Kritik geübt wird, ziehen Sie gegen mich los. Ich werde Rede und Antwort stehen, wie ich das auch als Chef des Kriegsamts getan habe. Wenn die Kritik sich nach außen richtet, dann mag sie in einer Form geschehen, die nicht draußen Verbitterung und gerade in diesen schweren Zeitläuften schwere Verbitterung hervorrufen muß; das wird auch nicht dazu beitragen, die Auffassungen hier im Hause mit den Auffassungen der Stellen, die dazu berufen sind, draußen ihres Amtes zu walten, einander näher zu bringen, wenn, wie es leider vorgestern geschehen ist und wie ich mich aus einem Stenogramm überzeugen mußte, der Führer einer großen Partei die kommandierenden Generale mit tobsüchtigen Menschen verglichen hat ... "

Die Regierungssozialisten hatten sich während der Rede des Kriegsministers an der Unruhe beteiligt, die auf der Linken entstanden war.

Nach dem General Scheüch sprach der Unabhängige Ledebour; er spielte das pessimistische Gutachten der Obersten Heeresleitung vom 2. Oktober gegen den Kriegsminister aus und riet ihm, sich an die Front zu begeben, wo offenbar die militärischen Kapazitäten eine Seltenheit wären.

Auch Noske war voller Kritik. In seiner langen und widerspruchvollen Rede schlug er sich zwar wacker mit Polen und Unabhängigen herum, aber wie Ebert war er besorgt über die Stimmung der Massen und hatte offenbar Auftrag, seine Partei vor dem Vorwurf zu schützen, sie sei regierungsfromm geworden. Ohne jeden Grund griff er den Kriegsminister an, konstruierte einen Gegensatz zwischen ihm und dem Kabinett;[104] seine Polemik gegen das alte System war frei von Schadenfreude, aber nicht von Rechthaberei, die in diesem Augenblick auch sprengend wirkte. Es hatte keinen Zweck, jetzt von den Sünden unserer Polenpolitik zu sprechen oder dem Kriegsminister v. Stein und Herrn v. Capelle harte Worte nachzurufen, weil die Tankwaffe vernachlässigt und kein amerikanischer Truppentransport versenkt worden wäre. Allerdings war sein Protest gegen den Kultus der „Sachverständigkeit" wertvoll und sein Hinweis auf die wunderbaren Leistungen, die Zivilisten in England bei der Organisation des Heeres vollbracht hätten. Verletzend wirkte der Angriff gegen die Anhänger des alten Systems, die noch in ihren Ämtern waren. Immer wieder aber brach das Nationalgefühl des Mannes durch; wenn er den Polen sagte: nach ihren Argumenten müßte Amerika den Indianern gehören; wenn er gegen den drohenden Raub unserer Kolonien protestierte oder dem Abgeordneten Haase vorwarf, er hätte Öl in das brennende Haus geschüttet: „Meine Fraktion will, daß dem deutschen Proletarier das Dach über dem Kopf erhalten bleibt."

Bei einer Bemerkung aber fuhr das Haus zusammen; kein Mensch hätte sie aus dem Munde eines Regierungssozialisten erwartet. Noske erwähnte die konservative Forderung nach einer starken Monarchie und fügte die Worte hinzu:

Das ändere nichts an der im Lande herrschenden Stimmung, daß „lediglich eine einzige große Geste des Trägers der Kaiserkrone" den Druck von Millionen nehmen könnte.

---

[104] Der Kriegsminister wies diesen Vorwurf in einer Replik folgendermaßen zurück: „Ich habe hier das unkorrigierte Stenogramm meiner Rede vor mir. Am Schluß habe ich folgendes gesagt: ‚Sie können immer helfen im Sinne der Schlußworte des Herrn Reichskanzlers von vorgestern, daß wir dem Heere alles das zuführen, was das Heer jetzt braucht. Denn für uns handelt es sich jetzt unter Umständen darum, dem Vernichtungswillen unserer Feinde den deutschen Kampfeswillen entgegenzustellen.' Da möchte ich doch wissen, wo ein Widerspruch zwischen dem, was der Herr Reichskanzler gesagt hat, und dem, was ich gesagt habe, zu finden ist. Wir gehen einer Neuordnung der Verhältnisse entgegen, und ich würde es für einen schweren Fehler halten, wenn ich den Versuch, neue Wirrnisse hervorzurufen, nicht vereitelte."

In den Wandelgängen des Reichstags zirkulierte gleichzeitig – noch ehe der offizielle Text dem Auswärtigen Amt vorlag – die neue Note Wilsons: sie gab den Worten Noskes einen unheimlichen Hintergrund.

Achtes Kapitel

Wilsons dritte Note. Die Entlassung Ludendorffs

Staatsdepartement, 23. Oktober 1918.[105]
Mein Herr! Unter Berücksichtigung der von Ihnen übermittelten Note der deutschen Regierung vom 20. Oktober beehre ich mich, Sie zu benachrichtigen, daß der Herr Präsident mich beauftragt hat, folgendes darauf zu antworten:

„Nachdem der Präsident der Vereinigten Staaten die feierliche und deutliche Erklärung der deutschen Regierung erhalten hat, daß sie rückhaltlos die Vorbedingungen für den Frieden, welche er in seiner Botschaft vom 8. Januar 1918 an den Kongreß der Vereinigten Staaten niedergelegt hat, sowie die Grundsätze einer Friedensregelung, welche in seinen folgenden Botschaften und namentlich in der vom 27. September verkündet wurden, annimmt, und daß sie wünscht, über die einzuleitenden Schritte und deren Anwendungen Besprechungen zu eröffnen, und daß dieser Wunsch und dieses Ziel nicht seitens derjenigen ausgesprochen wurde, die bisher Deutschlands Politik diktierten und im Namen Deutschlands den gegenwärtigen Krieg führten, sondern seitens eines Ministeriums, das für die Mehrheit des Reichstages und für eine überwältigende Mehrheit des deutschen Volkes spricht, und nachdem weiter der Präsident gleichfalls das weitere Versprechen der deutschen Regierung erhalten hat, daß die Gesetze der Menschlichkeit und der zivilisierten Welt sowohl zu Wasser wie zu Lande durch die deutschen Streitkräfte werden beachtet werden, empfindet der Präsident, daß er sich nicht mehr weigern könne, den Regierungen, mit denen die Vereinigten Staaten verbündet sind, mit der Frage eines Waffenstillstandes näherzutreten.

Er hält es aber für seine Pflicht, neuerdings zu erklären, daß der einzige Waffenstillstand, den ihnen zur Erwägung vorzuschlagen er sich für berechtigt erachten würde, ein solcher wäre, der die Vereinigten Staaten und die mit ihnen assoziierten Mächte in einer Lage lassen würde, in der sie jeder Abmachung, welche getroffen werden müßte, genügend Kraft beizusetzen vermögen, um eine Wiederaufnahme der Feindseligkeiten seitens Deutschlands unmöglich zu machen.

Der Präsident hat infolgedessen seine Korrespondenz mit den gegenwärtigen deutschen Behörden den Regierungen, mit denen die Regierung der Ver-

---

[105] Nach den Amtlichen Urkunden Nr. 76 unter Korrektur nach dem Original.

einigten Staaten als kriegführende Macht assoziiert ist, mit dem Vorschlag übermittelt, falls diese Regierungen geneigt sind, den Frieden zu den angebotenen Bedingungen und Grundsätzen herbeizuführen, ihre militärischen Ratgeber und die der Vereinigten Staaten einzuladen, den gegen Deutschland assoziierten Regierungen die notwendigen Bedingungen für einen Waffenstillstand zu unterbreiten, der die Interessen der betreffenden Völker völlig wahren und das unbeschränkte Recht der assoziierten Regierungen zur Sicherung der Einzelheiten des Friedens gewährleisten würde, mit denen die deutsche Regierung sich einverstanden erklärt hat, vorausgesetzt, daß sie einen Waffenstillstand für möglich halten. Die Annahme dieser Waffenstillstandsbedingungen durch Deutschland wird den besten konkreten Beweis dafür bringen, daß es die Bedingungen und Grundsätze des Friedens annimmt, aus denen die ganze Aktion entsprießt.

Der Präsident fühlt, daß er nicht aufrichtig wäre, wenn er nicht, und zwar in möglichst klarer Form betonen würde, warum außerordentliche Sicherungen verlangt werden müssen. So bedeutungsvoll und wichtig die Verfassungsänderungen zu sein scheinen, von denen der deutsche Staatssekretär des Äußern in seiner Note vom 20. Oktober spricht, so geht daraus doch nicht hervor, daß die Grundsätze einer dem deutschen Volke verantwortlichen Regierung jetzt bereits vollständig angenommen sind, oder daß eine Bürgschaft besteht oder erwogen wird, damit die Systemänderung und die Durchführung der Maßregeln, über die jetzt teilweise eine Einigkeit erzielt worden ist, dauernd sein werden. Außerdem tritt nicht hervor, daß der Kern der gegenwärtigen Schwierigkeit erreicht worden ist. Es mag sein, daß künftige Kriege unter die Kontrolle des deutschen Volkes gestellt worden sind, aber der gegenwärtige Krieg war es nicht, und mit dem gegenwärtigen Krieg haben wir es zu tun. Es liegt auf der Hand, daß das deutsche Volk kein Mittel besitzt, die Unterwerfung der Militärbehörden des Reiches unter den Volkswillen zu erzwingen; daß die Macht des Königs von Preußen die Politik des Reiches zu bestimmen und zu lenken unvermindert ist, daß die entscheidende Initiative noch immer bei denen liegt, die bisher die Beherrscher Deutschlands waren. In dem Gefühl, daß der ganze Weltfriede jetzt davon abhängt, daß klar gesprochen und aufrichtig und gerade gehandelt wird, betrachtet es der Präsident als seine Pflicht, ohne irgendeinen Versuch Worte, die schroff klingen mögen, zu mildern, auszusprechen, daß die Völker der Welt kein Vertrauen in die Worte derjenigen setzen und setzen können, die bisher die Beherrscher der deutschen Politik gewesen sind, und noch einmal darauf hinzuweisen, daß beim Friedensschluß und bei dem Versuch, die unendlichen Schäden und Ungerechtigkeiten dieses Krieges gutzumachen, die Regierung der Vereinigten Staaten mit keinen anderen als wahrhaftigen Vertretern des deutschen Volkes verhandeln kann, denen eine echte konstitutionelle Stellung als den wirklichen Beherrschern Deutschlands gesichert ist. Wenn sie mit den militärischen Beherrschern und monarchischen Autokraten Deutschlands jetzt verhandeln muß, oder der Wahrscheinlichkeit nach später mit ihnen zu verhandeln haben wird, in bezug auf die internationalen Verpflichtungen des Deutschen Reiches, dann muß sie nicht Friedensverhandlungen, sondern Übergabe fordern. Nichts kann dadurch gewonnen werden, daß man diese wesentlichen Dinge unausgesprochen ließe.

Empfangen Sie, mein Herr, die erneute Versicherung meiner Hochschätzung.

Robert Lansing."

Wer diese Sprache dem Feinde gegenüber wagte, der hielt seine Kraft für gebrochen. Und das schlimmste war – ich mußte mir sagen, unser Volk ist so weit gebrochen, daß es aus der „demütigenden", „überfordernden" Note noch nicht den Antrieb zum letzten Kampf erhält. Noch durfte ich nicht meinem Gefühl folgen und dem böswilligen Verzögerer des Friedens sein Mandat vor die Füße werfen. Gewiß – ich konnte darauf bestehen, jetzt Schluß zu machen – dann brach das Kabinett auseinander. Entweder ich ging und demonstrierte für die nationale Verteidigung, anstatt sie durchzuführen – oder aber die Sozialdemokraten traten aus der Regierung aus – dann war die Grundlage für die nationale Erhebung erst recht zerstört. Wohl würden die Massen aufstehen; aber nicht gegen den Feind, sondern gegen den Krieg und gegen die „militärischen Beherrscher" und „monarchischen Autokraten", zu deren Schutz er ihrer Meinung nach geführt würde.[106]

Die Worte Wilsons waren klug berechnet; sie sollten – und sie würden – dem deutschen Volke sagen: Wir verlangen nicht eure Kapitulation; ihr könnt gleich in Friedensverhandlungen eintreten, wenn ihr euch von euren bisherigen Herren unabhängig macht.

---

[106] Die gleiche Sorge sprach aus einem Brief, den Herr v. Batocki am 24. Oktober an Exzellenz Wahnschaffe richtete: „Das deutsche Volk ist willig und treu, aber einschließlich des Heeres absolut friedenssehnsüchtig. Nur bei offensichtlicher Unmöglichkeit, zu einem Frieden zu gelangen, wird es sich noch einmal zum Verzweiflungskampf aufraffen. Sieht es jetzt gemeinverständlich, klar und ohne Hörner und Zähne den Friedensentschluß seiner Regierung bis zum äußersten, so wird es ihr auch folgen in der innerlich kritischen Zeit, die bevorsteht. Wenn nicht, kommt das Verderben unweigerlich über uns."

War diese Zusage ehrlich gemeint oder eine Kriegslist? Noch wollte unser Volk den Glauben an den Retter nicht fahren lassen und an den Rechtsfrieden, den er verhieß.[107] Wilsons Ehrlichkeit war nur auf eine Weise zu erproben: es galt, die tatsächliche und verfassungsmäßig gesicherte Selbständigkeit unserer parlamentarischen Regierung vor aller Welt nachzuweisen; danach würde Wilson entweder Wort halten und die ersehnten Friedensverhandlungen auf der Basis des Rechtsfriedens einleiten, oder er präsentierte die Bedingungen der Kapitulation – dann war er entlarvt.

Für mich stand zweierlei fest. Erstens: ohne diese Entlarvung kommt keine Volkserhebung mehr zustande. Und zweitens: eine nationale Verteidigung, gegen den Widerstand der Massen proklamiert und eingeleitet,

---

[107] Wie sehr auch die Oberste Heeresleitung noch am 23. Oktober eine bona fides Wilsons in Rechnung stellte, zeigen die folgenden Instruktionen für die Waffenstillstandskommission: „Anweisung für die Waffenstillstandskommission", nach Angabe der Amtlichen Urkunden (Nr. 76a) von Hindenburg und Ludendorffam 23. Oktober gezeichnet. „Die militärische Lage ist derart, daß die Kräfte des Feldheeres zu einem sicheren Halten der Stellung nicht mehr ausreichen ... In Erkenntnis dieser Lage ist das Friedensangebot gemacht. Trotzdem müssen wir selbstverständlich stets zur Wiederaufnahme des Kampfes bereit sein, für den Fall, daß uns Bedingungen gestellt werden sollten, die unsere Zukunft zerstören. Solche Bedingungen liegen wahrscheinlich nicht in der Absicht des Präsidenten Wilson. Eher ist von Frankreich oder England zu erwarten, daß diese Staaten den Krieg zur Durchsetzung unerfüllbarer Bedingungen fortsetzen. Es ist dann nicht ausgeschlossen, daß die Vereinigten Staaten sich einer Weiterführung des Krieges enthalten ... Wir haben aber alles Interesse an einer offenen, rückhaltlosen Haltung gegenüber dem Präsidenten ... Eine ehrliche und vertrauende Haltung ist aber auch ganz allgemein für die Verhandlungen in der Kommission gegenüber den amerikanischen Vertretern notwendig. Zweifellos bestehen in den politischen und militärischen Zielen zwischen den Vereinigten Staaten und ihren europäischen Verbündeten tiefgreifende Unterschiede. Jedes Mißtrauen der Vereinigten Staaten gegen uns würde diese Unterschiede zurücktreten lassen, ein Vertrauensverhältnis zwischen den Vereinigten Staaten und uns vertieft sie ... Sobald jedoch demütigende Bedingungen von ihnen [den englischen und französischen Vertretern] gestellt werden, wird eine starke Zurückhaltung einzutreten haben. Es kann erwartet werden, daß die Vereinigten Staaten solchen Forderungen sich nicht anschließen werden. .."

mußte im Bolschewismus enden. Das sagte mir Rußlands warnendes Beispiel.[108]

Ging aber nicht vielleicht Wilson weiter in seinen Forderungen, als ich annahm, und zielte auf die Abdankung? Ich habe mir diese Frage immer wieder gestellt, mich stundenlang mit Interpretationskunststücken abgemüht und schließlich daran festgehalten: dem Sinn seiner Worte nach würden die eingebrachten und geplanten Verfassungsänderungen die Grundlage für Verhandlungen schaffen.[109]

Ich habe demgemäß Auftrag gegeben, unsere Gesetzesvorlagen mit größter Beschleunigung durchzubringen, und auch zugestimmt, daß die Kommandogewalt regelnde und die Verantwortlichkeit des Kanzlers festlegende Bestimmungen als Zusatzanträge der Parteien in unsere Vorlagen aufgenommen würden.[110]

---

[108] Unter dem Ruf: Nieder mit dem Krieg! waren die Massen Lenins gegen die Kerenski-Regierung aufmarschiert.

[109] Wir interpretierten die einzelnen Wendungen der Note folgendermaßen:
1. Präsident Wilson erklärt, daß er nur in der Lage ist (praesens), den Alliierten Waffenstillstandsbedingungen zuzumuten, die auf die Wehrlosmachung Deutschlands hinauslaufen.
2. Er erklärt aber ausdrücklich, daß diese Garantien nur deshalb nötig sind, weil noch keine Bürgschaft für die Dauer des gegenwärtigen Regierungssystems besteht.
3. Er macht zum Schluß deutlich den Unterschied zwischen dem Unterwerfungsfrieden und dem Verhandlungsfrieden.
Der Unterwerfungsfriede wird verlangt, solange diese Bürgschaften nicht vorliegen. Der Verhandlungsfriede, d. h. ein Friede ohne militärische Unterwerfung, wird dem deutschen Volk als möglich vorgehalten, wenn die nötigen Bürgschaften gegeben sind.
Das Ganze läuft hinaus auf die Aufforderung: Gebt mir politische Bürgschaften, dann verzichte ich auf militärische. (Notiz vom 24. Oktober zur Verwendung durch Staatssekretär Solf in der Kabinettssitzung.)

[110] Die von den Mehrheitsparteien in Verabredung mit der Regierung zur dritten Lesung eingebrachten Abänderungs- und Zusatzanträge zur Reichsverfassung erweiterten die Verantwortlichkeit des Reichskanzlers dermaßen, daß die Konservativen (siehe Westarft, a. a. O., Heft 1, Seite 69) bestritten, daß es noch eine Abänderung sei, es handle sich vielmehr um einen ganz neuen Artikel der Verfassung. Sie behaupteten, ein solcher könne nicht in dritter Lesung eingebracht werden, sondern erfordere eine Neuberatung. Eine solche

Verzögerung war wegen der Beantwortung der am 24. Oktober eingetroffenen Wilson-Note unmöglich, wenngleich die sachliche Berechtigung der konservativen Einwände zu jeder anderen Zeit ins Gewicht gefallen wäre. Am 26. Oktober wurden dann die Anträge der Mehrheitsparteien gegen die Stimmen der Konservativen und einiger Mitglieder der deutschen Fraktion angenommen:
Die Reichsverfassung wird wie folgt abgeändert:
1. Im Art. 11 werden die Abs. 2 und 3 durch folgende Bestimmungen ersetzt: „Zur Erklärung des Krieges im Namen des Reichs ist die Zustimmung des Bundesrats und des Reichstags erforderlich. Friedensverträge sowie diejenigen Verträge mit fremden Staaten, welche sich auf Gegenstände der Reichsgesetzgebung beziehen, bedürfen der Zustimmung des Bundesrats und des Reichstags."
2. Im Art. 15 werden folgende Absähe hinzugefügt: Der Reichskanzler bedarf zu seiner Amtsführung des Vertrauens des Reichstags. Der Reichskanzler trägt die Verantwortung für alle Handlungen von politischer Bedeutung, die der Kaiser in Ausführung der ihm nach der Reichsverfassung zustehenden Befugnisse vornimmt. Der Reichskanzler und sein Stellvertreter sind für ihre Amtsführung dem Bundesrat und dem Reichstag verantwortlich.
3. Im Art. 17 werden die Worte gestrichen: „welcher dadurch die Verantwortlichkeit übernimmt".
4. Im Art. 53 Abs. 1 wird folgender Satz eingefügt: „Die Ernennung, Versetzung, Beförderung und Verabschiedung von Offizieren und Beamten der Marine erfolgt unter Gegenzeichnung des Reichskanzlers."
5. Im Art. 64 Abs. 2 (Ernennung von Höchstkommandierenden eines Kontingents usw.) werden im ersten Satz hinter dem Worte „Kaiser" die Worte eingeschaltet: „unter Gegenzeichnung des Reichskanzlers".
6. Im Art. 66 werden folgende Absätze 3 und 4 hinzugefügt: „Die Ernennung, Versetzung, Beförderung und Verabschiedung der Offiziere und Militärbeamten eines Kontingents erfolgt unter Gegenzeichnung des Kriegsministers des Kontingents. Die Kriegsminister sind dem Bundesrat und dem Reichstag für die Verwaltung ihres Kontingents verantwortlich."
v. Gräfe, Abgeordneter, Reichstagssitzung vom 26. Oktober 1918: „ ... Ich verstehe, daß die Herren bei früheren Gelegenheiten, wo diese Tendenz noch nicht zum Ausdruck kam, unter Berufung auf Bayern und das alte Preußen mitgegangen sind, und ich kann verstehen, daß sie damals auch nur die Wirkung erzielen wollten. Ich bestreite nämlich gar nicht, daß das Militärkabinett auch in Offizierskreisen eine unbeliebte Einrichtung ist. Ich gebe dem Herrn Abgeordneten Müller (Meiningen) durchaus zu, es wird in Offizierskreisen vielfach empfunden, daß eine gewisse Kontrolle über die dortigen Dinge wohl wünschenswert wäre, und daß darum eine Änderung in der Hinsicht vielleicht möglich wäre ..."

Dem Geheimrat Simons gab ich die folgenden Richtlinien für die Beantwortung der Note:

„Die gegenwärtige Note eignet sich nicht, um eine levée en masse zu inszenieren ...

Im deutschen Heer wie unter den deutschen Arbeitern würde das Gefühl lebendig werden: wir könnten den Frieden haben, wenn wir uns noch mehr demokratisierten.

Daraus ergibt sich die Notwendigkeit, den Faden mit Wilson noch nicht abzureißen. Wir dürfen dies nur in einem Augenblick tun, wo Wilson vor dem ganzen deutschen Volk im Unrecht ist und wir in keiner Weise die Verantwortung für die Fortsetzung des Krieges tragen.

... Es mag sein, daß dieses Wilsonsche Mißtrauen nur erheuchelt ist. Es mag sein, daß, wenn wir es auch beseitigen würden, er immer noch an den Fochschen Bedingungen der Unterwerfung festhält, aber wenn auch nur ein Prozent Wahrscheinlichkeit ist, daß er es ehrlich meint, und daß er gewissermaßen uns zu Hilfe ruft, ihm durch entscheidende demokratische Tatsachen die nötige Plattform zu geben, dann müssen wir sie ihm geben ... .

Ich schlage den folgenden modus procendi vor: man antwortet ihm auf seine Note, was die Waffenstillstandsbedingungen angeht, in folgender Form:

Man lehnt ab, sich auf Gnade und Ungnade den feindlichen Armeen zu ergeben, mit der Begründung, daß gerade eine Volksregierung dieses Verrats am Volke nicht fähig wäre.

Man weist ihn in ruhiger Sprache darauf hin, daß die grundlegende Verfassungsänderung sich weiter vollzieht, und spricht den Gedanken aus, daß er einer Regierung von Gewissen doch unmöglich zumuten könnte, aus taktischen Gründen, zur Beeinflussung des Auslandes Maßnahmen zu treffen, hinter denen nicht der erklärte Wille und die innere Überzeugung des deutschen Volkes stehen ... ."

Da trat am Nachmittag des 24. Haeften bei mir ein. Er war aus der Reichstagssitzung geeilt, um mich zu warnen: Morgen werden die Sozialdemokraten die Abdankung des Kaisers fordern!

Noskes gefährliches Wort – so berichtete er – ginge auf die Note Wilsons zurück. Haeften hatte mit dem Staatssekretär des Äußern im Gespräch gestanden, als der Abgeordnete Noske hinzutrat und Solf die inoffiziell verbreitete Antwort Wilsons überreichte. Als Solf beim Lesen immer ernster wurde, meinte Noske: Die Note ist doch gar nicht schlimm; wenn der Kaiser geht, kriegen wir einen guten Frieden.[111]

Haeften drang in mich, ich sollte die amtliche Veröffentlichung aufhalten, damit der Kaiser noch das Prävenire spielen und seine Abdankung gleichzeitig mit der Note bekanntgeben könne. Der Kaiser dürfe nur aus freier Initiative die Krone niederlegen, wie es der König von Bulgarien getan habe; niemals aber unter dem Druck der Sozialdemokraten. „Wenn aber Seine Majestät sich nicht sofort entschließt, dann bleibt nur übrig, mit Wilson zu brechen; und dann heißt es: Helm ab zum Gebet!"

Ich wehrte ab. Haeften aber hatte keine Ruhe mehr. Noch war die Wilson-Note nicht im breiten Publikum bekannt. Der Gedanke war ihm unerträglich: nach ein, zwei Tagen würde die Forderung nach der Abdankung aus dem Volke aufsteigen; dann war der Zeitpunkt für eine würdige Thronentsagung verpaßt. Er orientierte noch am Nachmittag seinen Chef, daß rasche und entscheidende Entschlüsse gefaßt werden müßten. Der General Ludendorff erklärte, mit dem Generalfeldmarschall nach Berlin kommen zu wollen, und zwar sofort. Haeften ließ mich von der Absicht der Obersten Heeresleitung unterrichten.

Da forderte ich den Aufschub der Reise, überzeugt, daß der Eindruck unter allen Umständen vermieden werden müsse, als stünde die Regierung bei ihren Entschlüssen unter dem Druck des Generals Ludendorff – gerade weil wir unserer Antwortnote eine würdige Fassung geben wollten.

Das Kabinett trat unter dem Vorsitz Payers zu einer Nachtsitzung zusammen. Haußmann kam vorher auf wenige Minuten zu mir. Wir besprachen die Wirkung, die Wilsons Worte haben könnten. Das deutsche Volk wirft nicht auf Geheiß des Feindes seinen Kaiser fort, so meinte er zuversichtlich. Ich dankte ihm für dieses mannhafte Wort.

---

[111] General von Haeften schickt mir nach Erscheinen des Buches einen Bericht, der wichtige Ergänzungen über die Stellung der O. H. L. zur dritten Wilson-Note bringt. Ich halte mich für verpflichtet, der Öffentlichkeit seine Ausführungen zu übergeben (siehe Beilage am Ende des Bandes).

Auch die anderen Herren gingen in der Deutung der Note den gleichen Weg wie ich. In der Sitzung (vom 24. Oktober) war es Scheidemann, der die Hoffnung aussprach, wir könnten noch um die Kaiserfrage herumkommen.[112] die Parteileitung habe bereits ihre Presse angewiesen, nicht durch Erörterung der Abdankung die Friedensverhandlungen zu komplizieren.

Die Sorge um den verlöschenden Kampfwillen der Heimat beherrschte die Beratungen. Ist die nationale Verteidigung noch durchführbar? In dieser Frage standen zum erstenmal die Meinungen gegeneinander. Haußmann traf den Kern: Solange die Bedingungen des Waffenstillstands nur in Wilsons vieldeutiger Umschreibung vorliegen, begreift das Volk ihre Unerträglichkeit nicht. Wir müssen die angedrohten Bedingungen in allen Einzelheiten hören, dann ist der Bruch mit Wilson nötig und möglich.

Scheidemann stand ganz unter dem Eindruck der häßlichen Szenen, die sich bei den Aushebungen abspielten. Die Menschen, die man aus den Fabriken hole, seien Revolutionäre – die „levée en masse „ sei heute unmöglich – „Liebknecht ist von Soldaten mit dem Eisernen Kreuz auf die Schultern gehoben worden. Wer hätte das noch vor drei Wochenf ür möglich gehalten!"–Das war der erschrockene Aufschrei eines Führers, der sich plötzlich verlassen sieht. Nicht nur die Sozialdemokraten waren am Verzagen: Erzberger machte die erschütternde Mitteilung, die Zentrumsfraktion habe sich einstimmig gegen die nationale Verteidigung erklärt.

Der Kriegsminister gab die Ausschreitungen bei den Truppentransporten zu – jetzt würden nur noch Arbeiter eingezogen, die noch nicht draußen waren –, aber an der Westfront kräftige sich der Widerstand. Die Truppen seien zahlenmäßig schwach und müde, aber hielten gut aus. „Wenn wir Truppen in Ruhe bringen könnten, dann wäre viel gewon-

---

[112] Protokoll der Kabinettsnachtsitzung vom 24. Oktober 1918: Scheidemann: „Gelänge es uns, Wilsons Forderungen zu erfüllen, so hoffe er um Kaiserfrage herumzukommen. Wünsche nicht, Frage der Monarchie zu lösen, möchte sie ganz ausgeschieden wissen. Der Sozialdemokratie sei die äußere Staatsform Nebensache."

nen." Der General Ludendorff halte die Front für fähig, weiter standzuhalten, und sei für den Abbruch der Verhandlungen.

Graf Roedern verwies auf die anderen Kriegsschauplätze, besonders auf die neu entstehende Balkanfront. Es stand zu erwarten, daß die Franzosen und Engländer sich nach schneller Mattsetzung der Türkei[113] wahrscheinlich im Bunde mit Rumänien, gegen Ungarn wenden würden, wo der neuernannte Ministerpräsident Karolyi bereit war, sie mit offenen Armen aufzunehmen. – Schon war die Ölzufuhr aus Rumänien gesperrt.

Hier konnte Scheüch die eine Beruhigung geben, daß es um die grundlegende Ölfrage besser stehe. Nachdem das Kriegsministerium die Hand auf die Bestände der Marine gelegt habe, seien wir bis zum 1. April 1919 für Heer und Marine mit Öl gedeckt. Über den 1.April hinaus könne die Eisenbahn und Industrie befriedigt werden.

Die Mehrzahl der Staatssekretäre war der Auffassung: wir dürften Wilson nicht so antworten, daß wir auf das Weiterkämpfen festgelegt wären. Zur Beurteilung der Kriegslage genüge das Gutachten des Generals Ludendorff nicht, er habe Zeichen innerer Unsicherheit gegeben. Aber die Notwendigkeit, alsbald andere Heerführer zu hören, waren sich heute alle einig.

Die Herren diskutierten, ob der General Ludendorff in seiner Stellung verbleiben könne. Es fiel das Wort: Der geschlagene Feldherr solle zurücktreten. Aber niemand war für die Initiative des Kabinetts. Man wollte die Dinge sich entwickeln lassen und erwartete die Lösung von der Berufung anderer Heerführer.

Am 25. Oktober früh erfuhr ich, daß der Generalfeldmarschall und der General Ludendorff am vorigen Abend abgereist waren, trotz meiner ihnen übermittelten Aufforderung, in Spa zu bleiben. Für mich stand fest: diese Reise durfte nur mit der Entlassung des Generals Ludendorff en-

---

[113] In der Pressekonferenz am 25. Oktober wird mitgeteilt, daß eine französische Division auf Widdin unterwegs sein solle, eine englische nach der Dobrudscha, fünf englische über Sofia und Philippopel nach der türkischen Grenze. Die Kriegsgeschichte des „Manchester Guardian" gibt an, daß schon am 20. Widdin besetzt war, und sagt: Der Vormarsch wäre ermöglicht worden durch die Benutzung der bulgarischen Straßen.

den. Die Eigenmächtigkeit war nur der Anlaß. Der Wunsch, die innere und äußere Situation zu erleichtern, sprach mit. Entscheidend war das verlorene Vertrauen.

Ich wurde gedrängt, auch den Rücktritt des Generalfeldmarschalls nicht nur als unvermeidlich, sondern auch als erstrebenswert anzusehen, um womöglich Hindenburg durch Gallwitz zu ersetzen. Das wollte ich nicht. Ich entwarf ein Schreiben an den Kaiser, darin ich den Rücktritt des Generals Ludendorff forderte, widrigenfalls ich meine Entlassung einreichen würde, aber darum bat, daß alles geschähe, um den Feldmarschall zum Bleiben zu bewegen und dadurch der Armee und dem Volke Beunruhigung zu ersparen.

Das Kabinett wußte nichts von der Aktion, die ich vorbereitete, sondern entrüstete sich unterdessen über eine neue Kompetenzüberschreitung des Generals Ludendorff: die Oberste Heeresleitung hatte sich bereits öffentlich zur Wilson-Note geäußert und eigentlich von sich aus den Abbruch der Verhandlungen verfügt. In der Pressesitzung vom 25. Oktober kam der folgende Armeebefehl zur Verlesung:

„Zur Bekanntgabe an alle Truppen.[114]
Wilson sagt in seiner Antwort, er wolle seinen Bundesgenossen vorschlagen, in Waffenstillstandsverhandlungen einzutreten. Der Waffenstillstand müsse aber Deutschland militärisch so wehrlos machen, daß es die Waffen nicht mehr aufnehmen könne. Aber einen Frieden würde er mit Deutschland nur verhandeln, wenn dieses sich den Forderungen der Verbündeten in bezug auf seine innere Gestaltung völlig füge; anderenfalls gebe es nur die bedingungslose Unterwerfung.
Die Antwort Wilsons fordert die militärische Kapitulation. Sie ist deshalb für uns Soldaten unannehmbar. Sie ist der Beweis, daß der Vernichtungswille unserer Feinde, der 1914 den Krieg entfesselte, unvermindert fortbesteht. Sie ist ferner der Beweis, daß unsere Feinde das Wort ‚Rechtsfrieden' nur im Munde führen, um uns zu täuschen und unsere Widerstandskraft zu brechen. Wilsons Antwort kann daher für uns Soldaten nur die Aufforderung sein, den Widerstand mit äußersten Kräften fortzusetzen. Wenn die Feinde erkennen werden, daß die deutsche Front mit allen Opfern nicht zu durchbrechen ist,

---

[114] Amtliche Urkunden Nr. 76 d.

werden sie zu einem Frieden bereit sein, der Deutschlands Zukunft gerade für die breiten Schichten des Volkes sichert."

Der General Ludendorff hatte diese Worte in dem guten Glauben unterschrieben, eines Sinnes mit der Regierung zu sein, auf Grund von telephonischen Berichten, in denen Haeften wohl nicht immer genau genug zwischen seiner persönlichen Meinung und der Auffassung der Regierung unterschieden haben mag. Dann hatten sich bei der Obersten Heeresleitung Bedenken eingestellt, und noch in der Nacht wurde versucht, den Armeebefehl aufzuhalten. Aber die Mitteilung an die Kommandostellen und in der Pressekonferenz ließ sich nicht mehr verhindern.

In jedem Falle lag eine unzulässige Einmischung vor; in einem Augenblicke, da für die Regierung alles darauf ankam, ihre Unabhängigkeit von militärischen Einflüssen zu sichern und zu beweisen, durfte die Oberste Heeresleitung unserer Stellungnahme nicht vorgreifen, gleichviel ob die Kundgebung als Unterstützungsaktion gedacht war oder nicht.

Die Generale waren am Nachmittag eingetroffen und sofort zum militärischen Vortrag nach Schloß Bellevue gefahren. Dort forderten sie den Abbruch der Verhandlungen. Der Kaiser weigerte sich, eine Entscheidung zu treffen, und verwies sie an mich. Ich habe den Herren sagen lassen, daß der Vizekanzler v. Payer sie an meiner Stelle um 9 Uhr abends sprechen würde.

Als ich noch mit der Abfassung des Briefes an Seine Majestät beschäftigt war, unterbrach mich Wahnschaffe; an der Hand von Depeschen, die im Laufe des Tages eingetroffen waren, orientierte er mich über die Deutung, die Wilsons Note im allgemeinen gefunden hatte.

Mein Vetter, der Fürst Ernst zu Hohenlohe-Langenburg, telegraphierte mir aus Bern, wo er als Führer der deutschen Kommission mit amerikanischen Delegierten über Gefangenenfragen verhandelte:

„25. Oktober 1918.[115]
Prinz Max von Baden – Persönlich! Berlin.

Erfahre eben aus zuverlässiger Quelle, daß der Schluß der heutigen Wilson-Note kaum anderes bedeute, als daß einziger Weg zu einigermaßen erträglichem Frieden über Resignation des Kaisers führe. Wilson scheint anzuerkennen, daß monarchische Staatsform der Geschichte und den Lebensnotwendigkeiten deutschen Volkes entspricht, vermag aber die in Amerika selbst und in der ganzen Entente herrschenden Vorstellungen über die Person des Kaisers, seine Rolle im Kriege und seinen Einfluß auf die Leitung der inneren und äußeren Politik nicht mehr zu beseitigen. Mein Gewährsmann glaubt, daß eine solche Tat es Wilson erleichtern würde, zugunsten seiner Friedenspläne auf den Senat zu wirken, der neuerdings Einfluß im Sinne einer gänzlichen Niederwerfung Deutschlands gewinnt. Gleichzeitig würde sie die Friedensstimmung in den übrigen Ententestaaten stärken. Dadurch würde die Erhaltung der Dynastie gesichert, die ebenso wie letzten Endes alle deutschen Dynastien gefährdet wäre, wenn – wofür die Entente zweifellos sorgen würde – der Glaube erweckt werden könnte, daß an der Person des Kaisers der Frieden gescheitert sei.

Im übrigen ist meinem Gewährsmann zufolge den Amerikanern die Schwäche unserer militärischen Lage zu bekannt, um bei ihnen über den endgültigen Sieg der Entente auch im Falle Aufrufs zu nationaler Verteidigung Zweifel aufkommen zu lassen. Unser Zusammenbruch sei nur eine Frage der Zeit. Ein Versuch, den Endkampf hinauszuziehen, würde nur als erneuter Beweis des Vorwiegens militärischer Einflüsse angesehen werden und den Verdacht nähren, daß auf unsere ganze innerpolitische Wandlung kein Verlaß sei.

Bei der ungeheuren Tragweite der zu fassenden Entschließungen halte ich es, so schwer mir dies fällt, für meine Pflicht, Dir persönlich diese Mitteilung zu machen, deren Urheber wegen seiner Persönlichkeit und seiner Beziehungen durchaus ernst zu nehmen ist.

Ernst Hohenlohe."

Die Beeinflussung durch die Schweizer Stimmung war unverkennbar; aber aus Bayern kam die gleiche Botschaft. Der preußische Gesandte v. Treutler telegraphierte aus München:

---

[115] Amtliche Urkunden Nr. 78.

„25. Oktober 1918.[116]
Für den Herrn Reichskanzler. Geheim.

Ich erfülle eine schwere Pflicht, wenn ich Eurer Großherzoglichen Hoheit, melde, daß hier in Bayern von berufener Seite die gestern abend bekanntgegebene Antwort Wilsons so gedeutet wird, daß sie sich in ihrem letzten Abschnitt direkt gegen die Person unseres Kaisers kehrt. Der Ministerpräsident und der Kriegsminister sind der Ansicht, der Wortlaut der Note lasse andere Deutung nicht zu; durch die verhüllte Ausdrucksweise solle lediglich Gelegenheit gegeben werden, den schmerzlichen Schritt freiwillig zu tun. In jedem Falle treten die Genannten dafür ein, daß Seiner Majestät offen dargelegt werden müsse, daß die Feinde keinen annehmbaren Frieden bewilligen würden, wenn das große Opfer nicht gebracht würde. Wenn dann Seine Majestät Verzicht leistet auf die Kaiserwürde, so würde er nur im Geiste seines sechsundzwanzigjährigen Friedenswerkes handeln und dieses krönen. Seine Gestalt würde als die des hochherzigsten, edelsten und aufopferndsten Wohltäters des deutschen Volkes in der Geschichte weiterleben.
Graf Lerchenfeld erhält entsprechende Instruktion.
Treutler."

Am heutigen Tage war auch die Zurückhaltung durchbrochen worden, die sich bisher die deutsche Presse dem Kaiser gegenüber auferlegt hatte: die „Frankfurter Zeitung" forderte die Abdankung des Kaisers und den Thronverzicht des Kronprinzen, um die demokratischen Garantien zu schaffen, die Wilson verlangte und die ihn befriedigen würden.

Ich habe auch an diesem Tage noch die Augen verschlossen vor den Zeichen, die sich häuften, und die mir alle hätten sagen sollen: Wilson wirft planmäßig die Abdankungsfrage in die deutsche Öffentlichkeit. Ich klammerte mich an die günstigen Nachrichten aus dem Haag und wollte die Hoffnung nicht aufgeben, das Volk werde sich zurückhalten lassen, von sich aus die Abdankung zu verlangen.

So entschloß ich mich, mein Schreiben an den Kaiser fertigzustellen, ohne die Abdankungsfrage zu berühren. Allerdings hielt ich es für meine Pflicht, als spät am Abend der Chef des Zivilkabinetts kam, um meinen Brief abzuholen, ihm die Depesche des Fürsten Hohenlohe und, wie ich

---

[116] Amtliche Urkunden Nr. 77.

glaube, auch die des Gesandten v.Treutler mitzugeben. Er sollte sie in meinem Auftrag dem Kaiser vorlegen, aber keinen Kommentar daran knüpfen.

Am Morgen des 26. saßen Payer, Solf und Roedern an meinem Bett; Payer berichtete mir über die Abendbesprechung mit den beiden Heerführern, der auch Scheer und Scheüch beigewohnt hatten. Die Oberste Heeresleitung hatte daran festgehalten, man dürfe nicht weiter verhandeln. „Dem Kerl werden wir doch nicht antworten." Unser Heer stehe unbesiegt auf feindlichem Boden und dürfe nicht kapitulieren. Auf die Frage, welche Chancen wir bei einer Fortsetzung des Krieges hätten, wäre keine direkte Antwort gegeben worden. Es folgte gerade wie am 17. Oktober die Schilderung einer Reihe von günstigen Umständen:

Der Feind litte unter Kohlennot und seine Kampfkraft ließe nach; die Heeresgruppe Rupprecht habe soeben 7 Kilometer Front gehalten, die Heeresgruppe Kronprinz 10 Kilometer;

der Gegensatz Clemenceau-Foch sei deutlich. Clemenceau erhebe schärfere Forderungen als Foch, der unsere Widerstandskraft höher einschätze;

ein französisches Urteil aus den letzten Tagen besage: die deutschen Truppen hielten sich sehr gut, aber in Frankreich sei es in vier Wochen zu Ende, wenn es so weiter ginge;

die Möglichkeit innerer Unruhen in Frankreich wurde gestreift.

Darauf habe Payer auf die Stimmung unseres Volkes, die Ernährungslage und den drohenden Zusammenbruch Österreichs hingewiesen, „der für uns verhängnisvolle Konsequenzen haben könne". Ludendorff forderte von Payer, er solle sich festlegen: wenn wir ein sehr ungünstiges Waffenstillstandsangebot erhielten, würde die Regierung eine Erhebung des Volkes in die Wege leiten. Payer lehnte diese Bindung ab und verlangte, daß vor einer Entscheidung noch andere Heerführer gehört werden müßten. Da habe Ludendorff wieder mit seiner Demission gedroht, der Widerspruch des Feldmarschalls sei dagegen weniger entschieden gewesen. Die Konferenz endete um Mitternacht ohne Ergebnis. Der General Ludendorff teilte Herrn v. Payer noch streng vertraulich mit, daß die Truppen teilweise schon zurückgegangen seien, als der Gegner noch 800 Meter ab war, und daß einer auserlesenen Radfahrbrigade beim Vorgehen von zurückkehrenden Truppen zugerufen worden sei: „Streikbrecher".

Während ich dem Bericht des Vizekanzlers zuhörte, stürzte Haeften in großer Erregung in mein Zimmer: „Der General Ludendorff ist entlassen." – „Und Hindenburg?" – „Der bleibt." Da sprangen die Herren auf: „Gott sei Dank."

Der General Ludendorff ist am 26. Oktober früh nicht unvorbereitet zum Kaiser gegangen. Ich hatte den Vertreter der Obersten Heeresleitung absichtlich nicht instruiert, um ihm Gewissenskonflikte zu ersparen. Als aber Haeften früh am Morgen in mein Adjutantenzimmer gekommen war, hatte er von dem in der Nacht unternommenen Schritt gehört und war sofort zu seinem Herrn geeilt, um ihn zu warnen, „damit sich die letzte Szene in möglichst würdiger Form abspiele". Er hat Ludendorff noch erreicht, ehe die Abfahrt nach Schloß Bellevue erfolgte.[117]

Der General Ludendorff und seine Getreuen, gerade auch Haeften, haben nie begriffen, daß man den Sieger von Tannenberg für entbehrlich halten konnte. Die Undankbarkeit des Kaisers, des Volkes, des Kanzlers, ja des Feldmarschalls, dessen patriotisches Opfer er nicht verstand, haben den General Ludendorff mit unsäglicher Bitternis erfüllt, und er hat sich von diesem Tage nie erholt.

Ich bat um seinen Besuch, Ludendorff kam nicht. Ich hätte ihn gern gesehen, um ihm das zu sagen, was auch heute noch meiner Überzeugung entspricht: die schwersten Unterlassungssünden der vergangenen Jahre kommen nicht auf sein Schuldkonto; er hat weniger vergewaltigt, als daß man sich vor ihm geduckt hat; das hat man auch in Augenblicken getan, da er sich danach sehnte, eine Politische Führung über sich zu haben. Für mich bleibt er der große Feldherr und Mensch bis zum 29. September. An jenem Tage hat er einen tragischen Zusammenbruch erlebt: seines Vertrauens zum Heer, seines gesunden Sinnes, seiner Nerven. Nur sein Prestigegefühl stand aufrecht und verhinderte ihn daran, vor seinen Kaiser zu treten und zu sagen: ‚Magna clade victus sum.' Ich

---

[117] Vgl. Ludendorff, Erinnerungen, S. 616 f.

will meinen Abschied, oder ich fordere zum mindesten, daß andere Generale gehört werden, ehe wir uns an den Feind wenden.

Ich glaubte nach der Entlassung des Generals Ludendorff die Bahn frei zu haben, um auf die Note Wilsons die Antwort zu geben, die ich für richtig hielt. Simons hatte nach meinen Anweisungen die Note entworfen:

Die deutsche Regierung hat die Antwort des Präsidenten der Vereinigten Staaten erhalten.

Der Präsident kennt die tiefgreifenden Wandlungen, die sich in dem deutschen Verfassungsleben vollzogen haben und vollziehen. Die entscheidenden Machtbefugnisse ruhen tatsächlich und verfassungsmäßig in den Händen der Volksregierung, mit der die Friedensverhandlungen zu führen sein werden.

Die deutsche Regierung erwartet demnach Vorschläge für einen Waffenstillstand, nicht das Ansinnen einer Waffenstreckung. Soll der Waffenstillstand einen Rechtsfrieden einleiten, der den Grundsätzen des Präsidenten entspricht, so darf er dem deutschen Volke nicht die Möglichkeit nehmen, den Einzelheiten des Friedensvertrages in freier Entschließung zuzustimmen.

Ich legte entscheidendes Gewicht auf die Antithese: Waffenstillstand-Waffenstreckung, darin bestärkt durch Max Warburg, der sonst nie ungerufen kam, aber am 25. Oktober in der Reichskanzlei erschienen war, voll Empörung über die Note Wilsons: „Ich bin mir der amerikanischen Mentalität durchaus sicher; wir dürfen uns um keinen Preis länger treten lassen, sondern sollten uns auflehnen. Es müßte etwas in die Note hinein, das die Feinde vor der Entschlossenheit eines Volkes warnt, das man zur Verzweiflung treibt."Solf hatte unsere Note am 26. vormittags im Kabinett mitgeteilt [118] und heftige Ablehnung gefunden. Schon während der

---

[118] Ich finde unter meinen Papieren zwei Entwürfe und kann nicht genau feststellen, welcher von beiden in dieser Sitzung zur Verlesung kam; darum setze ich den zweiten ebenfalls her:
Die deutsche Regierung hat von der Antwort des Präsidenten Wilson Kenntnis

Verlesung hatte Scheidemann dazwischen gerufen: „Er springt ab, er springt ab." Erzberger und Scheidemann hatten sich zu der Abfassung eines demütigen Dokumentes verbündet und liefen nun Sturm gegen meinen Entwurf. Jetzt handelte es sich nicht mehr um Streitfragen des Takts und des Geschmacks: die beiden Staatssekretäre hatten aufgehört, an die nationale Verteidigung zu glauben.

Scheidemann hatte nur die eine Sorge: die Entscheidung des Kabinetts sollte Gnade vor den Massen finden, die zu den Unabhängigen weglaufen wollten. „Wir dürfen nicht drohen, daß Wilson uns keine Bedingungen stellen darf, die wir nicht annehmen können." Erschütternd war das Eingeständnis seiner Ohnmacht: „In meiner Fraktion hat man gestern gesagt, wir müssen zum Frieden kommen und können nicht mehr. Sie hat gewünscht, daß ihr vor Abgang der Note Kenntnis gegeben werde. Bei dieser Note würde ich heftige Opposition finden."

Erzberger sekundierte mit dem allergefährlichsten Argument: Wir können einen schlechten Waffenstillstand bekommen und doch einen guten Frieden. Da brauste der Abgeordnete Haußmann auf, Erzberger befinde sich in einem grundlegenden Irrtum: schlechter Waffenstillstand, schlechter Friede. Vergebens suchte der General Scheüch die Stimmung

---

genommen und fühlt sich verpflichtet, mit demselben Freimut zu erwidern, mit dem der Präsident gesprochen hat.
Die deutsche Regierung hat die Sätze angenommen, die der Präsident als die Grundlage eines Rechtsfriedens aufgestellt hat. Sie hat demgemäß einen Waffenstillstand herbeiführen wollen, nicht aber eine Waffenstreckung, einen Frieden kraft freier Zustimmung, nicht aber einen Frieden durch Gewalt. Gerade eine Regierung, die dem Volke verantwortlich ist, darf sich einem Gewaltfrieden nicht beugen, solange das Volk noch Kraft zum Widerstand hat. Die deutsche Regierung entnimmt der Note des Präsidenten, daß er einem demokratisch regierten deutschen Volke einen Gewaltfrieden nicht zumuten will, wenn die neue Regierungsweise ihm die Gewähr der Dauer bietet. Der Präsident kennt die entscheidenden Wendungen, die sich in dem deutschen Verfassungsleben in diesen Tagen vollzogen haben und noch weiter vollziehen. Die deutsche Regierung geht davon aus, daß es nicht nur ein Recht, sondern auch eine Pflicht der Selbstbestimmung gibt, die dem deutschen Volke gebietet, die Umgestaltung seiner Verfassung nicht anders vorzunehmen, als es seiner Eigenart und seiner Überzeugung entspricht.

zu festigen: Unsere Lage ist im Innern und nach außen nicht verzweifelt; wir können der Front noch alles liefern. Vergebens wies Friedberg darauf hin, daß Ehre der Armee und Ehre des Volkes gleichbedeutend wäre. Scheidemann machte geltend: Die scharfe Tonart der Note würde auf den Besuch von Ludendorff und Hindenburg zurückgeführt werden und wieder als ein Beweis des militärischen Abergewichts gelten.

Die Vormittagssitzung war unterbrochen worden, damit Simons mir berichtete. Er hatte im Kabinett vergeblich für meine Auffassung gekämpft und war jetzt der Meinung, man solle es auf einen Bruch mit den Staatssekretären ankommen lassen.

Ich hoffte noch, daß sie sich überzeugen ließen. Herr v. Payer eröffnete die Sitzung um 1 Uhr 30 mit der Mitteilung, daß der General Ludendorff seinen Abschied erhalten habe und der Feldmarschall bleibe; er fügte hinzu: mit Rücksicht auf diese Tatsache fordert der Reichskanzler, daß die Note einen würdigeren Ton erhalte. Scheüch ging so weit, zu sagen: Für die Entschließung des Kaisers sei der Gesichtspunkt mitbestimmend gewesen, daß man nach dem Abgang Ludendorffs einen schärferen Ton anschlagen könne.

Alle waren einverstanden bis auf Erzberger und Scheidemann, die zäh mit den alten Argumenten widerstrebten, keinen Augenblick die Riesenmasse verzagender öffentlicher Meinung vergessend, die hinter ihnen stand und zur Nachgiebigkeit drängte. Als Scheidemann nicht aufhörte, sich auf seine Fraktion zu berufen, wurde der Vizekanzler ungeduldig:

„Wir sind nicht bloß Vollzugsausschuß der Parteien, wir haben selbst die Verantwortung zu tragen."

Schließlich einigte man sich auf folgende Fassung:

„Die deutsche Regierung hat von der Antwort des Präsidenten der Vereinigten Staaten Kenntnis genommen. Der Präsident kennt die tiefgreifenden Wandlungen, die sich im deutschen Verfassungsleben vollzogen haben und vollziehen. Die Friedensverhandlungen werden von einer demokratischen Regierung geführt werden, deren entscheidende Machtbefugnisse in der Verfassung des Deutschen Reiches dauernd verankert sind. Die deutsche Regierung erwartet demgemäß Vorschläge für einen Waffenstillstand, nicht für eine Waffenstreckung. Nur so könnte der Waffenstillstand einen Rechtsfrieden einleiten, wie ihn der Präsident in seinen Kundgebungen gekennzeichnet hat."

Mit Recht erklärte Payer die Note für ein „gottergebenes lendenlahmes Machwerk", und Haußmann nannte sie „ausgebeint". Immerhin, die Antithese: Waffenstillstand und Waffenstreckung, war stehengeblieben.

Gegen 6 Uhr nachmittags erhielt ich Nachrichten aus Österreich, die das Schlimmste erwarten ließen: Wilsons Antwort an Wien sei in der Tat für die Nationalitäten das Signal geworden, um die Donaumonarchie zu sprengen. Kaiser Karl sähe die letzte Rettung darin, das Schicksal seines Reiches von Deutschland zu trennen.

Am Abend ließ sich der österreichische Botschafter Prinz Hohenlohe bei mir melden. Er war ein gebrochener Mann. „Die Menschen werden vor mir ausspucken – ich kann mich in Berlin nicht mehr auf der Straße sehen lassen." Er teilte mir mit, daß der Entschluß seines Souveräns unwiderruflich gefaßt sei, sich an den Feind zu wenden und um einen Separatfrieden zu bitten. Er legte mir das Schreiben Kaiser Karls vor, das gleichzeitig an Seine Majestät abgehen sollte:

27. Oktober 1918.[119]
„Teurer Freund!

„Es ist Meine Pflicht, Dir, so schwer es Mir auch fällt, zur Kenntnis zu bringen, daß Mein Volk weder imstande noch willens ist, den Krieg weiter fortzusetzen.

„Ich habe nicht das Recht, Mich diesem Willen zu widersetzen, da Ich nicht mehr die Hoffnung auf einen guten Ausgang hege, für welchen die moralischen und technischen Vorbedingungen fehlen, und da unnützes Blutvergießen ein Verbrechen wäre, das zu begehen Mir Mein Gewissen verbietet.

„Die Ordnung im Innern und das monarchische Prinzip sind in der ernstesten Gefahr, wenn wir dem Kampf nicht sofort ein Ende bereiten.

„Selbst die innigsten bundesbrüderlichen und freundschaftlichsten Gefühle müssen vor der Erwägung zurückstehen, daß Ich den Bestand jener Staaten rette, deren Geschicke Mir die göttliche Vorsehung anvertraut hat. Deshalb kündige Ich Dir an, daß Ich den unabänderlichen Entschluß gefaßt habe, innerhalb 24 Stunden um einen Separatfrieden und um einen sofortigen Waffenstillstand anzusuchen.

„Ich kann nicht anders. Mein Gewissen als Herrscher befiehlt Mir, also zu handeln.

In treuer Freundschaft
Karl."

---

[119] Amtliche Urkunden Nr. 83.

Prinz Hohenlohe fügte hinzu: jede denkbare Einwirkung sei versucht worden, aber vergeblich gewesen.

An diesem Abend drang die Nachricht noch nicht in die Öffentlichkeit, aber ging in politischen Kreisen von Mund zu Mund und erregte überall Entsetzen: Österreich noch vor der Türkei!

Während unsere Note chiffriert wurde, nahm der Staatssekretär Solf an einem Abendessen bei Herrn v. Holtzendorff teil, bei dem Bundesratsmitglieder, Staatsminister und auch eine führende Persönlichkeit des Wirtschaftslebens zugegen waren. Als Solf von dem Text unserer Note Mitteilung machte, erfolgte einstimmiger Protest.

Die Herren erklärten, angesichts der jetzt entstandenen Lage sei eine so stolze Sprache weder nach außen noch nach innen möglich. Wir dürften nicht riskieren, daß Wilson abbreche, das könnte das deutsche Volk nicht mehr ertragen.

Darauf hielt Solf auf eigene Verantwortung die Note in dieser Nacht auf und orientierte am nächsten Morgen das Kabinett. Die Mehrzahl der Staatssekretäre billigte seinen Entschluß und hielt eine ausdrückliche Verwahrung gegen die Waffenstreckung nicht mehr für möglich. Die drei Schwaben Gröber, Payer und Haußmann bedauerten ihn. Haußmann meinte: Wir dürfen nicht einen Wettlauf mit Kaiser Karl um die Kapitulation beginnen.

Die Verhandlungen mit dem Kabinett waren mir durch meine Krankheit sehr erschwert. Ich ließ durch Simons darauf drängen, überhaupt keine Note abzusenden, wenn die Antithese: Waffenstillstand-Waffenstreckung nicht bestehen bliebe. Die Herren erklärten, die deutsche Öffentlichkeit erwarte die angekündigte Note und dürfe nicht enttäuscht werden. Schließlich wurde eine neue Fassung von Solf akzeptiert, der auch ich zustimmte:

Die vierte deutsche Note vom 27. Oktober 1918.[120]
Abgegangen: 4 Uhr 35 nachm.

„Die deutsche Regierung hat von der Antwort des Präsidenten der Vereinigten

---

[120] Amtliche Urkunden Nr. 85.

Staaten Kenntnis genommen. Der Präsident kennt die tiefgreifenden Wandlungen, die sich in dem deutschen Verfassungsleben vollzogen haben und vollziehen. Die Friedensverhandlungen werden von einer Volksregierung geführt, in deren Händen die entscheidenden Machtbefugnisse tatsächlich und verfassungsmäßig ruhen. Ihr sind auch die militärischen Gewalten unterstellt. Die deutsche Regierung sieht nunmehr den Vorschlägen für einen Waffenstillstand entgegen, der einen Frieden der Gerechtigkeit einleitet, wie ihn der Präsident in seinen Kundgebungen gekennzeichnet hat.
   Solf
   Staatssekretär des Auswärtigen Amtes."

Neuntes Kapitel

Vergebliche Versuche, den Kaiser aufklären zu lassen. Das Gutachten der Generale v. Gallwitz und v. Mudra

Die Verfassungsänderungen waren in den letzten drei Tagen durch die drei Lesungen hindurchgebracht worden, und zwar in einer Hetze, die kaum mit der Verfassung und sicher nicht mit der Würde vereinbar war, begleitet von dem Triumphgeheul der Polen und unter andauerndem Gezänk mit den Konservativen und Unabhängigen, die beide durchaus die Besprechung der Wilson-Note im Plenum erzwingen wollten.

Auf dem Wege der Verfassungsreformen konnte ich mich auch nicht durch den Brief des Generalfeldmarschalls aufhalten lassen, den ich in diesen Tagen empfing. Er appellierte an den Prinzen und Offizier, in keine Schmälerung der Rechte des Obersten Kriegsherrn einzuwilligen:

„Wie soll unser bis ins innerste Mark kaisertreues Offizierkorps es hinnehmen, wenn sein Allerhöchster Kriegsherr in der anscheinend beabsichtigten Weise seiner Kommandogewalt verlustig geht? Muß es da nicht seinen Halt verlieren?"

Ich glaubte dem Generalfeldmarschall durch Haeften Beruhigung geben zu können: allen Vorschlägen war die Spitze abgebrochen, die geeignet waren, soldatische Gefühle zu kränken oder an dem Gefüge der Armee zu rühren. General Scheüch hatte mit seinem Rücktritt gedroht, als von der Vereidigung auf die Verfassung oder der Unterstellung des Chefs des Generalstabs unter den Kriegsminister die Rede war. Payer, ich und besonders Gröber hatten ihm nach Kräften sekundiert.

Was dann schließlich an Änderungen übrigblieb,[121] entsprach entweder dem allgemeinen Bedürfnis – schon 1908 hätte sich für die Gegenzeichnung kaiserlicher politischer Kundgebungen (Interviews usw.) eine Majorität im Reichstag gefunden – oder kam sogar manchen Wünschen im Offizierkorps entgegen, oder stellte – wie die Gegenzeichnung der Ernennungen durch den Kriegsminister – einen Zustand her, wie er in der preußischen Armee früher bestanden hatte und in den bayerischen, sächsischen und württembergischen Militärkontingenten noch bestand.

Nicht der Inhalt unserer Gesetzgebung war das Unwürdige, sondern der Zeitpunkt. Wir besserten an unseren inneren Einrichtungen, während die lebendige Mauer einzustürzen drohte, welche die Heimat schützte. Wir haben diese Schmach gefühlt genau wie die Konservativen, aber glaubten nicht anders handeln zu können.

Machthunger der Parteien war wahrlich nicht der Beweggrund. Diese elende Verdächtigung kann ich beiseite lassen, Uns trieb die Sorge: wie können wir die Forderung nach der Abdankung aufhalten? Bezeichnend war, wer in den Beratungen dieser Tage auf die Verfassungsänderungen drängte, und wie ihre Notwendigkeit begründet wurde. Der Sozialdemokrat David, dem nach Gesinnung und Temperament jeder Umsturz zuwider war, erklärte am 25. Oktober in einer Sitzung im Reichsamt des Innern: Es handle sich heute darum, eine Rettungsaktion für den Kaiser zu machen. In den Sitzungen des preußischen Staatsministeriums stimmte Hergt aus allgemeinen Gründen der Regelung der Kommandogewalt zu und erklärte von der einschneidendsten Maßnahme, der Änderung des Art. 11, die Regierung sollte vorausgehen und nicht auf die Initiative der Parteien warten. Es war der bayerische Ministerpräsident v. Dandl, der in der Sitzung des Bundesratsausschusses am 20. Oktober vorschlug, in Beantwortung der zweiten Note Wilsons das Militärkabinett abzuschaffen.

Ich weiß jetzt, daß alle diese Gedankengänge auf trügerischem Grunde bauten. Die Geschichte wird mir den Vorwurf machen, ich hätte die

---

[121] Am 26. Oktober 1918 konnte der Kriegsminister im Kabinett mitteilen, daß Hindenburg den Verfassungsänderungen zugestimmt habe

Notwendigkeit der Abdankung nicht rechtzeitig erkannt. Heute bedaure ich, daß Haeftens Worte mich nicht aufgeschreckt haben. Ich hätte am 24. abends handeln sollen.

Mich hat nach dem Kriege ein Urteil von Max Weber schwer getroffen: Prinz Max habe, in dynastischer Sentimentalität befangen, die Wirklichkeiten der Situation nicht gesehen und kostbare Tage und Wochen verrinnen lassen.

Ich gebe die gefühlsmäßige Trübung der Urteilskraft zu, aber ich glaube, Max Weber tut meinen Beweggründen unrecht; ich war von der Aufgabe erfüllt, den Kaiser mit dem Volk wieder zusammenzuführen; ich dachte dabei nicht minder an das Reich als an ihn. Die Nachfolge des Kronprinzen würde die Situation nicht erleichtert, sondern erschwert haben. Dann kam der Enkel, und „wehe dem Volk, dessen König ein Kind ist".

Gerade eine reformierende Regierung braucht die ungebrochene Autorität des Staatsoberhaupts, soll sie nicht nur äußerlich ihren Willen in der Staatsmaschine durchsetzen, sondern auch passiven Widerstand überwinden können. Noch war des Kaisers Autorität unvermindert in Heer und Verwaltung kraft einer übermächtigen, Tradition der Gefügigkeit. Die wenigen Wochen der Zusammenarbeit hatten mir eine doppelte Gewißheit gegeben: der Kaiser bemüht sich, ein loyaler Mitarbeiter des Kabinetts zu sein; und ich vermag kraft meiner persönlichen und verwandtschaftlichen Stellung die Nebel von Unwahrheit zu durchbrechen, die ihn seit Jahrzehnten umgaben und daran verhinderten, seine großen Fähigkeiten auf dem Boden der Wirklichkeit zu betätigen.

Seine Majestät bestimmte als Nachfolger des Generals Ludendorff den General Gröner. Die Regierung war unbeteiligt an der Ernennung. Maßgebend für die Berufung dieses hervorragenden Offiziers war wohl seine einzigartige Kenntnis des Eisenbahnwesens, die für die Durchführung eines strategischen Rückzugs wie einer vereinbarten Räumung von besonderer Bedeutung werden konnte.

Die Bevölkerung wurde durch den Wechsel in der Obersten Heeresleitung merkwürdig wenig getroffen, aber es war in dieser Zeit überhaupt schwer, vorauszusehen, was die Öffentlichkeit erregte und was sie kalt lassen würde. Die Nachrichten über den sich festigenden Widerstand an der Westfront fanden nicht die gebührende Beachtung, ebensowenig wie die Hiobsbotschaften, die aus Österreich und der Türkei eintrafen und darauf vorbereiten mußten, daß die Loslösung von dem Bündnis nur eine Frage von Tagen war. Die Menschen hatten den Überblick über die gesamte Situation verloren und jagten immer neuen Einfällen nach.

Am 27. Oktober stand die Zwangsvorstellung in der Öffentlichkeit drohend und unausweichlich: wenn der Kaiser abdankt, bekommen wir einen guten Waffenstillstand. Jede denkbare Einwirkung auf die Presse war versucht worden. Die Legationsräte Ferdinand v. Stumm und Schmidthals hatten in der Pressekonferenz erklärt, es wäre ein Zeichen von Felonie und Bedientenseele, wenn dasselbe Volk, das im Frieden dauernd dem Kaiser zugejubelt hätte, jetzt von ihm abfiele.

Die sozialdemokratischen Blätter hatten sich beherrscht; aber seit die „Frankfurter Zeitung" ausgebrochen war, gab es kein Halten mehr; wie durfte der „Vorwärts" regierungsfrommer erscheinen als das bürgerliche Blatt.[122]

Das Furchtbare aber war: Der Schweizer Lockruf drang in mein Kabinett ein. Scheidemann faßte die ihm übermittelte Meinung des Herron Kreises folgendermaßen zusammen:[123] „Dem deutschen Volke keinen Gewaltfrieden, dem Kaiser und dem Kronprinzen keine Gnade." Und ich selbst sollte um jeden Preis für den Glauben an Wilson gewonnen werden.

Am 27. Oktober erschienen zwei Sendboten des Fürsten Ernst zu Hohenlohe-Langenburg bei mir, Major Draudt und Kapitänleutnant Mensing, und überreichten mir das folgende Schreiben des Fürsten:

---

[122] Die „Frankfurter Zeitung" hatte am 25. Oktober geschrieben: „Wilsons Worte sind zwar nicht vollkommen eindeutig. Aber wenn sie einen Sinn haben, so kann es doch nur der sein, daß die im ersten Teil der Note gekennzeichneten Bedingungen eines Waffenstillstandes, die allerdings von einer Unterwerfung sich kaum unterscheiden werden, nur für den Fall gestellt werden, daß mit den militärischen Beherrschern und der monarchischen Autokratie verhandelt werden muß."

[123] Kabinettssitzung vom 28. Oktober vormittags 10 Uhr.

Bern, 25. Oktober 1918.
Mein lieber Max!
„Meinem gestrigen Telegramm muß ich einige erläuternde Zeilen folgen lassen, da ich es für Freundspflicht halte. Dich in diesen furchtbar schweren, entscheidenden Tagen von dem in Kenntnis zu setzen, was ich durch mein Hiersein zu erfahren Gelegenheit habe – nicht als unverantwortlicher Berater (eine mir verhaßte Rolle!), sondern damit das Bild der Lage Dir von möglichst vielen Seiten beleuchtet werde ...

„Von dem genannten Gewährsmann wurde mir ungefähr folgendes mitgeteilt:

Die amerikanische Note vom 23. Oktober stellt ein Kompromiß zwischen Wilson, der die Rolle des Friedensstifters spielen möchte, der einflußreichen auf Deutschlands gänzliche Niederwerfung gerichteten Strömung im Senat und wahrscheinlich auch den übrigen Ententestaaten dar und bedeutet insofern einen Erfolg Wilsons, als es ihm gelungen ist, das Verlangen nach bedingungsloser Kapitulation zu vermeiden. Er will über Waffenstillstand und Frieden verhandeln, aber nur unter einer Voraussetzung: daß die Machthaber in Deutschland, die in den Augen der Entente für den Krieg und seine Führung verantwortlich sind, verschwinden. Mit den Worten ‚militärische Beherrscher und monarchische Autokraten' meint der Präsident drei Personen: den Kaiser, den Kronprinzen und Ludendorff. Gegen den Kaiser ist in den Ententeländern eine so raffinierte und systematische Hetze betrieben worden, daß er in der ganzen öffentlichen Meinung jener Länder – auch in Amerika – als die Verkörperung aller wirklichen und erdichteten Greuel dieses Krieges und als der schärfste Gegner jeder Beschränkung der monarchischen Gewalt gilt. Dem Kronprinzen schreibt man dieselben Gesinnungen wie seinem Vater zu, und was Ludendorff betrifft, so ist man überzeugt, daß er nach wie vor den maßgebenden Einfluß auf die Politik ausübt, daß er nur das Bestreben habe, die Entwicklung in freiheitlicher Richtung rückgängig zu machen, und daß er bei der Stärke seiner Persönlichkeit, solange er die Heeresleitung in Händen habe, sich niemals den Einfluß auf die Politik entreißen lassen werde. Mit diesen drei Männern wird die Entente niemals über Waffenstillstand oder Frieden verhandeln.

Die jüngste Note ist das letzte Wort des Präsidenten Wilson. Wenn wir die darin geforderten Vorbedingungen nicht erfüllen, so gelten die Verhandlungen als abgebrochen, und jeder Versuch unsererseits, sie wieder anzuknüpfen, würde abgelehnt werden oder unbeantwortet bleiben.

Der Gedanke an den Aufruf des ganzen Volkes zur nationalen Verteidigung macht auf unsere Gegner keinen Eindruck, da ihnen die Schwäche unserer militärischen Stellung genau bekannt ist. So wissen sie, daß z. B. unsere Ölvorräte nur für wenige Monate reichen und nicht ergänzt werden können, weil wir von Rumänien immer mehr abgeschnitten werden. Der gänzliche Niederbruch unserer Bundesgenossen, die je eher je lieber auch ohne uns

Frieden schließen werden, ist ihnen ebenfalls bekannt. Auch ist es ihnen kein Geheimnis, daß unsere Menschenreserve nicht mehr lange ausreichen kann, nachdem alle halbwegs kriegstauglichen Leute schon längst eingezogen sind und eine Erhöhung der Mannschaftszahlen auf Kosten unserer Industrie gehen müßte, die ihrerseits die Arbeitskräfte zur Herstellung des unentbehrlichen Kriegsmaterials braucht. Amerika dagegen bringt jede Woche ungezählte Mengen von Soldaten und Material auf den Kriegsschauplatz, und zwar mit zunehmender Leichtigkeit, weil unsere U-Boote die Seetransporte immer weniger stören können.

Bei Fortführung des Krieges könnte der Kampf nur noch wenige Monate dauern, wobei jeder Tag die Lage der Entente verbessert, die unserige verschlechtert, selbst wenn es uns, was gar nicht ausgeschlossen ist, gelingt, eine Linie einige Zeit zu halten oder vorübergehende Erfolge zu erringen.

Es wäre Selbsttäuschung, zu hoffen, daß im Lauf der Monate, die uns noch zugemessen sind, ein Umschwung der Stimmung in Frankreich oder England zugunsten des Verständigungsfriedens eintreten könnte. In beiden Ländern, besonders in Frankreich, ist der Haß, die Rachelust und die Gewißheit der Überlegenheit zu groß, als daß ein vorübergehendes Stocken des Entente-Vormarsches den Wunsch nach Frieden hervorrufen könnte, Und selbst wenn dieser unmögliche Fall einträte, so werde Amerika einen Friedensschluß verhindern, wenn Deutschland jetzt seine Bedingungen ablehne. ‚We hold them' (nämlich Franzosen und Engländer) sagte der amerikanische Herr, dem ich diese Informationen verdanke.

Er verwies auch auf die Stimmung bei uns im Innern. Wird der Krieg fortgesetzt – so meinte er –, dann wird die geschickte Propaganda der Entente dafür sorgen, daß die leider jetzt schon bei zahlreichen Deutschen bestehende Meinung, es handle sich beim Endkampf vor allem um die Person des Kaisers, welche das Haupthindernis des Friedensschlusses gewesen, in die weitesten Kreise der Armee und des Volkes hineingetragen werde. Dadurch wird nicht nur die Kampfkraft unseres letzten Aufgebotes geschwächt werden, sondern am Ende dieses Weges steht die Anarchie, die dann nicht nur den Kaiser, sondern alle Dynastien und jede staatliche Ordnung in Deutschland hinwegfegen wird. – Ich darf noch hinzufügen, daß der amerikanische Gewährsmann äußerte, im Falle wir die Forderungen der letzten Wilson-Note nicht erfüllten, würde sich die Entente durch kein neues Friedensangebot abhalten lassen, in Deutschland einzubrechen. Die Folgen möchten wir uns selbst ausmalen.

„Mein lieber Max, nur mit Widerstreben habe ich Dir diese Dinge geschrieben, die das Herz jedes Deutschen mit bitterem Schmerz und Zorn erfüllen müssen. Ich tat es, weil die Äußerungen, die ich im vorstehenden wiedergab, von einem Mann stammen, der nicht aus Feindschaft gegen uns die Lage in möglichst schwarzen Farben schildert, sondern der sich anerkanntermaßen seit langer Zeit bemüht hat, bei seinen Landsleuten für eine Verständigung mit uns zu wirken und sich dafür manchen Unannehmlichkeiten und Anfeindungen ausgesetzt hat, und weil ich glaubte, es Dir schuldig zu sein, das Gehörte zu Deiner Kenntnis zu bringen. Ich tat es aber auch, weil das von dem Amerikaner entrollte düstere Bild unserer militärischen Lage mir im großen und ganzen zutreffend zu sein scheint; denn Herr v. Keller und Major Draudt sagten mir bei ihrer Rückkehr aus Berlin vor einigen Tagen, sie hätten von maßgebenden militärischen Stellen erfahren, daß wir infolge zunehmenden Mangels an Material usw. nur noch eine begrenzte Zahl von Monaten Krieg zu führen in der Lage wären. Demnach müßte automatisch in einer ziemlich genau zu berechnenden Zeit der völlige Zusammenbruch erfolgen, es sei denn – und ein anderes Gegenargument konnte man ihnen in Berlin nicht nennen –, daß in den paar vor uns liegenden Monaten ein Stimmungsumschwung bei der Entente einträte. Ich weiß nicht, welche bestimmten Anhaltspunkte man für die Hoffnung auf einen solchen Umschwung besitzt. Bestehen aber solche wirklich greifbaren Anhaltspunkte nicht, so wäre der Aufruf des letzten Aufgebots zum Endkampf doch wohl eine Art von Hasardspiel, und wenn die erhoffte Trumpfkarte ausbleibt, so führt das Spiel zum Zusammenbruch, der, wie ich befürchte – vielleicht nach einem letzten Aufflammen der Begeisterung –, bei der in Deutschland herrschenden Stimmung rascher kommen kann, als man erwarten möchte. Der zermürbende Einfluß der Kriegsnot und der jahrelangen Entbehrungen läßt sich nicht verkennen. Aus Süddeutschland vernimmt man teilweise recht betrübende Äußerungen der Mißstimmung. Du bist darüber besser unterrichtet als ich.

„Die nationale Ehre ist nach meinem Gefühl durch einen mehr als vierjährigen heldenhaften Kampf gegen eine Welt glänzend gewahrt worden. Jetzt stehen wir da, aus tausend Wunden blutend, verlassen von unseren Bundesgenossen, bedrängt von Feinden, deren Übermacht stetig wächst. Kein Mensch kann uns dereinst einen Vorwurf machen, wenn wir nicht unsere letzte Kraft in aussichtslosem Kampfe opfern, sondern unsere Zukunft zu retten suchen. Ich glaube fest an eine Zukunft des Deutschtums; denn die Welt braucht unsere Art und unser Wesen und, wie Du in Deiner so schönen Rede betont hast, aus der größten Not ist das deutsche Volk immer am großartigsten der Erneuerung entgegengegangen. Wenn unser Kaiser jetzt um der Zukunft seines Volkes willen den schwersten Entschluß faßte, so würde das nicht als Schwäche ausgelegt werden können, sondern die kommenden Geschlechter eines, so Gott will, wieder erstarkten Deutschlands würden die Tat preisen, die geschehen wäre, um von Volk und Land das Schlimmste abzuwenden.

„Du weißt weit besser als ich, wie in Wahrheit unsere Aussichten sind ... Bei allen den unendlich schmerzlichen Ereignissen dieser Zeit suchen Dich meine Gedanken in dem Bewußtsein der Last, die auf Dir liegt, und in der Gewißheit, daß ein fortgesetztes Opfer, wie Du es bringst, seinen Segen in sich trägt.

"Ich sende diese Zeilen durch Major Draudt,[124] weil ich weiß, daß Du ihn schätzest und ihm volles Vertrauen schenkst. Ich habe ihn gebeten, Dir den Brief womöglich persönlich zu übergeben, weil er in der Lage ist, mündlich manche Erläuterungen zu geben, die die Dinge klarer und lebendiger darstellen als alles Geschriebene. Kapitänleutnant Mensing wird ihn begleiten, um Dir, falls Du es wünschest, weitere Aufklärungen über die ihm zur Verfügung stehenden Informationen zu geben ... "

Hier sprach ein Mann, der dem Kaiser zugetan war, Ludendorff vertrauend und bewundernd gegenüberstand, und der nach der Friedensresolution des Reichstages in die Vaterlandspartei geflüchtet war.

Die beiden Offiziere, Draudt und Mensing, stützten jedes Argument, überzeugt, in Wilsons innerste und edelste Absichten eingedrungen zu sein. Die Drohnote sei nur ein Hilferuf an uns, wir sollten ihm den Kampf für den Rechtsfrieden erleichtern. Dieser Kampf sei sehr schwer, aber Wilson der Mann, ihn zu gewinnen. Die Herren beschworen mich, beschleunigte Entscheidungen herbeizuführen, es könnte sich um Tage, ja um Stunden handeln, dann stünden Fochs Waffenstillstandsbedingungen fest.

Dieser Besuch brachte mich in schwere Gewissensnot.

Wohl setzte ich starke Zweifel in die Schlußfolgerungen des „Gewährsmannes". Insbesondere blieb meine Überzeugung unerschüttert, daß jeder Beweis militärischer Kraft, den wir geben könnten, Wilsons Stellung gegenüber Foch stärken und nicht schwächen würde. Aber wenn der Fürst Hohenlohe nur in dem einen Punkt recht hatte, daß die Abdankung des Kaisers die Waffenstillstandsbedingungen mildern würde, dann hatte ich mir eine schwere Versäumnis vorzuwerfen. Ich hatte den Kaiser wohl über die ungünstige Deutung der Wilson-Note informiert, aber sorgfältig vermieden, ihn zu beraten. Wenn nun der Zeitpunkt schon vorüber wäre, bis zu dem die Waffenstillstandsbedingungen noch beeinflußt werden konnten? Ich vermochte keine Beruhigung zu finden, auch

---

[124] Major Draudt von der Gefangenenabteilung des Kriegsministeriums gehörte zu der Gefangenenkommission, die in Bern mit den Amerikanern verhandelte. Ich kannte ihn seit Jahren von den Verhandlungen her, die ich mit dem Kriegsministerium zu führen hatte, als einen energischen und humanen Mann.

nicht durch die Berichte aus Holland, die zähe an der Behauptung festhielten, Wilson begnüge sich mit der Abschaffung des „Kaiserismus" und verlange nicht, daß der Kaiser abdanke. Ich beschloß, einen Versuch zu machen, in das Wirrsal widersprechender Nachrichten Klarheit zu bringen.

In einer der nordischen Hauptstädte weilte gerade ein junger amerikanischer Diplomat, der bis zum Abbruch unserer Beziehungen zu den Vereinigten Staaten wiederholt in Deutschland gewesen war. Ich hatte ihn noch unmittelbar vor seiner Abreise gesprochen, und es stand mir lebhaft vor Augen, wie betrübt und enttäuscht er war, daß die Erklärung des verschärften U-Bootkrieges die Friedensaktion des Präsidenten zerschlagen hatte. Ich wußte, daß er seinerzeit bis an die Grenzen seiner Kompetenzen gegangen war, um eine Fühlung zwischen dem gemäßigten England und Deutschland herbeizuführen. Er hatte früher Verständnis für unsere Lage gezeigt; vor allem aber bewegte ihn der Glaube an Amerikas Sendung: den rechtzeitigen Frieden herbeizuführen.

So sah er in der Verlängerung des Krieges bis zum vernichtenden Siege nicht nur den Ruin Europas, sondern auch die Niederlage seines Vaterlandes, insbesondere auch seines Präsidenten, den er für den Heilbringer der Menschheit hielt. Die Verbindung zwischen diesem Herrn und meinen näheren Gesinnungsgenossen war nie abgerissen. Er war auch heute noch für eine offene Aussprache zu haben. Ich trug daher Hahn auf, am 28. Oktober früh nach dem Norden zu reisen, in der Nacht auf den 29. den Diplomaten zu sprechen und womöglich mir noch am 29. abends zu berichten. Bis dahin wollte ich meinen Vortrag beim Kaiser hinausschieben.

Es wurde mir schwer gemacht, an diesem Entschluß festzuhalten.

Der 27. Oktober war ein böser Tag gewesen: Man hatte so stark das Gefühl des Erliegens unter dem Unglück, das ununterbrochen gemeldet und vorhergesagt wurde. Da teilte mir Simons noch am Abend einen Vorgang aus der Kabinettssitzung mit, der trösten und erheben mußte: Wien hat um Brot gebeten, eine Abordnung ist in Berlin und weist nach, daß die Bevölkerung tatsächlich am Verhungern ist. Waldow glaubt, vom Standpunkt der eigenen Ernährungslage, nichts abgeben zu können; er befürchtet einen schlechten Eindruck auf deutsche Arbeiterkreise; über politische Rücksichten will er nicht entscheiden; wir könnten höchstens mit zehn bis zwölftausend Tonnen aushelfen, das würde für Wien etwa vier Wochen ausreichen, aber wir würden sie sicher entbehren. Payer erklärt es für selbstverständlich, daß wir die Verantwortung übernehmen. Da kann Scheidemann mitteilen, die Sozialdemokratische Partei habe es mit allen gegen zwei Stimmen gut geheißen, daß man den Österreichern mit Lebensmitteln aushelfe. „Wir können dies den Arbeitern gegenüber verantworten." Das Kabinett beschließt daraufhin einstimmig, daß Wien und den Deutsch-Böhmen zehn bis zwölftausend Tonnen Getreide geliefert werden.

Dieses Zeugnis sollte nicht aus der Geschichte ausgelöscht werden. Es hat ein anderes Gewicht als der Paragraph 80 des Versailler Vertrags und die taktischen Erwägungen überkluger Politiker. Mir ist es nie so klar geworden wie an diesem Tage, daß wir und die Deutsch-Österreicher ein Volk sind und in Land werden müssen.

Am 28. Oktober ließ sich General v. Chelius in dringender Angelegenheit bei mir melden. Er sei von Brüssel nach Berlin gekommen, um mir Vortrag zu halten. Ich empfing ihn am Nachmittag. Mit allen Zeichen innerer Erregung sagte er mir, daß er es in Brüssel nicht länger ausgehalten hätte; er müsse mit mir über die Frage der Abdankung des Kaisers reden. Er legte mir eine Reihe von Berichten vor, die der Chef der politischen Abteilung beim Generalgouverneur in Belgien, Gesandter v. d. Lancken, abgefaßt hatte; sie fußten auf Informationen eines amerikanischen Vertrauensmannes, der bisher den Inhalt jeder Note des Präsidenten Wilson genau vorausgesagt habe. Jetzt nun erkläre der Vertrauensmann mit einer verblüffenden Sicherheit, ohne die Abdankung des Kaisers würde der Krieg weitergehen oder Deutschland einen furchtbaren Waffenstillstand und ebenso einen furchtbaren Frieden erhalten.

General v. Chelius war lange Jahre Flügeladjutant gewesen: jedes Wort, das er über die Lage des Kaisers sagte, rang er sich ab; aber er bestand darauf, daß Seine Majestät das große Opfer bringen müsse, um die Dynastie und das Land zu retten.

Ich bat den General, sofort zum Hausminister Grafen August Eulenburg zu gehen und durch seine Vermittlung, womöglich unterstützt von ihm. Seiner Majestät seine Meinung vorzutragen. Mir lag daran, daß Männer, die der Kaiser als seine Persönlichen Freunde und die Stützen seines Thrones ansah, ihm zuerst den ehrenvollen Ausweg wiesen.

So hatte ich am gleichen Tage eine Unterredung mit dem Oberhofprediger v. Dryander, der seit Jahrzehnten dem Hofe nahe verbunden war. Ich suchte ihn davon zu überzeugen, daß er als Seelsorger und Freund des Kaisers der Nächste wäre, um ihm den Thronverzicht nahezulegen, vorausgesetzt, daß auch er glaubte, das Interesse der Monarchie verlange dieses Opfer.

Herr v. Dryander bestritt, in einem genügend nahen Vertrauensverhältnis zum Kaiser zu stehen, um der natürliche Vermittler solcher Gedankengänge zu sein – der freiwilligen Abdankung selbst stand er im Gespräch nicht schroff ablehnend gegenüber. Er wollte sich meinen Vorschlag noch einmal genau überlegen.

An diesem Tage hörte das Kabinett endlich das Gutachten der Generale, um das wir so lange hatten kämpfen müssen.

Zwei Heerführer waren erschienen, deren Urteil besonderes Gewicht haben mußte: die Generale v. Gallwitz und v. Mudra, ersterer Führer einer Heeresgruppe, letzterer Führer einer Armee, beide im Kriege hervorragend bewährt und von dem Vertrauen ihrer Truppen getragen, General v. Gallwitz von langjähriger Tätigkeit im Kriegsministerium her auch in den politischen Kreisen der Heimat wegen seines Scharfsinns und seines gerechten Urteils hochgeschätzt.

Sie waren vor der Sitzung bei mir und sprachen von dem Waffenstillstandsangebot und seiner furchtbaren Wirkung in einem vorwurfsvollen Tone, als trüge die Regierung die Schuld daran. Ich legte die wahren Zusammenhänge dar. Die Herren sahen sich erstaunt an: sie waren beide nicht befragt worden. Die militärische Auskunft, die sie mir gaben, mündete in der Forderung: Ruft das Volk zur nationalen Verteidigung auf, nicht jetzt, sondern sobald die entehrenden Bedingungen des Waffenstillstands uns präsentiert werden. Der dann zu führende Kampf wäre nicht hoffnungslos; wenn jetzt sofort die Heeresgruppe Kronprinz Rupprecht in die Maas-Antwerpenstellung zurückgenommen und dadurch die Front verkürzt würde, dann sei Aussicht, den Übermut des Feindes durch zähen Widerstand zu brechen. Die in Österreich zu erwartende Katastrophe wurde in diesem Gespräch noch nicht von den Herren in Rechnung gestellt, aber sie stand im Mittelpunkt der sich anschließenden Sitzung.

Die Generale erstatteten den Staatssekretären einen Bericht[125] von zwingender Sachlichkeit. In wichtigen Einzelheiten sahen sie die Lage anders an als der General Ludendorff am 17. Oktober. In einem entscheidenden Punkt aber stimmten sie mit ihm überein:

Der Gegner tut nicht sein Letztes, um seine Überlegenheit auszunützen; dabei werde er jetzt sehr gut geführt. Der Franzose sei deutlich geschwächt, seine Einheiten verringerten sich; der Engländer sei zahlenmäßig besser dran, aber sein Offensivwille sei stark gesunken; der Amerikaner sei ein sehr zu schätzender Gegner,[126] habe jedoch auch in seiner Angriffskraft nachgelassen; er werde aber nach Ergänzung seiner kolossalen Verluste zu neuen Stößen wieder vorgehen.

Beide Generale waren der Meinung, daß die neue Offensive dem Feinde teuer zu stehen kommen und ihr Ausgang schließlich auf den Siegestaumel ernüchternd wirken würde, wenn wir nur durchhielten.

Der General v. Gallwitz glaubte noch an den guten Kern unserer Truppe; zwar hielt er uns nicht mehr für fähig zu Kampfhandlungen offensiver Art, wohl aber zur Abwehr. Allerdings herrsche vielfach eine schlechte Stimmung gegen das Weiterkämpfen, die Drückebergerei habe einen erschreckenden Umfang angenommen, besonders in Waldgefechten. „Es geht in die Tausende."

Das Waffenstillstandsangebot und die sich anschließenden Verhandlungen hätten schlecht gewirkt. („Sollen wir uns eine Minute vor 12 noch totschlagen lassen?") Die Lage der Verwandten in der Heimat deprimierte die Truppen. Oft kehrten die Leute in schlechterer Stimmung vom Urlaub zurück, als sie die Front verlassen hatten.

Der General v. Gallwitz beschwor uns, dieser demoralisierenden Wirkung der Heimat entgegenzutreten durch einen gewaltigen Appell an die

---

[125] Amtliche Urkunden Nr. 86.
[126] Vgl. dagegen Ludendorffs Äußerung am 17. Oktober, siehe oben S. 426.

Nation, der aber nicht allein vom Kaiser ausgehen dürfe. „Erhebliche Kreise der Armee seien damit einverstanden, daß die neue Regierung die Sache mit in die Hand nehme." Auch General v. Mudra legte das Schwergewicht auf den fehlenden Ersatz und die Übermüdung der Armee: Wenn nur die Soldaten wieder einmal schlafen könnten, „das ewige Wiedereinsetzen zum Kampf fresse am Mark der Truppe". Der Kriegsminister Scheüch konnte in Aussicht stellen, daß von den zugesagten 600000 Mann bereits 300 000 Anfang November hinausgehen würden.

Haußmann stellte die Frage: „Seien die Generale der Ansicht, daß wir die Verhandlungen abbrechen und die Volkserhebung organisieren müßten ... Oder sollten wir erst abbrechen, wenn sie uns unwürdige Bedingungen auferlegen?" Gallwitz erwiderte: „Wenn wir Appell an das Volk richten, dann ist Abbruch der Verhandlungen mit Wilson notwendig, da es sonst als Farce erscheinen würde. Auch würden wir ja dann auf feindlichem Boden weiterkämpfen wollen, also das Räumungsangebot zurückziehen müssen. Es ist notwendig, die Antwort Wilsons abzuwarten und dann die Entscheidungen zu treffen, damit, falls entwürdigende Anträge kommen, weitergekämpft werden könne."

Gallwitz verlangte präzise Auskunft über die Lage in Österreich; er wollte unterscheiden zwischen Abfall und Ausscheiden des Bundesgenossen. Würde Österreich sich gezwungen sehen, feindliche Truppen durchzulassen? In jedem Fall würden italienische Kräfte an die Vogesenfront gezogen werden.[127] Dies sei sehr schlimm, weil unsere Vogesenfront schwach besetzt sei. Es könnte dies der Tropfen sein, der das Faß zum Überlaufen brächte.

Solf verlas die bereits im Ausland veröffentlichte Note Österreichs, darin die treulosen Worte vorkamen: „ohne das Ergebnis anderer Verhandlungen abzuwarten". Der Staatssekretär warnte die Herren dringend davor, etwas anderes in Rechnung zu stellen, als Österreichs bedingungslose Kapitulation.[128]

---

[127] Vgl. dagegen Ludendorffs Äußerungen am 17. Oktober, siehe oben S. 435.
[128] Die Waffenstillstandsbitte Österreichs an Wilson vom 27. Oktober 1918 hatte folgenden Wortlaut: ‚In Beantwortung der an die österreichisch-ungarische Regierung gerichteten Note des Herrn Präsidenten Wilson vom 18. d. M. und im

Die Generale waren entsetzt. Gallwitz sagte: „Das kommt so überraschend, daß es schwer ist, umzudenken". Einen Augenblick schien es, als ob er und Mudra unsere Sache dann für verloren hielten, wenn die Entente über die österreichischen Bahnen verfügte.[129]

Aber Gallwitz „wollte doch noch nicht die Flinte ins Korn werfen". Es seien das vorläufig alles Vermutungen. Wir müßten erst sehen, wie lange wir es noch aushielten. Vom Standpunkt der nationalen Ehre dürfe man nicht Schicht machen, solange die Armee noch in Widerstandskraft dastehe. Er wandte sich an Scheidemann und forderte für die nationale Verteidigung die Mitarbeit der Sozialdemokraten, da alles darauf ankäme, neue Kräfte der Freiwilligkeit bei den Massen zu erwecken: „Pflicht der neuen Männer ist es, auf die Leute an der Front einzuwirken. Das ist es, was die Heeresleitung glaubt von der Sozialdemokratie erwarten zu können." Scheidemann erwiderte: „Ich trat eben deshalb in diesen Kreis ein."

Die Generale hatten überzeugend gesprochen. Haußmann resümierte in ihrer Gegenwart. Die Kernfrage sei: wie können wir unsere Widerstandskraft taktisch und praktisch ausnützen, damit wir bessere Bedin-

---

Sinne des Entschlusses des Herrn Präsidenten, mit Österreich-Ungarn gesondert über die Frage des Waffenstillstandes und des Friedens zu sprechen, beehrt sich die österreichisch-ungarische Regierung, zu erklären, daß sie ebenso wie den früheren Kundgebungen des Herrn Präsidenten auch seinen in der letzten Note enthaltenen Auffassungen über die Rechte der Völker Österreich-Ungarns, speziell über jene der Tschechoslowaken und der Jugoslawen, zustimmt. Da somit Österreich-Ungarn sämtliche Bedingungen angenommen hat, von welchen der Herr Präsident den Eintritt in Verhandlungen über den Waffenstillstand und den Frieden abhängig gemacht hat, steht nach Ansicht der österreichisch-ungarischen Regierung dem Beginn dieser Verhandlungen nichts mehr im Wege. Die österreichisch-ungarische Regierung erklärt sich daher bereit, ohne das Ergebnis anderer Verhandlungen abzuwarten, in Verhandlungen über den Frieden zwischen Österreich-Ungarn und den gegnerischen Staaten und über einen sofortigen Waffenstillstand auf allen Fronten Österreich-Ungarns einzutreten, und bittet den Herrn Präsidenten Wilson, die diesfälligen Einleitungen treffen zu wollen."

[129] Amtliche Urkunden, S. 217. Mudra: „Wenn Österreich bedingungslos kapituliert und sich auf die Seite der Feinde stellt, dann ist die Sache für uns verloren."

gungen bekommen. Nach den Ausführungen der beiden Generale besteht doch Hoffnung, daß wir unsere Front halten und den Rückzug gut ausführen können. Wir sind einig, in diesem Winter müssen wir abschließen; nur darf das nicht jetzt in dem Augenblick geschehen, wo der Gegner übermütig geworden ist und glaubt, uns alle Bedingungen auferlegen zu können.

Auch Scheidemann sah ein, daß noch eine ganze Zeit gekämpft werden müsse. Von einem Aufruf an das Volk wollte er sich freilich in materieller Hinsicht keinen großen Erfolg versprechen: die moralische Wirkung stritt er nicht ab, aber er erklärte die Qualität des noch verfügbaren Mannschaftsersatzes für minderwertig. Es handle sich meist um Leute aus den Fabriken, die schon einmal draußen waren und die durch einen Aufruf nicht begeistert werden könnten. Das Schlimmste sei der Niederbruch Österreichs. Sei in dieser Lage ein weiterer Kampf nicht aussichtslos? Natürlich könnten wir uns nicht auf Gnade und Ungnade ergeben. Aber wenn es gelänge, auf Grund der Verhandlungen mit Wilson zum Frieden zu kommen, dann müßten wohl auch die Heerführer zufrieden sein.

Die Generale v. Gallwitz und v. Mudra verließen die Sitzung mit „bangen Zweifeln". Sie hatten aus Scheidemanns Worten den resignierten Ton richtig herausgehört. Gallwitz ließ durch den Staatssekretär Solf noch mitteilen: „Er habe den österreichischen Abfall vorhin zu schwarz eingeschätzt, da er im Augenblick übersehen habe, daß wir im Osten und Südosten noch mehrere Armeen stehen hätten. Er sähe deswegen die Lage nicht mehr für so schwarz an."

Ehe der General v. Gallwitz an die Front zurückreiste, soll ihm – so ist mir später erzählt worden – von einflußreicher Seite nahegelegt worden sein, er möchte die Diktatur übernehmen. Der General habe den Gedanken von sich gewiesen. Verantwortungsscheu kann ihn wahrlich nicht zurückgehalten haben. Ich glaube, ihn leitete das richtige Gefühl: ein Diktator kann in unserer Situation niemals die Massen zu der freudigen Gefolgschaft begeistern, ohne die eine Volkserhebung ein sinnloses Fiasko werden muß. Ich werde in dieser Deutung bestärkt durch Worte, die der General v. Gallwitz ein Jahre später schrieb:[130]

„Eine Voraussetzung für erfolgreiche Leistung weiteren Widerstandes war, daß die Führer der Sozialdemokratie es gewollt und verstanden hätten, die inzwischen mißleiteten Massen national neu zu beleben und zu willigem Mittun anzuregen."

Das Gutachten der Generale gab uns die Verantwortung in ihrer ganzen Schwere. Was sie sagten, lief im Grunde darauf hinaus: von euch hängt es ab, ob die Front hält oder nicht; kommt aus der Heimat der moralische Auftrieb, dann, aber nur dann, kann die Armee sich der schlechten Elemente erwehren und genügend lange Widerstand leisten, um den Feinden das Ziel der Vernichtung Deutschlands zu verleiden. Der Aufruf zur nationalen Verteidigung sollte also die Rettung bringen. Wann hatte er zu erfolgen? Gallwitz dachte über den Zeitpunkt wie ich: nicht jetzt, sondern nach dem Eintreffen der entehrenden Bedingungen des Waffenstillstandes. Der General hatte sich mit besonderem Nachdruck an Scheidemann gewandt, gerade wie Ludendorff, als er am 17. Oktober ausrief: „Packen Sie das Volk, reißen Sie es hoch. Kann das nicht Herr Ebert tun?"

In der Tat, die Sozialdemokraten hielten heute den Schlüssel der Lage. Ihre Führer aber glaubten den Boden unter den Füßen zu verlieren. Scheidemann war jetzt von der Sorge vor dem Bolschewismus beherrscht, die er noch Anfang Oktober als bürgerliche Hysterie zu verspotten geneigt war. An diesem 28. Oktober, nach der großen Sitzung, drang er mit Drews darauf, die russische Botschaft und ihre Verbindungen auf das schärfste zu überwachen. Ja, Scheidemann war es, der anregte: eine Kurierkiste sollte unversehens auf dem Schlesischen Bahnhof entzweigehen, und der den Vorschlag machte, gegebenenfalls als Druckmittel die Kohlenlieferungen nach Rußland zu sperren. In der Parteipresse wurde täglich Alarm geschlagen gegen den asiatischen Sozialismus:

---

[130] „Preußische Zeitung" vom 2. August 1919.

> „Wollt ihr aber das deutsche Volk durch Prügel, d. h. durch Diktatur und gewaltsame Unterdrückung fremder Meinung zum Sozialismus erziehen, so sind wir gegen euch, denn wir wissen, daß nichts Gutes daraus für den Sozialismus kommen kann, wenn die Arbeiter nach Junkermanier regieren wollen." [131]

So wurde in der Frage: Reform oder Revolution? der Trennungsstrich mit wohltuender Schärfe gegen die Unabhängigen gezogen; aber in der Kriegspolitik verwischten sich die Gegensätze.

Vergebens suchte man nach den leidenschaftlichen Worten, mit denen der „Vorwärts" (Stampfer) noch Anfang Oktober gegen die Zumutungen der Feinde aufbegehrt hatte. Es war so weit, daß die Unabhängigen nur eine gegen den Krieg gerichtete Parole als zugkräftig zu erproben brauchten – schon machte sie sich der „Vorwärts „ zu eigen, wenn auch deutlich mit innerem Widerstreben und bemüht, abzuschwächen. Die Wahrheit war: Scheidemann und Ebert glaubten, ihren Anhängern nachlaufen zu müssen, um sie von östlichen Lockungen zurückzuhalten.

Am 28. Oktober gab der „Vorwärts" die nationale Verteidigung mit den Worten preis:

> „Das deutsche Volk würde auch ohne Waffen am Friedenstisch ein bedeutungsvoller Faktor sein ... Auch waffenlos würden wir am Friedenstisch nicht wehrlos sein."

Das war wieder der gefährliche Trost, mit dem uns Erzberger in der Kabinettssitzung vom 26. Oktober entsetzt und der schon Eberts Rede vom 22. Oktober beeinflußt hatte.

Man muß die Lage der Sozialdemokratischen Partei verstehen. Die Armee erholte sich vom Waffenstillstandsangebot unter der unerbittlichen Pflichterfüllung des täglichen Kämpfens, nicht so die Heimat. Sie sank zusammen – die im Elend verderbenden Menschen wollten nicht mehr in die Hoffnungslosigkeit zurück, seitdem ihnen der Friede zum Greifen nahe erschienen war.

In der gleichen Nummer des „Vorwärts" kam die Malerin Käte Kollwitz zu Wort, deren große Kunst schon vor dem Kriege vielen Menschen

---

[131] „Vorwärts" vom 27. Oktober 1918.

das soziale Gewissen geschärft hatte. Sie wandte sich gegen Richard Dehmel. Er hatte soeben in dichterischen Worten eigentlich das gleiche gefordert wie der General v. Gallwitz: die große Freiwilligkeit. Man solle die erschöpften und verzagenden Menschen nach der Heimat beurlauben und aus der Heimat alle herausholen, die sich zu opfern bereit sind. „Der schwächste Körper hat Wunderkräfte, wenn ihn ein edler Wille beseelt," so schloß der kranke Dichter, der sich wieder zur Front zurückmeldete. Käte Kollwitz wollte sich gegen Richard Dehmel auf einen Größeren berufen: „Saatfrüchte sollen nicht vermahlen werden," „es ist genug, gestorben, keiner darf mehr fallen." Das war der Schrei nach Frieden, wie er in diesen Tagen übermächtig aus den Massen aufstieg.

Ich mußte mich fragen: würde unsere Stimme weit genug tragen, wenn wir zur Verteidigung des Landes aufriefen? Noch hoffte ich auf einen Umschwung, wenn die Bedingungen eintreffen würden, an deren Furchtbarkeit die Arbeiter nicht glauben wollten. Eine Wahrheit aber stand mir drohend vor Augen, als ich die gedrängten Ereignisse dieses Tages überdachte: Wenn wir den Verzweiflungskampf verkündeten, und es kam aus den Massen die Antwort: die Bedingungen sind nur so schlecht, weil der Kaiser nicht abdankt, – dann war der nationalen Verteidigung das Rückgrat gebrochen.

Am Hofe aber schien die Thronentsagung noch gar nicht zur Erwägung zu stehen. Wahnschaffe legte mir spät am 28. Oktober den Erlaß Seiner Majestät vor, mit dem er die Bekanntmachung der neuen verfassungsändernden Gesetze zu begleiten wünschte:

„ Eurer Großherzoglichen Hoheit lasse ich in der Anlage den mir zur Ausfertigung vorgelegten Gesetzentwurf zur Abänderung der Reichsverfassung und der Gesetze, betreffend die Stellvertretung des Reichskanzlers vom 17. März 1878, zur alsbaldigen Veröffentlichung wieder zugehen. Ich habe den Wunsch, bei diesem für die weitere Geschichte des deutschen Volkes so bedeutungsvollen Schritt zum Ausdruck zu bringen, was mich bewegt. Vorbereitet durch eine Reihe von Regierungsakten, tritt jetzt eine neue Ordnung in Kraft, welche grundlegende Rechte von der Person des Kaisers auf das Volk überträgt. Damit wird eine Periode abgeschlossen, die vor den Augen künftiger Geschlechter in Ehren bestehen wird. Trotz aller Kämpfe zwischen überkommenen Gewalten und emporstrebenden Kräften hat sie unserem Volke jene gewaltige Entwicklung ermöglicht, die sich in den wunderbaren Leistungen dieses Krieges unvergänglich offenbart. In den furchtbaren Stürmen der vier Kriegsjahre aber sind alte Formen zerbrochen, nicht um Trümmer zu hinterlassen, sondern um neuen Lebensgestaltungen Platz zu machen. Nach dem Vollbringen dieser Zeit hat das deutsche Volk den Anspruch, daß ihm kein Recht vorenthalten wird, das eine freie und glückliche Zukunft verbürgt. Dieser Überzeugung verdanken die jetzt vom Reichstag angenommenen und erweiterten Vorlagen der verbündeten Regierungen ihre Entstehung. Ich aber trete diesen Beschlüssen der Volksvertretung mit meinen hohen Verbündeten bei in dem festen Willen, was an mir liegt, an ihrer vollen Auswirkung mitzuarbeiten, überzeugt, daß ich damit dem Wohle des deutschen Volkes diene. Das Kaiseramt ist Dienst am Volke.

So möge die Neuordnung alle guten Kräfte freimachen, deren unser Volk bedarf, um die schweren Prüfungen zu bestehen, die über das Reich verhängt sind, und aus dem Dunkel der Gegenwart mit festem Schritt eine helle Zukunft zu gewinnen.

Berlin, den 28. Oktober 1918.
Wilhelm I.R."

Die Kundgebung konnte nur gedacht sein als eine Antwort auf den Ruf nach Abdankung, der allenthalben laut wurde, und zwar als eine Antwort, die sagte: Ich will auf meinem Posten bleiben und loyal mit der Regierung zusammenarbeiten.

Die Meinungen waren geteilt, ob die Bekanntmachung dieses Schreibens günstig wirken würde. Erzberger war für Veröffentlichung noch am selben Abend; er wurde von Wahnschaffe unterstützt. Roedern fürchtete eine Diskussion über Vergangenheit und Gegenwart. Friedberg meinte: weniger wohlwollende Menschen würden sagen, der Kaiser bekenne sich zu etwas, was er nicht fühlt. Auch Payer warnte, Aufmerksamkeit auf die Person des Kaisers zu lenken. Die überwiegende Meinung ging dahin, daß in diesem Augenblick die Veröffentlichung besser unterbliebe.

Ich selbst hatte noch immer das Gefühl, daß Zurückhaltung der letzte Schutz für den Kaiser wäre. Auch sagte ich mir: wenn es zur Thronentsagung käme, so wären Würde und Freiwilligkeit besser gewahrt ohne diesen letzten Versuch Seiner Majestät, die öffentliche Meinung mit seinem Verbleiben auf dem Throne zu versöhnen.

Ich wartete gespannt auf Bescheid von Chelius. Er kannte das Milieu, in dem er aufklären wollte. Dryander hatte im Laufe des Tages schriftlich abgelehnt, eine Mission zu übernehmen, hinter der nicht seine Überzeugung stünde. Spät abends erhielt ich noch die Absage des Grafen August Eulenburg:

„Berlin, den 28. Oktober 1918.
Euer Großherzoglichen Hoheit
reiche ich in der Anlage den mir durch General v. Chelius mitgeteilten Brief des Fürsten Hohenlohe mit der ehrerbietigen Bitte zurück, daß Euer Hoheit diesen Brief an Seine Majestät den Kaiser privatim zur Allerhöchsten Information gelangen lassen, ohne einen bestimmten Antrag daran zu knüpfen. Ebenso würde ich vorschlagen, daß Euer Hoheit die von General v. Chelius überbrachten Brüsseler Nachrichten auch nur privatim an Seine Majestät übermitteln möchten.

Wenn Euer Großherzogliche Hoheit es für geboten halten, auf Seine Majestät im Sinne jener Schriftstücke einzuwirken, so sind solche Unterlagen durchaus geboten; ohne dieselben würde immer nur die Antwort erfolgen, daß ein Soldat im Augenblick der Gefahr seinen Posten nicht verlassen dürfe und daß – selbst wenn das erforderte Opfer „freiwillig" gebracht würde – keine Garantie für Erreichung des angestrebten milden Friedens geboten sei.

Ich glaube nicht, daß mit Erfolg auf eine Abdankung hingewirkt werden könnte, wenn der Preis, den die Entente dafür zu bewilligen bereit wäre, nicht mit einiger Sicherheit in die Erscheinung träte."

Am 29. Oktober meldete sich Herr v. Chelius wieder bei mir. Er begann mit der Erklärung: der Kaiser dürfe unter keinen Umständen abdanken, das bedeute die Auflösung der Armee und des Reiches. Ich bat ihn, mir diesen Umschwung in seiner Meinung zu erklären, worauf er mir erwiderte, gestern hätte er unter meiner Suggestion gestanden und von mir beeinflußt anders gesprochen. Es blieb mir einer so rätselhaften Begründung gegenüber nur übrig, die Frage zu stellen, ob er oder ich von Brüssel nach Berlin gekommen sei, um die Abdankung des Kaisers als letzte Rettung Deutschlands zu fordern und diese Forderung mit eigens dazu mitgebrachten Akten zu begründen.

So hatten sich Dryander, Eulenburg und Chelius versagt; die ohne Kommentar übersandten Berichte hatten nicht zu den erwarteten Schlußfolgerungen angeregt.

An wen konnte ich mich noch wenden, der willens und geeignet war, als Freund zum Kaiser zu sprechen? In Berlin wußte ich niemand. Ich mußte mir überhaupt sagen, daß der ganze von mir eingeschlagene Weg nicht zum Ziele führen würde, weil er zu behutsam und schonend war. Der freie Entschluß reifte nicht.

Ich selbst mußte zum Kaiser gehen, das stand für mich am 29. Oktober fest. Aber Graf Eulenburg hatte mit Recht davor gewarnt, unklare Auslandsnachrichten als Grundlage der Entscheidung zu empfehlen. Ich glaubte noch den Bericht aus dem Norden abwarten zu sollen.

Da trat gegen 5 Uhr nachmittags Freiherr v. Grünau in mein Zimmer mit der Meldung: „Seine Majestät reist heute nach Spa." Ich fragte ihn, ob er einen schlechten Witz mache. Grünau erwiderte: auch er habe vor einer halben Stunde noch nichts gewußt, Major Niemann habe ihm nach Berlin nachtelephoniert, der Kaiser reise heute abend noch ins Hauptquartier und er, Grünau, solle mitfahren. Grünau habe sofort den Major Niemann gefragt, ob denn der Kanzler informiert sei und die Reise in diesem Augenblick gutheiße. Er habe gewarnt: die plötzliche Abreise werde die Öffentlichkeit erregen und so ausgelegt werden, als ob der Kaiser sich unter den Schutz der Armee stelle. Major Niemann habe erwidert: Der Generalfeldmarschall v. Hindenburg halte es nach den politischen Vorgängen der letzten Wochen für dringend wünschenswert, den Kaiser wieder einmal mit der Armee in Berührung zu bringen; es sei übrigens nur ein ganz kurzer Aufenthalt in Aussicht genommen, nach vier bis fünf Tagen werde Seine Majestät wieder in Potsdam sein.

Ich entsandte sofort den Staatssekretär Solf zum Hausminister Grafen Eulenburg und zum Chef des Zivilkabinetts v. Delbrück mit der Bitte, meine Bemühungen zur Verhinderung der Reise zu unterstützen.

Zugleich ließ ich den Kriegsminister ans Telephon bitten; er erfuhr erst durch meinen Anruf von dem Vorhaben Seiner Majestät. Freiherr Marschall, der Chef des Militärkabinetts, war gerade bei ihm und bestätigte und erläuterte ihm die Nachricht. Scheüch suchte mich zu beruhigen: Wenn der Kaiser nur drei Tage bliebe, könnte wohl kein Schaden entstehen. Ich erwiderte ihm, daß ich an die drei Tage nicht glaubte; wenn der Kaiser abreiste, fürchtete ich sehr, daß er nicht wieder kommen würde. Ich habe später gehört, daß der Kriegsminister Marschall gegenüber sofort seine schweren Bedenken geäußert hat. Marschall habe entgegnet: In der veränderten militärischen Lage verlange die Armee danach, den Kaiser zu sehen, auch wünsche die Oberste Heeresleitung dringend die Anwesenheit Seiner Majestät im Hauptquartier wegen der Entscheidungen, die unser Rückzug nötig mache. Scheüch machte geltend, daß auch die Entschlüsse, die in Berlin gefaßt werden müßten, eine unmittelbare Berührung mit dem Kaiser erforderten. Er ließ sich die Zusicherung geben, daß der Kaiser sofort zurückkehren würde.

Damals schien mir der Kriegsminister die Schnelligkeit zu unterschätzen, mit der sich die Ereignisse entwickeln konnten.

Ich ließ mich selbst mit Seiner Majestät telephonisch verbinden und sagte ihm, wie betroffen ich über diesen neuen Entschluß sei und darüber, daß er ihn so plötzlich und ohne mein Wissen gefaßt habe. Der Kaiser erwiderte, im Kriege würden schnelle Entschlüsse gefaßt, die Oberste Heeresleitung wünsche seine Gegenwart an der Front; die Kaiserin sei auch überrascht worden. Ich bat dringend um Aufschub der Reise, sie würde jetzt den schlechtesten Eindruck machen. In den nächsten Tagen müßten die allerwichtigsten Fragen erledigt werden, die wir unmöglich telephonisch behandeln könnten. Der Kaiser meinte: „Du hast Ludendorff abgesetzt, nun muß ich Gröner einführen." Ich entgegnete, daß der Feldmarschall das doch sicher allein tun könne; ich bäte, empfangen zu werden. Der Kaiser berief sich auf die Ärzte, die die Ansteckungsgefahr der Grippe fürchteten. „Außerdem mußt du dich schonen." Ich bat, trotzdem herauskommen zu dürfen. Seine Majestät lehnte ab. Der Ton war ohne persönliche Schärfe. Ich drängte noch einmal: „Wir gehen jetzt den schwersten Tagen entgegen, da können Eure Majestät nicht abwesend sein." Der Kaiser wehrte ab: „Wenn ihr das tut, was ich euch geraten habe, so kann noch alles gut werden." Diese Bemerkung bezog sich auf eine Notiz, die Seine Majestät dem Staatssekretär Solf zugeleitet hatte. Darin riet er, einen Frontwechsel in der auswärtigen Politik zu unternehmen, d. h. die Friedensaktion nunmehr auf England zu stützen.

Während unseres telephonischen Gesprächs war ich mehrfach nahe daran, um meine Entlassung zu bitten. Ich unterließ es aus dem Gefühl heraus: Noch nicht. Ich wollte das letzte Druckmittel nicht abnutzen – hatte ich doch in acht Tagen zweimal die Kabinettsfrage gestellt.

Noch am 29. Oktober abends erhielt ich folgendes Telegramm vom Kaiser:

„Neues Palais, 29.10.1918. Reichskanzler, Berlin.
Da morgen wichtige Besprechungen in Spa stattfinden, bei denen auch der Ersatz von Ludendorff in Frage kommt, fahre Ich dorthin. Auch um Meinen tapferen Truppen für ihre übermenschlichen Leistungen zu danken im Namen des Vaterlandes, wie es Meine Pflicht ist, die Mich in schwerer Zeit zu ihnen weist. Ludendorff hat, um Dir die Situation zu erleichtern, gehen müssen; sein Fortgehen ist militärisch ein schwerer Verlust fürs Heer. Diesen zu ersetzen ist Mir Pflicht; und den Ersatz einzuleben notwendig; daher reise Ich heute abend. An der ganzen Front war heute Ruhe. Meinen Vorschlag England betreffend haft Du wohl erhalten.
  Wilhelm."

Ich habe an diesem Tage nicht anders annehmen können, als daß die Oberste Heeresleitung die Entfernung des Kaisers aus Berlin betrieben und durchgesetzt hat, und sah darin einen illoyalen Versuch, den Kaiser meinem Rat zu entziehen. Heute weiß ich, daß ich der Obersten Heeresleitung unrecht tat. Grünau und Scheüch waren beide falsch berichtet. Es steht jetzt dokumentarisch fest, daß die Oberste Heeresleitung die Kaiserreise nicht angeregt hat. Im Gegenteil, man war auch in Spa durchaus überrascht und fragte nach Gründen. Dem General Gröner wurde eine Erklärung abgegeben, die auch Major Niemann von Marschall erhalten haben will: der Kriegsminister Scheüch habe erklärt, für die Sicherheit des Kaisers in Potsdam nicht mehr bürgen zu können. Hierbei ist freie Erfindung im Spiele gewesen.[132] Der Kriegsminister hat sich niemals in diesem Sinne ausgesprochen, wie auch später Freiherr Marschall bestätigt hat. Die Kaiserreise ist überhaupt nicht vom Kriegsminister befürwortet worden, er hat sich schließlich nur mit dem feststehenden Beschluß abgefunden.

---

[132] Erklärung des Oberstleutnants Niemann im „Tag" Nr. 201, vom 30.5. 22.: ‚In meinem Aufsatz in Nr. 195 des ‚Tag' befindet sich der Satz: ‚Der Kriegsminister erklärt dem Chef des Militärkabinetts, für die Sicherheit des Kaisers in Potsdam nicht bürgen zu können.' Der damalige Kriegsminister, Generalleutnant Scheüch, hat mich darauf aufmerksam gemacht, daß augenscheinlich ein Mißverständnis meinerseits vorliegt. General Scheüch hat, wie General Frhr. v. Marschall bestätigt, weder diese noch eine ähnlich lautende Erklärung abgegeben."

Ich fasse zusammen: Dem Reichskanzler, Herrn v. Grünau und dem Kriegsminister ist mitgeteilt worden: die Oberste Heeresleitung verlange aus militärischen Gründen die Anwesenheit des Kaisers an der Front. Dem General Gröner ist gesagt worden, daß der Kriegsminister sich für die Sicherheit Seiner Majestät nicht verbürgen könne. Beide Mitteilungen entsprachen nicht der Wahrheit. Heute habe ich nur die eine Erklärung: der Plan ist sorgfältig vorbereitet und rasch ausgeführt worden von einer Seite, die durchaus den Kaiser aus Berlin entfernen wollte. Meine Bemühungen, Dryander, den Grafen Eulenburg, Herrn v. Chelius dazu zu bewegen, den Dunstkreis zu durchbrechen, der den Kaiser umgab, waren fehlgeschlagen, aber sie hatten wohl dazu geführt, daß die nächste Umgebung des Kaisers darüber unterrichtet war, wie ich in der Abdankungsfrage stand. Die Herren mußten wissen, daß es sich nur um Stunden, höchstens Tage handeln könnte, bis der entscheidende Schritt bei Seiner Majestät unternommen wurde.

Zehntes Kapitel

Die Alternative: Abdankung des Kaisers – oder Verzicht auf nationale Verteidigung

Am Abend des 29. Oktober erhielt ich einen Brief des Staatssekretärs Scheidemann,[133] darin er die Forderung erhob, „die in der Presse nicht gestellt werden dürfe", der Herr Reichskanzler möchte Seiner Majestät dem Kaiser empfehlen, freiwillig zurückzutreten. Es folgte eine „Begründung", die deutlich von jenen Schweizer Informationen inspiriert war:

> „Es kann keinem Zweifel unterliegen, daß die große Mehrheit der Bevölkerung des Deutschen Reiches die Überzeugung gewonnen hat, daß die Aussicht, zu erträglichen Bedingungen des Waffenstillstands und des Friedens zu gelangen, durch das Verbleiben des Kaisers in seinem hohen Amte verschlechtert wird. Würde ein ungünstiger Friede geschlossen werden, während der Kaiser in seinem Amt verbleibt, so würde später gegen ihn und die Regierung der Vorwurf erhoben werden, daß sie lieber schwere Nachteile für das Volk auf sich genommen, als daß sie aus einer nun einmal gegebenen Sachlage die zum Wohle des Ganzen notwendigen Konsequenzen gezogen hätten.
>
> Es kann weiter nicht bezweifelt werden, daß die Friedensverhandlungen beträchtlich günstigere Aussichten bieten, wenn die im Deutschen Reich vollzogene Änderung des Systems durch einen Wechsel an der höchsten Stelle des Reichs nach innen und außen deutlich sichtbar gemacht wird. Die ganze politische Situation legt die Vermutung nahe, daß der hier vorgeschlagene Schritt nur hinausgezögert, aber doch nicht vermieden werden kann. Deshalb ist es besser, wenn der Kaiser jetzt schon aus der gesamten Situation die Konsequenzen, die nach Auffassung auch zahlreicher deutscher Staatsmänner gezogen werden müssen, so schnell als möglich zieht."

So wurde meine Politik am gleichen Tage durch den Kaiser und meine sozialdemokratischen Mitarbeiter durchkreuzt. Ich zielte auf die große Geste; wie sollte aber in der Atmosphäre des Hauptquartiers der Kaiser

---

[133] Vgl. Scheidemann, a. a. O., S. 201 ff. Der Brief dort ist irrtümlich vom 20.

die Lage prüfen können mit der nötigen Rücksichtslosigkeit gegen sich selbst, und wie konnte Seine Majestät, oder auch nur ich, in Freiheit handeln, wenn Scheidemann auf die Abdankung drängte.

Ich habe den Staatssekretär Scheidemann am nächsten Morgen zu mir gebeten und ihm mitgeteilt, daß ich den Kaiser über die Auffassung des Inlandes und Auslandes orientiert hätte. Ich ging so weit, ihm zu sagen, daß ich mit dem Chef des Zivilkabinetts, Herrn v. Delbrück, gesprochen hätte; aber ich bedeutete ihm, daß meine Bemühungen sofort zum Stillstand kommen müßten, wenn er und seine Partei mich unter Druck setzten. Ich bat ihn deshalb, den Brief zurückzunehmen.

Scheidemann bestritt, nur im Namen seiner Partei zu sprechen. Persönlichkeiten aller Richtungen stünden heute auf dem gleichen Standpunkt. Er berief sich auf ältere Staatsmänner und behauptete zu wissen, daß ein Bundesfürst die Abdankung des Kaisers gefordert habe.

Mir wurde deutlich, daß die Zurücknahme des Briefes, in die Scheidemann schließlich willigte, nur eine Formalität war und im besten Falle eine Atempause gewährte; früher oder später mußte die Forderung nach der Abdankung des Kaisers von der Sozialdemokratie offiziell aufgestellt werden.

Am gleichen Morgen hielt mir mein Sendbote über seine nördliche Reise Vortrag: Es war gelungen, eine Aussprache mit zwei amerikanischen Diplomaten herbeizuführen, und dann noch in Kopenhagen mit unserem Gesandten zu sprechen. Das Gutachten des Grafen Brockdorff-Rantzau wog für mich am schwersten: Ob die internationale Situation durch eine Abdankung des Kaisers erleichtert würde, sei ihm fraglich. Für ihn sei der Zustand der Heimat maßgebend: das deutsche Volk werde nicht in der Lage sein, sich gegen entehrende Waffenstillstandsbedingungen zu wehren, wenn der Kaiser seine Abdankung hinauszögere.

Der Bericht über die Unterredung mit den zwei amerikanischen Diplomaten lautete in seinen wesentlichen Stellen:

„1. Wilson hält noch an seinem Rechtsfrieden fest und ist fighing an ‚uphill

---

Oktober 1918 datiert.

battle' (ich zitiere wörtlich) gegen die Ententechauvinisten, die gegenwärtig in England und Frankreich am Ruder sind. Der Chauvinismus hat auch in der amerikanischen öffentlichen Meinung das Übergewicht.

Sowohl X wie Y hielten es für möglich, daß Wilson durch die Unterstellung der Kommandogewalt, die Absetzung Ludendorffs, persönlich von der Echtheit und Dauer der Demokratisierung überzeugt ist, aber sie erklärten, daß aller Wahrscheinlichkeit nach seine Überzeugung nicht mehr ausreiche, um seinen Standpunkt bezüglich der Waffenstillstandsbedingungen durchzusetzen; bei den Friedensbedingungen sei es anders.

Foch ist heute selbst schon in Amerika ein ebenso großer Mann wie Wilson. Mit den Jusqu'au Boutisten würde Wilson schon fertig werden, aber zwischen der Kriegs- und der Friedenspartei steht die Mittelpartei, die eines deutlicheren demokratischen Beweises bedarf, um zu Wilson zu schwenken.

Dieser deutliche Beweis wäre die Abdankung des Kaisers und der Verzicht des Kronprinzen ... .

X und Y begründeten ... [ihre Meinung] wie folgt:

a) Das deutsche Heer ist noch ein gewaltiger Machtfaktor.

b) Der Kaiser ist keine harmlose Null, ... sondern eine starke, in der Geschichte festumrissene Persönlichkeit,

c) Wer bürgt dafür, daß er nicht mit seinen Getreuen, nachdem die Kriegsgefahr vorbei ist, plötzlich einen Umschwung herbeiführt? Für Hunderttausende ist alles Hassenswerte und Gefährliche in Deutschland in den Persönlichkeiten des Kaisers und des Kronprinzen verkörpert.

Es wurde nun die Frage an X gestellt: Nehmen wir an, die sensationellen demokratischen Tatsachen würden geschaffen, und es gelänge Wilson doch nicht, seinen Standpunkt bei den Waffenstillstandsbedingungen durchzusetzen, es kämen dann Bedingungen, denen wir teilweise zustimmen könnten, die wir aber teilweise ablehnen müßten, was dann? Die Antwort lautete: Dann würde die Situation der chauvinistischen Regierungen vor ihren Völkern eine prekäre sein. Als ich sagte, ich glaubte, daß dann die Fortsetzung des Krieges ein großes Risiko für Clemenceau und Lloyd George bedeuten würde, wurde selbst diese Behauptung von X bestätigt.

Ich wies hin auf das Unschöne, daß ein Volk seinen Kaiser um des Friedens willen fallen läßt, worauf ich zur Antwort bekam: Es ist nicht unschön, es ist logisch. Ist das neue System echt, so kann es darin der Kaiser mit seinem Temperament gar nicht aushalten.

X hielt eine sofortige Veröffentlichung der Waffenstillstandsbedingungen für möglich. Andererseits aber schien es ihm wahrscheinlich, daß sich die Einigung infolge der starken Meinungsverschiedenheit noch einmal hinzögerte.

Er erklärte, unsere öffentlichen Kundgebungen könnten schon etwas mehr ‚Punch'[134] haben.

---

[134] Stoßkraft.

X nannte das Waffenstillstandsangebot einen Fehler, weil darin Ermutigung der feindlichen Chauvinisten gelegen habe.

X riet zweimal, man solle die Waffenstillstandsbedingungen mit der Gegenfrage beantworten, ob sich die Alliierten auf den Boden der Wilsonschen Bedingungen für den Frieden gestellt hätten.

X exklärte, daß Wilson starke Hilfstruppen für seine Gesinnung sowohl in England wie in Frankreich habe. Die Bolschewiki-Gefahr in Italien und Frankreich sei ernst.

Ich stellte ferner folgende Fragen an X:

Nehmen wir einmal an, Deutschland schafft eine Situation, die es den feindlichen Völkern deutlich macht:

Ihr kämpft nicht mehr für Elsaß-Lothringen, denn das könnt ihr haben.

Ihr kämpft nicht mehr gegen den Kaiserismus, denn der ist ausgeschaltet.

Ihr kämpft nicht mehr für den Völkerbund, denn er ist angenommen.

Ihr kämpft nicht mehr für Palästina und Mesopotamien, denn ihr habt es.

Sondern:

Es müssen noch Tausende von euch sterben dafür, daß französische und engtische Rachsucht sich auf deutschem Grund und Boden befriedigen kann.

Glauben Sie, daß dann noch Ihre Völker auf der Fortsetzung des Krieges beharren werden?

Die Antwort lautete mit aller Bestimmtheit: Nein.

Die Unterredung schloß mit einem Appell: .

‚For God's sake, do something to make Wilson strong against the Entente militarists, who are in power in France and England.' [135]

Mit dem amerikanischen Chauvinismus würde er mühelos fertig werden nach der Abdankung des Kaisers und des Kronprinzen..."

Die Erkundung im Norden hatte feststellen sollen: wird die Abdankung des Kaisers die Bedingungen des Waffenstillstands mildern können? Die Aufklärung, die ich erhielt, ließ nur eine Deutung zu: die Bedingungen stehen fest in all ihrer Härte; nur wenn wir den Willen zum Verzweiflungskampf aufbringen, ist auf Revision zu rechnen. Wir werden aber nicht zum letzten Kampf fähig sein, wenn Kaiser und Kronprinz nicht verzichten. Sollte andererseits nach der Abdankung die Fortsetzung des Krieges gegen ein zum Äußersten entschlossenes Deutschland erzwungen werden, so würde dieser Krieg für den Feind entscheidend erschwert,

---

[135] „Tun Sie um Gottes willen etwas, um Wilson stark zu machen gegen die Entente-Militaristen, die in Frankreich und England an der Macht sind."

wenn nicht unmöglich werden, denn seine wirksamste Parole wäre ihm zerbrochen.

Da wurde ich mit Schrecken inne, welcher Fehler es gestern war, nicht um jeden Preis das Verbleiben des Kaisers in Berlin zu erzwingen – sollte die geringste Heilkraft von der Abdankung ausgehen, so mußte sie so früh und in solcher Form erfolgen, daß Gefühle der Dankbarkeit sich regten. Mit der „großen Geste" war es schon vorbei seit Scheidemanns Brief. Aber noch war der Schein der Freiwilligkeit zu wahren. Meine Mitarbeiter schwankten, nur Solf sah die Situation so scharf wie Graf Rantzau. Die Mehrzahl hoffte, den Thronverzicht vermeiden zu können. Die Unschlüssigkeit des Kabinetts gab dem Kaiser noch einmal Gelegenheit, zu zeigen, daß er die nationale Notwendigkeit besser erkannte als die parlamentarische Regierung. Aber wir hatten höchstens noch einen Spielraum von Tagen. Ich versuchte meine verhängnisvolle Unterlassung durch das folgende Telegramm wieder gutzumachen:

„Berlin, den 30. Oktober 1918.

„Die Öffentlichkeit ist beunruhigt durch Gerüchte über die Absicht eines militärischen Rückschlages gegen die volkstümliche Regierungsform.

„Eurer Majestät Reise ins Hauptquartier, die bald bekannt werden wird, wird, wie ich fürchten muß, diesen Gerüchten neue Nahrung geben und den Eindruck erwecken, als läge darin eine Absage an die Politik der neuen Reichsregierung. Dieser Eindruck kann durch Veröffentlichungen nicht aufgehoben werden.

„Dazu kommt, daß die Waffenstillstandsbedingungen der Feinde, die wir stündlich erwarten, ebenso wie die schweren Fragen der Übergangszeit im Innern die Anwesenheit des Trägers der Krone zu unmittelbarer und unverzüglicher Rücksprache nötig machen.

„Unter diesen Umständen sehe ich keine Möglichkeit, die Friedensaufgabe, die mir bei Übernahme der Kanzlerschaft nach innen und außen gestellt wurde, ohne Euer Majestät Anwesenheit durchzuführen.

„Euer Majestät bitte ich daher alleruntertänigst, baldigst zurückzukehren. Eine längere Abwesenheit als bis Donnerstag würde sich meines Erachtens nicht verantworten lassen; wir können stündlich vor Entschlüsse gestellt werden, von denen das Schicksal Deutschlands abhängt und die nur im Zusammenwirken von Krone, Reichskanzler und Regierung gefaßt werden können. Ich selbst kann in dieser Lage Berlin unmöglich verlassen."

Ich erhielt die Antwort:

„Hofzug, den 31. Oktober 1918.
„Großes Hauptquartier, 30. Oktober.

„Auf Telegramm von heute [Nr. 15 an Frhrn. v. Grünau] haben Seine Majestät mich beauftragt. Euer Großherzoglichen Hoheit zu erwidern, daß Seine Majestät die Reise in das Große Hauptquartier angetreten haben, weil hier dringende militärische Angelegenheiten, die mit der Frage des Waffenstillstands und des Friedens im engen Zusammenhang stehen, Allerhöchstihre Anwesenheit unumgänglich notwendig machen, und daß Seine Majestät nicht beabsichtigen, hier länger als nötig zu verbleiben. Etwaige Gerüchte über die Absicht eines militärischen Rückschlags gegen die volkstümliche Regierungsform flankiere [sic] jede tatsächlichen Observationen. Euer Großherzoglichen Hoheit sei bekannt, daß Seine Majestät wiederholt die Absicht gehabt haben, sich vor der Öffentlichkeit zu den Reformen auf dem Gebiet der inneren Politik zu bekennen, und daß entsprechende Veröffentlichungen entgegen seinem ausdrücklichen Willen und im Widerspruch mit der Meinung der parlamentarischen Mitglieder des sogenannten Kriegskabinetts unterblieben seien. Seine Majestät haben mich beauftragt, erneut eine entsprechende Veröffentlichung zu empfehlen. Ein neuer diesbezüglicher Entwurf wird durch Geheimrat v. Dryander demReichskanzler vorgelegt sein.
   v. Delbrück."

Diesem ungnädigen Bescheid lag tiefe Verstimmung und Kränkung zugrunde.

Von nun an steigerten sich täglich die Anzeichen des kaiserlichen Unwillens – aber schon die ersten Nachrichten ließen keinen Zweifel, daß Seine Majestät vom Augenblick an, da er Berlin verlassen hatte, in mir nur den Widersacher sah und meine Absichten verkannte. Das war ein sehr schwerer Schlag: für mich persönlich und nicht minder für meine Aufgabe. Ich stand dem Kaiser seit vielen Jahren nahe. Als ich gewagt hatte, das Kanzleramt anzunehmen, hatte ich auf mein Vertrauensverhältnis zu Seiner Majestät gebaut, das auch 1912 standgehalten hatte, als ich in schwierigen Verhandlungen genötigt war, Widerstände zu überwinden. Seit meinem Amtsantritt hatte ich von ihm nur guten Willen und Freundlichkeit erfahren, darüber hinaus eine heroische Bereitschaft, sachlich zu sein. Man hatte nicht unrecht, wenn man in seiner Umgebung fürchtete, daß der Kaiser „auf Grund des Vortrages einer einzigen Persönlichkeit ohne weiteres sich bereit finden würde, dem Antrag zu willfahren".[136] – Ich fühlte ein Fundament meiner Kanzlerschaft zerbrechen. Erst jetzt wurde ich mir bewußt, daß ich – ohne mir Rechenschaft davon zu geben – immer eine letzte Beruhigung in Reserve gehalten hatte: wenn alle schonende Aufklärung versagen sollte, dann gehe ich selbst zum Kaiser, und er wird in mir nicht nur den Kanzler der demokratischen Regierung, sondern auch den Freund und Verwandten sehen, der das Hohenzollernhaus vor dem Sturze retten will. Jetzt hatte der Kaiser seinen Sinn gegen mich verhärtet, sich mir entzogen und sich gegen mich verschanzt. Da suchte ich nach Bundesgenossen, die ihm so nahe oder noch näher waren als ich. Ich telegraphierte noch am 30. Oktober an den Großherzog von Hessen und bat ihn um seinen persönlichen Beistand.

In der Öffentlichkeit wurde die Reise des Kaisers weniger besprochen, als ich gefürchtet hatte. Man ahnte nur, daß der Entschluß dahinter stand, der Krone nicht zu entsagen, und daher verschärfte sich die Agitation für die Abdankung.

Der „Vorwärts" ließ jede Reserve fallen. „Was wird der Kaiser tun?" Unter dieser Überschrift schreibt das Blatt am 31. Oktober:

> „Sinnlos wäre es, in Zeitungsspalten von einer Angelegenheit zu schweigen, von der Markt und Gassen voll sind. Vor ein paar Tagen war überall das Gerücht verbreitet, der Kaiser und der Kronprinz hätten auf den Thron verzichtet. Als dieses Gerücht sich nicht bestätigte, wurde allgemein angenommen, es eile nur den Tatsachen voraus. Seitdem kann keine Redaktion, keine als irgendwie unterrichtet geltende Persönlichkeit sich mehr vor den Anfragen retten, in denen immer die Worte wiederkehren: ‚Schon? Und wann? ... Nichts kann mehr das Raunen und Rauschen im Volk zum Schweigen bringen: ‚Was wird der Kaiser tun? Wann wird er es tun?'
>
> Man kann von einer stillen Bewegung reden, die durch alle Kreise des deutschen Volkes geht. Wer hier meint, noch mit den alten Gegensätzen Ordnung und Umsturz, Monarchie und Republik operieren zu können, urteilt falsch. Es gibt in dieser Frage im Volk kaum bedeutende Meinungsverschiedenheiten, und wenn sie vorhanden sind, so gruppieren sie sich keinesfalls nach dem Schema der verschiedenen Parteirichtungen."

---

[136] Aus dem Briefe einer wohl orientierten Persönlichkeit, den ich in diesen Tagen empfing.

Das traf heute nicht mehr zu. Noch vor acht Tagen hatten prominente Persönlichkeiten konservativer Richtung die Abdankung des Kaisers erstrebt, um die Monarchie zu retten. Seit Noskes Rede und dem Vorstoß der „Frankfurter Zeitung" war es Ehrensache auf der Rechten geworden, für den Träger der Krone zu demonstrieren. Die konservative Fraktion des Herrenhauses hatte am 26. Oktober einen Antrag eingebracht, darin es hieß:

„Der König von Preußen wird sein Volk auch in dunkelsten Tagen treu erfinden. Das Herrenhaus wird eingedenk seiner Vergangenheit allezeit zu seinem angestammten Herrscher als Schutzwehr vor dem Thron stehen." [137]

So schön und natürlich an und für sich die Gefühle waren, aus denen diese Kundgebung entstand, so hatte Haußmann doch nicht ganz unrecht, wenn er vor ihr warnte, als vor einem „Bärendienst". In der Tat, die Presse der Linken wurde nur stürmischer in ihrem Drängen nach der Abdankung. So war eine Konstellation in der Öffentlichkeit geschaffen, welche die Abdankungsfrage aus der Sphäre staatsmännischer Erwägung in die einer gefühlsmäßigen Einstellung rückte und die Rechte bis ins innerste Mark verwunden mußte. Wenn ich aber abwog, wen durfte man in diesem Augenblick verletzen, die Rechte oder die Linke, so mußte die erbarmungslos nüchterne Antwort lauten: die Millionen, die hinter der konservativen Partei stehen, kämpfen weiter, auch wenn man ihren Gefühlen noch so weh tut; haben wir aber nicht mehr den guten Willen der Massen, dann ist damit zu rechnen, daß sie den Krieg sabotieren werden.

Das eine stand jetzt für mich fest: die Entscheidung durfte nicht mehr auf die Rückkehr des Kaisers warten. Das Drängen steigerte sich beinahe stündlich und erschwerte den Entschluß Seiner Majestät. Von den Sozialdemokraten hing es ab, wieviel Tage wir noch hatten. Wann würde der offizielle, in der Öffentlichkeit nicht mehr zu verheimlichende Schritt erfolgen? Diese Frage lag wie ein Alp auf mir und raubte die Ruhe meiner Nächte. Ich beschloß, wenn irgend möglich, Scheidemann im Kabinett zu binden, keinen weiteren Druck auf mich auszuüben – aus dem

---

[137] Westarp, a. a. O., Januarheft 1922, S. 185.

Gefühl heraus, daß er nur in teilnehmendem Verständnis für meine persönliche Lage den Brief zurückgenommen hatte.

Die Sitzung am 31. Oktober war die erste, der ich wieder beiwohnte. Ich eröffnete sie mit der folgenden Erklärung:

„Ich habe die Frage der Abdankung Seiner Majestät des Kaisers ohne Unterlaß seit Tagen erwogen. Ich habe Vertrauensmänner Seiner Majestät bei mir gehabt und mit diesen die Frage eingehend besprochen. Ich habe ihnen Material gegeben, um sie in den Stand zu setzen, Seine Majestät über die Lage im In- und Ausland aufzuklären. Ich werde dafür sorgen, daß diese Aufklärung nicht unterbrochen wird.

„Ich erkläre aber ausdrücklich, daß eine Abdankung Seiner Majestät des Kaisers nur eine freiwillige sein kann und darf, denn so allein kann das Reich und das Heer vor Schaden bewahrt, die Würde Deutschlands gewahrt werden. Voraussetzung für mein eigenes Handeln muß sein, daß mir die Freiheit des Handelns nicht beeinträchtigt und vermieden wird, einen Druck auf mich auszuüben."

Der Staatssekretär Scheidemann war sichtlich betroffen; er erklärte, durch die Berührung der Kaiserfrage überrascht zu sein und sie daher nur unvorbereitet behandeln zu können:

„Die Lage hat sich seit etwa 14 Tagen erheblich verschlechtert, ganz besonders auch die Haltung des Heeres. Je weiter von der Front weg, desto mehr. Dazu kommt der Abfall der Bundesgenossen. Die Welt sucht einen Sündenbock für das Unheil. Die öffentliche Meinung hält sich dabei an allerlei Äußerungen, die der Kaiser früher getan hat, und die im Gedächtnis geblieben sind. Die Rückwirkung solcher Äußerungen auf das Inland ist ganz allgemein und führt zu immer stärkeren Angriffen auf die Person Seiner Majestät. Eigentlich hat sich in Bürgerkreisen und Bauernkreisen kein Verteidiger für den Kaiser gefunden. Bei unseren Arbeitern lebt die Überzeugung, wir bekommen nicht den Frieden, der unserem Volk das Weiterleben ermöglicht, solange nicht der Kaiserismus erledigt ist.

„Wir haben uns immer bemüht, aus den Noten Wilsons herauszulesen, daß der Präsident nicht die Abdankung des Kaisers verlangt. Aber das Auswärtige Amt wird mir bestätigen, daß im ganzen Ausland die Auslegung eine andere ist. Man glaubt, daß Wilson sagen will: wir bekommen einen besseren Frieden, wenn der Kaiser wegfällt. Sind die Bedingungen so schlimm, daß wir sie nicht annehmen können, sondern uns wehren müssen bis zum äußersten, dann können wir einen solchen Kampf nur kämpfen, wenn der Kaiser gegangen ist.

„Daher ist es eine gebieterische Pflicht, dem Kaiser nahezulegen, daß er den Schritt freiwillig tut. Ich möchte nicht, daß der Kaiser in eine unwürdige

Rolle gedrängt wird. So wäre es unwürdig gewesen, wenn der Kaiser die Order veröffentlicht hätte, die ihm aus Anlaß der Verfassungsänderungen vorgelegt werden sollte; sie enthielt an sich schöne Worte, aber Worte, die nicht zum Wesen des Kaisers passen. So war es nicht würdig, daß wir uns unter der Peitsche Wilsons zu den Verfassungsänderungen haben treiben lassen, die wir längst freiwillig hätten machen sollen, Unwürdig wäre auch, wenn der Kaiser abdankte, weil das Volk ihn dazu zwänge durch Ausstände und Aufstände, und das wird kommen. Unsere Presse hat sehr zurückgehalten; eine einzelne Ausnahme bestätigt die Regel. Ich meine das ‚Magdeburger Volksblatt'. Jetzt läßt sie sich nicht mehr zurückhalten. Der ‚Vorwärts' hat heute einen Artikel gebracht, der schon deutlich genug war, obwohl er die Zensurbestimmungen einhielt. Ein geschickter Journalist kann das immer einrichten, daß er keine Forderung aufstellt, aber durchblicken läßt, was er meint.

„Ich bin ganz einverstanden damit, was der Herr Reichskanzler sagt: Wir dürfen keinen Druck auf den Kaiser ausüben, auch nicht vom Kabinett aus, aber man soll ihm raten. Wir dürfen auch das Kabinett nicht auffliegen lassen. Wenn ich es für eine historische Notwendigkeit erkläre, daß der Kaiser geht, so spreche ich keine Drohung aus, daß ich aus dem Kabinett austrete, wenn es nicht geschieht. Bevor ich so etwas sage, müßte ich mich mit meinen Parteifreunden besprechen, als deren Vertreter ich hier bin.

„Aber darüber darf man sich nicht täuschen: die Forderung wurde nicht zunächst in Arbeiterkreisen erhoben, sondern in Bürgerkreisen: namentlich in Süddeutschland, wo die Partikularistische Bewegung wächst. In Bayern heißt es jetzt: Los von Preußen! Zusammen mit Deutsch-Österreich! Weg vom Reich! Das wäre das Schlimmste, was uns geschehen könnte. Das Reich muß in seiner ganzen Größe und Wucht erhalten bleiben, mit einem einheitlichen Volk, das weiß, was ihm sein Vaterland wert ist.

„Auch die Bauern, namentlich in Süddeutschland, stehen auf dem Standpunkt, daß der Kaiser abdanken sollte; alle entgegenstehenden Nachrichten sind falsch. Was mich am meisten überrascht hat, ist die Stellungnahme des Beamtentums. Ich hätte nie für möglich gehalten, daß diese Leute so glatt umfallen.

„Auch eine ganze Anzahl Offiziere sind bei mir gewesen und haben dieselbe Meinung ausgesprochen. Das waren Offiziere bis zum Obersten herauf. Es tat ihnen allen sehr leid, aber sie sagten, höher als die Stellung des Kaisers steht uns das Vaterland.

„Und das ist richtig. Liegt es im Interesse des Landes und des Volkes, so muß man sich über die Gefühle, die ich durchaus ehre, hinwegsetzen. Es ist auch im Interesse des Kaisers selbst und seines Namens in der Geschichte. Er muß die Folgerung der Niederlage ziehen und freiwillig zurücktreten."

Ich überhörte das Wort von übler Vorbedeutung: „Bevor ich so etwas sage (d. h. drohe, aus dem Kabinett auszutreten), müßte ich mich mit meinen Parteifreunden besprechen," und sprach Herrn Scheidemann meine Genugtuung aus über seine Zusage, das Kabinett nicht sprengen zu wollen. Dann mußte ich die Sitzung verlassen, um den Großherzog von Hessen zu sprechen, der unerwartet schnell aus Darmstadt eingetroffen war.

In meiner Abwesenheit ging die Debatte weiter unter Vorsitz von Herrn v. Payer.[138] Er brachte die Diskussion auf das richtige Geleis, indem er sagte:

Man könne hier keine Beschlüsse fassen wie in einem Kollegium, sondern nur Meinungen äußern, die der Reichskanzler erwägen müsse. Seine Auffassung ginge dahin, daß eine Lösung nur durch freiwilligen Rücktritt Seiner Majestät zu finden sei, und zwar freiwillig gegenüber jedem Druck von innen und außen. Bis zum letzten Sonntag habe er noch geglaubt, dem Kaiser die Abdankung ersparen zu können. Die Lage müsse dem Kaiser klar vorgestellt werden. Es sei das Sache des Vertrauens, das man zum Kaiser, seiner Umgebung und auch zum Reichskanzler habe. Auch den Herrn Reichskanzler dürfe man nicht einem einstimmigen Kabinettsvotum gegenüberstellen. Auch auf ihn dürfe kein Druck ausgeübt werden.

Zwei Zentrumsvertreter wandten sich scharf gegen die Abdankung, besonders in diesem Augenblick. Erzbergers Votum war nicht folgerichtig. Er meinte: eine andere als eine freiwillige Abdankung seit wertlos, aber er empfahl, ähnlich wie Eulenburg, daß der Kaiser die Bedingungen abwarten und sich lieber durch das Ausland zu dem Schritt drängen lassen sollte, ebenso wie König Konstantin von Griechenland, dessen vom Feind erzwungener Rücktritt auch nicht unwürdig gewesen wäre.

Gröber bestritt Herrn Scheidemann gegenüber, daß der Kaiser keinen Verteidiger gefunden, und wies auf Versammlungen und Resolutionen der Zentrumspartei hin. Für ihn sei es klar, daß Wilson die Abdankung nicht verlange.

Da die Abdankung des Kaisers den Thronverzicht des Kronprinzen nach sich zöge, müsse ein Kind zur Regierung kommen, und „Wehe dem

---

[138] Vgl. Payer, a. a. O., S. 148 ff.

Volk, dessen König ein Kind ist". Er sei durch und durch monarchisch gesinnt und zöge daraus die Folgerungen. Aber auch aus Verstandesgründen sei er gegen den Schritt. Mit dem Kaiser müsse die Regierung gehen, und dann gäbe es Anarchie. Subversive Elemente seien genügend vorhanden. Der kluge und sympathische Zentrumsführer sprach mit einem edlen Zorn und machte sichtlich Eindruck.

Trimborn war anderer Meinung als seine beiden Fraktionsgenossen: „Ich muß nach meinen Beobachtungen bestätigen, was Herr Scheidemann von der Stimmung und über die Beamtenschaft gesagt hat." – Auch er war überzeugt, „der Kronprinz kann nicht in Frage kommen".

Haußmann widersprach Erzberger und Gröber: Es sei nicht logisch, nur eine freiwillige Abdankung als wertvoll hinzustellen und dann abzuwarten, bis die Entente so schwere Bedingungen stelle, daß der Kaiser zurücktreten müsse. Dann sei eben der Rücktritt nicht nur dem Ausland gegenüber kein freiwilliger mehr, sondern der Kaiser verliere auch nach innen das Recht auf Dankbarkeit. Jetzt würde die Thronentsagung ein großes Opfer sein, das dem Volk zum Zweck eines günstigen Friedens gebracht wird; die Dankbarkeit dafür würde die Erschütterungen, die man befürchte, überwiegen. Bei einer Abdankung wegen harter Bedingungen wäre für die Regierung eine unmögliche Lage geschaffen. Wenn der Kaiser und König die Bedingungen für so schwer hielte, daß er lieber vom Thron stiege, als sie anzunehmen, sollte dann die Regierung sie annehmen? Wie denke man sich dann die Aussicht auf einen Endkampf? Wenn der Schritt getan würde, müsse er geschehen, ehe die Bedingungen bekannt seien.

Friedberg trat auf Gröbers Seite: Der Schein einer freiwilligen Abdankung sei gar nicht mehr zu wahren. Zuzugeben sei, daß nach dem Eintreffen schwerer Bedingungen sich der Zorn gegen den Kaiser wenden würde. Dann aber gäbe es immer noch einen guten Abgang, wenn der Kaiser an die Front ginge und persönlich gegen die Bedingungen den Kampf fortführe. „Nicht überstürzen."

Scheidemann warnte davor, es auf einen Kampf im Innern ankommen zu lassen. Dieser Kampf würde nicht vor der Person des Kaisers haltmachen. Sage Friedberg: „Nicht überstürzen", so antworte er: „Nicht zu spät." „Wer die Monarchie als Institution retten will, muß jetzt handeln."

Gegenüber Herrn Gröber machte er geltend, daß der Enkel des Kaisers in demokratischer Luft aufwachsen müsse, und unter anderen Umständen den Thron besteigen würde als sein Vater und Großvater.

General Scheüch protestierte: Abdankung sei Zwang und bleibe Zwang. Das Heer sei mit dem Obersten Kriegsherrn zusammengewachsen, risse man es los, so sei alles zu Ende.

Erzberger wurde immer heftiger in seinem Widerstand gegen die Abdankung:

„Ein Schweizer hat mir gestern gesagt: Wenn Deutschland den Kaiser wegjagt, wird das Ausland sagen: ‚Die Deutschen sind als Sieger brutal, als Besiegte verächtliche, und da hat er recht, wenn wir mit dem Kaiser ein Geschäft machen.'" ... „Wenn ein deutscher Diplomat den Kardinal Mercier fragt, ob der Kaiser abdanken sollte, so gehört er gehängt, und wenn der Kardinal von selbst davon spricht und der Diplomat protestiert nicht, so gehört er auch gehängt." ... „Selbst die Engländer fürchteten als Folge der Abdankung des Kaisers den Bolschewismus in Deutschland."

Herr v. Payer blieb dabei, daß der Kaiser jetzt zurücktreten müsse, sonst kämen wir bei Eingang der Bedingungen in die übelste Lage.

„Sie sind sicher schwer, dann wird das Volk sich nach dem Schuldigen umsehen. Man kann die Bewegung nicht als Zeitungsmache betrachten, sie entspricht dem natürlichen Bedürfnis, jemanden verantwortlich zu machen." Entlade sich die Stimmung, so werde der Kaiser sich nicht mehr halten können, und dann gehe es gegen die Dynastie. Daß der Kaiser erst nachher abdanke und die Führung des Heeres zum Endkampf übernehme, sei unausführbar.

In denkbar bestimmter Form äußerte sich der Minister Drews. Er hatte nur die innere Lage vor Augen. Sofortige Abdankung sei erforderlich. Würden die harten Bedingungen angenommen, so komme es freilich auf die Abdankung nicht weiter an. Würden sie nicht angenommen und es müsse noch gekämpft werden, wie könne sich dann der König an die Spitze stellen? Er sei leider der Überzeugung, daß das Volk nicht für den König gegen den Frieden kämpfen werde. Das müsse dem Monarchen gesagt werden, dann müsse er aber auch nachgeben, sonst falle die gegenwärtige Mehrheit auseinander und es käme das Chaos, das schlimmer sei als die schlimmsten Bedingungen.

Haußmann gab zu, daß man bei der Abdankung Unruhen ins Auge fassen müsse, aber mit größerer Sicherheit kämen die Unruhen, wenn der Kaiser nicht abdankte.

Solf verbreitete sich dann ausführlich über die Deutung der Wilson-Note im Ausland. Aber als Friedberg das Material für nicht schlüssig genug erklärte, um dem Kaiser die Abdankung daraufhin nahezulegen, zog auch der Staatssekretär des Äußern sich auf die Stimmung der Heimat zurück und erklärte, aus sicherer Quelle zu wissen, daß einer der Hauptgründer der Vaterlandspartei sich geäußert habe: Er könne sich den weiteren Bestand Deutschlands nicht denken ohne die Abdankung des Kaisers.

So standen sich die Meinungen im Kabinett schroff gegenüber. Immerhin wurde auch von den Gegnern des Schrittes die Rechtslage diskutiert, wie sie eine Abdankung des Kaisers schaffen würde. In der Reichsverfassung war keine Regentschaft vorgesehen. Die preußische Verfassung bestimmte, daß derjenige volljährige Agnat, der der Krone am nächsten stand, die Regentschaft übernähme und die beiden Kammern zu berufen habe, damit sie über die Notwendigkeit der Regentschaft beschlössen – ein Beschluß, der nur anerkennende, aber keine konstituierende Bedeutung haben würde. Sollte dieser Regent nun automatisch auch im Reich regieren? Die Juristen waren sich nicht einig. Die einen glaubten, ein Notgesetz sei erforderlich. Die Mehrzahl hielt es für unzweifelhaft, daß die Regentschaft im Reich und in Preußen schon nach geltendem Recht zusammenfalle, da die Verbindung der kaiserlichen Rechte mit der Krone Preußens in der Verfassung festgelegt sei. Eine einfachere Lösung empfahl der Staatssekretär Trimborn, gestützt auf das Gutachten des hervorragenden Juristen im Reichsamt des Innern Schulz:

Man solle im Reich und in Preußen keine Regentschaft, sondern eine Stellvertretung einrichten. Er berief sich auf den Präzedenzfall der Stellvertretung des alten Kaisers durch den Kronprinzen nach dem Attentat Nobilings. Trete der Kaiser nur zugunsten eines Stellvertreters zurück, so würden alle Schwierigkeiten: Landtag, Vereidigung und Regentschaft, wegfallen. Legislatorisch sei die Lösung sehr elegant, praktisch gehe sie allerdings nicht weit genug.

Erzberger erklärte diesen Ausweg für unmöglich und staatsrechtlich undurchführbar. Er fürchtete sich davor, daß die Regentschaft im Reich und in Preußen nicht einheitlich gestaltet würde. Dann würde die Absplitterung der süddeutschen Staaten mit Naturnotwendigkeit kommen. Bayern sei schon auf dem Wege der Loslösung vom Reich. Letzten Endes falle die Kaiserkrone, und dann entstehe die Republik.

Friedberg hielt die Rechtslage für klar; sollte aber der Reichstag, wie einzelne Schriftsteller, eine Lücke in der Verfassung annehmen, so bliebe ja die Lösung, daß in Preußen alle Prinzen auf die Regentschaft verzichteten, so daß der Landtag wählen müßte; dann könnte man ja im Reich und in Preußen die gleiche Wahl treffen.

Gegen Ende der Sitzung teilte Solf ein Telephonat Herrn v. Hintzes mit: Man solle keine Entschlüsse fassen; ein Kurier sei mit wichtigsten Mitteilungen vom Hauptquartier unterwegs.

Auch ohne diese Mahnung hätte das Kabinett in der Frage der Abdankung keinesfalls ein Votum abgegeben.

Ich verhandelte unterdessen mit dem Großherzog und dem Prinzen Friedrich Karl von Hessen, der mir den Freundschaftsdienst geleistet hatte, den Großherzog zu begleiten.

Der Großherzog hielt sich nicht für den richtigen Vermittler. Er verweigerte die Reise nach Spa. Ich wandte mich nunmehr an den Prinzen Friedrich Karl. Er schien mir wie kein anderer geeignet, die abgebrochene Brücke zum Kaiser wiederherzustellen. Er war der Schwager des Kaisers und dem Gefühl der Armee nahe verbunden; als Kommandeur hatte er sein Regiment vorbildlich geführt. Er war selbst verwundet worden. Zwei Söhne waren ihm im Felde geblieben. Vor kurzem hatte er auf die ihm angebotene Krone Finnlands vorläufig verzichtet, um den Abschluß des Friedens nicht zu erschweren.[139] Prinz Friedrich Karl erbat sich Bedenkzeit, um zu entscheiden, ob er die Mission übernehmen könne.

---

[139] Am 11. Oktober hatte der Finnische Landtag den Prinzen Fr. Karl von Hessen zum König gewählt. Am 22. hatte der Prinz erklärt, er könne vor Ablauf von

Ich empfing alsdann den Prinzen August Wilhelm von Preußen und versuchte auch ihm deutlich zu machen, daß der Kaiser handeln sollte, ehe ein peinlicher Druck des Parlaments vorläge. Ich fand kein Verständnis.[140]

Auf den Nachmittag des 31. Oktober hatte ich zu geheimer Beratung die Herren Payer, Wahnschaffe, Friedberg, Drews, Simons und Scheüch in mein Arbeitszimmer berufen. Mir lag daran, die Frage der Abdankung des Kaisers in einem Kreise von Männern zu diskutieren, die nicht von der Panik der letzten Septembertage emporgetragen, sondern nach freiem Ermessen des Kaisers berufen worden waren. Ich legte besonderen Wert darauf, den preußischen Minister des Innern Drews zu hören, der die beste Tradition des preußischen Beamtentums verkörperte.

Ich begann die Besprechung mit einer kurzen Wiedergabe der Auslandsnachrichten, die über den Gegensatz Wilson-Foch vorlagen. Die Lage Wilsons würde durch die Thronentsagung des Kaisers und den Thronverzicht des Kronprinzen erleichtert werden.

„Sowieso werden wir sehr schwere Bedingungen bekommen. Wir sind in der Lage, uns gegen sie aufzubäumen. Die Frage ist aber: würde das deutsche Volk, das zum großen Teile Seine Majestät dafür verantwortlich machen würde, daß die Bedingungen so schwer sind (das ist die Folge der Propaganda des Auslandes und der Fassung der Wilson-Noten), diesen Auftrieb mitmachen und weiterkämpfen, weil die Bedingungen zu schwer sind, oder würde es sagen: Wir wollen nicht kämpfen, weil der Kaiser schuld ist? Würde da nicht die Forderung entstehen, daß Seine Majestät abdanken solle, um uns die Bedingungen zu erleichtern und um uns den Rechtsfrieden zu sichern?

„Das ist die große Frage, die vor uns steht.

„Hätte der Kaiser vor vierzehn Tagen abgedankt, so könnten wir jetzt kämpfen. Die Abdankung kann nur unter dem Gesichtspunkt betrachtet werden, daß sie freiwillig geschieht. Damit wäre nach meiner Überzeugung die Dynastie gesichert. Weicht Seine Majestät einem Druck so kann man nicht

---

zwei Monaten keine Antwort geben, da er kein Friedenshindernis sein wolle.
[140] Nach dem Buch von Alfred Niemann: „Kaiser und Revolution" (Berlin, S. 121 Anm.) soll mir bei dieser Gelegenheit der Prinz August Wilhelm geraten haben, zurückzutreten, weil ich krank wäre. Ich behaupte mit absoluter Bestimmtheit, daß diese Bemerkung nie gefallen, überhaupt die ganze Unterredung nicht richtig wiedergegeben ist.

wissen, ob nicht die Bewegung über seinen Entschluß hinausgeht.
„Gegen die Abdankung bestehen schwerwiegende Gründe. Millionen von Deutschen werden die Abdankung nicht verstehen, sogar innerhalb der Gewerkschaften sind die Meinungen sehr geteilt. Einzelne Führer haben gesagt, die Abdankung würde in den Gewerkschaften wie eine Sprengbombe wirken, Unsere Entschlüsse dürfen nicht vom Herzen eingegeben, sondern nur vom Verstande diktiert sein. Ich brauche Ihnen nicht zu sagen, was das für mich bedeutet, daß ich diese Frage überhaupt berühren muß."

Dann sprach Drews, wie ein Mann, der unter dem Zwang des Gewissens handelt; manchmal versagte ihm fast die Stimme:

„Es ist nicht zu verkennen, daß die Bewegung für die Abdankung Seiner Majestät in weiten Kreisen des Volkes tagtäglich zunimmt; nicht nur in Arbeiterkreisen, sondern auch in Kreisen des Bürgertums. Man hält Kaiser und Kronprinz für Friedenshindernisse. Die alte Sozialdemokratie wird zweifellos jetzt die Forderung aufstellen, der Kaiser und der Kronprinz müssen abdanken. Nach dem, was Scheidemann gesagt hat, müssen wir annehmen, daß die Partei, vielleicht getrieben von der Furcht vor der Konkurrenz, diese Forderung offiziell stellen wird."
„Kommen schlechte Bedingungen und rufen wir das Volk gegen sie zum Kampf auf, so werden die Unabhängigen das mit allen Mitteln zu hintertreiben suchen. Sie sind fest entschlossen, diesen Kampf durch Ausstände und Aufstände zu verhindern. Die Stimmung in den Massen ist sehr schwankend, ihr Übergang in das unabhängige Lager kann durch ein einziges kräftiges Schlagwort herbeigeführt werden."
„Aber die alte Sozialdemokratie wird den Aufruf zum Weiterkämpfen auch nicht mitmachen; das geht aus den Äußerungen ihrer Führer hervor. Dann kämen wir in eine sehr schwere Lage. Scheidemann und Bauer würden aus der Regierung ausscheiden. Dabei würde wieder die Person des Kaisers in den Mittelpunkt gestellt werden. Ein solcher Entschluß würde ihnen die Anhänger wieder zuführen."
„Was man von den Gesprächen auf den öffentlichen Plätzen und in den Verkehrsanstalten hört, zeigt, daß die Überzeugung immer weitere Kreise – bis in die Schwerindustrie und die Hochfinanz hinein – ergreift: die Person des Kaisers sei das Friedenshindernis, Unter diesen Umständen wird man mit dem Aufruf wohl auf dem Lande, aber nicht in den Städten und in den Industriezentren durchkommen. Der Hauptsitz für das, was wir jetzt aus den Massen herauskriegen wollen, sind aber gerade die Städte, und die werden nach meiner Überzeugung versagen."
„Ich glaube deshalb nicht, daß der Aufruf Erfolg haben wird."
„Die Frage der Abdankung ist vielleicht die schwerste Frage, die man einem preußischen Beamten stellen kann. Aber als verantwortlicher Minister

muß ich mein Gutachten dahin abgeben, daß mit der Person des Kaisers an der Spitze ein Aufruf zur letzten Verteidigung im Volke nicht den nötigen allgemeinen Rückhalt finden wird."

Der Kriegsminister Scheüch widersprach:

Er wolle das Gemüt ganz zurücktreten lassen und rein sachlich bleiben. Der Minister des Innern meine: Es ist nichts mit einem Aufruf an das Volk zu machen, solange Seine Majestät an der Regierung ist; die Arbeiter in den Städten werden nicht mittun. Das müsse er zugeben, auch auf Grund von Nachrichten aus dem Bezirk des VII. Armeekorps. „Und zwar gilt das in erster Linie für die Unabhängigen, aber auch für die alte Sozialdemokratie. Darüber sollten wir doch in den nächsten Tagen vor einem Aufruf mit den Parteiführern sprechen, namentlich mit Scheidemann."

„Aber könnte auch der Aufruf im Volk nur Wirkung haben nach Beseitigung des Hindernisses, so frage ich dagegen: Wie wirkt die Abdankung auf das Heer? Die Generale, die alten Offiziere denken nicht allein an das Vaterland, an die materielle Wohlfahrt des Volkes, sondern auch an das, was sie beschworen haben, nämlich die Treue gegen ihren Kaiser. Nehme ich ihnen das weg, so nehme ich ihnen, was sie vornehmlich befähigt, weiter standzuhalten. Ich würde daher in einem solchen Vorgehen eine schwere Gefahr erblicken und muß dringend abraten, jetzt nach dieser Richtung Schritte zu tun."

Ich erwiderte dem Kriegsminister, daß die Wirkung auf das Heer schlimm sein würde, wenn der Rücktritt unter einem Druck erfolgte, nicht aber, wenn es sich um einen freiwilligen Rücktritt handelte.

Scheüch wollte der Regierung eine Mitschuld an der Ausbreitung des Rücktrittgedankens beimessen.

„Weshalb haben wir keine Gegenwirkung in der Presse? Man läßt das Volk glauben, daß die Regierung derselben Ansicht wäre wie die Presse, die die öffentliche Meinung macht. Wir lassen uns von ihr treiben und führen sie nicht. Das ist nicht das einzige Gebiet, wo das geschieht, sondern es gibt viele andere. Wir regieren nicht, sondern werden regiert. Wir fragen jeden Abend: Werden die Parteien das gutheißen, was wir tun oder nicht? Das Demagogische bekommt sofort die Oberhand, wenn nicht mit einer Gegenwirkung eingesetzt wird."

Minister Drews machte darauf aufmerksam, daß weit gefährlicher als die Zitate in den Zeitungen das Gerede von Mund zu Mund sei. Die Presse sei nur das Spiegelbild der öffentlichen Meinung.

„Ich gebe zu, die Wirkung auf das Ausland ist sehr zweifelhaft. Ich gebe zu:

Die Abdankung wird nicht gut auf das Heer wirken, obwohl man da viel durch die Art der Abdankung an Schaden verhüten kann. Aber ich richte meine Augen auf das Inland. Wenn die Arbeiterschaft und weite Kreise der Bürgerschaft die Person des Kaisers als Friedenshindernis ansehen, so halte ich die weitere Verteidigung nicht für möglich. Wir können die Verteidigung nicht mit dem Heer allein führen; geht das Volk nicht mit, so treiben wir Zuständen entgegen wie in Rußland und Österreich. Auch da hat das Heer glänzend standgehalten, aber hinter der Front brach der Staat zusammen. Diese Wirkung wird auch bei uns eintreten, wenn nicht hinter der Front das ganze Volk zusammengehalten wird."

Solf erklärte es für notwendig, daß die Abdankung des Kaisers, wenn sie käme, so frühzeitig erfolge, daß Wilson sie schon bei der Repräsentantenwahl am 5. November zu seiner Unterstützung verwerten könnte.

„Die Republikaner und Roosevelt verlangen die Vernichtung des Deutschen Reiches und die Beseitigung des Kaisers. Die Verfassungsänderungen versteht das [amerikanische] Volk nicht; nur ein Symbol verstehen sie. Deshalb wünscht auch der Präsident die Abdankung nicht gegen uns, sondern zu unseren Gunsten, denn stark zu sein in seinem Volk, stark unter seinen Alliierten, ist für ihn die Vorbedingung für die Möglichkeit, bei den Friedensverhandlungen als Schiedsrichter aufzutreten."

Payer legte das Schwergewicht auf die Stimmung in Süddeutschland:

„Sollten wir so schlechte Bedingungen bekommen, daß wir uns dagegen aufbäumen müßten, so kann der Aufruf zum letzten Kampf nicht vom Kaiser unterzeichnet sein. Das ist ganz unmöglich. Vom Kaiser, den das Ausland für den Krieg verantwortlich macht, den viele bei uns dafür verantwortlich machen, den sehr viele für das Hindernis besserer Bedingungen ansehen – das ist unmöglich. Nicht nur die Unabhängigen, nicht nur die Sozialdemokraten, sondern fast ganz Süddeutschland würde sagen: Wir sollen für den Kaiser kämpfen – da tun wir nicht mehr mit.

„Die Herren sprechen vom Lande, sie denken dabei nur an Preußen. Gehen Sie mal aus Preußen heraus. In meiner Heimat hat es mich gegraust über das, was ich im September gesehen habe, daß Stadt und Land in der Forderung der Abdankung einig sind; in Bayern ist es noch viel schlimmer, in Baden und Sachsen wird es nicht wesentlich anders sein ...

„Der Herr Kriegsminister meint, wir sollten die öffentliche Meinung führen und wirft uns Untätigkeit vor. Das ist ein großer Irrtum. Die Presse ist der Ausdruck der öffentlichen Meinung. Man kann natürlich auch sein Teil dazu tun, aber einen Strom ändern kann man nicht ... Das ist der Ausdruck einer inneren Empfindung des Volkes. Die allerwildesten Kaiserstürzer sind die rechtsstehenden Leute. Die Herren der Hochfinanz und der Großindustrie, ja bis hoch in die Offizierskreise hinein kann man mit einer erstaunlichen Offenherzigkeit sagen hören: Der Kaiser muß sofort zurücktreten ... Man weiß jetzt, daß die Sozialdemokratie sich begnügen würde mit einer Abdankung des Kaisers und mit einem Verzicht des Kronprinzen. Je länger aber die Hetze fortdauert, desto stärker wird die Forderung hervortreten, daß man überhaupt keine Monarchie mehr brauche, sondern eine Republik errichten sollte."

Friedberg sekundierte Scheüch: Die Armee würde einfach auseinanderlaufen.

Wahnschaffe orientierte uns über die Stimmung der Christlichen Gewerkschaften auf Grund von Informationen, die er Erzberger verdankte: Die Führer Umbreit, Müller und Giesberts hätten erklärt, die Abdankung des Kaisers würde in den Gewerkschaften wie ein Sprengmittel wirken. Dort seien die Ansichten ganz geteilt. Erzberger stehe auf dem Standpunkt, man solle abwarten und eine Gegenpropaganda für den Kaiser einleiten.

Auf meinen Wunsch berichtete Exzellenz Wahnschaffe noch über Äußerungen, die Ebert ihm gegenüber getan habe: Die allgemeine Auffassung gehe dahin, daß der Kaiser nicht zu halten sei. Er, Ebert, tue alles, um seine Partei zurückzuhalten, und versuche mit dem Argument zu bremsen, es sei ein viel größeres Hindernis für einen guten Frieden, wenn die Partei 'wegen der Kaiserfrage aus der Regierung herausgehe, als wenn der Kaiser nicht abdanke. Er hoffe, die Parteipresse noch einige Tage zurückhalten zu können.

Wahnschaffe fügte hinzu:

„Das hat sich nicht bewahrheitet. Den Eindruck, daß Ebert mir aufrichtig die Wahrheit gesagt hat, habe ich gestern, wie überhaupt immer bei dem Mann gehabt, er hat also seine Presse nicht mehr in der Hand."

Ich richtete an Friedberg die Frage:

„Wie denken Sie sich in diesem Augenblick eine Regierung des Reichs ohne Sozialdemokraten?"

Friedberg antwortete: „Sie ist kaum möglich."

Payer sprach von dem schweren Dilemma, in dem die Regierung sich befände. Einerseits sei der monarchische Gedanke durch die Person des Kaisers und des Kronprinzen in fast unerträglicher Weise belastet, andererseits sei er auch schwer gefährdet, wenn ein Kind zur Regierung käme.

Ich faßte das Ergebnis der Sitzung folgendermaßen zusammen:

„Die Meinungen der Herren gehen auseinander. Alle Bedenken sind geprüft. Fest steht für mich, daß eine Abdankung Seiner Majestät nur möglich ist, wenn sie ganz freiwillig geschieht. Ich kann die Kabinettsfrage nicht stellen, das ist für mich ausgeschlossen. Ich erwäge die Möglichkeit, durch eine neutrale Persönlichkeit Seiner Majestät die Sachlage zu schildern.

„Wenn Seine Majestät selbst durch die Ereignisse zu der Meinung gebracht werden sollte, daß sein freiwilliger Rücktritt Deutschland helfen würde, dann würde ich mich dieser Meinung nicht entgegenstellen. Aber Exzellenz v. Payer hat mir gesagt, daß aus Bayern schon die Erwägung kommt, ob das Land noch beim Reiche bleiben könne. Man sieht, daß die zersetzenden Kräfte schon am Werke sind. Mein Hauptbedenken ist, im Innern nicht die Lage zu schaffen, daß das Volk die Abdankung verlangt. Dann wird die Lage zu einem Bürgerkrieg führen, denn es sind Millionen im Lande, die fest zu Seiner Majestät halten.

„Jetzt ist das Handeln außerordentlich erschwert. Seine Majestät ist nicht da, sondern in militärischen Verhandlungen draußen an der Front. Ich habe ihn gebeten, möglichst bald zurückzukehren. Ich kann also die Ausführungen der Herren nur zur Erwägung nehmen und weiter, prüfen."

Friedberg stellte nun die Frage: „Sind nicht die deutschen Bundesfürsten am meisten beteiligt? Sollte nicht ein Meinungsaustausch unter ihnen herbeigeführt werden?"

Ich antwortete: „Ich habe das bereits erwogen. Soweit ich die Lage beurteilen kann, würde ihre Gesamtheit sich keineswegs auf den Boden der Abdankung stellen. Ich habe aber Schritte eingeleitet, die mehr Klarheit darüber schaffen werden. Mein Großherzog hat mir sagen lassen: In dieser Stunde gehören die deutschen Fürsten hinter den deutschen Kaiser."

Friedberg fragte darauf: „Aber die Regierungen der Bundesstaaten?"

Ich antwortete, daß ich mit diesen in ständiger Fühlung sei.

In meinem Schlußwort hatte ich auf die Meinungsverschiedenheiten hingewiesen, die unter den Herren bestanden. Ich hätte mehr sagen können: die meisten von ihnen waren mit sich selbst nicht im reinen; ihre Urteilsbildung schien wie gelähmt unter dem Gewicht der Gründe, die auf beiden Seiten standen. Der Ruf nach den Bundesfürsten kam von Herzen. Wenn man ihn recht verstand, war der Sinn: Die Verantwortung ist uns zu schwer. Für Scheüch war der Weg klar; er sprach als Militär und dachte nur an die Rückwirkung auf die Armee. Da schien er sich seiner Sache sicher zu fühlen. Drews hatte sich zu einer rücksichtslosen Klarheit durchgequält. Er hatte die Wahrheit unerbittlich ausgesprochen, die mir seit Tagen auf der Seele brannte: Entweder der Kaiser geht, oder wir verzichten auf die nationale Verteidigung.

Nach der Sitzung konnte Drews nur mit Mühe die Fassung bewahren: beim Weggehen brach er auf der Treppe fast zusammen. Ich bat ihn, noch am Abend dieses Tages ins Hauptquartier zu reisen, um als preußischer Minister des Innern seinen König über die Stimmung im Lande aufzuklären. Mir war allerdings bange, wie der streng sachliche Beamte sich in der ungewohnten Atmosphäre durchsetzen würde.

Ich suchte daher zu erreichen, daß Graf Lerchenfeld ihn begleitete und unterstützte. Der bayerische Bundesratsbevollmächtigte war ein Weltmann von vollendeter Gewandtheit, und er hätte nicht nur seine, sondern auch seines Königs Meinung vertreten können. Graf Lerchenfeld war bereit, aber er erhielt nicht die Erlaubnis seiner Regierung. Ich blieb trotzdem dabei, daß Drews die Reise antreten sollte, hoffte aber, daß ihm am nächsten Tage der Prinz Friedrich Karl nachreisen würde.

Noch spät am 31. Oktober erhielt ich zwei Nachrichten, die geeignet waren, mich auf dem als recht erkannten Wege vorwärts zu treiben.

Der Unterstaatssekretär David hatte sich einem meiner Mitarbeiter gegenüber besorgt über das Anwachsen der Agitation gegen die Monarchie ausgesprochen, jedoch die Worte hinzugefügt: Wenn der Kaiser abdankt, dann ist der republikanischen Bewegung das Rückgrat gebrochen.

Simons aber berichtete über eine noch bedeutsamere Unterredung, die er mit dem Abgeordneten Haase herbeigeführt hatte. Haase hatte von der Abdankung des Kaisers als von einer Sache gesprochen, für die er und seine Parteigenossen kein besonderes Interesse hätten. Für sie sei das Wesentliche, daß die nationale Verteidigung nicht zustande kommen dürfe.

Ich mußte an die Worte von Drews denken: „Die Stimmung in den Massen ist sehr schwankend, ihr Übergang in das unabhängige Lager kann durch ein einziges kräftiges Schlagwort herbeigeführt werden." Es war verdächtig, daß der Abgeordnete Haase keinen Wert auf die Abdankung legte. Vielleicht sah er das Zögern des Kaisers sogar mit Schadenfreude. Welch wirksamere Parole konnte es in diesem Augenblick gegen die nationale Verteidigung geben, als die Hetzrede: Der Kaiser will seine Person dem Frieden nicht zum Opfer bringen, deshalb muß der Krieg weitergehen.

Am Morgen des 1.November teilte mir Prinz Friedrich Karl mit, daß er den schweren Gang zum Kaiser gehen wolle. Ich bat Simons, ihn zu begleiten; die Abreise sollte am Abend erfolgen. Die inzwischen aus dem Hauptquartier eingetroffenen Warnungen konnten mich nicht irre machen; sie drangen auf vielen Kanälen zu den maßgebenden Persönlichkeiten in Berlin und plädierten sämtlich auf der Linie des Kriegsministers: die Armee kann die Abdankung des Kaisers nicht ertragen. Hatte Drews gesagt, der Aufruf zur nationalen Verteidigung wird taube Ohren im Volke finden, wenn der Kaiser ihn unterzeichnet, so lautete die drohende Antwort der Militärs: Die Armee wird versagen, wenn der Kaiser nicht unterzeichnet.

Mir aber zeigte sich immer deutlicher der einzige Ausweg: es mußte der Kaiser sein, der das kämpfende und arbeitende Volk zur letzten Verteidigung rief, aber der scheidende Kaiser. In der gleichen Urkunde würde der Oberste Kriegsherr mitteilen, daß er um des Friedens willen auf seine Krone verzichte, aber Heer und Heimat beschwören, weiterzukämpfen, sollte das Opfer vergeblich sein und ein entehrender Waffenstillstand uns angesonnen werden.

Wir waren – mit einer Unterbrechung – den ganzen Tag damit beschäftigt, die Urkunden, die Prinz Friedrich Karl dem Kaiser vorlegen sollte, und ein begründendes Memorandum fertigzustellen. Auch Simons war jetzt davon durchdrungen, daß uns keine andere Wahl blieb. Die Gewißheit festigte sich ihm noch während der Arbeit unter dem zwingenden Eindruck seiner eigenen Formulierung, die auch sonst die letzte Klärung in seine Gedanken zu bringen pflegte. – Als so alle Zweifel schwanden, da überkam uns mit einer feierlichen Kraft die Zuversicht: wir schlagen nicht nur das Beste vor für das Reich und die Monarchie, sondern auch für den Monarchen selbst. Wenn der Kaiser den großen Entschluß faßt – und zwar sofort –, so ist die nationale Verteidigung und die Monarchie gerettet, und sein Name wird in der Geschichte gesegnet sein.

Um 11 Uhr ging ich in die bayerische Gesandtschaft, wo die stimmführenden Mitglieder des Bundesrats versammelt waren. Ich erklärte den Herren, daß ich seit Tagen die Frage der Abdankung Seiner Majestät ohne Unterlaß erwogen hätte; der Kaiser sei dauernd informiert worden: für mich käme nur ein absolut freiwilliger Entschluß des Kaisers in Betracht, nur so könnten Heer und Heimat vor Schaden bewahrt und die Würde des Reiches gehütet werden. Ich forderte die Freiwilligkeit auch für mich und erwähnte die Zusage, die ich gestern von Scheidemann erhalten hatte, aus der Abdankung keine Kabinettsfrage zu machen. Aber ich bereitete die Herren darauf vor, daß Scheidemann auch anderen Sinnes werden könnte unter dem täglich wachsenden Druck, der auf ihn ausgeübt werde.

Wenn der Tag komme, an dem ich gezwungen sein würde, selber mit dem Kaiser zu reden, dann müsse ich wissen, welche Stellung die Bundesfürsten einnehmen.

Ich richtete nunmehr die Bitte an die Herren, sie möchten sofort zu ihren Souveränen reisen und sie über meine Stellungnahme in der entscheidenden Frage aufklären. Aber das Ergebnis der Reise erwartete ich eine telegraphische Mitteilung: Die Worte „Einverstanden" oder „Nicht einverstanden" würden genügen. Selbstverständlich würde eine solche Einverständniserklärung keine Aufforderung an den Kaiser enthalten: Tritt zurück, sondern nur den Sinn haben: wenn der Kaiser sich freiwillig zur Abdankung entschließen sollte, dann verstehen die Fürsten den Entschluß und erheben keinen Widerspruch dagegen.

Die Herren interpellierten mich sofort, wie über einen gleichzeitigen Verzicht des Kronprinzen gedacht würde, und in welcher Form für diesen Fall die monarchische Gewalt geordnet werden sollte, um ja den destruktiven Elementen keinen Vorschub zu leisten.

Ich erwiderte: Der gleichzeitige Verzicht des Kronprinzen werde wohl nicht zu vermeiden sein.[141] Ich würde mit allem Nachdruck dafür eintre-

---

[141] Mir ist oft der Vorwurf gemacht worden, daß ich in der Veröffentlichung vom 9. November den Thronverzicht des Kronprinzen als selbstverständlich vorausgesetzt habe. Wer noch die allergeringste Hoffnung hatte, den Thron für die Hohenzollern zu retten, konnte nicht anders handeln. Am 9. November war eine Orientierung des Kronprinzen nicht mehr möglich. Aber ich habe es immer als schwere Versäumnis empfunden, daß ich nicht vom 25. Oktober ab eine Gelegenheit herbeigeführt habe, um mit dem Kronprinzen die Frage seines Verzichtes zu erörtern.
Die folgenden Erwägungen haben hindernd gewirkt:
1. Bis zu dem 9. November hatte der Kaiser stets aufs neue erklärt, daß die Abdankung für ihn indiskutabel sei. Da war es schwer, die Frage des Thronverzichts mit dem Kronprinzen zu erörtern.
2. In den letzten Oktober- und ersten Novembertagen tauchte eine Illusion auf, der auch ich vorübergehend Raum gab: der Kronprinz könnte das Volk mit seiner Thronfolge durch ein zur Veröffentlichung bestimmtes Schreiben versöhnen, darin er erklären würde, aus Überzeugung mit dem neuen Kurs gehen zu können. Auf Anregung der Reichskanzlei richtete in der Tat der Kronprinz einen dahingehenden Brief am 7. November an mich.
3. In den Tagen unmittelbar vor der Revolution trat für mich der Plan einer Stellvertretung des Kaisers in den Vordergrund; gerade auch aus dem Grunde, weil man auf diesem Wege zunächst den Thronverzicht des Kronprinzen für den Augenblick umgehen konnte.
Rückblickend muß man sagen, daß alle diese Gedankengänge bedeutungslos waren angesichts der Tatsache, daß der Kronprinz in den Augen des deutschen Volkes ein eher noch größeres Friedenshindernis war als der Kaiser. Das war der Erfolg der niederträchtigen Ententepropaganda und des Waffenstillstandsangebotes, durch das wir Wilson als Retter und Richter aufgerufen und unser Volk seinen Lockrufen zugänglich gemacht hatten. Bei den Erörterungen über die Abdankung war fast ausschließlich von einer Abdankung des Kaisers zugunsten des Enkels die Rede.
Bezeichnend ist auch, daß von den Gegnern der Abdankung als stärkstes Argument immer ins Treffen geführt wurde: „Wehe dem Volk, dessen König ein Kind ist." Ich zitiere die folgenden Worte des Grafen Westarp in der „Wochenschau" vom 3. November 1918 (Westarp, a. a. O., S. 90): „Die von der Sozialdemokratie geforderte Abdankung Seiner Majestät des Kaisers würde nach unserer Auffassung in unaufhaltbarer Folge zum Ende der Hohenzollerndynastie und der Einigkeit des Deutschen Reiches führen. Man muß sich dabei zunächst

ten, daß ein preußischer Prinz die Regentschaft übernähme, damit am Wesen unserer Verfassung nichts geändert und die Stabilität verbürgt würde.

Auf die Frage nach der Stellung der Reichstagsmehrheit antwortete ich, daß das Zentrum an sich glaube, warten zu können, bis die Bedingungen der Feinde an uns herantreten, aber die Partei hätte sich doch nicht klar geäußert, sondern zu erkennen gegeben, daß sie einem freiwilligen Entschluß keinen Widerspruch entgegensetzen würde. Auch die Stellungnahme der Freisinnigen sei nicht eindeutig, aber nach meinen Eindrücken würden sie die Situation als nach innen und außen erleichtert ansehen, wenn der Kaiser abdankte.

---

vergegenwärtigen, daß die Sozialdemokratie und andere Kreise, die in dieser Frage ihr zur Seite treten, auch an die Abdankung des Kronprinzen denken, der weder dem Präsidenten Wilson und unseren anderen Feinden, noch unserer Demokratie genehmer sein würde als der Kaiser. Was allein in Frage kommt und gefordert wird, ist die Abdankung zugunsten des minderjährigen Enkels und eine Regentschaft. Diese wäre nach der Verfassung im Reiche wie in Preußen von dem nächsten großjährigen zur Thronfolge berechtigten Prinzen des königlichen Hauses, also dem Prinzen Eitel Friedrich zu führen. Lesen wir einmal wieder nach, was Friedrich der Große in seinem politischen Testament über eine Regentschaft sagt ... Daß die Entente mit ungeheuren Mitteln daran arbeitet, durch Schürung partikularistischer Strömungen den Bestand des Reiches zu zersetzen, geht aus vielen Ereignissen der letzten Zeit hervor. Nun kann kein Zweifel bestehen, daß bei richtiger Auslegung der Verfassung die Regentschaft im Reiche ohne weiteres dem Regenten der Krone Preußens zusteht. Wer aber wollte dafür bürgen, daß unter den heutigen Verhältnissen die zutreffende Auslegung der Verfassung sich durchsetzt und nicht ohne weiteres über den Haufen geworfen wird, wenn es den politischen Mächten genehm ist, die jetzt an der Herrschaft sind? Darum ist es nicht anders: Wer die Abdankung des Kaisers fordert, der muß sich vollkommen klar darüber sein, daß er auch das Herrscherhaus, die monarchische Staatsform und die Einigkeit des Deutschen Reiches aufs schwerste gefährdet." (Sperrungen von mir.) Da sich hier Graf Westarp so ausführlich mit den Einzelheiten einer Nachfolge des Kaisers beschäftigt und die herrschende Meinung der Demokraten erwähnt, daß die Nachfolge des Kronprinzen untragbar sei, so hätte er naturgemäß an dieser Stelle gegen diese Auffassung heftigen Protest einlegen und die Thronbesteigung des Kronprinzen fordern müssen, wenn er sie in der damaligen Situation noch für möglich gehalten hätte

Einer der Bevollmächtigten schien zu bezweifeln, ob ich den Druck im Innern genügend ernst nähme: in den letzten Tagen sei er im Wachsen und würde noch stärker werden. Er sprach von der Pflicht des Vorbeugens. Ob der Kanzler wirklich glaube, sich unter diesen Umständen auf eine rein informatorische Tätigkeit beschränken zu können?

Ich verschwieg in meiner Antwort nicht, daß auch ich spürte, wie von unten herauf der Druck seit Tagen wüchse – der Kaiser stünde zwar auf dem Standpunkt, jetzt das Deutsche Reich nicht im Stich lassen zu dürfen; aber wir müßten heute schon der Situation ins Auge sehen, wie sie unannehmbare Bedingungen schaffen würden: keine Macht der Welt, keine Regierung würde es dem Volke ausreden können, daß Deutschland ohne den Kaiser bessere Waffenstillstandsbedingungen bekäme; und so würde sich die Wut mehr noch gegen den Kaiser als gegen den Feind richten. Ich wisse daher nicht, wie lange ich noch den Druck des Kriegskabinetts von mir fernhalten könnte. Bis jetzt habe Ebert noch einen Beschluß seiner Fraktion verhindert, die Ereignisse könnten sich aber überstürzen. Trotzdem müsse ich daran festhalten, daß wir nur durch einen freiwilligen Entschluß des Kaisers Herr der Lage werden könnten.

Auf eine weitere Frage, ob ich denn wirklich glaubte, durch eine freiwillige Abdankung die Monarchie retten zu können, gab ich den Herren von der zuversichtlichen Vorhersage des Unterstaatssekretärs David Kenntnis.

Nach kurzen Ausführungen über die Nachrichten, die aus Feindesland vorlagen, wurde ich von dem württembergischen Gesandten, Herrn v. Barnbüler, um Auskunft gebeten, wie die Information des Kaisers vor sich ginge, und ob etwa der Eindruck berechtigt wäre, daß Seine Majestät durch die Reise an die Front einer weiteren Behandlung der Frage hier hätte ausweichen wollen.

Ich erwiderte, meiner Überzeugung entsprechend, daß der Kaiser solchen Gedankengängen sicher fernstände, bestimmte Kräfte aber wohl am Werke gewesen sein möchten, die Seine Majestät aus Berlin entfernen wollten. Die Information ginge durch Persönlichkeiten vor sich, die dem Kaiser genehm wären und mit einer gewissen Autorität zu ihm sprechen könnten. Ein solcher Vertrauensmann weile bereits heute beim Kaiser; ein anderer werde morgen nachfolgen.

Aber die Herren gaben sich nicht zufrieden. Was gedenke der Kanzler zu tun, wenn die Vertrauensmänner kein Gehör finden sollten? Ich sei doch nach der Verfassung der allein verantwortliche Mann, an den sich der Kaiser letzten Endes halten müsse.

Ich erwiderte: Meine Eigenschaft als Thronfolger Badens erschwere es mir, dem Kaiser den Thronverzicht direkt vorzuschlagen. Vor allem aber könnte ich in der gegenwärtigen Situation nur mit Nachdruck sprechen, wenn ich zugleich die Kabinettsfrage stellte; dann aber sei dem Kaiser jede Freiheit der Entschließung genommen. Nur im äußersten Falle würde ich diesen Weg gehen.

Hier sekundierte mir Graf Lerchenfeld: Der Rücktritt der gegenwärtigen Regierung wegen dieser Frage würde die Revolution besiegeln.

Die Bevollmächtigten kamen auf Grund meiner Ausführungen zu dem formulierten Gesamtergebnis:

Der Reichskanzler hält es jetzt augenscheinlich für notwendig, die Behandlung der Frage einer Abdankung des Kaisers, einschließlich einer gleichzeitigen Abdankung des Kronprinzen auf der Basis, daß dann im Reich und in Preußen eine Regentschaft durch einen preußischen Prinzen für die Zeit der Minderjährigkeit des ältesten Sohnes des Kronprinzen eintreten soll, in ein ernstes Stadium zu leiten. Der Kanzler will, ausgehend von dem Prinzip, daß nur eine freiwillige Abdankung des Kaisers in Frage kommen könne, sich vorläufig auf eine rein informatorische Betätigung gegenüber dem Kaiser beschränken, behält sich aber gegebenenfalls eine weitere Entschließung vor und möchte schon jetzt über die Stellungnahme der übrigen Bundesfürsten dahin unterrichtet werden, ob diese, wenn der Kaiser von sich aus zu einem Abdankungsentschluß kommen will, einen solchen Entschluß vom bundesfürstlichen Standpunkt billigen würden.

Nach Schluß der Sitzung teilte der bayerische Gesandte noch vertraulich mit, daß Seine Majestät der König von Bayern bereits eine Einverständniserklärung in dem von mir umrissenen Sinne abgegeben habe.

Ich kehrte in das Reichskanzlerpalais zurück in dem Gefühl, daß die Vertreter der Bundesstaaten in ihrer Mehrzahl mit mir in der Beurteilung der Lage einig waren;[142] die von mir unternommenen Schritte aber schienen einigen von ihnen nicht entschieden genug, um der drohenden Gefahr rechtzeitig zu begegnen.

Ich setzte alle meine Hoffnungen auf den Prinzen Friedrich Karl.

Am Nachmittag wurde die Arbeit an dem Material fortgesetzt, das ins Hauptquartier mitgenommen werden sollte. Ich bringe die Dokumente der Reihe nach, wie sie entstanden sind. An der einen oder anderen Stelle kommt Simons persönliche Meinung zu Wort, nicht die meine; so, wenn er für Preußen die Regentschaft, für das Reich die Reichsverweserschaft in Vorschlag bringt. Ich trug ihm noch auf, unterwegs Änderungen vorzunehmen. Dem Kaiser waren nur die beiden Aufrufe „An das Volk" und „An das Heer" vorzulegen; von dem Memorandum sollte der Prinz Friedrich Karl nach Gutdünken Gebrauch machen:

I

„Die Frage der Thronentsagung Seiner Majestät des Kaisers und Königs wird öffentlich erörtert, die Reichsregierung muß rasch und klar dazu Stellung nehmen. Bei Prüfung der Frage darf die Absicht der Feinde keine Rolle spielen, soweit sie nicht auf die Lage im Innern zurückwirkt. Deshalb ist es auch nicht ausschlaggebend, ob die Antwort des Präsidenten Wilson so ausgelegt werden muß, daß sie die Thronentsagung fordert, oder so, daß sie sich mit Verfassungsänderungen begnügt. Es kommt vielmehr nur auf die Erfordernisse der inneren Lage an.

Daß eine Thronentsagung Seiner Majestät, die den Thronverzicht Seiner Kaiserlichen und Königlichen Hoheit des Kronprinzen zur unmittelbaren Folge haben würde, Gefahren für Preußen und das Reich in sich schließt, bedarf keiner Ausführung. Aber diesen Gefahren kann man begegnen, wenn der Schritt unvermeidlich ist. Werden die Bundesregierungen und die Parteien rechtzeitig ins Bild gesetzt, bereitet man rasch einen Gesetz-

---

[142] Diese Auffassung wurde mir in den nächsten Tagen best ätigt.

entwurf vor, der die Wahl des Reichsverwesers regelt, läßt man in Preußen die Regentschaft sich nach dem bestehenden Gesetze einführen, wählt man zum Regenten in Preußen den geeigneten Agnaten und zum Reichsverweser eine vom Vertrauen des Inlandes getragene Persönlichkeit, die zugleich das Mißtrauen des Auslandes nicht hervorruft, bringt Seine Majestät der Kaiser und König seine Kronen dem Wohl des Volkes als freies Opfer und mahnt er seine Treuen eindringlich, seinen Willen auch hier zu ehren, so lassen sich die schwersten Erschütterungen vermeiden. Solche Erschütterungen sind aber unausbleiblich, wenn die Thronentsagung verzögert wird.

Wir stehen unmittelbar vor der Mitteilung der Bedingungen, unter denen uns die Feinde den Waffenstillstand gewähren wollen; nach aller Voraussicht handelt es sich nur noch um wenige Tage. Die Bedingungen werden so schwer sein, daß unser Volk davon getroffen werden wird wie von einem Keulenschlage, denn es weiß immer noch nicht, wie es um Deutschland steht. Die Gebildeten werden zum Teil darauf reagieren mit grimmigem Zorn gegen den übermütigen Feind und mit dem Ruf nach dem letzten Verteidigungskampf, die Massen ganz überwiegend mit erbitterten Vorwürfen gegen den höchsten Führer, der ihnen, wie sie glauben werden, diese Demütigung durch eine rechtzeitige Thronentsagung hätte ersparen können, und mit dem Ruf nach der Abdankung. Der Ruf wird so stark werden, daß er nicht mehr zu überhören ist, und selbst königstreue Kreise werden dadurch so zweifelhaft werden, daß sie als Stütze versagen. Die dann eintretende Spaltung des Volkes wird sein Zusammenraffen zum Endkampf kaum gestatten, jedenfalls dem Kampf den Schwung und die Nachhaltigkeit nehmen.

Seine Majestät wird dem Druck nicht auf die Dauer widerstehen können, den Inland und Ausland gleichzeitig auf ihn ausüben, da das Heer gegen eine Volksbewegung nicht mehr verwendbar sein wird, wenn die Alternative gestellt wird: entweder die Allerhöchste Person oder ein erträglicher Friede. Der verkannte und verleumdete Träger der weltgeschichtlichen Verantwortung würde dann dem Throne nicht mehr mit der Würde entsagen können, ohne die sein Schritt für den dynastischen und monarchischen Gedanken verhängnisvoll wäre. Das Volk würde die

Entsagung des Kaisers nicht mehr dankbar als freies Opfer gelten lassen, sondern ungeduldig weitere Opfer fordern.

Wird das Opfer unverzüglich gebracht, so kann es die Stimmung so stärken, daß wir unerträgliche Bedingungen abzulehnen und mit einheitlicher Front weiterzukämpfen imstande sind."

II

„Aufruf des Königs von Preußen (Entwurf Simons).

An mein Volk!
Mehr als 25 Jahre habe Ich Deutschland den Frieden erhalten können. Zuletzt ist uns doch der Krieg aufgedrängt worden, den unser Volksheer auch in Feindesland als Verteidigungskrieg geführt hat. Der Krieg ist gegen uns entschieden, und die irregeleitete öffentliche Meinung der Feinde wälzt die Schuld an all den Leiden, die er veranlaßt hat, uns zu. Den Taten und Leiden des deutschen Volkes, besonders Meiner Preußen, ist der Lohn des Sieges nicht beschieden, aber es hat in heldenmütigem Kämpfen und Arbeiten, Dulden und Ertragen unvergänglichen Ruhm erworben. Dieser Ruhm soll, soviel an Mir liegt, nicht durch Waffenstillstands- oder Friedensbedingungen verdunkelt werden, die mit unserer Ehre nicht vereinbar sind. Der Haß der Feinde gegen Mich könnte die Bedingungen verschärfen. Ich halte es daher in diesem Augenblick mehr für Meine Pflicht, der Krone Preußens und damit der Kaiserkrone zu entsagen, als ihre Last noch weiter zu tragen.

Meinen Preußen und dem ganzen Deutschen Volk danke Ich für die beispiellose Hingabe an die Sache des Vaterlands, die auch die Meine war. Ich fordere Euch auf, diese Sache nicht im Stich zu lassen, sondern, wenn die Ehre es verlangt. Euer Letztes daran zu setzen, um den Feinden zu zeigen, daß Deutschland unwürdige Bedingungen niemals freiwillig auf sich nehmen wird."

III

„Aufruf des Deutschen Kaisers (Entwurf Simons).

An das Deutsche Heer!
Mit dem heutigen Tage entsage Ich der Krone des Reichs und lege den Oberbefehl über das Deutsche Heer nieder, der dem Kaiser nach der Verfassung zusteht.

Der Haß der Feinde gegen Meine Person, die sie verkennen und verleumden, soll Euch, Meine Kameraden, die Bedingungen nicht verschlechtern, unter denen Ihr die Waffen ruhen lassen oder zum letzten Verteidigungskampf erheben werdet. Gewährt der Feind einen Waffenstillstand, der Eure und des Deutschen Volkes Ehre wahrt, so werdet Ihr Euch sagen dürfen, daß er die Folge Eures heldenmütigen Ausharrens ist. Sind die Bedingungen für Deutschland unannehmbar, so heißt Mein letztes Wort an Euch: Bisher habt Ihr auf fremder Erde den Ruhm der deutschen Waffen gemehrt, jetzt verteidigt den Heimatboden mit aller Kraft, die in Euch ist. Richtet die Blicke und die Herzen nur gegen den Feind! Sorgt Euch nicht um die Heimat! Sie wird alles tun, um Euch zu helfen; denn unser ganzes Volk lehnt es ab, sich ehrlosen Bedingungen ohne Kampf zu unterwerfen."

Ich habe Jahre später diese Entwürfe dem Mitarbeiter aus meiner Kanzlerzeit gezeigt, der bis zum letzten Augenblick der schärfste Gegner der Abdankung des Kaisers war. Als er die Proklamationen „An mein Volk" und „An mein Heer" gelesen hatte, rief er aus: „Das wäre die Rettung gewesen."

Der Prinz Friedrich Karl kam gegen Abend, wie ich glaubte, um sich zu verabschieden. Ich orientierte ihn über die Auffassung des Hauptquartiers; er sollte wissen, welch wohlorganisierten Widerstand gegen die Abdankung er vorfinden würde. Aber der Prinz selber war im Laufe des Tages schwankend geworden. Die Abwehrparole der Obersten Heeresleitung hatte den Soldaten in ihm berührt, auch war er betroffen durch die Unsicherheit maßgebender ziviler Persönlichkeiten, die zwar von der Notwendigkeit der Abdankung überzeugt schienen, aber vor der letzten Konsequenz zurückschreckten, aus Sorge vor der unberechenbaren Wirkung auf das Heer.

Ich rief Simons herein und unterrichtete ihn über die Zweifel des Prinzen. Da fuhr er auf – die gewohnte Korrektheit und Geduld verließen ihn, und mit leidenschaftlichen Worten wandte er sich an den Prinzen Friedrich Karl: wenn er nicht vor den Kaiser hintreten könnte wie Luther vor dem Reichstag in Worms: „Hier stehe ich, ich kann nicht anders, Gott helfe mir!" dann würde die Reise besser unterbleiben.

Der Prinz erwiderte, das sei ihm nicht möglich; ohne selbst überzeugt zu sein, könne er den Kaiser nicht überzeugen.

Simons ging hinaus, um den Extrazug abzubestellen.

Draußen traf er Prittwitz und andere Mitarbeiter. Man beschwor ihn, noch einmal zum Prinzen von Hessen zu gehen und alles zu tun, damit die Reise doch zustande käme. Diese letzte Hoffnung dürfe nicht zuschanden werden.

Da schlug Simons mit der Faust auf den Tisch: „Lassen Sie mich, ich vergewaltige keinen Menschen. Wenn in diesem Augenblick die Träger des monarchischen Gedankens sich versagen, dann kommt die Republik! Eines werde ich noch tun; ich bestelle den Extrazug noch nicht ab, und nach einer Weile gehe ich noch einmal hin und sage dem Prinzen von Hessen, daß er noch reisen könne."

Unterdessen sprach ich mit meinem Vetter und schilderte ihm die ganze Schwere der inneren Lage: „Mein Cauchemar ist ein Ultimatum der Sozialdemokraten wegen der Abdankung." Aber ich fühlte mich außerstande, ihn zu einer Mission zu drängen, für die er die innere Gewißheit brauchte und nicht hatte.

Simons trat wieder ein. Der Prinz war nicht anderen Sinnes geworden. Für ihn blieb entscheidend: die Sorge um das Heer. Die Reise wurde aufgegeben.

So zerschlug sich auch diese Hoffnung. Ich hatte die Grippeerkrankung noch nicht überwunden. In den letzten Tagen hatte mich die Arbeitsanhäufung vollends erschöpft. Ich bekam einen heftigen Rückfall. Der herbeigerufene Arzt wollte mir durchaus Ruhe verschaffen; er gab mir ein Mittel, das in meinem geschwächten Zustand stärker wirkte, als in der Absicht lag und mich in einen schweren Schlaf versetzte, aus dem ich 36 Stunden lang nicht zu erwecken war.

Elftes Kapitel

Die Meuterei der Flotte.
Gröners Ankunft und erster Bericht

Ich war am Sonntagmittag (3. November) noch nicht lange aus meinem Betäubungszustand erwacht, da ließ sich Haeften bei mir melden. Er redete auf mich ein mit gütigen Worten, die nur einen Ausweg zeigen sollten: „Sie brauchen die gräßliche Verantwortung nicht länger zu tragen, ziehen Sie sich doch auf Ihren Standpunkt als Offizier zurück und teilen Sie dem Kabinett mit: Der Kaiser dankt freiwillig nicht ab; als Offizier kann ich die Abdankung nicht erzwingen; wenn ihr anderer Meinung seid, so macht eure Sache allein."

Während ich außer Gefecht war, hatte Haeften bereits Schritte in dieser Richtung unternommen. Am Sonnabend wurde mit Payer eine Pressenotiz verabredet: Der Kanzler habe einen Rückfall erlitten, bis auf weiteres führe der Vizekanzler die Geschäfte. Nur das Dazwischentreten meines Adjutanten v. Prittwitz hat die Übergabe dieses Bulletins an das W. T. B. verhindert.

Ich konnte mich im ersten Augenblick der verführerischen Gewalt des Fluchtgedankens nicht entziehen, aber ich zwang mich dann rasch zur nüchternen Erkenntnis der wirklichen Lage. Haeften konnte so sprechen, er war nur Soldat. Ich aber hatte das Kanzleramt angenommen und damit die Verpflichtung, im Interesse der Nation den Kaiser verantwortlich zu beraten. Ich hatte auch das Waffenstillstandsangebot an Wilson unterzeichnet, nicht als ein unwissender, sondern in Kenntnis der tödlichen Gefahren, die es für Kaiser und Reich barg.

Es ging nicht an, daß ich jetzt meine Eigenschaft als Thronfolger oder Offizier dazu benutzte, um die Last der Entscheidungen auf andere abzuwälzen.

Bald darauf kam Wahnschaffe, auch rührend bemüht, meine Lage zu verstehen und zu erleichtern. Er wollte mir glaubhaft machen, und glaubte es auch selbst, daß es ihm in den letzten 24 Stunden gelungen sei, in der Kaiserfrage eine Beruhigung zu schaffen.

Drews Mission war gescheitert. Er war zwar angehört worden, aber der Kaiser hatte seinen unbeugsamen Entschluß bekundet, nicht abzudanken. Er hatte bereits das Versprechen seiner Söhne erhalten, daß keiner sich zur Übernahme der Regentschaft bereit finden würde. Drews mußte sich harte Worte sagen lassen, besonders von Gröner, über die Untätigkeit, mit der die Regierung die Agitation der Presse dulde. Es hatte ihm starken Eindruck gemacht, als der Kaiser sagte: wenn er ginge, bräche die Armee auseinander und der Feind fiele ungehindert ins Land ein. Hindenburg und Gröner hatten dieses Argument gestützt, der Feldmarschall mit denkbar starken Worten: nach der Abdankung würde die Armee nur noch als marodierende Räuberbande in die Heimat zurückströmen.

Payer und Wahnschaffe hörten in meiner Stellvertretung am Sonnabend diesen Bericht. Sie hielten Drews fest, bis Scheidemann herbeigerufen war, der dann mit vereinten Kräften bearbeitet wurde, die Forderung der Sozialdemokraten aufzuhalten bis nach Eintreten der Waffenruhe. Scheidemann glaubte nicht, daß die Armee nach der Abdankung ihren Halt verlieren würde, wie der Feldmarschall befürchtete, aber er wurde doch sehr ernst und erklärte schließlich, es spräche manches dafür, die Streitfrage zu vertagen, bis Waffenstillstand und womöglich Präliminarfriede unter Dach wären. Dann aber würden die Sozialdemokraten auf der Abdankung bestehen. Bis dahin wolle er alles tun, um seinen Parteivorstand zurückzuhalten. Der zufällig eintretende Staatssekretär v. Waldow erklärte sich auf Wunsch Wahnschaffes sofort bereit, seine vielfältigen Beziehungen zur Presse und zu den Parteien im gleichen Sinne auszunutzen. Friedberg, Solf, Deutelmoser, Clemens v. Delbrück wurden ebenfalls sofort ins Bild gesetzt, die Chefredakteure der großen Zeitungen, die Führer der Mehrheitsparteien wurden in Einzelbesprechungen auf die große Gefahr einer weiteren Verschärfung der Kaiserkrisis hingewiesen. Heute morgen habe er, Wahnschaffe, noch Theodor Wolff eingehend gesprochen und Verständnis gefunden.

Wahnschaffes Initiative während meiner Betäubung war noch weiter gegangen: er hatte an Freiherrn v. Grünau von seinen Bemühungen und ihrem Erfolg berichtet. Dadurch mußte sich in der Umgebung des Kaisers die Meinung befestigen, die Frage der Abdankung könne vorläufig aus den Erwägungen Seiner Majestät ausscheiden.

Ich konnte an die Wendung zum Guten nicht glauben. Wahnschaffe mochte das Fieber herabgedrückt haben, aber das war nur eine symptomatische Behandlung, die keine wirkliche Besserung, sondern nur eine trügerische Beruhigung in unserem Umkreis schuf. Wohl möglich, daß die Presse sich ein paar Tage Gewalt antat – aber was lag daran: die Presse machte keine Revolution, die Bewegung stieg von unten herauf. Alles hing an der Führerschaft Scheidemanns: ich wußte, daß „seine Befehlsgewalt von der Art war, daß die Massen ebensoviel über ihn vermochten wie er über die Massen".[143] An diesem Sonntagmorgen hatte der „Vorwärts" bereits nicht Order pariert, zum zweitenmal auf Scheidemanns Brief an den Kanzler hingewiesen und damit neue Ungeduld ins Volk hineingeworfen: wann wird Scheidemann Antwort erhalten? Vor allem aber hatte der Staatssekretär selbst in der Pressesitzung vom 2. seine ganze Ohnmacht enthüllt: er hatte von drohenden Putschversuchen gesprochen; 6000 Handgranaten seien gestohlen worden. Haußmann fragte ihn, warum er aufgeregte Ansammlungen von Arbeitern nicht durch Gewerkschaftsführer zur Ruhe bringen ließe. Scheidemann erwiderte: „Ehe das ‚Etwas' geschieht, können wir nicht beruhigen."

Wahnschaffes Worte vermittelten mir noch einen anderen ungewollten Eindruck. Die Herren sprachen immer wieder von dem unmittelbar bevorstehenden Abschluß des Waffenstillstandes, und wir rechneten doch alle mit Bedingungen, die eigentlich unannehmbar waren. Derjenige, der die Abdankung vertagen wollte, mußte innerlich den Glauben aufgegeben haben, daß wir uns gegen irgendwelche Zumutungen auflehnen könnten – wenn anders er die unvermeidlich eintretende Lage wirklich im voraus durchdacht hatte.

Ich beschäftigte mich in den ersten Stunden nach meinem Erwachen nur mit der Abdankungsfrage und mußte mir schließlich sagen, daß die

---

[143] In Julius Cäsars Bellum Gallicium bezeichnet Ambiorix seine Befehlsgewalt mit diesen Worten.

Lage noch hoffnungsloser war als am Abend, da der Prinz von Hessen nicht reisen wollte.

Das Hauptquartier hatte meinen Überzeugungsversuch nicht nur abgeschlagen, sondern war selbst vorgestoßen bis in meine nächste Umgebung hinein.

Am 3. November abends nahm ich die Geschäfte wieder auf. Simons, Wahnschaffe, Prittwitz berichteten mir über alle die umstürzenden Ereignisse, die sich in den letzten 24 Stunden in der Welt zugetragen hatten.

Die Türkei hatte den Waffenstillstand am 31. Oktober angenommen, den die Alliierten ihr in Beantwortung ihres Sonderschrittes präsentiert hatten. Die schmachvollen Einzelheiten lagen jetzt vor: Die Dardanellen und der Bosporus wurden für die Feinde geöffnet; die Alliierten erhielten das Recht, alle strategischen Punkte, Häfen und Plätze zu besetzen; Telegraph und Eisenbahnen wurden ihrer Aufsicht unterstellt; alle deutschen und österreichischen Militär- und Zivilpersonen mußten innerhalb eines Monats entfernt werden.

Am 2. November hatte Ost erreich die Waffenstillstandsbedingungen der Feinde angenommen. Eins war klar: die italienisch-österreichische Grenze, wie der Waffenstillstand sie zog, sollte ein Präjudiz für den Frieden schaffen, und sie folgte nicht den ethnographischen Tatsachen, wie die 14 Punkte das forderten, sondern den strategischen Bedürfnissen Italiens, die zu erfüllen der Londoner Vertrag versprochen hatte. Und Österreich wurde aller Machtmittel beraubt, so daß es bei den Friedensverhandlungen wehrlos sein würde:

Die Blockade wurde aufrechterhalten; die Wehrmacht auf 20 Divisionen Friedensstärke beschränkt; das Artilleriematerial war zur Hälfte auszuliefern, ebenso sämtliche U-Boote; die Flotte entweder auszuliefern oder abzurüsten.

Das Furchtbarste aber war: Österreich-Ungarn war gezwungen worden, Partei gegen Deutschland zu ergreifen. Die Verbündeten konnten nach Gutdünken strategische Punkte besetzen. Sie hatten für ihre Truppen auf allen Straßen, Eisenbahnen und Wasserwegen volle Bewegungsfreiheit. Fünfzehn Tage wurden den deutschen Truppen bewilligt, um das Gebiet der Bundesgenossen zu verlassen. Nach dieser Frist war Österreich-Ungarn verpflichtet, die deutschen Soldaten zu internieren, die noch auf seinem Gebiet waren.

Die Erbärmlichkeit des Abfalls, so sagten die Meldungen, wurde überall in Österreich empfunden. Andrassys Schritt, unternommen, um die Donaumonarchie zu retten, gab das Signal zu ihrer Auflösung; die Dinge trieben allerorts zum republikanischen Nationalismus. In Krakau, bei den Böhmen, bei den Südslawen wurden Unabhängigkeiten proklamiert, die Feiern aber vielfach durch Soldatenräte gestört. Ungarn hatte sich am 1. November als neutraler Staat erklärt. Tatsächlich war Ungarn unter Karolyi unser Feind, wie schon seine ersten Handlungen bewiesen: die ungarischen Soldaten wurden von der Front eigenmächtig zurückbeordert, Ladungen von Getreide, Erz und rumänischem Öl, die für Deutschland und Deutsch-Österreich bestimmt waren, auf der Donau angehalten.

In Deutsch-Österreich gab es jetzt auch eine „nationale Regierung", einen Staatsrat, der von der Nationalversammlung am 39. Oktober gewählt worden war. Bestimmenden Einfluß hatte darin der Sozialdemokrat Viktor Adler; Graf Botho Wedel nannte ihn in seinen Berichten einen deutschen Patrioten und feinen politischen Kopf.

Das Liquidationsministerium Lammasch-Andrassy ließ man noch nicht verschwinden. Man gönnte ihm und dem Kaiser, daß ihre Unterschriften noch unter dem Waffenstillstand standen. Die „Arbeiterzeitung" sprach von dem „schmutzigen, elenden Ende des alten Österreich".

Unter diesem verächtlichen Ausklang wichen die moralischen Bedenken die der Anschlußbewegung entgegenstanden. Der Ruf: „Heimkehr nach Deutschland" bewegte die Menschen mit einer neuen und lindernden Kraft. Es war, als ob aus der Tiefe gemeinsamer Geschichte eine vergessene Sehnsucht hervorbrach.

Nur die Christlich-Sozialen ließen sich nicht mitreißen. Trotzdem war es nahe daran, daß eine offizielle Kundgebung des Staatsrats für den Anschluß zustande kam. Graf Wedel berichtete über eine realpolitische Erwägung, die im letzten Augenblick retardierend wirkte und die Parole: „Deutsch-Österreich Republik" in den Vordergrund schob:

Die naturnotwendige Entwicklung führe zum Anschluß an das Deutsche Reich. Wenn Deutsch-Österreich aber schon bei Friedensschluß mit diesem Plan hervortrete, so befürchte man gerade auch in den Alpenländern: das Deutsche Reich werde nicht stark genug sein, um gegenüber den italienischen Ansprüchen die Unversehrtheit des Tiroler Gebietes zu retten. Man glaube, eine stärkere Position zu haben, wenn Deutsch-Österreich sich eine Staatsform schaffte, welche dem Ideenkreis des Präsidenten Wilson entsprechen würde.

Der Staatsrat hatte keine Gelegenheit versäumt, um gegen den Treubruch zu demonstrieren und seiner deutschen Gesinnung überzeugenden Ausdruck zu verleihen. Auch die Bildung einer eigenen deutschösterreichischen Armee war beschlossen worden. Aber heute erklärt die neue Regierung der Wahrheit entsprechend: Deutsch-Österreich sei außerstande, an Deutschlands Seite den Kampf fortzusetzen, denn seinem Truppenkörper seien Verbände zugeteilt, deren slawisch-magyarische Mehrheit nicht mehr kämpfen wolle.

So war also Österreich unwiderruflich Aufmarschgebiet unserer Feinde geworden und damit das Ereignis eingetreten, das Gallwitz in der Sitzung vom 28. Oktober einen Augenblick als entscheidend anzusehen geneigt war. Schon wurde es deutlich, daß die seinem Gutachten nachgesandte beruhigende Ergänzung: Wir haben ja noch mehrere Armeen im Osten und Südosten, das hatte ich übersehen, keine reale Grundlage mehr hatte:

Ich hatte den General Gröner um präzise Auskunft gebeten, wo außerhalb des westlichen Kriegsschauplatzes und Deutschlands noch deutsche Truppen stünden und wie die Oberste Heeresleitung über sie zu verfügen gedächte.

Die Antwort lag nun vor:

„Chef des Generalstabes des Feldheeres.
Großes Hauptquartier, 31. Oktober 1918.
Außerhalb des westlichen Kriegsschauplatzes und außerhalb Deutschlands befinden sich folgende deutsche Truppen:
    a) In Finnland: Der Stab der Ostseedivision mit einer Kavalleriebrigade. Es ist beabsichtigt, diese Truppen möglichst so lange in Finnland zu lassen, bis die bolschewistische Gefahr von dem Lande abgewandt ist.
    b) Im Oberostgebiet außer Ukraine: 6 Divisionen, 4 Brigaden, 116 Landsturmbataillone. Drei weitere Divisionen befinden sich im Abtransport

nach dem Westen.

Es ist beabsichtigt, die Masse der oben angeführten Truppen im Oberostgebiet zu lassen, da sie für Grenzschutz und Verwaltung notwendig sind. Ein weiteres Zurückverlegen unserer Front, als jetzt eingeleitet, würde keine Truppen ersparen, da wir bereits die kürzeste Linie einnehmen wollen und ein weiteres Aufgeben von Land die Nordgrenze der Ukraine verlängern würde. Auch wird alles aufgegebene Land dem Bolschewismus preisgegeben.

c) Im Generalgouvernement Warschau: 36 Landsturmbataillone.

Es ist beabsichtigt, diese dort zu lassen, da sie auch bei Aufgabe des Landes für Bahn- und Grenzschutz notwendig wären.

d) In der Ukraine: 13 Divisionen, 57 Landwehr- und Landsturmbataillone.

Es ist beabsichtigt, diese Truppen dort zu lassen, da sie das für die Ausnutzung des Landes nötige Mindestmaß darstellen und das Land sonst dem Bolschewismus verfiele.

e) Im Kaukasus: Wird geräumt. Es bleibt nur eine Schutzwache von etwa 500 Mann.

f) In der Walachei: 6 Divisionen und 1 Kavalleriebrigade, ferner 13 Landsturmbataillone. Im Antransport sind ferner 1 Division aus Ungarn (vgl. K) und das Lehrkommando Kaukasus (5 Bataillone) aus dem Kaukasus.

Es ist beabsichtigt, die Walachei so lange zu halten, bis die Eisenbahnlage eine Abbeförderung zuläßt oder ein Angriff überlegener Kräfte die Aufgabe des Landes erz wingt.

g) In der Türkei: Eine große Zahl einzelner meist Spezialformationen, alles in allem, einschließlich der Militärmisssion, von einer Kopfstärke von rund 32 000 Mann.

Es ist beabsichtigt, diese Truppen zunächst nach der Ukraine zu befördern.

h) In Ungarn: Eine Division und eine Zahl einzelner Formationen, darunter 10 lose Bataillone.

Es st beabsichtigt, diese Truppen nach Deutschland zurückzunehmen. Für eine weitere Division ist der Abtransport nach der Walachei (vgl. f), für eine dritte der Abtransport nach Deutschland bereits befohlen.

I. A. Gröner.

An den Herrn Reichskanzler."

In erster Linie kamen für die Aufrichtung der neuen Südfront die in der Walachei und Ungarn verbliebenen Truppen in Betracht. Der Weg über Rumänien nach der Ukraine wäre nur durch einen neuen Krieg gegen Rumänien zu erzwingen gewesen. Mackensen hatte schon den Befehl gegeben, den Rückweg über Ungarn zu nehmen. Würde das jetzt feindliche Ungarn ihn durchlassen? Wir hatten das starke Druckmittel in der Hand, Ungarn die ihm unentbehrlichen Kohlenlieferungen zu sperren. Das Auswärtige Amt hatte bereits in Budapest durch entsprechende Drohungen sichtbaren Eindruck gemacht; aber die ungarischen Bahnen waren in einem furchtbaren Zustand, und das Land war am Rande des Bolschewismus. Nach der Ermordung Tiszas erwartete man neue Attentate, wie der nach Berlin geflohene Justizminister uns mitteilte. Wir durften die Armee Mackensen nicht mehr in Rechnung stellen.

Aus den übrigen Ostgebieten schien die Herausziehung der Truppen technisch möglich zu sein. Allerdings aus Polen erst, nachdem wir die Ukraine aufgegeben hätten, da wir die polnischen Bahnen zum Rücktransport unserer Truppen brauchten und die Bahnen nicht schützen konnten,[144] ohne das Land besetzt zu halten.

Waldow war jeden Augenblick bereit, zugunsten der letzten Verteidigung auf die Ukraine zu verzichten, obgleich er selbst heute nachmittag (3.November) in der Kabinettssitzung gesagt hatte: „Die Ernährung hängt an einem Seidenfaden." Die Oberste Heeresleitung aber wollte nicht räumen. In den Antworten Gröners kam in einer beinahe feierlichen Wiederholung immer wieder die Warnung: Wir dürfen das Land nicht dem Bolschewismus preisgeben.

War Gröner objektiv? Er hatte wie General Hoffmann im Osten auf Vorposten gestanden, schützend, ordnend im Vollgefühl unserer Macht und der Verantwortung, die sie uns auferlegte. Diesen östlichen Soldaten war der ethische Imperialismus in Fleisch und Blut übergegangen, zu einer Zeit, als die Gehirne der Politiker sich noch sperrten. Sie fühlten nicht nur das Wort der Nation, sondern die eigene Ehre verpfändet: wir dürfen nicht unsere Hand von den Balten, Finnen, Ukrainern zurückzie-

---

[144] Ein Bericht des Generalgouverneurs v. Beseler vom 2. November 1918 aus Warschau gibt der Meinung Ausdruck, daß die an sich ratsame völlige Zurückziehung der deutschen Besatzungstruppen nur möglich wäre, wenn zugleich Litauen, Weißrußland und die Ukraine geräumt werden könnten, deren Verbindung mit der Heimat sie aufrechterhielten. Allerdings würde es baldigst einer Verstärkung der Besatzung bedürfen, die nur aus im ganzen Lande verstreuten 35 schwachen Landsturmbataillonen mit ganz geringer Kavallerie und Artillerie bestünde. Die Verantwortung für die Aufrechterhaltung der Ordnung in dem „unruhigen und unterwühlten Lande" ließe sich sonst nicht übernehmen. Nach Zurückziehung unserer Truppen würde voraussichtlich ein Chaos entstehen, das auch für unsere angrenzenden Provinzen bedenklich werden könnte.

hen, die wir befreit haben und die uns vertrauen. Da lag der Verdacht nahe, daß Gröner nicht ganz ohne Voreingenommenheit die Frage beantwortete: was können wir noch aus dem Osten herausholen?

Im Kabinett war eine starke Strömung gegen die Auffassung der Obersten Heeresleitung. Besonders Erzberger und Scheidemann drängten auf die Zurückziehung der Truppen. Scheidemann wollte durch unsere Räumung geradezu den Aufruhr in Polen herbeifuhren, um die Stimmung der preußischen Polen zu unseren Gunsten zu wenden. Auch Drews hatte nach seiner Rückkehr erneut den Kriegsminister bestürmt, er möchte die Oberste Heeresleitung umstimmen. Der Minister des Innern war in schwerster Sorge um das Herzstück der preußischen Lande, wie er Westpreußen und Oberschlesien nannte. Was gingen ihn die Ukrainer und Kongreßpolen an, wenn er nur den preußischen Besitzstand rettete, und „seine" Polen gefügiger wurden.

Ich stand sofort auf Gröners Seite. Die am 3. November abends vorliegenden Nachrichten ließen keinen Zweifel darüber: der Bolschewismus holte zu einem neuen großen Schlage aus. Ganz Europa fühlte sich bedroht. Aus Holland lagen Meldungen über militärische Unruhen vor: In Karskamp bei Arnhem, in Amersfoort und Vlissingen war es zu tätlichen Angriffen gegen die Offiziere gekommen. Lucius meldete aus Stockholm, daß der russische Gesandte Morowski von dem schwedischen Minister des Äußern soeben verwarnt worden sei. Überall in Österreich rangen die Nationalstaaten mit der bolschewistischen Gefahr. In England rieten ernsthafte Stimmen zur Mäßigung gegenüber Deutschland mit der Begründung, man dürfe im eigenen Interesse uns nicht dem Bolschewismus in die Arme treiben. So auch das von Lloyd George inspirierte Blatt „Daily Chronicle". Die Engländer waren auch diesmal erschreckend gut über unsere inneren Verhältnisse informiert.

In der Reichskanzlei waren alarmierende Meldungen von der Marine eingetroffen: Gehorsamsverweigerung auf mehreren Schiffen vor Wilhelmshaven. Noch waren die Mitteilungen nicht durchsichtig: war die Mannszucht wiederhergestellt worden? Lagen bolschewistische Umtriebe zugrunde oder nur lokale Unzufriedenheit? Ritter v. Mann, so meldete mir Simons, sei mit einem sehr ernsten Gesicht in der Kabinettssitzung erschienen und habe folgendermaßen berichtet: Die Mannschaften mehrerer großer Schiffe hätten sich geweigert, dem Befehl zum Auslaufen Folge zu leisten (29. und 30. Oktober). Sie hätten offen gemeutert und sich verbarrikadiert, so daß Admiral v. Hipper sie von Torpedobooten umzingeln, ja die Torpedos auf sie richten ließ. Alsdann seien die Gehorsamsverweigerer verhaftet worden. Die Meuterer gäben als Beweggrund an: die Offiziere und das Flottenkommando wollten den Frieden nicht, sie hätten die Flotte in einer großen Schlacht opfern wollen. Staatssekretär v. Mann erbat einen Aufruf der Regierung, der eine Ermahnung zur Disziplin, aber kein Amnestieversprechen enthalten sollte.

Tag für Tag beschwor der „Vorwärts" die Arbeiter, sich nicht zu Putschen verleiten zu lassen. Er sprach von Unruhen wie von einer nahenden Wirklichkeit. Die Sozialdemokratie hatte jetzt ihre ganze Vertrauensseligkeit gegenüber der russischen Botschaft aufgegeben und unterstützte die Kontrollmaßnahmen der Regierung.

Wer wollte unter diesen Umständen die Räumung des Ostens verantworten? Jetzt das befreite Land preisgeben, hieße den Siegeszug des Bolschewismus in Bewegung setzen und an die Grenzen des eigenen Landes herantragen.

So blieb also nichts anderes übrig, als daß unsere schwerbedrängte Westarmee Truppen abgab, um die neue Südfront zu erstellen. Der Feldmarschall hatte das Generalkommando des 2. bayerischen Korps und die 4. bayerische Division bereits auf die Bahn gesetzt und eine preußische Division zum Abtransport bereitgestellt. Er hoffte noch das Alpenkorps aus Südungarn herauszubekommen. Den bayerischen Ersatz gab er zur unmittelbaren Verwendung für die Verteidigung Bayerns frei. Die Ententetruppen, so besagte eine beim Kriegsminister in München vorliegende Meldung, seien bereits in Sterzing und würden am 15. November in Innsbruck erwartet.

In Bayern, besonders an der Grenze, herrschte Bestürzung. Der Kriegsminister v. Kellingrath forderte Einmarsch in Tirol und gegebenenfalls Sprengung des Brennertunnels. Im Kabinett hatten sich Völkerrechtliche Bedenken erhoben. Simons konnte ihre Sinnlosigkeit mühelos nachweisen: Der Waffenstillstandsvertrag zwischen Österreich und der Entente gab uns keine Rechte und keine Pflichten. Deutschland brauchte keine Rücksicht auf den untreuen Bundesgenossen zu nehmen, zumal wir sicher sein konnten, daß die österreichische Nationalregierung im Herzen jede Maßnahme billigen würde, die deutsches Land schützte. Der Staatssekretär Adler hatte sogar dem Grafen Wedel vertraulich mitgeteilt, daß er nichts gegen die Sprengung des Brennertunnels einzuwenden hätte, vorausgesetzt, daß er keine offizielle Kenntnis erhielte.[145] Unsere Grenze war tatsächlich strategisch auf bayerischem Boden nur schwer zu verteidigen. Sachlich waren also die Bayern durchaus im Recht, aber hinter ihrer Forderung drängte eine häßliche Volksstimmung, auf die wir in dunklen Andeutungen immer wieder warnend hingewiesen wurden. Der Kriegsminister Scheüch batte gestern, am 2. November, berichtet: nach Behauptung bayerischer Militärs ließen sich die bayerischen Truppen nicht mehr im Westen halten. Der Abgeordnete Held, so wurde in der gleichen Sitzung mitgeteilt, habe offen die Eventualität eines bayerischen Sonderfriedens angesagt. Da habe der Staatssekretär Haußmann entsetzt ausgerufen: „Das ist schmerzlich; bisher haben nur Polen und fremde Nationalitäten uns die Gefolgschaft aufgesagt. In Bayern schlägt die Panikstimmung um in staatliche Wünsche. Württemberg ist immun."

Heute nachmittag, den 3. November, war Dandl selbst erschienen, um aufzuklären. Er konnte Held von jedem Verdacht reinigen. An der kolportierten Äußerung war kein Wort wahr; aber der Ministerpräsident mußte zugeben, daß in Oberbayern, Niederbayern und an der böhmischen Grenze viel von einem Sonderfrieden gesprochen werde. Eine unmittelbare Bedrohung der bayerischen Grenzen würde unabsehbaren Einfluß auf die Volksstimmung haben. Er bat jedoch, das Geschimpfe in Bayern nicht zu ernst zu nehmen. Der Vizekanzler aber stellte fest: in Bayern würden heute viele Worte gesprochen, die mit einer großen Anhänglichkeit an das Reich nicht mehr vereinbar wären.

Nachdem ich so über die stürmische Entwicklung der letzten Tage eingehend orientiert worden war, schien mir die Aussprache mit dem Kaiser notwendiger denn je. Ich aber sah keinen Weg mehr, die Heimkehr zu erzwingen. Mein Entlassungsgesuch hätte am 29. Oktober den

---

[145] Am folgenden Tage (4. November) hat dann auch das Kabinett die Einwilligung zum Einmarsch gegeben.

Kaiser vielleicht umstimmen können; heute hatte ich das deutliche Gefühl, daß es angenommen würde. Was dann? Erst später habe ich erfahren, daß Scheidemann im Auftrag des Chefs des Zivilkabinetts in diesen Tagen sondiert worden ist, ob der Kaiser noch zu halten wäre, wenn er, Scheidemann, die Reichskanzlerschaft übernehmen würde.

Ich versuchte noch eine Einwirkung durch Solf und Clemens v. Delbrück auf Seine Majestät, hatte aber wenig Hoffnung auf Erfolg.[146]

Am 4. November telegraphierte ich an den General Gröner, er möchte so schnell wie möglich nach Berlin kommen. Ich wollte, daß er uns über die militärische Lage und wir ihn über die inneren Zustände unterrichteten. Gröner hatte viel dazu beigetragen, die Mission Drews zum Scheitern zu bringen; er war jedoch erst am 30. Oktober von Kiew nach Spa gekommen, hatte sich am 31. Oktober und 1. November an der Front orientiert und war eigentlich schon seit Wochen ohne Fühlung mit der Heimat. Aber früher, als Chef des Kriegsamts, hatte er in täglicher Zusammenarbeit mit den Gewerkschaften gestanden, ihr Vertrauen gewonnen und ihr Nationalgefühl erprobt. Er mußte im Grunde wissen, daß seine Aufgabe an der Front unlösbar war, wenn die Heimat zusammenbrach; es sollte eigentlich gelingen, ihn in Berlin davon zu überzeugen, daß die innere Front einstürzen würde, wenn der Kaiser es den Sozialdemokraten nicht ermöglichte, in der Regierung zu bleiben. Gröner war der Nachfolger Ludendorffs. Hatte er einmal die Illusionen des Hauptquartiers abgestreift, so würde er vielleicht auch den Kaiser in Spa zur Erkenntnis der Wirklichkeit bringen können.

---

[146] „3.November 1918. Eurer Majestät melde ich alleruntertänigst, daß der Vizekanzler und der Staatssekretär des Auswärtigen Amtes soeben mit der Mitteilung bei mir waren, daß der Eingang der Waffenstillstandsbedingungen täglich zu erwarten sei und daß die Verhandlungen über dieselben nach Meinung des Kabinetts ohne die Anwesenheit Eurer Majestät nicht geführt werden können. Ich bitte, den Wunsch der Reichsleitung auf alsbaldige Rückkehr Eurer Majestät schon deshalb ernster Erwägung unterbreiten zu dürfen, weil nach Lage der Verhältnisse in Verbindung mit den Waffenstillstandsverhandlungen eine Regierungskrise sehr wahrscheinlich ist, die ohne Eurer Majestät Anwesenheit nicht mit der nötigen Schnellig, keit gelöst werden könnte.
            Alleruntertänigst Delbrück. Solf."

General Gröner würde am 5. in Berlin eintreffen und konnte erst am 7. November wieder in Spa sein. Konnten wir so lange warten? Wir hatten alle das Vorgefühl sich überstürzender Ereignisse. Vor vier Wochen fragte man jeden Morgen: Ist an der Front keine Katastrophe passiert? – Heute galten unsere schwersten Befürchtungen der Heimat.

Auf heute, den 4. sind Unruhen in Berlin angesagt, das hatte der Abgeordnete Ebert Wahnschaffe telephonisch mitgeteilt und hinzugefügt: die Gewerkschaften täten alles, was sie könnten, um die Massen im Zaum zu halten. Nach seinen Eindrücken aber schienen sich die lokalen Behörden über den Ernst der Lage zu täuschen. Wir alarmierten die zuständigen Instanzen. In der Kabinettssitzung glaubte Scheidemann beruhigen zu können: In Berlin sei alles geschehen, um die Sache für den Augenblick unschädlich zu machen. Dem Abgeordneten Ebert sei es gelungen, „die Vertrauensmänner aus den großen Betrieben zusammenzunehmen". Allerdings stehe in einer Morgenzeitung eine sehr gefährliche Nachricht aus München. Eine große Menge sei nach dem Gefängnis Stadelheim gezogen und habe Entlassung der Inhaftierten gefordert. Jetzt solche Meldungen in Berlin zu verbreiten, sei geradezu gewissenlos.

An diesem Vormittag fand zwischen dem General v. Winterfeldt und dem Staatssekretär Scheidemann ein bezeichnender Wortwechsel statt.

General v. Winterfeldt: Wir rechnen mit schweren Bedingungen. Sollten diese zu schwer sein, so würden wir sie ablehnen unter Vorlegung der Bedingungen, die wir für erträglich halten. Die Entente rechnet selbst damit, daß wir ihre Bedingungen nicht sofort annehmen.

Scheidemann: Die Oberste Heeresleitung muß genau orientiert werden über die Lage im Innern. Wir werden leinen Widerstand mehr leisten können. Die Lage hat sich sehr verschärft.

Seine Worte erhielten einen unheimlichen Nachdruck durch den Bericht, den gleich darauf Staatssekretär v. Mann dem Kabinett und mir persönlich erstattete:

Das dritte Geschwader war in Kiel eingetroffen, hatte sich sehr aufrührerisch benommen, „Forderungen revolutionärer Natur gestellt" und „mit dem Erschlagen von Offizieren gedroht". Zwischen Mannschaften des dritten Geschwaders und einer marschierenden Truppe war es zu einem blutigen Zusammenstoß gekommen: es hatte Tote und Verwundete gegeben, der Führer der zuverlässigen Truppe war schwer verletzt worden. Ritter v. Mann hielt die Lage für sehr ernst; man hätte militärische Hilfe von Ratzeburg und Lübeck erbeten.

Die Marineleitung war offenbar nicht mehr Herr der Lage: der Staatssekretär des Reichsmarineamts bat, auch im Namen der lokalen Behörden, um den Beistand der Sozialdemokratischen Partei; d. h. um die Entsendung von Abgeordneten, die beruhigen sollten. In der Redaktion des „Vorwärts", so teilte er mit, werde soeben ein aufklärendes Flugblatt hergestellt. Die Regierung und die Oberste Marinebehörde sollten unterzeichnen. Die Kommandostellen wünschten sofortige Verbreitung. „Bei den Marinemannschaften müsse der Irrtum beseitigt werden, daß die Offiziere die Absicht hätten, die Flotte zu vernichten, um sie nicht ausliefern zu brauchen." [147]

---

[147] Das Flugblatt wurde von mir, dem Staatssekretär v. Mann und dem Staatssekretär Scheidemann unterzeichnet. Es hatte folgenden Wortlaut:
                    Seeleute! Arbeiter!
Tiefbedauerliche Ereignisse haben sich in den letzten Tagen zugetragen. Zwischen Mannschaften, welche die Ordnung gewaltsam zu stören versuchten, und anderen, die beauftragt waren, sie aufrechtzuerhalten, ist es zu Zusammenstößen gekommen, bei denen es Tote und Verwundete gegeben hat.
           Eine Untersuchung der Vorfälle ist eingeleitet,
bei der alle Umstände sorgfältig geprüft werden sollen, die zu diesen beklagenswerten Ereignissen geführt haben.
Nach den uns bisher gewordenen Nachrichten ist die herrschende Erregung durch unsinnige Gerüchte hervorgerufen worden. Es wurde behauptet, die Offiziere der Kriegsflotte seien mit der Friedenspolitik der Regierung nicht einverstanden und planten einen Handstreich, der die Mannschaften nutzlos dem Tode überliefern würde. Die Offiziere der Kriegsflotte leisten der Regierung Gehorsam, und der gegen sie gerichtete Vorwurf, sie hätten diesen Gehorsam verletzt oder wollten ihn verletzen, ist unberechtigt. Niemand denkt daran, das Leben von Volksgenossen, Familienvätern zwecklos aufs Spiel zu setzen. Die Regierung hat schon am 5. Oktober den Gegnern den Abschluß eines Waffenstillstandes vorgeschlagen, um zweckloses Blutvergießen zu vermeiden.
Wenn der Waffenstillstand noch nicht abgeschlossen ist, so kommt das daher, daß die Gegner ihre Bedingungen noch nicht genannt haben. So lange die Kriegshandlungen durch den Willen der anderen Seite fortgehen, bestrebt sich die deutsche Kriegsführung zu Lande und zur See, mit Menschenleben so zu sparen, wie dies mit den Zwecken notwendiger Abwehr vereinbar ist.

Wir entsandten noch an demselben Tage den Abgeordneten Noske,[148] der als Marinereferent der Sozialdemokratischen Partei bei den Matrosen große Achtung genoß. Staatssekretär Haußmann[149] begleitete ihn als Vertreter der Regierung.

Im Laufe des 4. November funktionierten die telegraphischen und telephonischen Verbindungen schlecht. Wir warteten mit großer Spannung auf Noskes und Haußmanns erste Meldungen. Auch die Herren von der Marine sahen in diesem Augenblick nicht klar, aber sie verfügten über eine sichere Kenntnis von entscheidender Bedeutung. Warum wurde sie mir noch an diesem Tage vorenthalten? Tatsächlich hatte am 29. Oktober die Flotte zur Entscheidungsschlacht ausfahren sollen. Tatsächlich war am 31. Oktober der Befehl zurückgezogen worden unter dem Eindruck der Meuterei, und wir wurden am 4. November aufgefordert, die „Legende von der Todesfahrt" durch Flugblätter zu zerstreuen. Gewiß, die

---

Die Aufgabe, unnützes Blutvergießen zu vermeiden, kommt aber nicht nur der Regierung, sondern dem ganzen Volke zu. Wir wollen den Völkerkrieg nicht abschließen, um den Bürgerkrieg zu beginnen. Gewissenlos handelt, wer durch Ausstreuung phantastischer Gerüchte ilnruhe verbreitet und die Flamme des Bürgerkrieges entfacht.
Beschwerden sollen untersucht, berechtigte Forderungen erfüllt werden.
Die Regierung ist aber auch verpflichtet, mit allen Mitteln, die ihr zu Gebote stehen, das Volk vor dem Elend zu schützen, das ihm aus der Zerstörung jeglicher Ordnung erwachsen würde, sie ist verpflichtet, nach Recht und Gerechtigkeit zu verfahren, dafür trägt sie vor dem ganzen Volk und seiner gewählten Vertretung, dem Deutschen Reichstag, die volle Verantwortung.
Seeleute! Arbeiter!
Seid Ihr Euch der Verantwortung bewußt, die Ihr vor Euren Volksgenossen tragt? Sorgt dafür, daß die traurigen Ereignisse der letzten Tage vereinzelt bleiben und daß wir ohne blutige Wirren unsere inneren Angelegenheiten in gesetzlicher Freiheit ordnen können, dem deutschen Volk und Euch selbst zum Heil!

Max, Prinz von Baden   Scheidemann
Reichskanzler.   Staatssekretär.
Ritter von Mann
Staatssekretär des Reichsmarineamts.

[148] Für die Vorgänge in Kiel vgl. Gustav Noske, Von Kiel bis Kapp.
[149] Vgl. Haußmann, a. a. O., S. 265 f.

Marine hatte nicht den Untergang der deutschen Flotte erwartet, sondern ihren Sieg. Das Dementi war daher formal richtig, wurde aber allgemein dahin verstanden und sollte dahin mißverstanden werden, daß die Ausfahrt keineswegs einem Kampf mit England gelten, sondern nur eine der „üblichen Fahrten sein sollte, die man in letzter Zeit schon öfters machte, um die Mannschaften zu beschäftigen".[150]

Vor Gericht in München haben die Herren von der Marine ausgesagt:[151] Ich wäre von dem geplanten Vorstoß der Flotte vorher in Kenntnis gesetzt worden. Ehe diese eidlichen Äußerungen vorlagen, hätte ich es auf meinen Eid genommen, daß ich durch keine Silbe im voraus informiert worden war. Nunmehr steht für mich fest, daß Admiral Scheer in Gegenwart des Konteradmirals v.Levetzow mir am 20. Oktober dem Sinne nach gesagt hat: „Daß der Hochseeflotte nach Einstellung des U-Bootkrieges die volle Freiheit des Handelns zurückgegeben werden würde."[152] Aber nie und nimmer vermag ich diese allgemeine Wendung, die nicht einmal sehr akzentuiert gewesen sein kann, als eine genügend erleuchtende Ankündigung zu betrachten: die deutsche Flotte wird innerhalb der nächsten 10 Tage den Kampf auf Leben und Tod mit der englischen Flotte suchen. In jedem Falle hätte die Reichsleitung vor der endgültigen Befehlsausgabe präzise Meldung erhalten müssen. Ich kann die Erklärung nicht gelten lassen, daß mir aus Gründen der Geheimhaltung Zeitpunkt und Ziel der Unternehmung verschwiegen werden mußten. Dem Reichskanzler durften militärische Angelegenheiten von so weittragender politischer Bedeutung keine Geheimnisse bleiben. Aber ich bin überzeugt, daß ein Mißtrauen anderer Art der letzte Beweggrund gewesen ist. Rücksichten der militärischen Verschwiegenheit konnten nicht mehr wirksam sein, nachdem Hipper den Vorstoß aufgegeben hatte; und auch dann wurde ich nicht aufgeklärt: die Wahrheit über Art und

---

[150] Zitat aus dem Bericht des Gesandten eines Bundesstaates, den dieser auf Grund der ihm erteilten amtlichen Informationen am 6. November absandte.
[151] Unter anderem Aussage des Konteradmirals Heinrich im Dolchstoßprozeß in München: er habe bei der Seekriegsleitung angefragt: Ist die Regierung unterrichtet? Es wäre bejaht worden.
[152] Admiral Scheer, Vom Segelschiff zum U-Boot, S. 356.

Umfang der geplanten Flottenaktion erfuhr ich erst lange nach der Revolution.

Die Marine – das ist heute meine Überzeugung – besorgte, die Reichsleitung würde nicht genügend Verständnis und Glauben aufbringen, um die gewaltige Unternehmung gutzuheißen. Richtig ist, daß ich den Optimismus nicht durchaus geteilt haben würde. Wenn reale Grundlagen für eine solche Zuversicht gegeben waren, warum hatte dann der Admiral Scheer alle Hebel in Bewegung gesetzt, um die Einstellung des U-Bootkrieges zu verhindern? Er hätte sie vielmehr fordern müssen: denn erstens konnte der U-Bootkrieg nicht rasch genug wirken, um das Schicksal des Krieges noch zu wenden; zweitens war sein Aufhören Vorbedingung für die Entscheidungsschlacht, denn er band einen guten Teil der Hochseeflotte, und die U-Boote wurden bei dem geplanten Vorstoß gebraucht.

Ich gebe aber zu: wenn die Entscheidungsschlacht einmal beschlossene Sache war, so war es Pflicht der Flottenleitung, sich zum sicheren Glauben an den Sieg hinaufzustimmen. Wenn ich nun auch dieser Hochstimmung gegenüber nüchtern geblieben wäre, so hätte ich doch dem Grundgedanken des Marineunternehmens zugestimmt, und zwar aus den folgenden Erwägungen heraus:

Wurde der Sieg erfochten – und das war nicht unmöglich bei unserer Führung, der Schulung der Mannschaft und der Überlegenheit unseres Materials –, dann war dem bedrängten Heere und der mit täglich steigender Ungeduld leidenden Heimat ein gewaltiger Auftrieb zum Durchhalten gegeben. Nach einem deutschen Flottensiege wären Revolution und Kapitulation am 9. und 11.November nahezu eine seelische Unmöglichkeit geworden.

Wenn aber unsere Flotte eine ruhmreiche Niederlage erleiden, ja wenn wirklich ihre letzte Fahrt die Todesfahrt sein würde, so war dennoch die militärisch-politische Zweckmäßigkeit unbedingt zu bejahen. Von der Opfertat würde eine beschämende Kraft ausgegangen sein, der sich auch viele Treulose und Verzagende in der Heimat nicht hätten entziehen können. Man hat mit Recht an die Thermopylen erinnert.

Ich stelle fest: das Mißtrauen der Marine war nicht gerechtfertigt.

Allerdings – wenn Admiral Scheer mir vertraut und mich in den gewaltigen Plan eingeweiht hätte, so glaube ich, daß ich meine Pflicht als Kanzler getan und ihn beschworen haben würde, nicht auf eigene Faust nationale Verteidigung zu machen, sondern erst zu schlagen, nachdem wir über die Waffenstillstandsbedingungen öffentliche Klarheit hätten. Denn erst damit wäre das Vertrauen zu Wilson als grausame Täuschung nachgewiesen worden, vor dem ganzen Volke, insbesondere aber vor den Matrosen, die schon seit 1917 als infiziert gelten mußten, und die nun ihre kühnste und gefährlichste Unternehmung durchführen sollten.

Wenn heute die Marine die Verräter und Meuterer in ihren Reihen brandmarkt, so sage ich: sie hat recht. Die Aufrührer auf der Flotte haben der nationalen Verteidigung das Rückgrat gebrochen. Aber die Admirale von damals dürfen diese Anklage nicht erheben. Ehe der Feldherr die Entscheidungsschlacht sucht, hat er der Zuverlässigkeit seines Instrumentes sicher zu sein, der Moral der Menschen nicht minder als der materiellen Machtmittel. Der Feldherr – so fordert Clausewitz – muß bei längerer Kriegsdauer die subversiven Tendenzen in seine Rechnung einstellen. – Der Vorstoß der Flotte, unternommen während der schwebenden, mit hundert falschen Hoffnungen begleiteten Verhandlungen, mußte an dem Gefühl der Mannschaften scheitern: „Morgen ist Frieden. Was hat es für einen Sinn, noch heute zu sterben?" Anders, wenn nach dem Eintreffen der Bedingungen die Flotte ausgefahren wäre, um eine Schmach abzuwenden, die sie am schwersten treffen sollte. Dann hätte das große Unternehmen gelingen und die nationale Erhebung einleiten und beflügeln können. Bei einer rechtzeitigen Aussprache zwischen den leitenden Instanzen wäre es wohl so gekommen, daß ich entweder den Admiral Scheer dazu vermocht hätte, zu warten; oder aber, ich hätte eingesehen, daß aus technischen Gründen ein Aufschub unmöglich war: dann mußten wir versuchen, durch eine direkte Anfrage bei Foch die Bedingungen beschleunigt herauszuholen, in der Hoffnung, daß die Flottenaktion unseren gedemütigten Stolz wieder aufrichtete.

Wenn ich heute rückblickend diese Möglichkeiten zu Ende denke, so mache ich allerdings eine Voraussetzung, die auf trügerischem Grunde ruht: Seine Majestät mußte mit der Marine, der Heeresleitung und dem Kanzler vertrauend zusammenarbeiten und durch sein großes Opfer

Heer, Flotte und Heimat zur höchsten und letzten Kraftanstrengung befähigen.

Noch heute stehe ich vor einem Rätsel: Warum hat sich die Marine mir nicht anvertraut? Ich kann nur die eine niederdrückende Erklärung geben:

Wohl hat Bismarck die Sonderbündelei der deutschen Staaten aufs Haupt geschlagen, und zwar so entscheidend, daß sie sich auch nach der Revolution nur schüchtern zu erheben wagte; aber der Partikularismus sitzt wie ein eingeborener Fluch in der deutschen Natur und hat sich vor dem Krieg, vor allem aber während des Krieges, in die Ressorts, in die Behörden geflüchtet: in die Marine, in den Generalstab, in das Auswärtige Amt. Sie haben sich gegenseitig nicht vertraut und selten in bundesgenössischem Handeln so zusammen gewirkt, wie das Wohl der Nation es forderte.

Ohne Kiel keine Revolution, ohne die Revolution keine Kapitulation am 11. November.

Dieser schweren Anklage gegenüber wird immer geltend gemacht: die nationale Verteidigung wäre in jedem Fall sinnlos und aussichtslos gewesen.

Darauf habe ich zu sagen: es handelt sich darum, nicht nur die materiellen Machtmittel, sondern den Willen der feindlichen Völker abzuschätzen. Wenn es gegolten hätte, Elsaß-Lothringen zu erobern, wären die alliierten Machthaber in der Lage gewesen, ihren Völkern noch einen jahrelangen Krieg zuzumuten, da der endliche Sieg nicht mehr zweifelhaft war.

Am 11. November aber war eine andere Situation denkbar: Die Wilson-Bedingungen wären angenommen; die Räumung Belgiens und Nordfrankreichs zugestanden, ja sogar die Räumung Elsaß-Lothringens – gegen die Forderung aber, uns zu entwaffnen, stünde das Nein einer zum Äußersten entschlossenen Nation.

Dann ist es meine Überzeugung, daß sich unser Wille zum Verzweiflungskampfe nur wenige Wochen hätte zu bewähren brauchen, um den Feinden das Ziel unserer Vernichtung zu verleiden; aus ihren Völkern wäre ein übermächtiger Schrei aufgestiegen:

„Wir müssen noch Hunderttausende opfern, bis wir über den Rhein sind. Der Preis ist zu hoch, nur um Fochs Waffenstillstandsbedingungen zu erzwingen." – Von ihren Heimatfronten wäre die Stimmung auf die alliierten Heere übergesprungen, die mit der schlimmsten Jahreszeit und ungeheuren Transportschwierigkeiten zu kämpfen gehabt hätten, Und schließlich wäre der notwendige Offensivwille erloschen.

Neue Verhandlungen wären dann wohl eingeleitet worden. Die Waffenstillstandsbedingungen, die wir dann hätten annehmen müssen, wären sehr hart gewesen; aber sie hätten Deutschland, das ist mein Glaube, dem Versailler Diktat nicht wehrlos ausgeliefert. –

Während der Nacht vom 4. zum 5. November trafen neue Meldungen aus Kiel ein. Sie waren in dem einen Punkt deutlich genug: Kiel war in den Händen der Meuterer. Am 4. vormittags war die Aufruhrbewegung von Kaserne zu Kaserne übergesprungen – die Arbeiter machten mit den Matrosen gemeinsame Sache.

Im ersten Augenblick schien eine Gegenaktion des Gouverneurs von Kiel, des Admirals Couchon,[153] Erfolg zu haben: es gelang – so hatte er berichtet –, einen marschierenden meuternden Trupp zum Teil zu entwaffnen; der Rest warf die Waffen weg. Wenige Stunden später aber brach an allen Ecken die Revolte aus und machte „den Eindruck planmäßiger, langer Vorbereitung". „Die Matrosen bemächtigten sich der Waffen einschließlich von vier Maschinengewehren und gingen gegen die verstärkte Arresthauswache vor. Die Wache weigerte sich größtenteils zu schießen." Souchon schätzte die vordringende, gut bewaffnete Menge auf 2000 Mann, so daß „das Niederkämpfen nur mit starkem Blutvergießen möglich gewesen wäre". Der Admiral wäre nicht davor zurückgeschreckt – aber es „trafen von vielen Marineteilen, darunter von dem gestern ganz zuverlässigen Marinebataillon, Meldungen ein, daß diese Truppen nicht mehr zuverlässig seien". In der Überzeugung, daß er mit dem Rest der Truppen die Bewegung nicht mehr unterdrücken konnte, empfing der Gouverneur am Nachmittag des 4. um 3 Uhr Abordnungen

---

[153] Chef der Mittelmeer-Division, dem das Entkommen der „Goeben" und der „Breslau" nach Konstantinopel zu danken ist.

der meuternden Marineteile, „einschließlich des 3.Geschwaders", und fragte sie nach den Beweggründen; Angehörige beider sozialdemokratischen Richtungen waren zugegen. Die folgende Urkunde wurde über diese Besprechung aufgenommen:

„Die Wünsche der Deputationen des 3. Geschwaders und der Marineteile werden vom Gouverneur von Kiel angehört. Heute abend trifft der Staatssekretär Haußmann und Abgeordneter Noske zur Entgegennahme der Wünsche des Geschwaders und der Truppenteile ein. Die Wünsche der Deputation sind insbesondere:

Freilassung der Gemaßregelten des 3. Geschwaders.
Klärung der Schuldfrage: Wer hat bei dem gestrigen blutigen Zusammenstoß zuerst geschossen, und Bestrafung der Schuldigen.
Unterlassung des angeblich geplanten Vorstoßes der Flotte."

Die Machtverhältnisse in Kiel erhielten eine erschreckende Beleuchtung durch die Worte Couchons, die nun folgten: Die erste Forderung, Entlassung der Gemaßregelten, hätte sofort zugestanden werden müssen, „noch vor dem Eintreffen Haußmanns". Die Freilassung erfolgte unter Mitwirkung des neugebildeten Soldatenrats. Anders glaubte der Admiral einen Angriff auf die Arrestanstalt nicht verhindern zu können.

Um 9 Uhr abends am 4. November fand eine zweite Sitzung im Gouvernementsgebäude statt, an der unsere inzwischen eingetroffenen Abgesandten Haußmann und Noske teilnahmen. Aber ihren Verlauf erstattete die Ostseestation den folgenden telegraphischen Bericht:

Kiel, den 5. November 1918.
I. Ergebnis der Sitzung am 4. November 9 Uhr abends, Teilnehmer Staatssekretär Haußmann, die entsandten Reichstagsabgeordneten, Gouverneur und die Vertreter der Matrosen und beiden Sozialdemokratischen Parteien. Es ist zugesagt:
1. Der Gouverneur wird Anordnungen treffen, daß die in Kiel eingetroffenen und noch unterwegs befindlichen Armeetruppen nach ihren Garnisonen zurückgesandt werden.

2. Der Gouverneur erklärt sich damit einverstanden, daß am 5. November eine aus dem Oberkriegsgerichtsrat Dr. Eichheim und je einem Vertreter der Matrosen und Arbeiter bestehende Kommission prüfen wird, welche noch in den .Arrestanstalten befindlichen Arrestanten einschließlich der Untersuchungsgefangenen auf Grund der getroffenen Vereinbarungen in Freiheit zu setzen sind.
3. Der Gouverneur wird bei der Seekriegsleitung bzw. dem Kommando der Hochseestreitkräfte dafür eintreten, daß die Schiffe des 3. Geschwaders Kiel wieder aufsuchen, um die an Land zurückgebliebenen Mannschaften dieser Schiffe wieder an Bord zu nehmen.
4. Der Vertreter der Regierung, Staatssekretär Haußmann, erklärt, daß er bei der Regierung unter Darlegung der Verhältnisse, die er hier angetroffen hat, in weitgehendster Weise dafür eintreten wird, daß die Regierung beschleunigt einen Amnestieerlaß betreffend die Freilassung sämtlicher politischer Gefangener, insbesondere auch der in Celle und Köln befindlichen Aufruhrgefangenen auf gesetzlichem Wege herbeiführen wird. Zu 1. An Seekriegsleitung R.M.A., IX. Korps, ist bereits entsprechende Bitte gerichtet. Zu 3. Es wird gebeten, 3. Geschwader entsprechenden Befehl zugehen zu lassen.

II. Von den Truppen gebildete neue Organisation glaubte Nachricht zu haben, daß Wandsbecker Husaren im Anmarsch sind, und haben Gouverneur als Geisel auf Bahnhof, bis sichere Nachricht vorliegt, daß Nachricht nicht zutrifft. Erhebungen sind im Gange.

III. Fernsprech- und Fernschreibzentrale stehen unter Kontrolle der neuen Organisation, die sich bewußt ist, daß gänzliche Verhinderung des Gebrauchs die schwersten Folgen haben kann.

Der letzte Teil dieser Depesche stand deutlich unter dem Druck der Aufrührer. Die Nachrichten blieben während der nächsten 24 Stunden unklar und alarmierend; sie waren auch häufig dunkel in ihrer Herkunft.
Inzwischen erhielten wir die Gewißheit, daß in unserer nächsten Nähe ein anderer Seuchenherd wirksam war und eine unheimliche Ansteckungskraft ausübte: die russische Botschaft. Die verdächtigen Zeichen

hatten sich in den letzten Wochen gehäuft: auffallend reger Kurierdienst, Gerüchte über umfangreichen Waffenschmuggel; russische Agitatoren reden in den Versammlungen der Unabhängigen Sozialdemokratischen Partei Deutschlands; der abgerufene Attaché Semkoff, so wurde berichtet, habe sich bei einem Abschiedsessen gerühmt, Millionen in das deutsche Volk gebracht zu haben, zur Förderung der in Kürze bevorstehenden Revolution.[154]

Am 4. November abends war die Kurierkiste auf dem Schlesischen Bahnhof planmäßig entzweigegangen. Solf berichtete am Morgen des 5., daß dabei aufrührerische Schriften denkbar kompromittierenden Inhalts ans Tageslicht gekommen wären: Aufrufe zum Revolutionskampf und Meuchelmord. Nunmehr hatten wir die gewünschte Handhabe gegen Joffe und seinen Stab von geübten Revolutionstechnikern. Wir beschlossen, am Abend dieses Tages dem diplomatischen Vertreter Rußlands mitzuteilen, daß er am nächsten Morgen mit seinem gesamten Botschaftspersonal Berlin zu verlassen hätte. Bis dahin sollte die Botschaft unter polizeiliche Bewachung gestellt werden. Scheidemann erklärte in dieser Sitzung: Der Bolschewismus ist heut die größere Gefahr als die Entente.

Es war wohl keiner unter uns, der nicht von der Notwendigkeit durchdrungen war, die Mehrheitssozialdemokraten gegen die Unabhängigen stark zu machen.

Der „Vorwärts" schrieb am Morgen des 5. November:

„Das stärkste Argument aber geht immer darauf hinaus, es handle sich nicht

---

[154] Am 4. November erhielt ich eine alarmierende Nachricht aus Hinterpommern über die Verbreitung der bolschewistischen Lehre auch unter der Landbevölkerung. Der Schriftsteller Richard Skowronnek schrieb mir, „daß die arbeitende ländliche Bevölkerung schon seit Wochen die Aufteilung der herrschaftlichen Güter nach russischem Muster erörtere". Man warte nur auf die Rückkehr der an der Front stehenden Truppen. „Die Lehre, daß unsere Niederlage nur die ‚Reichen' trifft, während sie den ‚Armen' in Gestalt der allgemeinen Teilung nur Vorteile bringt, hat sich – dank einer gewissenlosen Agitation – so tief ins Volk gefressen, daß es gewaltiger Anstrengungen bedürfen wird, sie wieder auszurotten." Vgl. auch Miliukow, a.a.O.,S. 153ff.

um eine Frage der Person, sondern des Systems, nicht um Wilhelm II. oder Regentschaft, sondern um Monarchie und Republik. Darin liegt vielleicht ein Stück werdender Wahrheit. Noch vor kurzem ist der Gedanke an einen Thronwechsel auch vielen grundsätzlichen Monarchisten sympathisch gewesen, weil sie hofften, eine weitergehende Bewegung durch einen Thronwechsel abschnüren zu können. Diese Möglichkeit bestand zweifellos und besteht wohl auch noch jetzt. Aber die Toten reiten schnell, und die manchen ‚revolutionär' scheinenden Lösungen von heute sind die konservativen von morgen.

Die Sozialdemokratie ist eine grundsätzlich demokratische Partei, die aber – siehe Bebel – auf die bloße Form der repräsentativen Spitze bisher nie entscheidenden Wert gelegt hat. Die Aussicht, sich in einer jungen Republik vielleicht 30 Jahre lang mit royalistischen Don Quichottes herumschlagen zu müssen und dadurch notwendige innere Entwicklungen gestört zu sehen, gehört ja auch nicht zu den angenehmsten. Wird aber die Frage der Staatsform in Deutschland akut, so wird niemand daran zweifeln, wo die deutsche Sozialdemokratie ihrer ganzen Vergangenheit nach ihre Stellung nehmen wird.

So wäre die Politik unserer Gegner in der Kaiserfrage vielleicht wieder einmal eine Politik der verpaßten Gelegenheiten gewesen, wenn nicht noch in letzter Stunde eine Regelung gefunden wird."

Die Aufrichtigkeit und Dringlichkeit dieses Hilferufes war nicht zu verkennen. Er entsprach einer wahrhaft verzweifelten Lage, aus der nur der Kaiser die Mehrheitssozialdemokraten befreien konnte. Im Hauptquartier aber war Kampfesstimmung. In einer Depesche von Herrn v. Grünau vom 5. November hieß es: „Die Neigung des Kaisers zur Rückkehr ist jetzt gering; dies erklärt sich aus der durch die Entsendung des Ministers Drews erzeugten Stimmung." Mir wurde bedeutet, daß der Kaiser die verschiedenen Frontteile der Reihe nach besuchen müsse, um die Widerstandskraft der Armee zu stärken.

General Gröner war am Morgen eingetroffen. Er hatte zwar bei seiner Abreise aus Spa die Genehmigung erhalten, die Rückkehr Seiner Majestät auf 24 Stunden zu versprechen; aber schon auf dem Bahnhof in Berlin erreichte ihn ein telegraphischer Widerruf dieser Ermächtigung. – Der General selbst stellte sich in der Abdankungsfrage auf den rein soldatischen Standpunkt: „Der Generalfeldmarschall hat mich beauftragt," so rief er in leidenschaftlicher Erregung den versammelten Staatssekretären zu,[155] „in der Frage der Abdankung des Kaisers wörtlich zu erklären, daß er sich für einen Schuft hielte, wenn er den Kaiser verlassen würde; und so, meine Herren, denke ich und alle ehrliebenden Soldaten. Wie sollen die Tausende und aber Tausende von tapferen Offizieren und Soldaten den Entschluß zum Opfertode finden, wenn in ihre Herzen und Gewissen der Zwiespalt hineingetrieben wird. Wovon man in der Heimat keine Ahnung zu haben scheint, das ist die Psychologie des Heeres, das sind die Imponderabilien, auf denen der Gehorsam ruht. Hört die Hetze gegen den Kaiser nicht auf, so ist das Schicksal des Heeres besiegelt, es läuft auseinander. In der nach der Heimat zurückströmenden Soldateska bricht die menschliche Bestie hervor."

Hier schien kein Ausgleich möglich. Sollten Heer und Heimat einander wirklich nicht mehr verstehen können?

Haeften und Wahnschaffe unternahmen noch einen Versuch, um die Kluft zu überbrücken. Sie verabredeten für den nächsten Tag eine Zusammenkunft zwischen dem General Gröner und den Vertretern der Sozialdemokratie, insbesondere auch solchen Gewerkschaftsführern, die Gröner seinerzeit als Mitarbeiter schätzen gelernt hatte. Der General – das war die Meinung – würde auf diese Weise die Überzeugung gewinnen müssen, daß die Heimat in der Gefahr eines unmittelbaren Zusammenbruchs stehe; andererseits hofften die beiden Herren, daß auch die Arbeitervertreter stutzig werden müßten, wenn Gröner ihnen die Stimmung der Armee vermittelte. Ich selbst habe an diesem Tage unter vier Augen vergeblich versucht, Gröner von der Notwendigkeit der Abdankung des Kaisers zu überzeugen. Er nahm die Diskussion dieser Frage als eine Rücksichtslosigkeit gegen die Front und sperrte seine Einsicht gegen alle Gründe. Fast schien es, als hätte er sich in Spa durch eine Zusage gebunden, unter keinen Umständen nachzugeben. Daöei war das Bild, das er dem Kabinett über unsere militärische Lage entwarf, denkbar düster. Sein Gutachten war schriftlich niedergelegt und wurde von ihm verlesen:

---

[155] In der Sitzung vom 5. November. Amtliche Urkunden Nr. 100.

Wir hätten mit unserer großen Offensive versucht, an der stärksten Stelle den uns umgebenden Ring zu durchbrechen. Der Versuch sei mißlungen. Der Zusammenbruch unserer Verbündeten sei in einem Maße und mit einer Schnelligkeit erfolgt, wie wir nicht erwartet hätten. Die Feinde hätten damit freie Bahn, die Einkreisung unmittelbar an unsere Grenzen heranzutragen. Das angestrebte Ziel sei klar zu erkennen: Umzingelung und Kapitulation des deutschen Volkes. Wir müßten in unsere Rechnung einstellen, daß die Rumänen den Krieg wieder aufnähmen, die Tschechoslowaken und andere Teile unserer bisherigen Verbündeten die Operationen unserer Feinde aktiv unterstützten. „Die passive Unterstützung ist ihnen schon durch die Waffenstillstandsbedingungen in der schärfsten Weise auferlegt." Den militärischen Operationen unserer Feinde käme der Bolschewismus zu Hilfe, der von Osten und Südosten in unser Volk und Heer eindringe. Die Lage schiene Zusammenziehung aller unserer militärischen Kräfte zu fordern. Der Rückmarsch unserer Truppen aus Ungarn und Rumänien sei bereits befohlen, aber es sei möglich, daß sie sich würden durchschlagen müssen. Noch könnten wir nicht übersehen, wie wir die Truppen aus Kleinasien herausbringen. Den Osten aber wollte Gröner noch immer nicht sofort räumen; der Bolschewismus würde sich der aufgegebenen Gebiete bemächtigen und unserem Vaterlande auf den Leib rücken; bei einer Fortsetzung des Krieges allerdings bliebe nichts übrig, als auch diese Truppen zur Verteidigung der Heimat heranzuziehen. Aber er warnte, genau wie General Hoffmann seinerzeit,[156] vor der Überschätzung ihrer Kampffähigkeit. Ehe sie im Westen eingesetzt werden könnten, müßten sie eine längere stramme Ausbildungszeit durchmachen.

Die augenblickliche Lage an der Westfront schilderte Gröner wie folgt:

Die Zurücknahme der Front in die Linie Antwerpen – westlich Brüssel – Charleroi – Maas sei notwendig geworden. Aber er würdigte die Beden-

---

[156] In der Sitzung vom 17. Oktober, siehe oben S. 421.

ken, die seinerzeit dieser folgenschweren Entscheidung im Wege gestanden hätten.

Bis vor kurzem haben sich noch in dem aufzugebenden Gebiet 80 000 Verwundete und ungeheure Vorräte an Kriegsmaterial aller Art befunden.

Unsere schon jetzt äußerst gespannte Eisenbahnlage wird durch die Zurücknahme der Front verschärft, denn wir verlieren ein engmaschiges Eisenbahnnetz. Eine notdürftige Versorgung der Truppen in der neuen Stellung ist durchführbar, aber die Möglichkeit schneller Truppenverschiebungen hinter der Front hört nahezu auf.

Jeder Schritt rückwärts führt außerdem zu einer Einschränkung unseres wirtschaftlichen Lebens und damit vor allem zur Schädigung unserer Kriegsindustrie.

Aber in der klaren Erkenntnis dieser unvermeidlichen Folgen hat der Entschluß gefaßt werden müssen, denn unsere „erste Pflicht ist und bleibt es, eine entscheidende Niederlage des Heeres unter allen Umständen zu vermeiden. Gelingt dem Feind der Durchbruch, so besteht aber diese Gefahr, da die Oberste Heeresleitung über genügend kampfkräftige Reserven nicht mehr verfügt".

Bei dieser Schwenkung der nördlichen Heereshälfte in die angegebene Linie wollte Gröner nur in Aussicht stellen, daß für etwa 14 Tage schwere Kämpfe vermieden werden und die ermüdeten Truppen dadurch etwas Ruhe gewinnen könnten. Aber da die neue Stellung nicht fertig ausgebaut sei, würde sich die militärische Lage im großen nicht verbessern.[157]

---

[157] Im „Dolchstoßprozeß" hat General Gröner in seiner Aussage die Lage, die er bei Übernahme seines Amtes an der Westfront vorfand, sehr ausführlich erwähnt. Seine ersten Eindrücke waren: Es ist höchste Zeit, sich schneller als bisher vom Feinde abzusetzen und in die Antwerpen-Maasstellung zu gehen; er habe sich schon vorher andauernd gefragt, warum nicht seit Monaten eine kürzere Linie eingenommen worden sei, warum man sich nicht eingegraben habe, um aus den durch die kürzere Front gewonnenen Truppen eine nach der Tiefe gegliederte Reserve zu machen. Als er das Kommando übernahm, sei tatsächlich von einer Reserve nichts mehr dagewesen. Ludendorff und die anderen Herren hätten sich offenbar von einem Widerstand in dieser Stellung nicht viel versprochen, denn

Payer drang in Gröner, er möchte sich äußern, wieviel Zeit wir noch hätten, bis wir kapitulieren müßten. Gröner wollte keine bestimmte Auskunft geben: „Die nötige Zeit für Verhandlungen wird sicher von uns geschaffen werden." Wenn wir Glück hätten, könnte die Zeit länger sein, bei Unglück kürzer. Danach müßten die Verhandlungen in taktischer Hinsicht eingerichtet werden, und darum erstrebe er engste Verbindung mit der Reichsleitung. Erzberger fragte, welche Frist der General Gröner als die kürzeste ansehe, wenn alle ungünstigen Umstände zusammenfielen. Die Reichsleitung dürfe nicht noch einmal in Verlegenheit gesetzt werden. Der General antwortete: Gegenwärtig sei eine großzügige Rückzugsoperation eingeleitet, diese sei bisher gut und glücklich verlaufen. Es komme darauf an, ob eine erhebliche Einwirkung des Feindes stattfinde, so insbesondere, ob an einer bestimmten, sehr wichtigen Stelle alle Angriffe restlos abgewiesen werden könnten. Der General dachte an einen gefährlichen Punkt nördlich Verdun[158] – er bat uns um einige Tage Geduld, bis die Operationen beendet seien.[159]

---

weder die Stellungen noch die Eisenbahnen waren ausgebaut. Er hätte auch den linken Flügel gekürzt, das Elsaß preisgegeben und bei Straßburg die Flanke gemacht. Als er sich aber bei der Obersten Heeresleitung erkundigte: Wie steht es mit Metz und Straßburg, wurde ihm die Auskunft, wir hätten keine Geschütze mehr dort. (Der Dolchstoßprozeß in München Oktober-November 1925, Eine Ehrenrettung des deutschen Volkes, München, S. 215).

[158] Vgl. Ludendorffs Äußerung am Nachmittag des 17. Oktober, siehe oben S.450: „Gefährlich könnte es werden, wenn wir bei Verdun eine Niederlage erlitten, sonst sehe er die Gefahr nicht für so groß an."

[159] In diesem Bericht vom 5. November 1918 läßt sich nur aus Andeutungen erkennen, was General Gröner später in München näher ausgeführt hat: jedenfalls waren wir zu spät daran mit dem Rückzug an die Antwerpen-Maasstellung. Um so mehr, als sich nach wenigen Tagen die große Gefahr herauskristallisierte, die ich kommen sah. Die Stellung war zu halten, wenn die Truppen überhaupt hielten, aber es durfte eines nicht passieren, es durfte nicht nördlich Verdun das amerikanische Heer oder ein erheblicher Bestandteil davon vorwärts kommen, denn mit dem Augenblick, in dem es passierte, daß die frischen Truppen, die unseren total geschwächten Truppen gegenüber weit überlegen waren, vorkamen, war auf einige Zeit die Stellung nicht mehr zu halten, und das ist dann eingetreten, die Amerikaner sind immer weiter vorgekommen nach dem 1. November." Seiner Ansicht nach hätte der Feind allmählich sowohl auf dem

Am Nachmittag erschien Haußmann im Kabinett und gab in Gegenwart Gröners einen lebhaften und präzisen Bericht. Spät am Abend rief Noske Payer ans Telephon und gab einen vorläufigen Rückblick über die Ereignisse. So gewannen wir über die Lage in Kiel ein Bild von scharfen Umrissen.

Eins war klar: Noske war im letzten Augenblick eingetroffen, um in Kiel ein bolschewistisches Chaos zu verhindern. Die Macht war den Marinebehörden entglitten, die Meuterer standen einen Augenblick verdutzt und ratlos vor der zerschlagenen Autorität – Führer hatten sie nicht. Als Noske auf dem Bahnhof in Kiel eintraf, empfing ihn großer Jubel. Gleichzeitig einfahrende Truppen, die vom Stellvertretenden Generalkommando des IX. Korps geschickt waren, wurden auch mit großem Hallo begrüßt – und entwaffnet. Da erkannte Noske blitzschnell Chance und Verpflichtung, die seine Volkstümlichkeit ihm gaben. Ich habe, so sagte er am Telephon, den Posten eines Gouverneurs annehmen müssen und bereits gute Erfolge erzielt. In Wahrheit hatte der Mann Übermenschliches geleistet: Der unterbrochene Sicherheits-Patrouillendienst auf der Ostsee wurde wiederhergestellt: „Sie wollen die Engländer nicht haben," so berichtete er. Noske hätte hinzufügen können, daß, ehe er kam, nirgends bei den Meuterern ein Gefühl der Verantwortung für die Sicherheit des Landes zu spüren war. Die Marinebehörden arbeiteten weiter trotz ihrer demütigenden Lage. Die Stadt, in der sinnlose Schießereien immer neue Panik verbreitet hatten, wurde im Lauf des 5. November ruhig: „Ich habe es dazu gebracht, daß das Schießen seitens der Mannschaft aufgehört hat, auch die Offiziere sind veranlaßt worden, das Schießen aufzugeben." Er hoffte mit der Forderung durchzudringen, daß die Mannschaften die entwendeten Waffen wieder ablieferten; am Ver-

---

linken Flügel gegen Aachen wie auf dem rechten nördlich Verdun vorgestoßen, und wir wären gezwungen gewesen, angesichts dieser Umfassung, sehr frühzeitig die Antwerpen-Maasstellung zu verlassen. Ob noch einmal westlich des Rheins den Feinden Halt geboten werden könnte, war nicht abzusehen, aber jedenfalls konnte ein letzter Widerstand hinter der starken Barriere des Rheins organisiert werden; und dazu war er schlimmstenfalls entschlossen. (Der Dolchstoßprozeß, S. 215 f.)

schluß sei er beteiligt. Über die aufrührerischen Schiffe aber hatte er keine Macht. Im Verlauf des 5. November gingen überall in der Bucht an den Flaggenmasten die roten Fahnen hoch. Der Kommandant des „König" wurde erschossen, als er die deutsche Fahne schützen wollte. Allein „Schlesien" entging durch Flucht der Schande.

Haußmann und Noske waren denkbar entschieden in der Ablehnung militärischer Hilfe und wurden darin von Seeoffizieren unterstützt, die an Ort und Stelle waren.[160] Die Entsendung von Militär würde den Aufruhr nicht unterdrücken, sondern verbreiten. Sie fürchteten die unheimliche Ansteckungskraft der Meuterei, seit vor ihren Augen nach Kiel entsandte Truppen sich entwaffnen ließen. Unsere beiden Abgesandten waren sich darin einig, daß wir nur eine Hoffnung hätten: freiwillige Rückkehr zur Ordnung unter sozialdemokratischer Führung; dann würde die Rebellion in sich zusammensinken. Zwar seien die Unabhängigen an der Arbeit, um die Aufruhrbewegung in Fluß zu halten; aber die Gewerkschaften leisteten Widerstand und hielten heute zu Noske. Allenthalben, so berichtete er, spüre er unter Arbeitern und Matrosen, wie das dem Deutschen eingeborene Bedürfnis nach Ordnung wieder erwache.

Auch darüber ließ Noske keinen Zweifel, seine Führerschaft werde von dem Glauben der Matrosen getragen, er werde sie schützen und sich zum Sprecher ihrer wesentlichen Forderungen machen: Abdankung des Kaisers und Amnestie für die Meuterer von heute und von 1917. In den Meldungen der Marine war nur allgemein gesagt worden, es würden auch politische Forderungen aufgestellt. Wir entnahmen erst aus Noskes und Haußmanns Mitteilungen, daß die Abdankung des Kaisers darunter war, und zwar an erster Stelle stand. Noske fragte nach den Entschlüssen des Kaisers. Die Amnestie aber forderte er, ja er erklärte, sie bis zum 6. November mittags haben zu müssen, sonst könne er nicht länger in Kiel bleiben.

---

[160] Simons verlas ein Telephongespräch mit Oberleutnant zur See v. Twardowski: Die Stadt sei jetzt ruhig, Noske zum Kommandanten ernannt, der Oberleutnant habe dringend von militärischen Maßnahmen abgeraten.

Gegen Gewährung der Amnestie äußerten Mann und Erzberger ernste Bedenken im Kabinett; Scheüch erhob ebenfalls scharfen Widerspruch: „Wir dürfen nicht sagen, daß wir die Rädelsführer nicht fassen werden ... " „Die Befugnisse der militärischen Befehlshaber regelten sich nach militärischen Grundsätzen; man könne nicht einen Weg betreten, der sie außerhalb dieser Grundsätze stelle." Erzberger forderte: Über Kiel sollten durch Flieger Proklamationen abgeworfen werden, die strenge Strafen androhten und dementierten, daß Haußmann ein Amnestieversprechen gegeben habe. Demgegenüber warnte Drews vor allen langwierigen Unternehmungen: wenn die Sache in Kiel nicht rasch zu Ende gebracht würde, brächen wir an einer anderen Stelle zusammen. Haußmann versicherte, daß der von Noske beschrittene Weg am raschesten zum Ziele führen würde. Man dürfe ihm nicht in den Rücken fallen. Heute noch glaube Noske, durch eine Amnestie die Leute zum Gehorsam zurückzubringen. Der Staatssekretär des Reichsmarineamtes beschwor uns, unterstützt von Erzberger, den Weg der Gewalt zu gehen: „Die Sache liegt jetzt so, daß die Arbeiter und Soldaten vollständig das Heft in den Händen haben. Telephon und Telegraph werden kontrolliert ... Hier müsse ein Exempel statuiert werden. Durch Hunger ist Kiel nicht zu bezwingen, man muß mit großer Macht eindringen und es mit Schiffen beschießen." Dieser Vorschlag, die rote Flotte zur Wiederherstellung der Ordnung einzusetzen, war offensichtlich nicht durchzuführen. Aber auch von einer militärischen Unternehmung gegen Kiel mußte in diesem Stadium abgesehen werden, und zwar aus Grund von schwerwiegenden Überlegungen:

Erstens: Man schätzte die Meuterer in Kiel auf 40 000 Mann, und zwar waren es gut bewaffnete, gut genährte, ausgeruhte Matrosen. Noske hatte vor jedem Versuch gewarnt, die Stadt mit Truppen anzugreifen. „Es würde nur ein nutzloses Blutbad geben, die 40 000 Mann, um die es sich handle, könnten nicht überwältigt werden, und der Versuch würde jede Verständigung unmöglich machen." Auch der Kriegsminister hielt die zur Verfügung stehenden Truppen für zu schwach.[161]

---

[161] Exzellenz Scheüch: „Militärische Kräfte seien vorläufig zu schwach. Mit

Zweitens: Der Stellvertretende Kommandierende General des IX. Korps verlangte bereits dringend militärischen Schutz für andere Küstenorte. 500 Matrosen wären in Lübeck gelandet.

Drittens: Zur Niederwerfung des Matrosenaufruhrs waren in ganz Deutschland nur Ersatztruppen verfügbar. Die Auffassung des Kriegsministeriums über den Wert dieser Formationen ist in einer Aufzeichnung eines Offiziers aus dem Stäbe des Kriegsministers Scheüch niedergelegt:

„Aus diesen Truppenkörpern hatte man alle nur einigermaßen brauchbaren und kampffähigen Elemente herarlsgekämmt, um mit ihnen die wankende Front im Westen zu stützen. Es waren diese Ersatztruppen nur noch blutleere, schwindsüchtige Gebilde ohne inneren Wert."

Schon die letzten Tage hatten gelehrt, daß z. B. die Truppen aus dem Bereich des IX. Korps vor jeder ernsten Aufgabe versagten:

„Wo sie gegen die Meuterer vorgeschickt wurden, zogen sie sich, meist kampflos, zurück, kapitulierten und lieferten ihre Waffen ab, erklärten sich ‚neutral' oder liefen über."

Aber wenn der Kriegsminister auch heute nein sagte, weil die verfügbaren Truppen weder genügend zuverlässig noch genügend zahlreich waren, so lehnte er keineswegs eine militärische Unternehmung gegen Kiel grundsätzlich ab. Nur wollte er keinen Versuch mit untauglichen Mitteln machen. Er hatte am 31. Oktober von der Obersten Heeresleitung nachdrücklich den Heimtransport von zuverlässigen Truppen gefordert und sich dabei auf eine Zusage gestützt, die sein Vorgänger zur Zeit der Januarstreiks von der Obersten Heeresleitung erhalten hatte:

„Im Bedarfsfall würden aus dem Feldheer geschlossene Truppenkörper zur Unterdrückung innerer Unruhen dem Kriegsministerium rechtzeitig zur Verfügung gestellt werden."

Waffengewalt ginge der Aufruhr daher jetzt nicht zu unterdrücken, deshalb zunächst Ausbreitung verhindern, Bahnen und Straßen besetzen. Hätten wir erst mehr Kräfte, dann sei zu überlegen, ob wir einrückten. Fehler sei es, jetzt von Bedingungen und Amnestie zu sprechen, wir dürften nicht den Leuten nachgeben."

Am 2. November war diese Aufforderung mit aller Dringlichkeit wiederholt worden. Heute hatte Scheüch endlich Nachricht erhalten, daß die 2. Garde-Infanteriedivision nach Altengrabow übergeführt werden sollte. Der Kriegsminister drängte auf beschleunigte Absendung, eine weitere Division müsse folgen.

Im Augenblick hatten wir daher keine andere Wahl, als der Kieler Situation auf folgende Weise zu begegnen: 1.Absperrung des Seuchengebiets, 2. freie Hand für Noske bei dem Versuch, den lokalen Ausbruch zu ersticken.

Der Kriegsminister ersuchte die Kiel benachbarten Stellvertretenden Generalkommandos, Straßen und Bahnen zu besetzen. Befehlen konnte er nicht, sein Titel „Militäroberbefehlshaber in der Heimat" war irreführend, denn sein Machtbereich erstreckte sich nur auf bestimmte Angelegenheiten, die unter das Gesetz über den Belagerungszustand fielen.[162] Die Befehlsgewalt über die Stellvertretenden Generalkommandos erhielt er erst am 8. November abends auf seinen dringenden Antrag an Seine Majestät, zur Bekämpfung der Revolution eine übergeordnete Befehlsstelle in der Heimat zu schaffen. Am 5. November unterstanden die Stellvertretenden Generalkommandos nur dem Kaiser, der infolge seiner Abwesenheit in Spa nicht in der Lage war, die nötige Zusammenwirkung zwischen ihnen sicherzustellen.

Der Gedanke, die von Kiel ausgehende Infektion abzuschnüren durch Unterbindung der Verkehrsadern, war an und für sich gut – aber wieviel Kieler Gift mochte schon im Blut des deutschen Volkes kreisen? Auf der Ostsee kreuzte die rote Flotte; die Wasserstraßen waren nicht zu sperren, und wir hörten bereits von der Landung von Aufrührern an anderen Küstenplätzen. Noske erhielt am nächsten Morgen die Ermächtigungen, die er verlangt hatte. Als ihm Scheidemann telephonisch den Beschluß des Kabinetts mitteilte, sagte Noske: Er breche fast zusammen. Der Stadt-

---

[162] Beschränkung der persönlichen Freiheit; Zensur; Beschränkung der Vereins- und Versammlungsfreiheit.

kommandant von Kiel sei in der Nacht erschossen worden. Über die Hauptschreier sei ein Grauen gekommen.

Zwölftes Kapitel

Gröners Aussprache mit den Arbeiterführern. Mein Patt mit Ebert und das Ultimatum der Sozialdemokraten

Am Mittwoch, den 6. November, stellte Gröner eine noch schlimmere Prognose als am Tage vorher. Ich sah ihn zunächst im Garten. Der Kaiser hatte ihm, unmittelbar nach seiner Ankunft, mitteilen lassen, daß wir nach seiner Meinung nunmehr den direkten Weg von Armee zu Armee beschreiten müßten, um die Waffenstillstandsbedingungen beschleunigt zu erfragen. Aber Gröner hatte sich am 5. November noch nicht mit dieser Anregung identifizieren wollen, die übrigens auch direkt an das Auswärtige Amt gelangt war.[163] Nunmehr teilte er mir persönlich mit,

---

[163] Telegramm:
Seiner Majestät Hofzug, den 5. November 1918.
Die durch Exzellenz v. Delbrück übermittelte Bitte wegen Rückkehr des Kaisers ist Seiner Majestät vorgelegt und heute durch Freiherrn v. Lersner in meiner Gegenwart auf Grund des ihm vom Herrn Reichskanzler mündlich erteilten Auftrags ergänzt worden.
Der Kaiser hat noch nicht endgültig dazu Stellung genommen, da inzwischen auch General Gröner dort hierüber verhandelt.
Die Neigung des Kaisers zur Rückkehr ist jetzt gering; dies erklärt sich aus der durch die Entsendung des Ministers Drews erzeugten Stimmung und aus der Meinung, daß die Waffenstillstandsbedingungen noch längere Zeit auf sich warten lassen werden.
Seine Majestät glaubt sogar, daß die Bedingungen überhaupt erst auf einen Schritt von Armee zu Armee mitgeteilt wecken; auch dieserhalb ist General Gröner heute beauftragt worden, dort Rücksprache zu nehmen. Auch wenn die Frage eines Waffenstillstandes nicht vorwärts kommt, so wünscht der Kaiser doch, daß die Verhandlung über den Frieden mit Wilson weitergeführt wird. General v. Marschall macht bezüglich weiterer Frontreisen geltend, daß der gestrige Frontbesuch erwiesen habe, wie notwendig die Wiederaufnahme der Fühlung mit der Truppe sei. Die Generale und Stäbe hätten nach den letzten Ereignissen einen Besuch des Kaisers überhaupt nicht mehr erwartet und seien der Meinung gewesen, daß der Kaiser das Heer verlasse. Dies habe die

daß wir mit der weißen Fahne hinübergehen müßten. Ich antwortete: „Aber doch nicht vor acht Tagen?" Darauf erwiderte der General Gröner: „Das ist zu lange." Ich fragte noch einmal: „Aber doch nicht vor Montag?" Gröner antwortete: „Das ist auch zu lange, Sonnabend ist der letzte Tag."

Ich machte dem Kabinett in Gröners Gegenwart Mitteilung von dieser furchtbaren Eröffnung. Gröner fügte ergänzend hinzu:

> „Auch ich hatte gehofft, daß wir acht bis zehn Tage warten können, bis wir uns an der [neuen] Linie gesetzt haben. Nachdem,, was ich inzwischen von Kiel, von Tirol und von der Heimatstimmung erhoben habe, insbesondere in Bayern, mit weitgehenden politischen Konsequenzen, bin ich zu der Überzeugung gekommen, daß wir den Schritt, so schmerzlich es ist, tun und Foch fragen müssen." [164]

Gröner begründete in diesen Worten seine trübere Auffassung mit dem Zustand der Heimat. Wir hatten ihn wohl auf die bedrohlichen Anzeichen in Bayern hingewiesen; der General war bestürzt über den Bericht, den Haußmann noch ganz unter dem Eindruck des unbesiegten Aufruhrs erstattet hatte. Die Abwehrmaßnahmen, die wir in seiner Gegenwart diskutiert hatten, beurteilte der General skeptisch, schon damals überzeugt: „Feldgrau wird nicht gegen Feldgrau schießen." Aber sein Pessimismus war nicht allein auf das Wanken der Heimatfront zurückzuführen. Die Amerikaner machten gerade in diesen Tagen dort Fortschritte, wo sie es nicht durften, sollte die Antwerpen-Maasstellung länger gehalten werden, nämlich nördlich Verdun. Gröner sah offenbar schon am 6. November die Notwendigkeit gegeben, hinter die Barriere

---

Stimmung im Offizierkorps sehr niedergedrückt. Zur Stärkung der Widerstandskraft der Armee und zur weiteren erfolgreichen Abwehr sei cs unerläßlich, daß der Kaiser die verschiedenen Frontteile der Reihe nach besuche. Entscheidung über weitere Dispositionen wird erst nach Rückkehr General Gröners erfolgen.   Grünau.

[164] Ich bediene mich über die Sitzung am 6. November der Notizen Conrad Haußmanns, die sich beim Vergleich mit den amtlichen Protokollen immer zuverlässig erwiesen haben. Ein anderes Protokoll über den 6. November habe ich nicht gefunden.

des Rheins zurückzugehen. Er rechnete noch damit, dort schlimmstenfalls den letzten Widerstand organisieren zu müssen; die Erfragung der Bedingungen war für ihn nicht gleichbedeutend mit deren Annahme. Hinter seine niederschmetternde Ankündigung setzte er die Worte: Verschärfte Bedingungen sind zu erwarten, ob wir sie annehmen können oder müssen, werden wir sehen. Ihm lag wohl vor allem daran, durch den Schritt von Armee zu Armee die unerträgliche Spannung zu lösen, die für Heer und Heimat das Durchhalten erschwerte.

Gegen Mittag kamen, wie verabredet, die sozialdemokratischen Parteiführer und Gewerkschaftler in die Reichskanzlei, um sich mit dem General Gröner auszusprechen: Scheidemann, Bauer, Legien, Robert Schmidt, David, Südekum, Ebert waren erschienen – Haeften wohnte de. Unterredung bei.[165] Vom ersten Augenblick – so wurde mir berichtet – war das alte Vertrauen da. Es war, als wollten die Herren sagen: Wir, die Arbeiterführer und der General, haben schon einmal im Interesse des Landes unsere Bundesgenossenschaft bewährt. Wir sind gekommen, um sie in dieser Stunde zu erneuern. Gröner ist unsere letzte Hoffnung; wenn er sich versagt, ist der Staat verloren.

Zu Anfang gab es einen kleinen Zwischenfall, den ich erwähne, weil er im Guten wie im Schlechten bezeichnend ist für das Verhältnis der Parteigenossen zu dem in die Regierung delegierten Führer. Scheidemann wurde ans Telephon gerufen. Da sagte der Abgeordnete Südekum in lautem Flüsterton: „Ruhig, Philipp regiert."

Ebert sprach zuerst:

„Es sei jetzt nicht Zeit, nach den Schuldigen des allgemeinen Zusammenbruchs zu suchen. Die Stimmung des Volkes schöbe dem Kaiser die Schuld zu, ob mit Recht oder unrecht sei gleichgültig. Die Hauptsache sei, daß das Volk die vermeintlichen Schuldigen von ihren Plätzen entfernt sehen wolle. Daher sei die Abdankung des Kaisers, wenn man den Abergang der Massen in das Lager der Revolutionäre verhindern wolle, notwendig. Er schlug vor, daß der Kaiser spätestens morgen seine Abdankung bekanntgebe und einen seiner Söhne, Oskar oder Eitel Friedrich, mit seiner Vertretung beauftrage. Der

---

[165] Über diese Besprechung erstattete mir Haeften mündlich Meldung; er hat mir auf meinen Wunsch darüber auch einen schriftlichen Bericht vorgelegt.

Kronprinz sei jetzt unmöglich, da er bei den Massen zu verhaßt sei."

Gröner sagte kurz und scharf:

Von einer Abdankung könne nicht die Rede sein; jetzt, wo die Armee in schwerem Ningen mit dem Feinde stehe, sei es unmöglich, ihr den Obersten Kriegsherrn zu nehmen. Die Interessen der Armee müßten allen anderen vorangestellt werden. Er lehne es daher auf das allerentschiedenste ab, in der Abdankungsfrage irgendeinen Schritt zu unternehmen oder dem Kaiser derartiges vorzutragen.

David und Südekum drangen auf Gröner ein:

Sie seien keine Gegner der Monarchie an sich, und dieser Schritt würde in keiner Weise die Abschaffung der Monarchie in Deutschland bedeuten. Große Teile der Sozialdemokratie würden sich mit einer Monarchie mit sozialem Einschlag nach parlamentarischem System durchaus abfinden.

Während der mehr akademisch gehaltenen Ausführungen von David kam Scheidemann zurück, bleich und erregt:

„Die Abdankung steht jetzt nicht mehr zur Diskussion, die Revolution marschiert. Die Kieler Matrosen haben auch in Hamburg und Hannover die Staatsgewalt an sich gerissen. Meine Herren, jetzt gilt es nicht mehr zu diskutieren, jetzt heißt es handeln. Wir wissen nicht, ob wir morgen noch auf diesen Stühlen sitzen werden."

Ebert blieb unerschütterlich ruhig:

„Noch sei nichts entschieden. Im Gegensatz zu den übrigen Herren sei er zwar überzeugter Republikaner, auch in der Praxis, aber mit einer Monarchie mit sozialem Einschlag unter parlamentarischem System werde auch er sich abfinden. Ich rate Ihnen, Herr General, dringend, noch einmal die letzte Gelegenheit zur Rettung der Monarchie zu ergreifen und sogleich beschleunigt die Vetrauung eines kaiserlichen Prinzen mit der Regentschaft zu veranlassen."

Südekum unterstützte Ebert: mit Tränen in den Augen rief er dem General zu, er möchte doch auf Eberts Vorschlag eingehen, sonst stünde eine furchtbare Katastrophe bevor, deren Folgen keiner von uns absehen könnte. Auch Legien wandte sich beschwörend an Gröner.

Der General blieb dabei: „Der Vorschlag sei ganz indiskutabel für ihn. Er sei autorisiert, zu sagen, daß sämtliche Prinzen solidarisch die Erklärung abgegeben hätten: Falls ihr Vater gezwungen würde, gegen seinen Willen abzudanken, würde keiner die Regentschaft übernehmen."

Da sagte Ebert: „unter diesen Umständen erübrigt sich jede weitere Erörterung. Jetzt müssen die Dinge ihren Lauf gehen."

Dann aber wandte er sich zu Gröner: „Wir danken Ihnen, Exzellenz, für diese offene Aussprache, und werden uns stets gern der Zusammenarbeit mit Ihnen während des Krieges erinnern. Von nun an scheiden sich unsere Wege, wer weiß, ob wir uns je wiedersehen werden."[166]

Die anderen Herren verabschiedeten sich wortlos mit tiefem Ernst. Als sie das Zimmer verlassen hatten, herrschte zunächst Schweigen; dann sagte Haeften zu Gröner: „Das bedeutet die Revolution. Diese Führer hier haben die Massen nicht mehr in der Hand." Er bat darauf Gröner um seine Abberufung: „Meine Aufgabe ist bei der Armee, jetzt, wo die Dinge auf Revolution stehen." Gröner erwiderte: „Sie müssen Hierbleiben."

Inzwischen war uns durch Funkspruch die Antwort des Präsidenten auf unsere letzte Note bekanntgegeben worden, die offizielle Übermittlung erfolgte erst in der Nacht.

---

[166] Aussage Gröners im „Dolchstoßprozeß" (a. a. O., S.218). „Und so bekenne ich mich absolut schuldig, daß ich an diesem Tage auf den Vorschlag Eberts nicht eingegangen bin, daß ich nicht sofort gesagt habe: Herr Ebert, ein Mann, ein Wort, Wir wollen zusammengehen ... vielleicht wäre es noch möglich gewesen, die Monarchie zu retten."

Foch wäre bereit, gehörig beglaubigte Vertreter der deutschen Regierung zu empfangen und sie von den Waffenstillstandsbedingungen in Kenntnis zu setzen.

Die Bedingungen sollten den verbündeten Regierungen die unbeschränkte Macht sichern, die Einzelheiten des von der deutschen Regierung angenommenen Friedens zu gewährleisten und zu erzwingen.

Die Alliierten nähmen die 14 Punkte an, sowie die Grundsätze, die in den späteren Ansprachen des Präsidenten niedergelegt sind. Sie machten jedoch zwei Einschränkungen.

Die Bedingung: Freiheit der Meere nähmen sie nicht an, und die Bedingung: Räumung und Wiederherstellung der besetzten Gebiete legten sie folgendermaßen aus: Deutschland solle für allen durch seine Angriffe zu Wasser, zu Lande und in der Luft der Zivilbevölkerung der Alliierten und ihrem Eigentum zugefügten Schaden Ersatz leisten. Der Präsident Wilson erklärt sich mit dieser Auslegung einverstanden.

Die Note brachte die Gewißheit:[167] Wir haben die schlimmsten Waf-

---

[167] Der Wortlaut der Note Wilsons vom 5. November (nach den Amtlichen Urkunden Nr. 101 unter Korrektur nach dem Original):
„In meiner Note vom 23. Oktober 1918 habe ich Ihnen mitgeteilt, daß der Präsident seinen Notenwechsel mit den deutschen Behörden den Regierungen übermittelt hat, mit denen die Regierung der Vereinigten Staaten als kriegführen-de Macht assoziiert ist, und den Vorschlag zugefügt hat, falls diese Regierungen geneigt seien, den Frieden zu den angegebenen Bedingungen und Grundsätzen herbeizuführen, möchten sie ihre militärischen Ratgeber und die der Vereinigten Staaten ersuchen, den gegen Deutschland assoziierten Regierungen die nötigen Bedingungen eines solchen Waffenstillstands zu unterbreiten, der die Interessen der beteiligten Völker in vollem Maße schützt und den assoziierten Regierungen die unbeschränkte Macht sichert, die Einzelheiten des von der deutschen Regie-rung angenommenen Friedens zu gewährleisten und zu erzwingen, vorausgesetzt, daß sie einen solchen Waffenstillstand vom militärischen Gesichtspunkt aus für möglich halten.
Der Präsident ist jetzt im Besitz eines Memorandums von Bemerkungen der alliierten Regierungen über diesen Notenwechsel, das folgendermaßen lautet: ‚Die alliierten Regierungen haben den Notenwechsel zwischen dem Präsidenten der Vereinigten Staaten und der deutschen Regierung sorgfältig in Erwägung gezogen. Mit den folgenden Einschränkungen erklären sie ihre Bereitschaft zum Friedensschlusse mit der deutschen Regierung auf Grund der Friedensbedingun-gen, die in der Ansprache des Präsidenten an den Kongreß vom 8. Januar 1918, sowie der Grundsätze einer Regelung, die in seinen späteren Ansprachen nieder-gelegt sind. Sie müssen jedoch darauf hinweisen, daß das, was man gewöhnlich unter dem Begriff Freiheit der Meere versteht, verschiedene Auslegungen zuläßt, von denen sie einige nicht annehmen können. Sie müssen sich deshalb über diesen Gegenstand bei Eintritt in die Friedenskonferenz volle Freiheit vorbehalten.
Ferner hat der Präsident in den in seiner Ansprache an den Kongreß vom 8. Januar 1918 niedergelegten Friedensbedingungen erklärt, daß die besetzten Gebiete nicht nur geräumt, sondern auch wiederhergestellt werden müßten. Die alliierten Regierungen fühlen, daß kein Zweifel bestehen bleiben dürfe über das, was diese Bedingung in sich schließt. Sie verstehen darunter, daß Deutschland Entschädigung leisten wird für allen Schaden, der der Zivilbevölkerung der Alliierten und ihrem Eigentum durch den Angriff Deutschlands zu Lande, zu Wasser und aus der Luft zugefügt worden ist.'
Der Präsident hat mich mit der Mitteilung beauftragt, daß er mit der im letzten Teil des Memorandums enthaltenen Auslegung einverstanden ist. Der Präsident hat mich ferner beauftragt, Sie zu ersuchen, der deutschen Regierung mitzuteilen, daß Marschall Foch von der Regierung der Vereinigten Staaten und den alliierten Regierungen ermächtigt worden ist, gehörig beglaubigte Vertreter der deutschen Regierung zu empfangen und sie von den Waffenstillstandsbedingungen in Kenntnis zu setzen.
Robert Lansing."

fenstillstandsbedingungen zu gewärtigen. Sie gab uns den Vertrag der 14 Punkte: in jedem Falle ein großer Schutz, aber kein genügender, wenn Wilson nicht zu seinen Worten stand. Die Antwort mußte nach Inhalt und Ton alle unsere Zweifel an seinem guten Willen und an seiner Macht verstärken. Dennoch überwog im ersten Augenblick das Gefühl der Erleichterung: die Armee braucht Foch nicht zu fragen.

Gröner war noch am Nachmittag bei mir, ehe er abreiste. Auf seinen Vorschlag ernannte ich Erzberger zum Mitglied der Waffenstillstandskommission als Vertreter der Regierung.[168] Er sollte noch heute nach Spa aufbrechen, um mit General v. Gündell, dem Gesandten Graf Oberndorff, Kapitän zur See Vanselow und Generalmajor v. Winterfeldt weiterzureisen, sowie die Verbindung mit dem Feinde hergestellt wäre. Die Nachricht: Die Waffenstillstandskommission ist abgereist, wollte ich noch in der Nacht in die Öffentlichkeit hinauswerfen. Gröner war damit einverstanden, daß wir zur Beruhigung der Massen die unmittelbare Nähe der Waffenruhe als gewiß hinstellten. Der General war tief erschüttert worden durch seine Unterredung mit den Gewerkschaftsführern. Die Revolution war zum Greifen nahe.

Die Abdankung des Kaisers blieb für ihn als Soldaten indiskutabel aber er sah einen anderen ehrenvollen Ausweg, und die Not der Stunde öffnete ihm den Mund: Der Kaiser dürfe zwar nicht sein Amt, wohl aber sein Leben opfern – zum mindesten aufs Spiel setzen. Konnte die Opfertat nicht noch einmal das Volk hochreißen, wenn die furchtbaren Bedingungen kamen und die elende Hetze: „Der Kaiser ist schuld daran" verstummt sein würde? Ich war überzeugt, daß die Umgebung Seiner Majestät noch eher der Abdankung zustimmen würde.

Am Nachmittag des 6. November trat das Kabinett zusammen, um über die revolutionäre Unruhe zu beraten. Kiel selbst beruhigte sich allmählich. Noske war am Rande seiner Kräfte, aber er hielt aus, und Stadt und Garnison fügten sich seiner Autorität. Die Absperrung des Herdes aber war mißlungen: nicht nur zu Wasser, sondern auch zu Lande dran-

---

[168] Vgl. Erzberger, a. a. O., S. 326 ff.

gen Matrosen in die Städte der Wasserkante, um planmäßig den Aufruhr zu verbreiten. Eine neue Front – die Nordfront – war im Erstehen.

Die Vorgänge in Lübeck waren typisch: Vier Kriegsschiffe erschienen am 5. November in der Bucht; die Matrosen besetzten das Hauptpostamt, den Bahnhof und die Magazine. Die Leute erließen eine Proklamation, darin die Abschaffung der Militärdiktatur und sofortiger Waffenstillstand gefordert wurden. Im übrigen ermähnten sie zur Ruhe und bedrohten Plünderer mit Todesstrafe. Was an Truppen vorhanden war, dachte nicht daran, sich zum Schutz der Behörden einzusetzen; zum mindesten blieb man neutral.

Ebenfalls noch am 5. November wurde Brunsbüttel am Eingang der Elbe von Matrosen überwältigt. Heute werden Cuxhaven und Hamburg-Altona revolutioniert. Der Stellvertretende Kommandierende General verläßt Altona, in der Hoffnung, von außen den Widerstand besser organisieren zu können. Gleichzeitig meldet er, daß seine Truppen unzuverlässig sind. In Hamburg habe er gar keine Macht mehr. Die aufgeregten Massen halten sich für unwiderstehlich, seit die „siegenden" Matrosen sie darüber belehren, daß die Truppen des IX. Korps nicht mehr schießen wollen. Schon sind die Gefängnisse von der aufständischen Menge geöffnet worden. Die Meuterer haben die Bahnhöfe Hamburg-Altona besetzt und die folgenden Forderungen aufgestellt: Abberufung des Generals v. Falk, Anerkennung des Soldatenrats, Übernahme des Verkehrs, Übernahme der Ernährungswirtschaft.

Der Kriegsminister hatte noch immer keine Fronttruppen, die allein für ein offensives Unternehmen in Betracht kamen. Am heutigen Vormittag (6. November) war ihm gemeldet worden, daß die Anfänge der 2.Garde-Infanteriedivision bei Köln angekommen seien, auch die angeforderte weitere Division rolle seit gestern. Alles kam darauf an:

Wird es bis zum Eintreffen der kampfkräftigen Truppen gelingen, den Aufruhr auf den Bezirk des IX. Armeekorps zu beschränken? Werden die anderen Stellvertretenden Kommandierenden Generale bis dahin die Situation mit den Ersatzformationen halten können?

Aus Hannover lagen böse, wenn auch noch unklare Nachrichten vor. Für Berlin hatte Scheüch noch keine Sorge: die Truppen genügten zunächst, um einen Aufruhr niederzuschlagen, wenn das Militär sicher sei.

Und daran schien er nicht zu zweifeln. Am 3. November hatten bei einer Besprechung auf dem Oberkommando in den Marken die Führer verschiedener in Berlin stationierter Truppenteile erklärt, daß sie unbedingt auf die Zuverlässigkeit ihrer Mannschaften rechnen könnten.

Scheüch unterrichtete uns über die Abwehrmaßnahmen der Berliner Kommandobehörden: Kompagnien mit 10 bis 15 Offizieren werden gebildet, die Stadt ist in Reviere eingeteilt, die Bataillone werden in den Häusern unauffällig verteilt. Allen Angehörigen des Heeres und der Marine aus dem Bereich des IX. Armeekorps ist das Betreten von Berlin und der Provinz Brandenburg verboten. Starke Bahnhofswachen werden in Neustadt a. d. Dosse und in Rathenow eingerichtet, um alle Züge zum Halten zu bringen. Die Berliner Bahnhofswachen sind verstärkt worden, um die nach Berlin kommenden Matrosen festzunehmen.

Für morgen sind vom Oberkommando in den Marken besondere Vorsichtsmaßregeln getroffen. Der 7. November ist der Jahrestag der russischen Revolution. Drews hat erklärt, Vertrauen zur Berliner Schutzmannschaft zu haben.

Scheidemann kam aus dem Reichstag. Dort tagte in gemeinsamer Sitzung die Reichstagsfraktion und der Parteiausschuß der Sozialdemokraten. Gröners Absage übte offenbar den bestimmenden Einfluß auf den Gang der Beratungen: Scheidemann eröffnete uns, wir müßten unter allen Umständen mit einem offiziellen Schritt in der Abdankungsfrage rechnen. Im Augenblick kämpften noch zwei Strömungen miteinander; ein Teil der Partei dränge auf ein befristetes Ultimatum, der andere wolle sich damit zufrieden geben, daß der Parteiausschuß öffentlich seine Billigung zu dem von Scheidemann an mich gerichteten Briefe ausspreche. Scheidemann drohte: die Kaiserfrage springt in die republikanische über, wenn sie nicht eine rasche Lösung findet. Die Erregung unter den Arbeitern sei groß, er hoffe auf Beruhigung durch den unmittelbar bevorstehenden Waffenstillstand – aber nur dann, wenn die Abdankung vorher erfolgt sei.

Der Staatssekretär des Reichsmarineamts regte an, die Bildung von Bürger- und Bauernwehren beschleunigt ins Werk zu setzen – das sei vielleicht das einzige Mittel, um den inneren Zusammenbruch zu verhindern. Das Militär allein werde der sich schnell ausbreitenden Bewegung kaum Herr werden – so sagte Ritter v. Mann, der noch gestern mit großer Macht in Kiel eindringen wollte. Ich beraumte für den nächsten Morgen eine Sitzung im Reichsamt des Innern an, um über den Mannschen Vorschlag eine rasche Verständigung zwischen den beteiligten Staatsbehörden herbeizuführen. Schon vorher sollte eine entsprechende Weisung an die Regierungspräsidenten Preußens telegraphisch gegeben werden.

Gegen Abend wurde mir die Entschließung der Sozialdemokraten vorgelegt. Das Ultimatum war gerade noch hintangehalten worden, aber nur mit knapper Not:

„Fraktion und Parteiausschuß fordern, daß der Waffenstillstand ohne jeden Verzug durchgeführt wird. Die Fraktion und der Parteiausschuß fordern weiter die Amnestie für militärische Vergehen und Straffteiheit für Mannschaften, die sich gegen die Disziplin vergangen haben. Sie fordern die unverzügliche Demokratisierung der Regierung sowie der Verwaltung Preußens und der anderen Bundesstaaten. Die Reichstagsfraktion und der Parteiausschuß beauftragen die Parteileitung, dem Reichskanzler mitzuteilen, daß Fraktion und Parteiausschuß den von der Parteileitung in der Kaiserfrage unternommenen Schritt entschieden billigen und unterstützen und eine schnelle Regelung dieser Frage erwarten."

Gröner war auf dem Wege ins Hauptquartier; er war nicht gesonnen, den Kaiser in meinem Sinne zu beraten. Jeden Tag konnten die Bedingungen des Waffenstillstands eintreffen. Wir hatten den Aufruhr im Lande, und die revolutionäre Unruhe wuchs von Stunde zu Stunde: „Der Kaiser will sich nicht opfern", das war der Schlachtruf derer, die den Umsturz betrieben. Wann würden die Mehrheitssozialdemokraten ihn aufnehmen?

Die Situation schien wahrhaft verzweifelt, aber ich mußte mir sagen: noch war das Letzte nicht versucht. Der Kanzler mußte zum Kaiser sprechen. Ich faßte den Entschluß, morgen ins Hauptquartier zu reisen.

Vorher wollte ich zwei führende Männer der Sozialdemokratie einweihen und sie fragen, ob sie mir noch ein paar Tage lang Ruhe im Rücken schaffen könnten. Ich wählte zwei Persönlichkeiten, für die es in Augenblicken nationaler Gefahr Parteirücksichten nicht gab, Ebert und David. Ich hoffte, sie zu binden, daß sie mir das ultimative Drängen ihrer Partei fernhielten, solange ich im Hauptquartier sein würde.

Ich hielt meine Aufgabe in Spa nicht für hoffnungslos. Seit Sonntag hatte ich über eine Lösung nachgedacht, die es dem Kaiser ersparen würde, einfach dem Drängen der Straße nachzugeben. Seine Majestät sollte zunächst einen Stellvertreter bestellen. So bald wie möglich sollte dann ein neuer Reichstag gewählt werden und zu den Verfassungsfragen Stellung nehmen, die mit der Thronentsagung zusammenhingen; dann erst sollte die Abdankung erfolgen. Auch dieser Weg wäre wahrlich ein schwerer für den Kaiser, bei der Auffassung, die er von seinem hohen Amte hatte; aber doch immer noch erträglicher, als wenn er einfach ja sagte zu dem, was „Vorwärts" und „Frankfurter Zeitung" täglich forderten.

Das Wort „Verfassunggebende Nationalversammlung"[169] war auf den Lippen der Menschen, seit die Donaumonarchie sich aufgelöst hatte und Deutsch-Österreich zum Reich zurückstrebte. Diese Parole – dessen war ich gewiß – war heute die einzige, die geeignet war, die Aufruhrbewegung zurückzudämmen. Es galt den demokratischen Gedanken gegen die Revolution aufzurufen. Würden mir die Sozialdemokraten auf diesem Wege folgen? Ich hatte diesen Glauben, bestärkt durch ein Wort, das am Sonntag, den 3. November im „Vorwärts" gestanden hatte:

> „Wir wollen aber gar nicht überwältigen, sondern wir wollen überzeugen, und wenn ein Zwang vorliegt, was wir nicht bestreiten, so geht er nicht von uns, sondern von den allgemeinen Verhältnissen aus. Gegen eine demokratische Regelung hätten wir selbstverständlich nicht das geringste einzuwenden, und wenn man sich auf der Linie einigen wollte, die Angelegenheit so bald wie möglich zum Gegenstand einer Volksabstimmung zu machen, so wären wir durchaus einverstanden."

Am 7. November früh stand die W.T.B.-Meldung in den Zeitungen, daß die deutsche Delegation zum Abschlusse eines Waffenstillstandes und zur Aufnahme von Friedensverhandlungen am 6. nachmittags von Berlin nach dem Westen abgereist sei. Die Zusammenkunft mit den Gegnern dürfte am Freitag (8. November) erfolgen.

---

[169] Meiner Erinnerung nach wurde die Parole zuerst in der „Vossischen Zeitung" ausgegeben.

Die Ankündigung war von folgendem Aufruf begleitet:

„Mahnung des Reichskanzlers an das deutsche Volk.
Berlin, 6. November 1918. Amtlich.
Präsident Wilson hat heute auf die deutsche Note geantwortet und mitgeteilt, daß seine Verbündeten den 14 Punkten, in denen er seine Friedensbedingungen im Januar dieses Jahres zusammengefaßt hatte, mit Ausnahme der Freiheit der Meere zugestimmt haben, und daß die Waffenstillstandsbedingungen durch Marschall Foch mitgeteilt werden. Damit ist die Voraussetzung für Friedens- und Waffenstillstandsverhandlungen gleichzeitig geschaffen. Um dem Blutvergießen ein Ende zu machen, ist die deutsche Abordnung zum Abschluß des Waffenstillstandes und zur Aufnahme der Friedensverhandlungen heute ernannt worden und nach dem Westen abgereist. Die Verhandlungen werden durch Unruhe und disziplinloses Verhalten in ihrem erfolgreichen Verlauf ernstlich gefährdet.

Über vier Jahre hat das deutsche Volk in Einigkeit und Ruhe die schwersten Leiden und Opfer des Krieges getragen. Wenn in der entscheidenden Stunde, in der nur unbedingte Einigkeit des ganzen deutschen Volkes große Gefahren für seine Zukunft abwenden kann, die inneren Kräfte versagen, so sind die Folgen nicht abzusehen.

Aufrechterhaltung der bisher gewahrten Ordnung in freiwilliger Manneszucht ist in dieser Entscheidungsstunde eine unerläßliche Forderung, die jede Volksregierung stellen muß.

Mag jeder Staatsbürger sich der hohen Verantwortung bewußt sein, die er in Erfüllung dieser Pflicht seinem Volke gegenüber trägt.

Der Reichskanzler Max, Prinz von Baden."

Als mir die Preßkommentare vorgelegt wurden, war ich entsetzt über die Sprache des „Vorwärts". Zwar unterstützte er meinen Appell und beschwor die Arbeiterschaft, sich nicht von dem Weg der geordneten Demokratie abdrängen zu lassen, aber die antirevolutionäre Linie war nicht mehr mit der alten Schärfe eingehalten.

„An der Wasserkante haben sich Ereignisse abgespielt, die in aller Welt Munde sind, wenn auch noch ein zusammenhängender erschöpfender Bericht über sie fehlt. Keiner, dem die Gedanken der neuen Zeit aufgegangen sind, wird sich in seinem Empfinden von den Massen trennen, er wird es auch dort nicht tun, wo er nicht jedes einzelne Vorkommnis zu billigen imstande ist."

Wahrlich eine milde Rüge für Meuterei und Mord! Das war der „Byzantinismus vor den Massen".[170] Stand die Partei hinter diesem Artikel?

Ich sah Ebert am frühen Vormittag allein im Garten. Zunächst unterrichtete ich ihn von meiner geplanten Reise: „Sie wissen, was ich vorhabe. Wenn es mir gelingt, den Kaiser zu überzeugen, habe ich Sie dann an meiner Seite im Kampf gegen die soziale Revolution?" Eberts Antwort erfolgte ohne Zögern und war unzweideutig:

Wenn der Kaiser nicht abdankt, dann ist die soziale Revolution unvermeidlich. Ich aber will sie nicht, ja, ich hasse sie wie die Sünde.

Nach der Abdankung des Kaisers hoffe er, die Partei und die Massen hinter die Regierung zu bringen.

Wir streiften die Frage der Regentschaft. Ich nannte den Prinzen Eitel Friedrich als den nach der Verfassung gegebenen Regenten für Preußen und das Reich. Ebert erklärte für sich und seine Partei, sie würden der Regierung in diesen Verfassungsfragen keine Schwierigkeiten machen.

Dann wünschte er mir in bewegten Worten Erfolg für meine Reise.

David, den ich unmittelbar nachher sah, war nicht minder entschieden in seiner Abwehrstellung gegen die Revolution. Er war überzeugt, wenn ich in Spa durchdringen würde, daß wir dann die Situation im Innern meistern könnten.

Ich glaubte, nicht nur einen Vertrag geschlossen zu haben als Notbehelf für wenige Tage, sondern ein Bündnis, hinter dem die gemeinsame Entschlossenheit stand, das Land vor dem Umsturz zu retten.

---

[170] Ein Wort Max Webers. Ich betrachte es als ein Mißgeschick, daß ich Max Weber erst nach dem Kriege kennen lernte. Wir gründeten 1919 gemeinsam die „Heidelberger Vereinigung". Seine Warnungen während des Krieges gingen den meinen parallel. (Vgl. „Max Weber, ein Lebensbild" von Marianne Weber, Tübingen 1926.)

Ich hatte einem Mitarbeiter den Auftrag gegeben, David gleich nach unserem Gespräch zu sondieren, wie er sich zu dem Gedanken der Verfassunggebenden Nationalversammlung stelle. Es erfolgte die charakteristische Antwort: Die Wahlen würden meine Partei in eine große Verlegenheit bringen. Als Republikaner müßten wir für die Republik agitieren. Mancher von uns aber zieht eine demokratische Monarchie vor. Werde Deutschland Republik, dann müßten wir uns mit Royalisten herumschlagen. Da sei auch keine angenehme Aussicht.

Unterdessen fanden die Beratungen im Reichsamt des Innern statt. Vertreten war die preußische Regierung, die Marine, die Militärbehörden, das Eisenbahnministerium, das Polizeipräsidium. Auch die Bundesratsbevollmächtigten waren zitiert worden. Der Staatssekretär des Innern berichtete über die Umsturzbewegung:

In Kiel Rückkehr zu einer gewissen Ordnung unter Noskes Führung.

In Hamburg Verschlimmerung der Lage. Die Unabhängigen haben sich an die Spitze der Bewegung gestellt. Haase selbst ist seit dem 6. in Hamburg. Die aufgestellten Forderungen tragen zum Teil sozialrevolutionären Charakter. Die Aufständischen haben die Ablassung eines Zuges mit Tausenden von Bewaffneten erzwungen, die heute „die Sache in Berlin in Gang bringen sollen".

Wilhelmshaven hatte sich bis heute gehalten. Am Morgen ist jedoch eine Meldung des Stationskommandos eingetroffen, daß die zur Verfügung stehenden Machtmittel nicht ausreichen.

Aus Schwerin kommt die Nachricht, die vom mecklenburgischen Gesandten bestätigt wird, daß die Zivilregierung so gut wie ausgeschaltet ist.

Am unheimlichsten sind die Meldungen aus Hannover: die Stadt ist von zugereisten Marinemannschaften überrumpelt worden. Dort war nicht, wie an anderen Orten, der „militärische Apparat wie von einer Lähmung befallen" gewesen. Der General v. Hänisch, ein Mann von vorbildlicher Tatkraft, hatte es auf eine Kraftprobe ankommen lassen. Ein energischer Angriff treugebliebener Ersatztruppen war gegen den von Matrosen besetzten Bahnhof befohlen und ausgeführt worden – aber „er scheiterte glatt". Die letzte Depesche sagte, daß der Kommandierende

General selbst gefangen sei. Aus Hannover rollten Züge mit Aufständischen heran.

Der Eisenbahnminister verabredete sogleich mit den Militärbehörden die Gegenmaßnahmen: die Bahnlinien von Hamburg und Hannover sollten an mehreren Stellen unterbrochen werden; der Lehrter Bahnhof wurde mit starken Truppen belegt.

Der Polizeipräsident von Berlin berichtete, daß für heute ein „umfängliches" Vorgehen geplant gewesen sei: die Absicht habe bestanden, sich der Gefängnisse und des Polizeipräsidiums zu bemächtigen. Aber bisher sei nichts geschehen: die Unabhängigen seien offenbar durch den Abtransport Joffes in eine gewisse Ratlosigkeit versetzt worden. Er versicherte, daß für Berlin die umfassendsten polizeilichen und militärischen Maßnahmen getroffen seien, unter anderem seien fünf von den Unabhängigen einberufene Versammlungen verboten worden.

Aus den Berichten über den bisherigen Verlauf der revolutionären Bewegung sprang für die Zuhörer die Gewißheit heraus:

Die Ersatzformationen sind – jedenfalls in der Provinz – ihrer Aufgabe nicht gewachsen.

Der Staatssekretär des Innern setzte sich nun stark für Manns Vorschlag ein, Bürgerwehren zu schaffen. Eisenbahnminister v. Breitenbach unterstützte ihn: Natürlich würden derartige Organisationen den Meuterern und Arbeiter- und Soldatenräten dort, „wo das Unglück schon passiert sei", nicht auf den Leib rücken können. Aber die Bürgerwehren sollten sich die Aufgabe stellen, das Übergreifen der Bewegung auf bisher unberührte Orte, namentlich kleinere Städte und das platte Land, zu verhüten.

Da begehrten die Gesandten der besonders bedrohten Länder auf: der hanseatische Gesandte, der von Mecklenburg und der von Braunschweig. Die Wehren könnten die militärischen Machtmittel wohl ergänzen, aber nie und nimmer ersetzen, auch nicht dort, wo es sich nur darum handelte, vorzubeugen. Die Beratungen mündeten in die mit steigender Ungeduld und Sorge gestellte Frage: Wann kommt Hilfe von der Front? Die Militärs gaben vertrauliche Auskunft. Der Tatbestand, auf den sie sich dabei stützten, war folgender:

An Feldtruppen befanden sich nur 3 Jägerbataillone und 2 Eskadrons Dragoner in der Umgebung von Berlin, nachdem die zeitweise in Altengrabow abgestellte Infanteriedivision an die Westfront abgefahren war und auch die für das Kriegsministerium im Osten bereitgestellte gemischte Infanteriebrigade andere Verwendung gefunden hatte. Aber die Oberste Heeresleitung ist sich jetzt des Ernstes der inneren Situation durchaus bewußt: die 2. Garde-Infanteriedivision wird nach Altengrabow überführt und wird sich morgen östlich Essen befinden. Da Hannover verloren, muß sie über Halle umgeleitet werden. Eine zweite Division rollt ebenfalls, weitere Truppen sind in Aussicht gestellt. Auch ist ein Armeeoberkommando unterwegs, um den Oberbefehl gegen die Meuterer zu übernehmen. Ersatztransporte aus der Heimat nach der Front sollen eingestellt werden.

Gleichzeitig fand eine andere Beratung statt, die auch der Abwehr des Bolschewismus galt und schon durch ihre äußere Aufmachung das Bild der Revolution in die Regierungsgebäude trug.
Etwa zwanzig Matrosen waren als Vertreter des dritten Geschwaders erschienen in Begleitung des Admirals Feldt. Der Staatssekretär v. Mann entschloß sich, ihre Forderungen anzuhören. Er hatte, wie er sagte, die Hoffnung, die Bewegung vom dritten Geschwader aus zurückzurollen.
Die Leute traten nicht übermütig auf, sondern deutlich in dem Bestreben, zu erklären und zu entschuldigen, ja wieder gutzumachen, soweit es ging. Haußmann wohnte der Unterredung als Vertreter des Kabinetts bei und hat in kurzen Notizen festgehalten, was die einzelnen Matrosen sagten:

„Durch Vorträge der Offiziere erkannten wir den Widerstand gegen die neue Regierung."
„ungeheure Schiffsansammlungen erregten den Verdacht."
„Das Gerücht sagte, daß der Vorstoß dazu diene, die Waffenstillstandsverhandlungen zu sprengen."
„Den Vorgängen in Kiel lag nur die Absicht zugrunde, die Gefangenen zu befreien."

„Wir sagten sofort, wenn die Leute bestraft werden, gibt es eine große Erregung."

„Die rote Flagge auf den Schiffen [war eine] Sicherheitsmaßregel, um nicht von den Forts in Kiel beschossen zu werden, die in der Hand des Soldatenrats waren."

„Wir wollen die Flotte kampffähig halten."

„Das Vertrauen zur Leitung steht unbedingt fest."

Ein Mann vom „Markgraf": „Wir wollen auf die anderen Schiffe einwirken. Das dritte Geschwader ist maßgebend."

„Ob wir von Regierung oder Soldatenrat Befehle zu erhalten haben?"

„Sind die Befehle des Geschwaderchefs gegen rote Fahne von den Staatssekretären veranlaßt oder gebilligt?"

Die Forderungen der Leute waren nur zum kleinen Teil politischer Natur. Sie verlangten: Versammlungsrecht, Freigabe sämtlicher Zeitungen, Grußfreiheit außer Dienst, gleiche Verpflegung und eine Neuregelung der Strafbestimmungen: die Strafgewalt des Offiziers sollte eingeschränkt, ein Vertrauensmann der Leute vor der Bestrafung der Leute angehört werden. Für nicht unehrenhafte Handlungen sollten nur Geldstrafen, nicht Arreststrafen verhängt werden. Für die Übergangszeit wünschten sie, daß ein Vertreter der Mannschaften dem Geschwaderchef beigegeben werde.

Haußmann redete den Matrosen ins Gewissen: es handle sich jetzt nicht nur um Disziplin, sondern um Treue gegen Deutschland. Jede Agitation gegen die Friedenspolitik der Regierung wäre eine schwere Schuld. „Wir können noch viel am Verhandlungstisch durchsetzen, aber nur, wenn wir Sie hinter uns haben. Clemenceau will die Verarmung Deutschlands, Wilson die Wiederaufrichtung. Clemenceau siegt, wenn sich Zerfallssymptome in Deutschland zeigen. Die Regierung hat die Reaktion überwunden. Das beweist Ludendorffs Entlassung."[171]

---

[171] Ich weiß nicht, was Haußmann im einzelnen sagte. Die obigen Worte gebe ich nach einem Notizenzettel wieder, den er mitnahm.

Der Ausgang der Konferenz, so wurde mir berichtet, schien gute Folgen zu versprechen.

Die Haltung der Matrosen des dritten Geschwaders war ein lebendiger Beweis für das, was Noske in Kiel vollbracht hatte. Das Schicksal Deutschlands hing daran, daß Ebert die Leistung seines Parteigenossen im großen wiederholte, d. h. die Bewegung im ganzen Lande „zurückrollte". Nach unserer Unterredung am Vormittag zweifelte ich nicht an seinem guten Willen – und auch nicht an seiner Macht, sobald die klare Parole gegeben wäre, um den Trennungsstrich nach links erneut zu ziehen. Beunruhigende Nachrichten lagen in der Reichskanzlei vor über allerhand Fäden, die sich zwischen der Parteileitung der Unabhängigen und den Mehrheitssozialdemokraten angesponnen hatten. Solange der Kaiser noch zögerte, strömten die Gefolgschaften der feindlichen Bruderparteien ineinander über. Gelang mein Vorhaben, dann war der Weg für die reinliche Scheidung von neuem frei. Alles kam darauf an, daß in der Zwischenzeit in Berlin nichts passierte.

Aus diesem Grunde war es mir auch nicht recht, daß der Oberkommandierende in den Marken die Versammlungen der Unabhängigen verboten hatte. Aber der Kriegsminister überzeugte mich davon, daß ich in diesem Augenblick Linsingen nicht in den Arm fallen dürfe.

Am 5 Uhr nachmittags stürzte Wahnschaffe in mein Zimmer, um mir die folgende Mitteilung zu machen: Scheidemann und Ebert haben vom Reichstag aus angerufen und verlangt, sofort empfangen zu werden. Sie wollen mir ein Ultimatum ihrer Partei überbringen, das fünf Punkte enthält:

Sofortige Freigabe der für heute verbotenen Versammlungen.
   Anweisung an Polizei und Militär zur äußersten Besonnenheit.
   Rücktritt des Kaisers und des Kronprinzen bis Freitag mittag.
   Verstärkung des sozialdemokratischen Einflusses in der Regierung.
   Umgestaltung des preußischen Ministeriums im Sinne der Mehrheitsparteien des Reichstags.
   Die Erfüllung der Forderungen wird bis morgen, Freitag mittag verlangt, andernfalls werden die sozialdemokratischen Minister aus der Regierung austreten.

Bald kamen die Herren selbst. In ihren erklärenden Worten war nichts von Drohung und Trotz, die man nach dem Inhalt des Ultimatums hätte erwarten sollen. Sie waren in Wahrheit von jähem Schrecken überwältigt über die ihnen und ihrer Partei entgleitende Macht.

„Der Kaiser muß sofort abdanken, sonst haben wir die Revolution."

Das war der Inhalt der kurzen Begründung, die sie gaben.

Ich erwiderte, die Grundlage meiner Kanzlerschaft sei zerbrochen; ich machte dem Gespräch ein rasches Ende und war erfüllt von Empörung und Bitternis. Meine Reise war zwecklos geworden.

Unmittelbar nachdem das Ultimatum überreicht war, rief einer meiner Mitarbeiter den Abgeordneten David an: „Welche Illoyalität! Heute morgen ist der Pakt zwischen Ihnen und dem Reichskanzler geschlossen worden." Die Antwort lautete: „Lassen Sie! Auch ich bedaure die Entwicklung. Die Dinge gehen über meinen Kopf."

Ich wollte nicht im Zorn handeln. So beauftragte ich Simons, den Sozialdemokraten noch eine letzte Verständigung anzubieten. Er sollte in den Reichstag zu Ebert fahren und von ihm zu erreichen suchen, daß er sein Ultimatum formell zurücknehme und für die Geheimhaltung sorge. Für diesen Fall ermächtigte ich Simons, die Zusage zu geben, daß ich dann doch noch heute abend meine Reise nach Spa antreten würde.

Simons kehrte rasch zurück. Ebert hatte den ehrenvollen Rückzug verweigert:

„Heute abend finden 26 Versammlungen statt in allen großen Lokalen. Heute abend müssen wir das Ultimatum von jeder Tribüne verkünden, sonst läuft uns die ganze Gesellschaft zu den Unabhängigen."

Ebert sei wie verändert gewesen. Simons sah sich einer unerwarteten Entschlossenheit gegenüber: Ebert schien plötzlich die Hand nach der Führerschaft des Staates auszustrecken. So stark war dieser Eindruck, daß Simons die Frage stellte: „Dann wollen Sie wohl Reichskanzler werden?" Darauf antwortete Ebert: „Das steht noch nicht fest."

Gleich nach Simons Rückkehr rief ich den Vizekanzler v. Payer herbei und sagte ihm, daß ich sofort Seine Majestät um meine Entlassung bitten würde. Er war tief erschüttert, aber schien von der Folgerichtigkeit solchen Vorgehens überzeugt. Ich trug ihm auf, mich in dem gerade versammelten Kriegskabinett zu vertreten und die Mitarbeiter von meinem Entschluß zu verständigen.

Dann setzte ich das folgende Entlassungsgesuch auf:

„Berlin, den 7. November 1918.
„Seiner Majestät dem Kaiser und König.
„Ew. Majestät wissen, daß das sogenannte Kriegskabinett trotz meiner ernsten und nachdrücklichen Warnungen seit einiger Zeit die Allerhöchste Person in die Erörterung hineingezogen hat. Das geschah zunächst in meiner Abwesenheit. Nachdem aber der Staatssekretär Scheidemann mir schriftlich die Mitteilung hatte zugehen lassen, seine Partei erwarte, daß ich Ew. Majestät den Rat erteile, dem Thron zu entsagen, und ich mich vergebens bemüht hatte, ihn zur Zurücknahme seines Briefes zu veranlassen, mußte ich Stellung nehmen.[172] Ich las daher dem Kabinett eine schriftliche Erklärung vor, wonach ich weder zulassen könne, daß auf Ew. Majestät in der Frage der Thronentsagung ein Druck ausgeübt werde, noch bei Beratung Ew. Majestät mir selbst einen Druck gefallen lassen würde.

„Durch die Abreise Ew. Majestät ins Große Hauptquartier, die ohne meine Kenntnis beschlossen und gegen meinen Rat ausgeführt wurde, war eine laufende Verständigung mit Ew. Majestät sehr erschwert. Andererseits waren mit meiner Entfernung vom Sitze der Reichsgeschäfte unvermeidlich erhebliche Schwierigkeiten verbunden. Trotzdem war ich nach der Gesamtheit der Umstände und aus reiflich erwogenen Gründen entschlossen, noch heute abend zu Ew. Majestät aufzubrechen, um die Informationen zu ergänzen, die in meinem Auftrag die Staatsminister Delbrück und Drews Ew. Majestät vorgetragen hatten. Heute nachmittag überbrachten mir aber Scheidemann und Ebert namens der Sozialdemokratischen Partei ein Ultimatum, worin unter anderem gefordert wurde, daß der Bevölkerung bis morgen nachmittag die Nachricht von der Thronentsagung Ew. Majestät mitgeteilt werden könne.

„Meine Bemühungen, die beiden Parteiführer von dem für das Vaterland verhängnisvollen Charakter dieser Forderung zu überzeugen, waren fruchtlos. Die Parteiführer sind überzeugt, daß heute nacht noch in Berlin Revolten großen Umfangs ausbrechen werden, wenn sie die Menge nicht mit der Aussicht auf eine solche Nachricht vertrösten können; sie weigern sich, das Ultimatum zurückzunehmen, sind vielmehr aus Sorge vor der wachsenden Macht der Radikalen entschlossen, die Tatsache, daß es gestellt ist, heute abend taktisch zu

---

[172] Die formelle Zurücknahme des Briefes war wohl erfolgt, aber tatsächlich war von dessen Inhalt der Öffentlichkeit Kenntnis gegeben worden.

verwerten und zu veröffentlichen.

„Unter diesen Umständen ist die Einheitlichkeit der heutigen Reichsleitung nicht aufrechtzuhalten. Die Mehrzahl der Kabinettsmitglieder und der Staatssekretäre nehmen eine der sozialdemokratischen entgegengesetzte Haltung ein. Da ich die Geschäfte des Reiches nur führen kann, wenn ich das Vertrauen und den Willen der Reichstagsmehrheit geschlossen hinter mir habe, und da ich als Reichskanzler meinen Entschluß, in der Frage der Allerhöchsten Person keinerlei Druck zuzulassen, festhalten muß, bitte ich Ew. Majestät in tiefster Ehrfurcht, mich von dem Amte des Reichskanzlers in Gnaden entbinden zu wollen.

„Bis zur Entscheidung erachte ich es als meine selbstverständlichePflicht, in dieser stürmischen Zeit die Leitung der Reichsgeschäfte in der Hand zu behalten, zumal die im Gang befindlichen Waffenstillstandsverhandlungen durch ein Aussetzen der Reichsleitung gefährdet werden könnten."

Das Kabinett trat zusammen. Zunächst wurde das Verbot der Versammlungen erörtert. Der Kriegsminister verteidigte den Oberbefehlshaber in den Marken, den man in diesem Augenblick nicht unsicher machen dürfe; das würde aber geschehen, wenn man zu guter Letzt die Genehmigung doch erteilte. Man müsse ihm seine Selbständigkeit lassen.

Drews bestritt, daß sich in dieser Zeit der Grundsatz aufrechterhalten ließe: die Zentralinstanz sollte möglichst wenig in die Selbständigkeit der Lokalbehörden eingreifen.

Scheidemann unterbrach die Diskussion mit der Frage: „Ist das Kabinett über unseren Schritt bei dem Herrn Reichskanzler unterrichtet?"

Payer ermächtigte Scheidemann, die Staatssekretäre ins Bild zu setzen. Scheidemann führte aus:

„Das Versammlungsverbot war Anlaß, daß wir die ganze Situation erneut beraten haben. Das Verbot des Oberkommandos, Arbeiter- und Soldatenräte zu bilden, hat allgemeine Heiterkeit erregt. Es hat denselben Sinn, als ob man verbieten würde, daß es morgen nicht regnen soll. Das Versammlungsverbot hingegen hat wie eine Aufreizung gewirkt. Ich glaubte gestern nach Rücksprache mit Exzellenz Drews, daß die Versammlungen genehmigt werden würden und daß keine Überwachung stattfinden werde. Zu meinem Erstaunen sind die Versammlungen doch verboten; die Regierung muß hierfür die Verantwortung tragen, wie die ‚Vossische Zeitung' richtig ausgeführt hat. Das ist für uns nicht erträglich. Es hat sich hier wiederum gezeigt, daß von militärischer Seite in anderer Richtung gearbeitet worden ist. Nach der Rücksprache zwischen Ebert und dem Herrn Reichskanzler heute morgen schien es, als ob noch ein modus vivendi gefunden werden könnte, aber durch das Versammlungsverbot und die sich überstürzenden Ereignisse ist das überholt. Die Vorgänge in den Küstenstädten und in Hannover zeigen, daß Teile des Reiches in Revolution stehen. Es kommt hinzu, daß die in Berlin vorgenommenen Maßnahmen, wie Aufpflanzen des Militärs mit Bajonetten, Aufstellung von Maschinengewehren am Lehrter Bahnhof, verbitternd gewirkt haben. So ist eine Gesamtsituation entstanden, die uns vor die schwerste Entscheidung gestellt hat. Dem außerordentlich geschickten Eingreifen des Abgeordneten Ebert ist es die letzten Abende noch gelungen, die Massen ruhig zu halten. Jetzt ist das nicht mehr möglich, ohne daß bestimmte Forderungen erfüllt werden. Wir haben daher dem Herrn Reichskanzler im Auftrage der Vorstände der Sozialdemokratischen Partei und der Sozialdemokratischen Fraktion folgende letzte Forderungen gestellt:

Freigabe der heute verbotenen Versammlungen.

Anweisung an Polizei und Militär zur äußersten Besonnenheit.

Rücktritt des Kaisers und des Kronprinzen bis Freitag mittag.

Verstärkung des sozialdemokratischen Einflusses in der Regierung.

Umgestaltung des preußischen Ministeriums im Sinne der Mehrheitsparteien des Reichstags.

„Ist bis Freitag mittag keine befriedigende Antwort, erfolgt, so tritt die Sozialdemokratie aus der Regierung aus.

„Die Regierung ist bisher über Reden wenig hinausgekommen. Die unteren Organe funktionieren in alter Weise weiter und setzen zum Teil unseren Beschlüssen passive Resistenz entgegen. Jedesmal, wenn die Beseitigung dieser oder jener Person als notwendig angesehen wird, erhalten wir die Antwort, das ginge nicht so schnell und so leicht. Wenn wir verhindern wollen, daß die Unruhen schlimmste Dimensionen annehmen, so müssen wir hier eingreifen und den Leuten zeigen, daß wir in ihrem Geiste arbeiten. Uns ist der heutige Entschluß und der Weg zum Reichskanzler furchtbar schwergefallen; aber da wir zu der Überzeugung gekommen sind, daß der Reichskanzler von sich aus doch nicht den Entschluß fassen würde, den Kaiser zur Abdankung zu bewegen, so mußten wir handeln. Der Kaiser soll angeblich zu Exzellenz Drews gesagt haben: ;Ich weiche nur der Gewalt.' Wenn die Abdankung jetzt nicht erfolgt, so wird in kurzer Zeit die Frage gestellt sein, Republik oder Monarchie. Ich bitte Sie, den ganzen Ernst der Situation zu sehen."

Payer: „Der Herr Reichskanzler hat die durch den Schritt der Sozialdemokraten geschaffene Situation eingehend erwogen und wird den Kaiser um seine Entlassung bitten."

Scheidemann: „Das bedauern wir tief. Der Reichskanzler hat unsere volle Sympathie. Wir haben aber doch das Gefühl, daß er nicht die nötige Entschlossenheit in der Kaiserfrage gezeigt hat."

Payer: „Der Reichskanzler hat den Kaiser über die Lage nicht im unklaren gelassen."

Dann wandte sich Payer mit erregten Worten gegen Scheidemann:

Die Sozialdemokratie sollte sich der ungeheuren Verantwortung bewußt werden, die sie auf sich lädt, indem sie in einer so ernsten Stunde, der ernstesten und schwersten, die Deutschland erlebt hat, solche Forderungen stellt. Der Austritt der Sozialdemokraten würde zum Zusammenbruch der jetzigen Regierung führen. – „Was das Versammlungsverbot anbetrifft, so muß doch alles verboten werden, was provokatorisch wirkt. Wir können doch unmöglich zusehen, wie die revolutionäre Bewegung immer weiter um sich greift. Wenn wir uns passiv verhalten, geht es in Berlin ebenso wie in Hamburg, Hannover usw. Die Versammlungen werden fortgesetzt werden mit immer aufreizenderen Themas, bis wir den Bolschewismus haben." Mit guten Worten könne man die bolschewistische Revolution nicht verhindern. Die Sozialdemokraten sollten auch an ihre Verantwortung vor der Geschichte denken. „Was das Verhalten der unteren Organe betrifft, so muß man sich klar darüber sein, daß eine große Verwaltung in kurzer Zeit nicht geändert werden kann. Man muß nicht jedes kleinste Symptom gleich so schwer nehmen."

Scheidemann verteidigte sich:

„Wir haben uns die größte Mühe gegeben, auf die Massen einzuwirken. Wenn die Massen in der Kaiserfrage in Bewegung gekommen sind, so sind in erster Linie die bürgerlichen Blätter, wie die ‚Frankfurter Zeitung', es gewesen, die hierzu beigetragen haben. Man kann die Massen auch jetzt noch im Zaume halten, wenn man Konzessionen macht. Was auch das Kabinett für Beschlüsse faßt, die preußische Verwaltung pfeift darauf. Wenn Exzellenz v.Payer auf die schwere Verantwortung hinweist, die wir tragen, so muß klargestellt werden, daß die schwerste Verantwortung der Kaiser trägt. Er mußte seit Wochen wissen, was er zu tun hatte. Es gibt wohl niemand im Kabinett, dem nicht ein Stein vom Herzen gefallen wäre, wenn der Kaiser rechtzeitig das Richtige getan hätte. Jetzt gibt man ihm schon die Schuld am Kriege. Wenn er gesagt hat, ich weiche nur der Gewalt, so verschlimmert das die Situation. Es ist nicht zweifelhaft, wie das ausgehen muß. Ich weiß nicht, ob die jungen Soldaten schießen würden, die alten tun es sicher nicht."

Payer, Trimborn und Scheüch verlassen die Sitzung, um mir kurzenBericht zu erstatten und zu fragen, wie ich mich zu einer Aufhebung des Versammlungsverbots stellen würde. Ich schließe mich der Auffassung des Kriegsministers an, daß es aus Gründen des Prestiges und aus technischen Gründen jetzt nicht möglich ist, die Entscheidung des Oberkommandos umzustoßen.

Derweil bricht im Kabinett die ganze Kränkung los, die das Ultimatum bei den bürgerlichen Mitgliedern hervorgerufen hat.

Graf Roedern sagt: „Die Forderung der Sozialdemokratie hinsichtlich der Abdankung des Kaisers und des Kronprinzen ist in der befristeten Form unausführbar. Die Sozialdemokratie hat die historische Verantwortung dafür, daß Deutschland eventuell ohne Regierung an den Verhandlungstisch treten muß."

Haußmann: „Ich bin verletzt über die ganze Art und Weise des sozialdemokratischen Vorgehens. Hierdurch wird unsere Mehrheit gesprengt. Man zerschlägt alles in dem Augenblick, wo man in Preußen reformieren will. Wenn man so schroff vorgehen wollte, warum hat man uns das nicht gesagt."

Scheidemann wird unsicher. „Das lag an dem Zeitmangel; wir haben nachmittags erst die entscheidende Sitzung gehabt. Die Ereignisse überstürzen sich eben. Die Bewegung wächst uns sonst über den Kopf. Ein befristetes Ultimatum war absolut notwendig. Ich kann das, was Graf Roedern sagte, nicht gelten lassen, denn das, was er schilderte, ein regierungsloses Deutschland, tritt dann nicht ein, wenn der Reichskanzler nicht zurücktritt. Es tut uns sehr leid, wenn der Herr Reichskanzler diese Konsequenz ziehen will. Wir konnten aber im Interesse des Reichs nicht anders handeln."

Payer wird immer schärfer: Das sei ein Irrtum. Das Reich könne nur gerettet werden, wenn die Mehrheitsparteien zusammenhalten. Aber das Vorgehen der Sozialdemokraten mache jedem, der etwas auf sich hält, das Zusammenarbeiten mit ihnen beinahe unmöglich. „So kann man unter gebildeten Menschen nicht verhandeln. Wie Exzellenz Scheidemann sich das vorstellt, nämlich auf telephonischem Wege die Abdankung bis morgen herbeizuführen, das ist doch ausgeschlossen. Ich würde ein solches Ansinnen an Stelle des Reichskanzlers auch ablehnen."

Solf warnt vor den Wirkungen auf das Ausland, die mein Rücktritt haben würde. Es werde überall heißen, der Prinz glaubt selbst nicht mehr an die Zukunft Deutschlands. Solf macht den Vermittlungsvorschlag, drei Tage Frist zu geben, bis der Waffenstillstand formell abgeschlossen ist.

Scheidemann will alles tun, um meinen Rücktritt zu vermeiden. „Die Regierung braucht nicht zusammenzubrechen, wenn der Reichskanzler bleibt, unsere Überzeugung ist, es tritt ein revolutionärer Zusammenbruch Deutschlands ein, wenn der Kaiser nicht sofort abdankt."

Nun folgten die denkwürdigen Worte:

„Dankt er ab, so glauben wir die Garantie übernehmen zu können, daß die Entwicklung sich günstig gestalten wird. Wir sind bis heute unseren Zusagen treu geblieben, wir haben unseren Ruf auf das Spiel gesetzt."

Und dann kam das erschütternde Eingeständnis:

„Ich muß mich aber dem fügen, was in der Partei beschlossen wird. Warum soll der Prinz Konsequenzen ziehen? Er darf das nicht tun. Er muß bleiben."

Graf Roedern: „Was soll der Reichskanzler tun? Sind Sie bereit, die angedrohten Konsequenzen nicht zu ziehen, bis der Waffenstillstandsvertrag unterschrieben ist?"
Scheidemann antwortete: „Ich mache folgenden Vorschlag:

Sofortige Mitteilung des Tatbestandes an den Kaiser.
Weder der Reichskanzler noch wir ziehen die äußersten Konsequenzen, bis der Waffenstillstand abgeschlossen ist. Ich will versuchen, diesen Vorschlag in meiner Fraktion durchzusetzen, kann aber nicht für den Erfolg garantieren."

Payer, Roedern und Solf kommen zu mir und dringen in mich, mein Rücktrittsgesuch zurückzunehmen.
Ich sage den Herren, daß ich nicht meinem innersten-Gefühl zuwiderhandeln könne, und setze die folgende Erklärung auf, damit sie Payer im Kabinett verlese:

„Ich habe meine Stellung zu der Frage der Abdankung Seiner Majestät des Kaisers durch meine Erklärung vom 31. Oktober 1918 dem Kriegskabinett zur Kenntnis gebracht.
„Ich habe seitdem weitere Schritte unternommen, Seine Majestät den Kaiser über die Lage aufzuklären. Ich hatte die Absicht, heute abend ins Große Hauptquartier zu fahren, um Seine Majestät den Kaiser persönlich zu unterrichten, und habe diese Absicht dem Herrn Abgeordneten Ebert heute vormittag mitgeteilt.
„Nachdem nun aber seitens der Sozialdemokratischen Partei ein Ultimatum gerichtet worden ist, das die Abdankung des Kaisers innerhalb 24 Stunden fordert, ist es mir völlig unmöglich, mein Amt weiterhin zu behalten, und habe ich deshalb um meine Entlassung an Seine Majestät den Kaiser telegraphiert.

„Ich halte es aber für meine Pflicht, es in dieser Stunde auszusprechen, daß ich den Schritt der Sozialdemokratischen Partei sehr bedaure. In einem Augenblick, in dem über die Waffenruhe mit unseren Feinden verhandelt wird und der ersehnte Frieden zu erwarten ist, reißt dieser Beschluß der Sozialdemokratischen Partei Deutschland mitten entzwei.

„Ich habe das Amt eines Reichskanzlers übernommen, weil mein Name im Ausland einen versöhnenden Klang hatte und ich diese Eigenschaft dem deutschen Vaterland zur Verfügung stellen wollte. Sollte es mir gelungen sein, mit dazu beizutragen, daß Waffenruhe und Waffenstillstand herbeigeführt worden sind, so scheide ich aus dem Amt mit tiefster Dankbarkeit und dem Bewußtsein, nicht umsonst gekämpft zu haben."

Als Payer diese Erklärung im Kabinett verlesen hatte, sagte Scheidemann:

„Ich bedaure den Schritt des Reichskanzlers außerordentlich. Wir haben uns die Sache reiflich überlegt. Hier ist aber die Entscheidung in fünf Minuten gefallen. Ich habe den dringenden Wunsch, daß aus der Sache nichts wird. Ich habe inzwischen den Abgeordneten Ebert gesprochen. Er hat mir mitgeteilt, daß unsere Forderungen auf die Arbeiterschaft außerordentlich beruhigend gewirkt haben. Sie haben versprochen, nichts zu unternehmen, bis die Entscheidung gefallen ist. Sie, meine Herren, und der Herr Reichskanzler müssen doch einsehen, daß wir alles getan haben, was wir konnten, um die Massen bei der Stange zu halten." [173]

An diesem Abend empfing ich den Oberkommandierenden in den Marken in Gegenwart des Kriegsministers. In Berlin war noch alles ruhig. 1500 Matrosen hatten die Durchfahrt bei Neustadt a. d. Dosse erzwungen – nur 300 trafen auf dem Lehrter Bahnhof ein und wurden sofort verhaftet. Da am Nachmittag Meldungen eingegangen waren, daß nicht nur von

---

[173] Neben dem Protokoll der Reichskanzlei sind die an einigen Stellen ausführlicheren Notizen C. Haußmanns verwendet worden.

Hamburg und Hannover, sondern auch von allen anderen Seiten verdächtige Elemente – Soldaten und Zivilisten – versuchten, Berlin zu erreichen, war heute von den Militärbehörden die Einstellung des gesamten Personenverkehrs von und nach Berlin angeordnet worden. Mit Bestimmtheit bejahte Linsingen die Frage, ob er unter allen Umständen sicher sei, Berlin halten zu können. Er habe nicht viele, aber ganz gute Truppen. Er würde allerdings unter Umständen scharf zufassen, auch Artillerie verwenden müssen. Beschränkungen wurden ihm von mir in keiner Weise auferlegt. Auch Scheüch sah die Lage in Berlin zuversichtlich an, er vertraute besonders auf die 4. Jäger. Ich hielt mich an die Versicherungen der Militärs, aber war mir bewußt, daß wir uns auf die Alternative einstellen mußten: entweder die Truppe kämpft gegen einen bolschewistischen Putsch und wird moralisch unterstützt von den Mehrheitssozialdemokraten und den Massen, die hinter ihnen stehen; oder die Truppe wird gegen eine gewaltige Volksbewegung angesetzt, die den Kaiser zur Abdankung treiben will.

Im ersten Fall würde man Aufstände niederschlagen, im zweiten einen Bürgerkrieg führen müssen. Ich merkte an meinem eigenen Unwillen, wie nahe die Versuchung war, jetzt in Kampfesstellung gegen die Sozialdemokraten zu treten, und habe es daher für richtig gehalten, noch spät am Abend die folgende Warnung meinem Entlassungsgesuch nachzusenden:

„Berlin, 7. November 1918.
Ankunft 8. November.
Der Reichskanzler an Freiherrn v. Grünau.
Für Seine Majestät den Kaiser und König.
 Zu der Lage, die durch das Vorgehen der Sozialdemokratie geschaffen worden ist, wage ich Eurer Majestät folgendes vorzutragen:
 Eine Thronentsagung Eurer Majestät und ein Thronverzicht Seiner Kaiserlichen und Königlichen Hoheit des Kronprinzen, die unter dem Druck der Sozialdemokratie erfolgen – beide werden in dem heute abend verbreiteten Flugblatt der Partei bis Freitag mittag gefordert –, hielt ich für eine so schwere Gefährdung der Dynastie und des Reichsgedankens, daß es mein ganzes Bestreben war, sie durch meine Schritte bei Eurer Majestät und im Kriegskabinett abzuwenden. Für eine noch größere Gefahr aber halte ich eine Regierung ohne oder gegen die Sozialdemokratie, sie wäre jetzt nur in Form einer Militärdiktatur möglich, die unvermeidlich in blutigem Bürgerkrieg und in der

Zerstörung des deutschen Volkskörpers durch den Bolschewismus enden müßte. Schon der Versuch, sie durchzuführen, würde scheitern, da die Truppen größtenteils zu den Aufrührern übergehen würden. Ich halte es daher für meine Pflicht, Eurer Majestät von einem solchen Schritt mit aller Eindringlichkeit abzuraten.
Alleruntertänigst
Reichskanzler Prinz Max von Baden."

Ich habe die Nacht vergehen lassen, ehe ich jenen ergänzenden Vorschlag folgen ließ, der der Krone noch einen Rest von Würde und Initiative retten und gleichzeitig den Sozialdemokraten ermöglichen wollte, in der Regierung zu bleiben.

Für die Entschließungen Seiner Majestät mußte die Erwägung maßgebend sein: bewahre ich durch mein Opfer das Land vor dem Umsturz? Mit anderen Worten: was ist die Garantie der Sozialdemokraten wert?

Scheidemann hatte eben erst wieder im Kabinett feierlich versprochen: wir halten die Massen im Zaum, wenn der Kaiser abdankt. Ich war gewiß skeptisch gegen seine Zusagen geworden, auch hatte er sich während der Kabinettssitzung in Widersprüche verwickelt, bei denen es schwer wurde, an eine unbedingte bona fides zu glauben. Scheidemann war – das ließ er sich entschlüpfen – über mein Gespräch mit Ebert informiert worden und begründete trotzdem das Ultimatum der Sozialdemokraten damit, daß „der Kanzler doch nicht von sich aus den Entschluß fassen würde, den Kaiser zur Abdankung zu bewegen". Hier stimmte etwas nicht!

Aber mein Vertrauen zu Ebert hielt stand. Der Mann war entschlossen, sich mit seiner ganzen ungebrochenen Autorität der Revolution entgegenzustemmen. Ich legte mir in dieser Nacht den Hergang folgendermaßen zurecht: Die Worte, die man dem Kaiser zuschrieb, „ich weiche nur der Gewalt", hatten weitergearbeitet. Scheidemanns Temperament, immer schwer zu zügeln, wenn er Revolutionsluft witterte, war aufgeschreckt worden durch die Nachrichten aus dem Lande, durch militärische Maßnahmen auf dem Lehrter Bahnhof, überhaupt durch die ganze Spannung, die über Berlin lag.

Eberts vertrauliche Eröffnung wird bei ihm nicht Beruhigung, sondern Kränkung hervorgerufen haben, vielleicht sogar den Wunsch: nicht der

Prinz, sondern die Partei soll es sein, die den Kaiser zur Abdankung bringt. Ausschlaggebend aber war sicher das Gefühl: wir haben die Massen verloren, wenn wir nicht sofort etwas in ihrem Geiste unternehmen, unter seinem Einfluß wird dann wohl auch Ebert der Panik erlegen sein, und er griff nach der revolutionären Geste, um die Revolution zu verhüten.

Ich habe in dieser Nacht manchen Zweifel niederhalten müssen, aber aus allen Überlegungen löste sich immer wieder die Gewißheit heraus:

Wir haben keine Wahl, sondern müssen an der Hoffnung auf die Mehrheitssozialdemokraten festhalten.

Dreizehntes Kapitel

Der 8. November

Am Morgen des 8. November lagen die folgenden Revolutionsnachrichten vor: Braunschweig rot am 7. abends; in der Nacht: München rot, das Kriegsministerium vom Arbeiter- und Soldatenrat besetzt. Die Republik ist ausgerufen, die Abdankung des Königs wird bis 12 Uhr mittags gefordert. In Stuttgart hat der Arbeiter- und`1405880 Soldatenrat die Herrschaft an sich gerissen. Das Gouvernement Köln verhandelt mit Arbeiter- und Soldatenräten. In der Nacht ist bei Paulinenaue ein Matrosenzug entgleist, die Matrosen haben den Fußmarsch auf Berlin angetreten.

Die Meldungen aus Bayern waren die bösesten. Hier loderte ein neuer Herd auf, ohne Verbindung mit dem alten; – ein Zeichen, daß die Infektion im ganzen Volkskörper kreiste.

Das Hauptquartier wird von Haeften über das Umsichgreifen der Bewegung fortlaufend orientiert.

Mir ging von nahestehender Seite die folgende Warnung zu:

„Es ist nicht mehr zu vermeiden, daß sich die Putsche über das ganze Land ausbreiten werden ... Die ungeheure Ansteckungsgefahr liegt in der Tatsache, daß die Aufruhrbewegung in Hamburg und Kiel erfolgreich gewesen ist. Wir müssen uns auf einen Bürgerkrieg gefaßt machen. Die Frage ist heute: Wer soll ihn gewinnen?

Es unterliegt keinem Zweifel, daß der Bolschewismus zunächst im ganzen Lande die Oberhand gewinnen wird, es sei denn, daß es gelingt, der Volksregierung eine treue Truppe zur Verfügung zu stellen. Das ist ausgeschlossen, solange die Kaiserfrage nicht ihre Erledigung gefunden hat. Die Massensuggestion: Der Kaiser ist schuld! schafft Berührungspunkte zwischen den Truppen, die die Aufständischen bekämpfen sollen, und den Aufständischen selbst. Wir werden überall das Überlaufen erleben, auch von Truppen, deren Treue an der Front erprobt ist.

Die Majoritätssozialisten haben durch ihr Ultimatum unbesonnen gehandelt; tatsächlich aber sind sie nicht in der Lage, länger in der Regierung zu bleiben, wenn die Kaiserfrage nicht erledigt wird. Bleibt der Kaiser, so müssen sich heute die Mehrheitssozialisten der revolutionären Bewegung anschließen, sollen nicht die Unabhängigen und die Spartakusgruppe Alleinherrscher bei den Massen bleiben.

Andererseits ist bei Lösung der Kaiserfrage die Sicherheit gegeben, daß die Mehrheitssozialisten sich mit ihrer ganzen Organisation und Werbekraft in den Dienst der Bekämpfung des Bolschewismus stellen."

Ich ließ nunmehr meinen positiven Vorschlag an den Kaiser telephonieren:

Berlin, den 8. November 1918.
„Der Reichskanzler bittet, folgende Erwägungen zur Lage Seiner Majestät sogleich vorzutragen:

„Um die alte Sozialdemokratische Partei regierungsfähig zu erhalten und den Übergang der Massen in das radikale Lager zu verhindern, muß man den Unabhängigen und der Spartakusgruppe das Schlagwort aus der Hand winden, dessen Massensuggestion nach Bekanntwerden der Waffenstillstandsbedingungen an Gewalt noch wachsen wird, wie sie schon gewachsen ist nach Bekanntwerden der erschwerenden Auslegung der Wilsonschen Punkte.

„Dabei rate ich aber, nicht das sozialdemokratische Ultimatum anzunehmen, sondern den monarchischen Gedanken durch eine demokratischere Lösung zu retten, als das Ultimatum sie enthält:

„ Seine Majestät würden unverzüglich Ihren festen Willen aussprechen, abzudanken, sobald der Stand der Waffenstillstandsverhandlungen die Ausschreibung von Neuwahlen für eine Verfassunggebende Nationalversammlung gestattet, der die endgültige Neugestaltung der Staatsform des deutschen Volkes einschließlich der bisher in das Reich nicht aufgenommenen Volksteile zufallen würde. Diese Nationalversammlung würde dann zu den Verfassungsfragen Stellung nehmen, die mit der Thronentsagung zusammenhängen. Bis dahin würden Seine Majestät einen Stellvertreter bestellen.

„Die vorgeschlagene Lösung scheint mir die folgenden Vorteile zu bieten:
„1. Die Krone kapituliert nicht vor der Sozialdemokratie, sondern sie zwingt die Sozialdemokratie, vor der Krone zu kapitulieren.

„2. Die Frage des Thronverzichts Seiner Kaiserlichen und Königlichen Hoheit des Kronprinzen und damit die Frage der Regentschaft wird vertagt.

„3. Der monarchische Gedanke hat bei den Neuwahlen den Vorsprung vor dem republikanischen, weil die Initiative zur Neuwahl und damit zur Feststellung des Volkswillens von der Krone ausgeht.

„4. Die Stimmung der Massen, die zum Kampfe drängt, wird von gesetzlosen in legale Bahnen, von der Straße in die Wahllokale abgeleitet. Damit wächst für die ruhige Bevölkerung die Möglichkeit der Gegenwirkung. Die Wahlparole für die Monarchisten wäre günstig, da die Republikaner durch das Ultimatum ins Unrecht gesetzt sind.

„Inzwischen hat sich die Lage im Reiche weiter verschärft. Aus München wird gemeldet, daß das Kriegsministerium vom Arbeiter- und Soldatenrat besetzt ist, der die Stadt ganz in der Hand hat. Die Republik ist ausgerufen, die Abdankung des Königs bis 12 Uhr gefordert. In Stuttgart hat ebenfalls Arbeiter- und Soldatenrat die Herrschaft an sich gerissen und Abdankung des Königs bis 1 Uhr 30 gefordert.

Wahnschaffe

Um 10 Uhr hatte sich das Kabinett unter dem Vorsitz Payers versammelt. General Scheüch berichtete über die militärische Situation in Berlin. Er hielt an seiner zuversichtlichen Beurteilung fest. Der Personenverkehr war mit Ausnahme der Strecken nach Hannover und Hamburg wieder freigegeben worden.

Am Bahnhof Putlitzstraße hätten sich Soldaten mit roten Schleifen angesammelt und als rote Garde ausgegeben. Am Lehrter Bahnhof seien Truppen mit Maschinengewehren bereitgestellt worden gegen bewaffnete Meuterer, die erwartet wurden. Es träfen unausgesetzt Matrosen in Berlin ein, diese würden aufgegriffen und festgehalten.

Ritter v. Mann erklärte, die Leute dann wieder auf die Schiffe zurückbringen zu wollen. Er äußerte sich zufrieden über den Ausgang seiner Besprechung mit den zwanzig Matrosen. Diese reisten heute noch nach Kiel zurück; er hoffe, das dritte Geschwader wieder zusammenzubekommen. In Kiel sei Noske Herr der Lage. Er wolle jetzt auf den Schiffen herumfahren und glaube, die Ruhe überall aufrechterhalten zu können.

Solf macht Mitteilungen, die ihm vertraulich über die Pläne der Bolschewiki zugegangen sind und darüber, wie sie selbst ihre Erfolge in den einzelnen Ländern einschätzen. In Deutschland soll im Dezember mit Terror vorgegangen werden; Tirpitz und Scheidemann stehen auf der Proskriptionsliste. Er bietet Scheidemann an, ihn mit seinem Gewährsmann zusammenzubringen.

Scheidemann glaubt nicht viel Neues hören zu können, dank eigener guter Verbindungen. Er ist heute hochgestimmt. Alle seine Nachrichten besagen, wie stark das Ultimatum bei den Massen eingeschlagen hat. Er spricht, als ob die Mehrheitssozialdemokraten das Rennen mit den Unabhängigen gewinnen würden. Die eine Sorge habe er: die Truppen möchten als Banden nach der Heimat zurückkehren, – und dann kam ein großes Wort, das später wahr geworden ist:

Meine Partei wird dafür sorgen, daß Deutschland vom Bolschewismus verschont bleibt.

An diesem Morgen regten sich Hoffnungen in der Reichskanzlei. Wir standen unter dem Eindruck der wiedererstarkenden Macht der Mehrheitssozialdemokratie. Ebert hatte nach den Zügeln gegriffen und würde die Herrschaft über die Massen behalten, wenn der Kaiser abdankte. Ein paar Stunden meinten wir: der Kaiser wird es tun. Ich glaubte an das Schwergewicht meiner Gründe, mehr noch an die Überzeugungskraft der Tatsachen, die in furchtbarer Folge aus allen Teilen des Landes gemeldet wurden. Der Kaiser konnte eigentlich nicht anders, er mußte den einzigen Ausweg wählen, der sich ihm öffnete. Seine Lage war wahrhaft tragisch. Aber in dem Ruf: Deutsch-Österreich soll heimkehren, wir wählen eine Verfassunggebende Nationalversammlung – darin lag etwas, das aufrichten konnte, nicht nur unsere arme, um den Sieg betrogene, in den eigenen Grenzen bedrohte Nation, sondern auch denjenigen, der als erster diesen Ruf anstimmen würde – den abdankenden Kaiser.

Payer drang erneut in mich mit starken Gründen, ich dürfe und müsse Kanzler bleiben, wenn der Kaiser abdanke. Wenn ich ginge, dann wollte der Vizekanzler auch gehen.

Meine Umgebung redete auf mich ein: meine Mission sei erst nach Friedensschluß zu Ende. Wenn der Kaiser das Opfer bringe, dann werde sich die alte Majorität erneut zusammenfinden, und ich könne dann wieder die Regierung übernehmen. Ja mehr als das: Nach der Ankündigung der Verfassunggebenden Nationalversammlung sei für den Kanzler der Weg frei, den Führergedanken wieder aufzurichten und die Regierung so neu zu bilden, daß aus ihr ein arbeitsfähiges Instrument würde. Wir machten Pläne, wie das Kriegskabinett – der Sowjet, wie wir es nannten – nach Hause zu schicken sei und die kollegialen Arbeitsmethoden endgültig verlassen werden könnten, die so oft die Exekutive lähmten. Es könnten unbedenklich mehr Sozialdemokraten in die Regierung aufgenommen werden, aber vielleicht andere, die weniger das Rednertalent als ihre solide Tüchtigkeit emporgetragen hätte. Wir dachten an Noske. Allerhand Kombinationen tauchten auf: ich berief auf jeden Fall Rantzau telegraphisch nach Berlin und schlug ihn in Spa als meinen Nachfolger vor. Aber Simons hielt bereits an diesem Tage Ebert für den gegebenen Reichskanzler. Er glaubte nicht, daß ich schon völlig ausscheiden dürfe; bis zum Friedensschluß, den mir nahe wähnten, hielt er es für das beste, wenn der Kaiser mich zu seinem Stellvertreter ernennen würde.

Man kann im Lichte der nachfolgenden Ereignisse alle diese Stimmungen und Erwägungen als „Euphorie" abtun. Ich aber halte heute noch daran fest: wenn der Kaiser den rettenden Weg gegangen wäre, den ich ihm wies – vor dem 8. abends, ja bis zum 9. früh, ehe die Massen auf der Straße waren –, dann hätten wir keine Revolution erlebt, auch keine Räterepublik, keinen Kapp-Putsch und keinen Erzberger-Mord. Es wäre mir vergönnt gewesen, Deutschland als Rechtsstaat in den Frieden hineinzuführen. Die Errungenschaften der Oktoberregierung wären erhalten geblieben, der Weg der Reformen wäre weiter beschritten worden in organischer Verbindung mit der Vergangenheit, ohne Millionen zu verbittern und in ihrer Überzeugung zu vergewaltigen. Dann ständen sich heute nicht zwei Deutschland scheinbar unversöhnlich gegenüber, die zu verschiedenen Fahnen schwören.

Um Mittag traf der folgende Bescheid aus dem Hauptquartier ein:

„Großes Hauptquartier, den 8. November 1918.
„Euerer Großherzoglichen Hoheit beide Telegramme über die innere Lage habe ich erhalten. Ich behalte mir eine Entschließung über das Abschiedsgesuch Euerer Hoheit vor, bis der Waffenstillstand abgeschlossen und Waffenruhe eingetreten ist. Weitere Entschließungen werden sich aus der alsdann herrschenden Situation ergeben. Bis dahin bitte ich jedenfalls Euere Hoheit, wie bisher Ihr Amt zu führen.
Wilhelm I. R."

Grünau war deutlicher:

„Seine Majestät hat es völlig abgelehnt, auf die Vorschläge Euerer Großherzoglichen Hoheit in der Thronfrage einzugehen, und hält es nach wie vor für Seine Pflicht, auf Seinem Posten zu bleiben.
Grünau."

Wir haben noch alles und jedes versucht, um die Wahrheit an den Kaiser heranzubringen. Wahnschaffe trat immer wieder in Verbindung mit der Umgebung Seiner Majestät. Auch Gröner wurde angerufen, lehnte aber nach wie vor jede Mitwirkung ab. Unerträglich war der Gedanke: Wir können nur deshalb nicht überzeugen, weil der Kaiser in Spa ist.

Am frühen Nachmittag erhielt ich die Nachricht: die Mehrheitssozialdemokraten, nicht die Unabhängigen, werden es sein, die die Massen morgen auf die Straße treiben.

Die Reichskanzlei wird mit Vorschlägen bestürmt: sie gehen fast sämtlich von der Voraussetzung aus, daß es eine nationale Katastrophe wäre, wenn die Sozialdemokraten in die Opposition gingen. Ein Kompromißgedanke wird von der Vaterlandspartei an mich herangebracht: der Kaiser solle seine Abdankung von einer Volksabstimmung abhängig machen.

Am Nachmittag beschäftigte sich der Interfraktionelle Ausschuß mit der durch das Ultimatum geschaffenen Lage. Die Empörung über das Vorgehen der Sozialdemokraten, so berichtete mir Haußmann,[174] kam wiederholt zum Durchbruch. Aber Ebert war keineswegs in die Defensive gedrängt wie gestern Scheidemann.

„Sie sollten uns dankbar sein, daß wir gehandelt haben; die Soldaten haben sich überall ergeben. Wir konnten nur mit der Fristsetzung beruhigen. Wir waren uns von vornherein der Schwierigkeiten bewußt, die das Ultimatum schuf."

Von beiden Seiten war der gute Wille vorhanden, einen Bruch innerhalb der Majorität zu vermeiden. Der alte Zentrumsabgeordnete Herold sprach sich im Namen seiner Partei für die Abdankung aus, weil anders die Sozialdemokraten nicht glaubten, die revolutionäre Bewegung eindämmen zu können. Ein Antrag Gotheins lag vor:

Angesichts der ganzen politischen Entwicklung hält der Ausschuß der Mehrheitsparteien den freiwilligen Rücktritt des Kaisers und Einsetzung

---

[174] Vgl. Haußmann, a. a. O., S. 268 f.

einer Regentschaft für seinen Enkel für den größten, dem Staat zu leistenden Dienst, für den das deutsche Volk in seiner großen Mehrheit dankbar sein würde.

Haußmann schlug einen Zusatz vor: „Das Entscheidende ist der Abfall des Militärs." Der Antrag Gothein entsprach der Auffassung der großen Mehrheit, und fand nur aus Gründen des Takts keine Annahme.[175] Stresemann wollte seiner Fraktion nicht vorgreifen, der nationalliberale Vertreter im Kabinett würde Instruktionen erhalten. Die Sozialdemokraten sprachen die Hoffnung aus, daß man es ihnen möglich machen würde, in der Regierung zu bleiben. Landsberg gab eine Erklärung ab, von deren bona fides ich auch heute noch überzeugt bin:

„Wir denken nicht daran, die Republik einzuführen, weil wir zwar Republikaner, aber auch Demokraten sind, und nicht die Ansicht einer Minderheit der Mehrheit aufdrängen wollen."

Ich erfahre, daß Ebert die Frist bis zum Sonnabend Vormittag (9.November) verlängert und am 8. November einen Aufruf an die Arbeiter erlassen hat, darin er sie beschwört, noch wenige Stunden Geduld zu haben.

„Arbeiter! Parteigenossen!
Ein Teil der gestern von uns aufgestellten Forderungen ist von der Regierung und den Mehrheitsparteien erfüllt worden. Das gleiche Wahlrecht für Preußen und alle Bundesstaaten auf Grundlage der Verhältniswahl soll ohne Verzug durch Reichsgesetz eingeführt werden. Die sofortige Parlamentarisierung der preußischen Regierung ist gesichert, ebenso die Verstärkung des sozialdemokratischen Einflusses in der Reichsregierung. Die Einberufungen zum Militär sind rückgängig gemacht.

Noch nicht erledigt ist die Kaiserfrage. Unsere Forderung auf sofortigen

---

[175] Haußmann, a. a. O., S. 269: Herold sprach für die Fraktion, als er sagte: „Wir sind mit dem Antrag Gothein einverstanden, nur soll er nicht veröffentlicht werden." Gröber: „Ich bin mit dem Antrag Gothein nicht einverstanden, ich war nicht in der Fraktion." Trimborn: „Ich kann mich in diesem Augenblick nicht für den Antrag aussprechen." Stresemann: „Wir wollen unseren Beschluß unserem Vertreter im Reichskabinett mitteilen." Gothein zieht seinen Antrag zurück, damit er nicht an die Öffentlichkeit als Beschluß komme.

Rücktritt des Kaisers und Verzicht des Kronprinzen wurde aufgestellt unter der Voraussetzung, daß der Waffenstillstand heute mittag abgeschlossen sein würde. Diese Voraussetzung hat sich nicht erfüllt, weil die deutsche Delegation infolge äußerer Hindernisse heute vormittag im feindlichen Hauptquartier nicht eintreffen konnte.[176] Der Abschluß des Waffenstillstandes würde aber gefährdet durch unseren Austritt aus der Regierung. Deshalb haben Parteivorstand und Reichstagsfraktion die gestellte Frist bis zum Abschluß des Waffenstillstandes verlängert, um erst das Aufhören des Blutvergießens und die Sicherung des Friedensschlusses herbeizuführen.

Sonnabend Vormittag treten die Vertrauensmänner der Arbeiter erneut zusammen. Arbeiter, Parteigenossen! Es handelt sich also nur um einen Aufschub von wenigen Stunden. Eure Kraft und Eure Entschlossenheit verträgt diesen Aufschub."

Im Laufe des Nachmittags reichte der Generaloberst v. Linsingen seine Entlassung ein, verletzt durch eine Einmischung des Kriegsministers. Linsingen hatte der Inspektion der Fliegertruppen Befehl gegeben, Flugzeuge gegen Eisenbahnzüge mit Matrosen anzusetzen, die auf Berlin losführen. Die Inspektion war selbst unsicher und suchte beim Kriegsminister eine erneute Entscheidung nach. General Scheüch entschied gegen Linsingen. Maßgebend war für den Kriegsminister, daß der Kommandierende General der Luftstreitkräfte v.Köppner am 31. Oktober 1918 vor der Verwendung von Flugzeugen gewarnt hatte bei allen Unternehmungen, bei denen es nicht möglich war, Freund und Feind zu unterscheiden.[177] Die Situation war dadurch erschwert, daß die Kabinettsorder,

---

[176] Die erste Begegnung mit Foch fand am Vormittag des 8. November statt.
[177] Militärwochenblatt Nr. 6, 107. Jahrgang (5. August 1922), S. 93 (Spruch eines freiwilligen Ehrengerichts vom 7. Juli 1922 über den Generalleutnant, Kriegsminister a. D. Scheüch): „ ...Die Verwendung von Flugzeugen zur Bekämpfung des Aufruhrs ist von Generalleutnant Scheüch verboten und nur deren Verwendung zur Aufklärung erlaubt worden, und zwar vor seiner Ernennung zum Oberbefehlshaber des Heimatheeres auf Grund seiner Berechtigung als Kriegsminister, Richtlinien für die kampftechnische Verwendung der Waffen zu geben. Maßgebend war hierbei, daß der Kommandierende General der Luftstreitkräfte den Kriegsminister ausdrücklich vor der Verwendung von Flugzeugen im Straßenkampf gewarnt hatte, da der Flieger hierbei Freund und Feind nicht unterscheiden und daher mehr Schaden als Nutzen stiften könne. Desgleichen hat Generalleutnant Scheüch die vom Oberkommando in den Marken befohlene Verwendung von Flugzeugen gegen

welche dem Kriegsminister die übergeordnete Kommandogewalt in der Heimat erteilte, zwar am Nachmittag des 8. November unterzeichnet, aber Linsingen erst am 9. früh bekannt wurde. Der Konflikt der Instanzen war mir nicht recht, am Vorabend einer entscheidenden Kraftprobe.

Ein weiteres böses Symptom wurde mir gemeldet: Helfferich und Radowitz, beide in Uniform, erschienen in der Reichskanzlei und berichteten über ihre Erfahrungen in der Kommandantur, wohin sie vom Oberkommando in den Marken mit vielen anderen zur Zeit nicht eingeteilten Offizieren bestellt worden waren; es sollten besondere Abwehrformationen ins Leben gerufen werden. Die Herren hatten stundenlang gewartet und waren schließlich in ihrer großen Mehrzahl ohne irgendwelche Instruktionen fortgeschickt worden. Nur einige wenige wurden zur Bedienung von Maschinengewehren zurückbehalten.

Ich habe den Kriegsminister mit wachsenden Zweifeln gefragt, wie es mit den Machtverhältnissen bestellt sei. General Scheüch hatte eine sehr ernste Nachricht erhalten: heute abend stand endgültig fest, daß morgen außer drei Jägerbataillonen keine Fronttruppen in Berlin zur Verfügung sein würden. Die 2. Garde-Infanteriedivision war in Herbesthal ausgeladen worden zur Öffnung der Rheinbrücken und Wiedernahme von Köln. Der Kriegsminister hatte schweren Herzens der vollzogenen Tatsache zugestimmt, aber gleichzeitig der Obersten Heeresleitung erklärt, daß es unverantwortlich sei, Berlin ohne infanteristischen Schutz zu lassen.

Im Lande hatte die revolutionäre Bewegung reißende Fortschritte gemacht. Die Nachrichten des Kriegsministeriums lauteten am 8. November:

9 Uhr vormittags: Magdeburg schwere Unruhen. 1 Uhr mittags: Im Bereich des StellvertretendenGeneralkommandos VII. Armeekorps drohen

---

die auf der Fahrt nach Berlin befindlichen Eisenbahnzüge mit meuternden Matrosen verboten, da diese außer den Aufrührern auch zahlreiche friedliche Reisende beförderten. ...Die Verwendung von Panzerkraftwagen zur Bekämpfung des Aufruhrs und zum Anhalten der Eisenbahnzüge ist von Generalleutnant Scheüch ausdrücklich erlaubt worden."

Unruhen auszubrechen. 5 Uhr nachmittags: Halle und Leipzig rot. Abends: Düsseldorf, Haltern, Osnabrück, Lüneburgrot; Magdeburg, Stuttgart, Oldenburg, Braunschweig, Köln rot. 7 Uhr 10 nachmittags: Stellvertretendes Generalkommando XVIII. Armeekorps in Frankfurt a.M. abgesetzt.

In Berlin ist der Unabhängige Däumig vom Oberkommando im Einverständnis mit dem Kriegsminister mitten aus seinen revolutionären Vorbereitungen heraus verhaftet worden. General Scheüch bleibt dabei, daß die Lage in Berlin gehalten werden kann.
 Ich fürchtete, daß auch in Berlin die Truppen sich für den Kaiser nicht schlagen würden.
 Aus dem Hauptquartier wurde kein Anzeichen einer Sinnesänderung gemeldet. So entschloß ich mich in der achten Stunde, Seine Majestät an das Telephon bitten zu lassen. Meinen Adjutanten Herrn v. Prittwitz rief ich in mein Zimmer und gab ihm den Auftrag, anzuhören und niederzuschreiben, was ich zu sagen hatte.

„Was ich Euerer Majestät durch Herrn v. Hintze habe sagen lassen, muß ich als Verwandter wiederholen. Deine Abdankung ist notwendig geworden, um den Bürgerkrieg in Deutschland zu vermeiden und um deine Mission als Friedenskaiser bis zum Schluß zu erfüllen. Das Blutvergießen würde dir zur Last gelegt werden. Eine große Mehrheit glaubt, du seiest schuld an der heutigen Lage. Diese Auffassung ist falsch, aber sie besteht. Wenn jetzt durch deinen Verzicht der Bürgerkrieg und Schlimmeres verhütet wird, so wird dein Name in der Geschichte gesegnet sein. Der Interfraktionelle Ausschuß hat heute gesprochen, aber mir seine Stellungnahme nicht mitgeteilt. Wenn jetzt nichts erfolgt, so wird im Reichstag die Forderung erhoben werden und da durchgehen. Ich habe meine Selbständigkeit gewahrt im Kabinett, seitdem ich die Geschäfte übernommen habe. Heute kann ich meine schützende Hand nicht mehr vor den Träger der Krone halten, nachdem das Ultimatum der Sozialdemokratie erfolgt ist, ein Ultimatum, dem ich bisher ausgewichen bin. Das Verlangen, welches das Ultimatum enthält, wird heute von viel weiteren Kreisen gestellt. Unruhen sind da. Man mag vielleicht in der Lage sein, sie zuerst gewaltsam zu unterdrücken, ist aber einmal Blut geflossen, so wird überall der Schrei nach Rache erklingen. Die Haltung der Truppen ist nicht zuverlässig. In Köln ist die Macht in den Händen des Arbeiter- und Soldatenrates. In Braunschweig weht die rote Flagge auf dem Schloß. In München ist die Republik ausgerufen. In Schwerin tagt ein Arbeiter- und Soldatenrat. Das

Militär hat sich nirgends bewährt. Wir steuern unfehlbar dem Bürgerkrieg zu. Ich habe mich gegen den Gedanken gewehrt, aber die Situation ist heute unhaltbar, die Abdankung würde überall dankbar als befreiende und heilende Tat begrüßt werden.

„Es bestehen zwei Möglichkeiten: 1. Abdankung, Ernennung eines Stellvertreters und Einberufung einer Nationalversammlung. 2. Abdankung, Thronverzicht des Kronprinzen und Regentschaft für den Enkel.

„Das letztere verlangt der Interfraktionelle Ausschuß. Das erstere erscheint mir als das Bessere und bietet alle Chancen für die Monarchie. Welche Schritte auch immer geschehen, sie müssen mit der größten Beschleunigung unternommen werden. Wenn das Opfer erst erfolgt, wenn schon Blut vergossen ist, dann hat es keine heilende Wirkung mehr. Ich habe bislang nur aufklärend gewirkt, aber seit gestern habe ich angesichts der schweren Situation offen sprechen müssen. Falls der Kaiser diesen Schritt tut, kann mit Hilfe der Sozialdemokratie die Situation gehalten werden. Sonst steht Republik und Revolution bevor. Könnte man sich auf die Truppen verlassen, wäre es anders.

„Der Gedanke der Abdankung geht nicht zuerst und allein von der Sozialdemokratie aus, diese hat die Sache nur in die Hand genommen, um die Führung zu behalten.

„Es ist die letzte Stunde. Auch für die Friedensverhandlungen kann die Wirkung der Abdankung ausschlaggebend sein und den Chauvinisten bei der Entente das Wasser abgraben.

„Wenn die Abdankung heute nicht erfolgt, so kann ich nicht mehr mitarbeiten. Auch die deutschen Fürsten können sich nicht mehr vor den Kaiser stellen.

„Dies ist die furchtbare Lage, in der ich offen sprechen muß, ohne etwas zu vertuschen. Man hat mir gesagt, daß dir hinterbracht sei, ich intrigierte gegen dich. Das ist eine Lüge, wie jeder meiner Mitarbeiter beweisen kann. Wenn ich mich nicht vor dich gestellt hätte, so wäre die Frage schon vor acht Tagen akut geworden.

„Mein Rat ergeht heute als Verwandter und deutscher Fürst. Das freiwillige Opfer ist erforderlich, um deinen Namen in der Geschichte zu erhalten."

Seine Majestät bekundete den festen Entschluß, nicht nachzugeben. Er wollte an der Spitze des Heeres die Ordnung in der Heimat wiederherstellen; die nötigen Befehle waren bereits erteilt. Meine Vorschläge wies er entrüstet und heftig zurück. Ich bat den Kaiser, mich sofort zu entlassen und einen neuen Reichskanzler zu ernennen, da ich sein Vertrauen nicht mehr besitze. Der Kaiser lehnte ab mit der Begründung: „Du hast das Waffenstillstandsangebot hinausgegeben, du mußt auch die Bedingungen entgegennehmen."

Ich erklärte mich bereit, noch bis zur Unterzeichnung des Waffenstillstands zu bleiben.

Meinem Gespräch sandte ich die Depesche nach:

„Berlin, den 8. November 1918.

Euere Majestät bitte ich, im Anschluß an meine heutigen Berichte zur Lage auf folgende neueren Ereignisse aufmerksam machen zu dürfen:

Seine Majestät der König von Bayern hat dem Thron entsagt.

Dasselbe hat Seine Königliche Hoheit der Herzog von Braunschweig getan.

Seine Königliche Hoheit der Großherzog von Mecklenburg-Schwerin hat die Forderungen des Arbeiter- und Soldatenrates angenommen.

Das Kabinett, dessen Mitglieder bis gestern in der Mehrzahl gegen die Thronentsagung Euerer Majestät waren, hält heute ganz überwiegend diesen Schritt für das einzige Mittel, um Deutschland vor blutigem Bürgerkrieg zu bewahren.

Exzellenz v. Payer hat mir erklärt, im Falle meines Rücktritts das Amt des Vizekanzlers, das für den Vertrauensmann der Mehrheit geschaffen ist, nicht weiterführen zu können; sämtliche Mitglieder des Kriegskabinetts werden folgen. Die Neubildung einer Regierung ist unmöglich, weil auch nach Ansicht der Zentrumsführer eine arbeitsfähige Mehrheit im Reichstag nicht zu finden ist. Das Reich steht dann ohne Kanzler, ohne Regierung, ohne feste Reichstagsmehrheit verhandlungsunfähig da.

Alleruntertänigst
Max, Prinz von Baden."

Ich hatte keine Hoffnung auf Erfolg. Der Kaiser glaubte fest daran, daß die Fronttruppen zuverlässig sein würden, auch wenn es galt, für seine Person gegen die Heimat zu kämpfen. An diesem Abend konnte ich nichts anderes annehmen, als daß die Oberste Heeresleitung diesen Optimismus teilte, zumal ein erneuter Versuch Payers, die Unterstützung Gröners zu gewinnen, gescheitert war.

Heute weiß ich, daß bereits eine Stunde nach meinem Telephongespräch der Generalfeldmarschall und General Gröner in gemeinsamer Beratung zu dem Ergebnis kamen: die von dem Kaiser am Morgen gegen die Heimat befohlene Operation ist aussichtslos. Das Versagen der Ersatzformationen war es nicht, das diese Einsicht herbeiführte: die Oberste Heeresleitung hatte Kenntnis von einer neuen, alle Berechnungen umstoßenden Tatsache, die auch mir noch verborgen war. „Eine für besonders zuverlässig gehaltene Frontdivision war für die Aufgabe ausgesucht, den Rücken des Großen Hauptquartiers gegen die von Köln bis Aachen vorgekommenen Aufständischen zu decken. Diese Division hatte den Offizieren den Gehorsam gekündigt und sich gegen deren ausdrücklichen Befehl in Bewegung gesetzt, um nach Hause zu marschieren." [178]

---

[178] Zitat aus der in der Presse vom 27. Juli 1919 veröffentlichten Denkschrift: „Die Vorgänge des 9. November 1918", für deren Richtigkeit Hindenburg, Plessen, Hintze, Marschall und Schulenburg die Verantwortung übernehmen. Den Hergang schildert diese Denkschrift wie folgt:
„Seine Majestät war angesichts der offenbar immer mehr zunehmenden revolutionären Bewegung fest entschlossen, nicht nachzugeben, in der klaren Erkenntnis, daß seine Abdankung die Zersetzung von Volk und Heer nach sich ziehen würde, und äußerte am 8. November vormittags beim Vortrage die Absicht, an der Spitzedes Heeres die Ordnung in der Heimat wiederherzustellen. General Gröner erhielt Befehl, diese Operation vorzubereiten.
Am 8. November abends fand hierüber zwischen dem Generalfeldmarschall v. Hindenburg, dem Generaloberst v. Plessen und dem Generalleutnant Gröner eine Besprechung statt. Die Lage hatte sich bis dahin wie folgt entwickelt:
Es waren Nachrichten eingegangen, daß die Arbeiter- und Soldatenräte in den großen Städten, an der Küste, im Westen und im Süden die tatsächliche Gewalt an sich gerissen hätten. Die Rheinlinie und die wegen des nahe bevorstehenden Waffenstillstandes an und hinter diese zurückverlegten großen Magazine aller Art sowie die im Innern gelegenen wichtigeren Bahnknotenpunkte waren im Besitze der Revolutionäre. Die Verpflegungs- und Munitionsbestände beim Feldheere reichten nur noch für einige Tage aus, während die Zufuhr von rückwärts bereits mehrfach, z. B. in Köln und München, verhindert worden war. Die Besatzungstruppen in der Heimat waren fast überall zur Revolution übergegangen, und die dorthin entsandten, von den Kommandobehörden als ganz zuverlässig bezeichneten Truppen waren den bösen Einflüssen der Heimat sofort erlegen. Die Etappenformationen waren völlig verseucht, und auch das Feldheer zeigte Spuren der Zersetzung. Aufgelöste Truppen und zahllose Deserteure bestürmten zu vielen Tausenden in Lüttich und Namur die Eisenbahnen. Eine für besonders zuverlässig gehaltene Division, die für die Aufgabe ausgesucht war, den Rücken des Großen Hauptquartiers gegen die von Köln bis Aachen vorgekommenen Aufständischen zu decken, kündigte den Offizieren den Gehorsam und setzte sich gegen deren ausdrücklichen Befehl in Bewegung, um nach Hause zu marschieren. Für die an anderer Stelle Aachen gegenüberstehenden Landsturmbataillone mußte notgedrungen die Weisung zum Abmarsch gegeben werden, weil die Leute erklärten, daß sie sonst ihren Posten eigenmächtig verlassen würden.

Mir wird es immer ein Rätsel bleiben, warum die Oberste Heeresleitung die Nacht hat verstreichen lassen, ehe sie Alarm schlug. Der Kaiser
mußte sofort, ohne Rücksicht auf seine Nachtruhe, erfahren, daß seine
Weigerung, abzudanken, auf falscher Grundlage baute. Die verzweifelte
Situation der Regierung war in Spa bekannt. Seit 12 Stunden trafen bei-

---

Angesichts dieser Verhältnisse bezeichnete General Gröner den Plan eines
Vormarsches gegen die Heimat als aussichtslos. Bestimmend hierfür war, daß
nicht mehr alle Truppen bereit und geeignet waren, gegen die Revolution in der
Heimat zu kämpfen. Das rasche Herausfinden, Vereinigen und Verwenden
zuverlässiger Truppen hätte außerdem bei ihrer Verteilung auf dem weiten Raum
zwischen dem Kanal und der Schweiz auch da große Schwierigkeiten geboten,
wo sie nicht, was meist der Fall war, gerade in engster Fühlung mit dem Feinde
standen. Darauf, daß die Tätigkeit in der Heimat sich nur auf geringere
Zusammenstöße beschränken würde, konnte nicht mit Sicherheit gerechnet
werden. Vielmehr mußte man auf ernste Kämpfe an der starken Rheinfront, beim
Durchschreiten Deutschlands und in Berlin, also auf einem Weg von rund 600
Kilometer gefaßt sein. Dazu aber hätten den mit geschulten und
wohlbewaffneten Truppen vermischten Aufständischen und den von diesen
besetzten Festungen gegenüber stärkere Formationen gehört, als günstigstenfalls
in der Eile zusammengerafft werden konnten, und erheblich mehr Munition und
Verpflegung, als zur Verfügung stand. Zu dem unvermeidlichen Bürgerkrieg
mußte sich obendrein die Fortführung des blutigen Ringens mit der zweifellos
von Westen nachdringenden Entente gesellen.
Feldmarschall v. Hindenburg schloß sich schweren Herzens dem auf
sorgfältigster Prüfung der Verhältnisse beruhenden Urteil des Generals Gröner
pflichtgemäß an. Ein Erfolg konnte bei den gegebenen Voraussetzungen nicht
erwartet werden, vielmehr mußte jedem verantwortlichen Ratgeber der völlige
Zusammenbruch als Abschluß der ganzen Handlungen zweifellos erscheinen.
Generaloberst v. Plessen vertrat dagegen den Standpunkt, daß es für den Kaiser
und seine Armee ausgeschlossen sei, sich einer Handvoll von Revolutionären zu
fügen. Das Vaterland würde es nicht begreifen, daß dieselbe Armee, die sich vier
Jahre lang die Bewunderung der ganzen Welt erworben habe, jetzt nicht
imstande sein solle, eine Bande ruchloser Matrosen zu überwinden.
Der Feldmarschall und General Gröner mußten bei voller Würdigung der
Empfindungen des Generalobersten bei ihrer Ansicht verbleiben. Dieser schien
über die Lage insofern nicht richtig orientiert zu sein, als er die Stärke der Gegner
unterschätzte und im Heere noch mit einem Geist rechnete, der dort leider nicht
mehr in ausreichendem Maße zu finden war."

nahe ununterbrochen unsere Sturmsignale ein: Wir können die Revolution heute noch aufhalten, morgen nicht. –
Unsere fruchtlosen Versuche wurden fortgesetzt.
Als Wahnschaffe Grünau spät abends bat, Seine Majestät sogleich von dem Inhalt meiner Depesche zu verständigen, lehnte Grünau ab. Es würde völlig zwecklos sein, jetzt noch den Kaiser zu stören, der sich schon zur Ruhe begeben habe. Telephonisch oder durch Mittelsperson könne die weittragende Entscheidung nicht herbeigeführt werden. Grünau drängte auf Entsendung verantwortlicher Persönlichkeiten. Ich griff diesen Vorschlag auf und rief Solf und Waldow herbei. Solf war bereit, zu reisen, und zwar noch heute nacht, Waldow wollte die Mission nicht übernehmen. Er sagte zu Wahnschaffe: „Wenn der Kaiser seine Armee hinter sich hat, soll er um seine Krone bis aufs Letzte kämpfen. Wenn er sie nicht mehr hinter sich hat, dann wäre es Wahnsinn. Aber das kann allein vom Kaiser und seinen militärischen Ratgebern beurteilt werden." Ehe wir nach einem Ersatz suchten, telephonierte Wahnschaffe mit den sozialdemokratischen Parteiführern und erkundigte sich nach den Fristen, zu denen sie sich ihrer Gefolgschaft gegenüber verpflichtet hatten.

Scheidemann ermutigte uns, die Reise der Herren ins Werk zu setzen, Ebert aber schien seiner Sache unbedingt sicher zu sein, als er sagte:

„Die Abordnung wird in Spa erst eintreffen, nachdem die Würfel schon gefallen sind. Die Entscheidung des Kaisers könne nur wirken, wenn sie bis morgen früh um 9 Uhr da wäre, das sei der allerspäteste Termin."

Noch deutlicher hatte er sich am selben Abend einem hohen Beamten gegenüber ausgesprochen, den er in der Wilhelmstraße traf:

Der Parteivorstand hat die Parole ausgegeben: Wenn morgen früh in den Zeitungen die Abdankung steht, dann sollten die Arbeiter in den Betrieben bleiben und weiterarbeiten. Andernfalls sollten sie auf die Straße gehen und auf den verabredeten Plätzen große Demonstrationen veranstalten.

Eberts Auskunft ist noch in der Nacht telephonisch nach Spa mitgeteilt worden.

Die Reise der Minister unterblieb.[179]

Schließlich legte sich das drückende Gefühl der Ohnmacht über uns: wir können jetzt nur dem Unheil freien Lauf lassen.

Da wurde ich, kurz ehe ich mich zurückzog, zu einem Unternehmen gedrängt, das vielleicht doch noch das Schicksal meistern würde. Ich schreckte zurück – habe mich aber seitdem oft gefragt, ob ich recht daran tat, mich zu versagen.

Der Reichskanzler sollte noch heute nacht die Mitteilung an die Presse geben: „Ich habe mich von der Notwendigkeit der Abdankung überzeugt – habe sie gefordert und werde sie durchsetzen. Bis zum Waffenstillstand muß das Volk Geduld haben." – Das Volk, so sagte man mir, verlange nach einer Führertat. Durch eine solche Ankündigung würde ich gleichzeitig die Entscheidung des Kaisers erzwingen und die Arbeiter und Soldaten im Zaum halten. Mit einem Aufschub von vierundzwanzig Stunden sei alles gewonnen.

Es war deutlich: hier wurde mir ein Staatsstreich angesonnen – ich antwortete, daß ich nichts gegen den Kaiser unternehmen würde.

---

[179] Staatssekretär Solf telegraphierte an den Kaiser:
„Berlin, den 8. November 1918.
Euerer Majestät unterbreite ich alleruntertänigst, daß die Teilnahme der Mehrheit der Sozialisten die unerläßliche Voraussetzung für die Fortsetzung des Friedenswerkes ist. Die Sozialisten scheiden bei der Nichtberücksichtigung ihres Ultimatums sofort aus der Regierung aus. Dann bleibt nur die Militärdiktatur. Jedenfalls hört die Regierung auf, für die Entente verhandlungsfähig zu sein. Unter solchen Umständen werden die Feindseligkeiten durch die Entente fortgesetzt werden.
Eine Einflußnahme auf die Sozialisten zur Zurücknahme ihres Entschlusses ist vergeblich versucht und schlechterdings unmöglich. Die Mehrheit der Sozialisten können und wollen den Unabhängigen und der Spartakusgruppe die Alleinherrschaft über die Massen nicht lassen.
Von Euerer Majestät sofortigem Entschluß hängt es einzig und allein ab, ob der Bürgerkrieg zu vermeiden ist. Ich bitte daher Euere Majestät in aller Ehrfurcht, durch das höchste Opfer dem Reich den Frieden zu bringen, der allein es retten kann."

Vierzehntes Kapitel

Der 9. November

Am Morgen des 9. November[180] wissen wir, daß die revolutionäre Welle im Lande weiter steigt, offenbar unaufhaltsam. Die lokalen Nachrichten aber scheinen zu ergeben, daß Berlin bis jetzt fest in unserer Hand ist. Auch das Gebiet östlich Berlins ist noch ruhig. Die Eisenbahnabsperrung der Hauptstadt ist jetzt mit Erfolg durchgeführt. „Die drei zuverlässigen Jägerbataillone liegen eines im Schloß, eines in der Alexanderkaserne und eines an den Brücken im Zentrum:" Auf die drei Bataillone glaubt man sich unbedingt verlassen zu können, besonders auf die Naumburger Jäger. Der Kriegsminister hat noch Zutrauen. „Wir in Berlin sind jetzt wie in einer belagerten Festung; alles kommt darauf an, daß wir Berlin halten. Solange das gelingt, ist nichts verloren, die Armee muß uns entsetzen."

In der Nacht haben auch die Unabhängigen zum Generalstreik aufgerufen. Sie nehmen die Verhaftung Däumigs zum Anlaß. Ihr Ziel ist weit gesteckt:

„Wir fordern nicht die Abdankung einer Person, wir fordern die Republik."

Es steht aber fest, daß die Unabhängigen nicht viel erreichen werden, wenn die Mehrheitssozialdemokraten die Gegenparole ausgeben können: „Bleibt in den Betrieben." Noch immer hoffen Ebert und Scheidemann, daß dies möglich sein wird, und fragen wiederholt am Telephon, ob wir noch keine Antwort aus Spa haben. Als wir immer aufs neue verneinen, wächst ihre Ungeduld von Viertelstunde zu Viertelstunde. Scheidemann sagt:

---

[180] An diesem Morgen hätten die Waffenstillstandsbedingungen in Berlin eintreffen müssen. Gegen 10 Uhr meldete Solf, daß der Kurier unterwegs verunglückt sei.

„Dann aber weiß ich wirklich nicht, wie wir die Leute noch abhalten sollen, auf die Straße zu gehen."

Um 9 Uhr 15 rief Staatssekretär v. Hintze aus dem Hauptquartier an, um uns folgende Eröffnung zu machen: Die Oberste Heeresleitung habe sich entschlossen, sogleich Seiner Majestät zu melden, daß die bewaffneten Streitkräfte im Falle eines Bürgerkriegs nicht hinter dem Kaiser stehen würden und daß die Armee aus Ernährungsschwierigkeiten nicht imstande sein würde, einen Bürgerkrieg zu führen.

Die Bemerkung Wahnschaffes: Unter diesen Umständen bliebe doch nichts übrig als die Abdankung, fand keinen Widerspruch.

Wahnschaffe rief sofort Ebert an und forderte ihn auf, jetzt noch in die Demonstrationsbewegung einzugreifen. Er deutete ihm an, daß mit der Thronentsagung zu rechnen sei.

Ebert antwortete: „Zu spät! Die Kugel ist im Rollen. Eine Fabrik (Schwarzkopff) ist schon auf die Straße gegangen."

Wahnschaffe erwiderte: „Die Leute können ja auch wieder zur Vernunft gebracht werden."

Ebert sagte: „Wir wollen sehen, was sich machen läßt."

Ich werde die Qual dieses sinnlosen, unerklärlichen Wartens nie vergessen, das nun folgte. Waren die Massen einmal in Bewegung, so mußte die Richtung siegen, die den Umsturz wollte. Mit jeder Minute schwand die Möglichkeit, eine Gegenwirkung der besonnenen Elemente herbeizuführen.

Gegen 10 Uhr kam die Meldung, daß ein Zug von vielen Tausenden unbewaffneter Arbeiter sich nach dem Zentrum bewegte. Die Leute trugen Plakate mit der Aufschrift: Brüder, nicht schießen! Frauen und Kinder gingen dem Zuge voran.

Aus dem Ministerium des Innern brachte Geheimrat v. Schlieben die gleiche Nachricht:

„Große Arbeitermassen befänden sich bereits auf dem Wege von Norden her nach dem Innern der Stadt zu, und es würde alles darauf ankommen, ob es den Polizeimannschaften zusammen mit den in Berlin zur Verfügung gebliebenen Truppen gelingen würde, dem Ansturm standzuhalten."

Das angerufene Polizeipräsidium bestätigte den außerordentlichen Ernst der Lage und ergänzte die Berichte dahin, daß die Aufständischen die Maikäferkaserne angegriffen hätten und bereits Blut geflossen wäre.[181]

Gleich darauf kam die Schreckensnachricht, welche die Grundlage aller Zuversicht zerbrach: Die Naumburger Jäger sind zu den Aufständischen übergegangen.

Ich gab die Nachricht nach Spa weiter, ebenso wie die nachfolgenden, sich häufenden Meldungen über versagende und meuternde Truppen. Ich forderte die Entscheidung und habe sagen lassen, es handelte sich nicht um Stunden, sondern um Minuten, unsere Telephonate wurden in Spa entgegengenommen durch die Herren v. Hintze, Grünau, Graf Schulenburg, General Gröner und andere.

In diesen Telephongesprächen, die bis gegen 11 Uhr stattfanden, wurden wir immer aufs neue vertröstet: die Entscheidung stünde bevor, die Sache ginge ihren Gang. Wir sollten noch etwas warten, und dergleichen mehr.

Der übereinstimmende Eindruck in der Reichskanzlei war, daß die Dinge sich im Hauptquartier so entwickelten, wie sie nach dem Vortrag der Obersten Heeresleitung sich eigentlich naturnotwendig entwickeln mußten, d.h. daß der Kaiser abdanken würde. Nach 11 Uhr lauteten die Nachrichten bestimmter; die für mich maßgebenden Telephonmeldungen waren:

Die Angelegenheit sei jetzt sachlich entschieden; sie seien jetzt bei der Formulierung.– Der Kaiser habe sich zur Abdankung entschlossen. Wir würden in einer halben Stunde die Formulierung erhalten.[182]

---

[181] Diese Meldungen wurden mit den anderen nach Spa weitergegeben. Daraus mag sich der Irrtum im Großen Hauptquartier erklären, es sei dort von der Reichskanzlei berichtet worden, Berlin fließt in Blut. Exzellenz Wahnschaffe, der zu dieser Zeit den telephonischen Verkehr mit dem Hauptquartier unterhielt, hat bestimmt erklärt, daß er diesen Ausdruck nicht gebraucht hat. Geheimrat v. Schlieben bestätigt als Ohrenzeuge, daß lediglich die Mitteilung des Polizeipräsidenten ohne jede Aufbauschung übermittelt wurde.

[182] Siehe Darstellung der Vorgänge im Hauptquartier im „Nachwort" am Schluß dieses Kapitels.

Ich verständige mich mit Simons. „Ihr Gedanke von gestern ist richtig, Ebert ist in dieser Situation der einzig mögliche Reichskanzler."

Ich sagte mir: die Revolution ist im Begriff, siegreich zu sein; wir können sie nicht niederschlagen, vielleicht aber ersticken.[183] Jetzt heraus mit der Abdankung, mit der Berufung Eberts, mit dem Appell an das Volk, durch die Verfassunggebende Nationalversammlung seine eigene Staatsform zu bestimmen. Wird Ebert mir als Volkstribun von der Straße präsentiert, dann kommt die Republik, ist es Liebknecht, auch der Bolschewismus. Aber wenn der abdankende Kaiser Ebert zum Reichskanzler ernennt, dann besteht noch eine schmale Hoffnung für die Monarchie. Vielleicht gelingt es, die revolutionären Energien in die legalen Bahnen des Wahlkampfes zu lenken.

Die Situation entwickelt sich reißend schnell zugunsten der Revolutionäre.

Bei den Militärbehörden liegen bestätigende Nachrichten vor über das Meutern der Truppen. Um 11 Uhr war der Oberleutnant v. Eßdorf im Kriegsministerium erschienen und hatte gemeldet: das Jägerbataillon Nr. 4 und noch andere Formationen in der Kaserne am Kupfergraben, das Jägerbataillon im Schloß und die Panzerkraftwagen im Schloß weigern sich, gegen das Volk vorzugehen. Das Beispiel der Kerntruppe wird die Garnison mitreißen – das war sofort die Auffassung, die sich alsbald bestätigte: Schlag auf Schlag treffen Meldungen ein über die Gehorsamsverweigerung anderer Truppenteile (Nordreserve, Jüterboger Artillerie). Verschiedene Formationen verhandeln mit den Mehrheitssozialdemokraten und wollen sich dem Volk zur Verfügung stellen.

---

[183] Tatsächlich hat Emil Barth in seiner Schrift „Aus der Werkstatt der Revolution" sich darüber beklagt, daß „die Evolution die Revolution erdrosselt" habe und sein Traum des kommunistischen Umsturzes zuschanden wurde. „Der Ruf nach der Nationalversammlung hieß die Hinderung der diktatorischen Maßnahmen der Revolution" (S. 130).

Oberleutnant Colin Roß [184] kommt zwischen 11 und ½ 12 Uhr in die Reichskanzlei, berichtet von gewaltigen Arbeiterzügen, die von neuem im Anmarsch seien, und macht eine lebhafte Schilderung, wie sich Soldaten und Demonstranten miteinander verbrüdern. Die Bewegung sei unwiderstehlich. David lasse mir sagen, die Sozialdemokratische Partei versuche zu beruhigen. Gewaltanwendung sei sinnlos und würde die Lage nur verschlimmern.

Auch ich bin überzeugt, daß ein Versuch, der mit versagenden Truppen unternommen würde, nur zum Sieg der radikalen Richtung führen müßte. Ich lasse den Kriegsminister bitten, sofort zu mir zu kommen, um die Frage zu klären: welche Instruktionen sind den Truppen für den Waffengebrauch in diesem Augenblick zu erteilen?[185]

Aus dem Reichstag wird telephoniert, daß Entlassungsgesuche der sozialdemokratischen Minister unterwegs seien.

Die halbe Stunde verrann, ohne daß die in Aussicht gestellte Formulierung aus Spa eintraf. Jeden Augenblick mußte die Absetzung des Kaisers von der Straße proklamiert werden. Dagegen hatten wir kein Machtmittel. Der Absetzung konnte nur vorgebeugt werden dadurch, daß die Abdankung verkündet wurde. Sollte noch die geringste gute Wirkung zugunsten des Kaisers und seines Hauses erzielt werden, so mußte die Veröffentlichung augenblicklich erfolgen und durfte nicht her Absetzung nachgeschickt werden.

---

[184] Damals der Presseabteilung des Auswärtigen Amtes zugeteilt.
[185] Nach der Erinnerung des Herrn Colin Roß hätte ich die Worte gesprochen: „Veranlassen Sie das." Er will sie als einen Auftrag aufgefaßt haben, in dem von ihm angeregten Sinne ein Schießverbot herbeizuführen. Als keiner der Anwesenden – von denen mich auch sonst keiner so mißverstanden hatte – Miene machte, in dieser Richtung irgendwelche Schritte zu tun, sei er, Oberleutnant Colin Roß, an ein Telephon der Reichskanzlei gegangen und habe von dort das Kriegsministerium angerufen: Es dürfe nicht geschossen werden. Tatsächlich ist am späten Vormittag eine derartige telephonische Meldung an das Kriegsministerium gelangt, aber wegen ihrer unklaren Herkunft nicht weiter gegeben worden. Von mir ist auf Grund der Meldung von Colin Roß nichts weiter veranlaßt worden, als die Herbeirufung des Kriegsministers.

Wir versuchten einmal über das andere, den Kaiser zu erreichen. Ein Telephon in der Villa Fraineuse war abgehängt, das andere besetzt. Ich sah mich vor die Wahl gestellt, entweder abzuwarten und nichts zu tun, oder auf eigene Verantwortung zu handeln. Ich wußte, daß ich formell nicht berechtigt war, ohne Einverständniserklärung des Kaisers die Veröffentlichung vorzunehmen. Aber ich hielt es für meine Pflicht, den mir als feststehend mitgeteilten Entschluß des Kaisers bekanntzugeben, solange er noch einen Sinn hatte. Außer mit Simons sprach ich mit niemandem über mein Vorhaben. Er riet dringend, sich über formale Bedenken hinwegzusetzen, in diesem Augenblick, wo es vielleicht noch möglich wäre, die Monarchie zu retten.[186]

Ich war mir der Schwere der Verantwortung wohl bewußt, als ich dem Wolffschen Telegraphenbureau die nachstehende Erklärung zugehen ließ:

„Der Kaiser und König hat sich entschlossen, dem Throne zu entsagen. Der Reichskanzler bleibt noch so lange im Amte, bis die mit der Abdankung des Kaisers, dem Thronverzicht des Kronprinzen des Deutschen Reiches und von Preußen und der Einsetzung der Regentschaft verbundenen Fragen geregelt sind. Er beabsichtigt, dem Regenten die Ernennung des Abgeordneten Ebert zum Reichskanzler und die Vorlage eines Gesetzentwurfs wegen der sofortigen Ausschreibung allgemeiner Wahlen für eine Verfassunggebende deutsche Nationalversammlung vorzuschlagen, der es obliegen würde, die künftige Staatsform des deutschen Volkes, einschließlich der Volksteile, die ihren Eintritt in die Reichsgrenzen wünschen sollten, endgültig festzustellen."

---

[186] Reichsgerichtspräsident Simons hat sich später über die damaligen Beweggründe folgendermaßen geäußert: „Es handelte sich für mich um die Entscheidung, ob auf gewaltlosem Wege der Übergang der Reichsleitung in die Hände Eberts möglich war, oder ob durch blutige Revolution die Gewalt an die Spartakisten gehen würde. Im letzteren Falle wäre nicht nur die Monarchie, sondern auch das Heer verloren gewesen, dessen Bestand von der Zufuhr aus der Heimat abhing. Nur indem die Beamtenschaft des alten Reichs sich Ebert zur Verfügung stellte, war das Heer zu retten, und Ebert war, wie ich wußte, kein grundsätzlicher Gegner der Monarchie. Der Übergang an die Spartakisten hätte nicht nur eine Revolution à la Moskau, sondern auch die völlige Zerrüttung der Reichsverwaltung herbeigeführt. Dieses Bild stand mir mehr als Anschauung wie in klaren Begriffen vor der Seele, als ich dem Prinzen meinen Rat gab, alles zu tun, um die Veröffentlichung noch rechtzeitig herauszubringen."

Um die zwölfte Stunde wurde die W.T.B.-Depesche in den Straßen Berlins bekannt. Fast gleichzeitig wurde mir eine Abordnung der Sozialdemokratischen Partei gemeldet. Sie wurde von Ebert geführt. Scheidemann und andere Parteigenossen, darunter Heinrich Schulz und Brolat, gehörten ihr an. Ich empfing die Herren in Gegenwart des Vizekanzlers,[187] der Staatssekretäre Solf, Graf Roedern, Haußmann und des Botschafters Graf Bernstorff. Simons trat bald hinzu. Er war im Reichsamt des Innern gewesen, um die Frage: Regentschaft oder Stellvertretung verfassungsrechtlich zu klären.

Herr Ebert begann:

„Damit die Ruhe und Ordnung gewahrt werden, haben unsere Parteigenossen uns beauftragt, dem Herrn Reichskanzler zu erklären, daß wir es zur Vermeidung von Blutvergießen für unbedingt erforderlich halten, daß die Regierungsgewalt an Männer übergeht, die das volle Vertrauen des Volkes besitzen. Wir halten es deshalb für nötig, daß das Amt des Reichskanzlers und das des Oberkommandierenden in den Marken durch Vertrauensmänner unserer Partei besetzt wird.
„Wir haben in dieser Sache sowohl unsere Partei als auch die Partei der Unabhängigen Sozialdemokraten geschlossen hinter uns. Auch die Truppen sind für uns gewonnen. Ob die Unabhängigen in die neue Regierung eintreten wollen, darüber sind sie sich noch nicht einig; falls sie sich dazu entschließen, müssen wir wünschen und verlangen, daß sie aufgenommen werden. Wir haben auch nichts gegen die Aufnahme von Vertretern der bürgerlichen Richtung; nur müßten wir die ausgesprochene Mehrheit in der Regierung behalten. Darüber wäre noch zu verhandeln."

Ich erinnerte Herrn Scheidemann kurz an seine Eigenschaft als Staatssekretär. Er erklärte, daß er sich nicht mehr als Mitglied der Regierung betrachte.

Darauf fragte ich Herrn Ebert, ob die Parteiführer den Willen und die Macht hätten, zu verhindern, daß die Bewegung in die Bahn der Gewalt-

---

[187] Vgl. Payer, a. a. O., S. 163 f.

tätigkeit hinübergleite, und ob sie gewährleisten könnten, daß die Ruhe ungestört bliebe, wenn nicht geschossen würde.

Herr Scheidemann erwiderte:

„Die sämtlichen Garnisonen und Regimenter von Groß-Berlin sind zu uns übergegangen. Wir kommen soeben aus dem Reichstag, wo Abgeordnete aus allen Regimentern uns davon vergewissert haben; auch von den Lübbener[188] Jägern, die man als besonders zuverlässig herangezogen hätte."
 Staatssekretär Haußmann fragte: „Welche Beweise können Sie für die Behauptung beibringen, daß die Truppen sich Ihrer Bewegung angeschlossen haben? Sind Sie sicher, daß Sie selbst die Bewegung noch leiten können und daß sie nicht über Ihren Kopf hinweggeht?"
 Scheidemann sagte: „Ich glaube bestimmt, daß wir sie leiten können. Urkundliche Beweise für die Haltung der Truppen können wir nicht beibringen. Ich schlage vor, daß Herr Staatssekretär Haußmann mit einem unserer Parteigenossen in einem Auto an sämtlichen Kasernen vorbeifährt und sich aus dem Jubel der Truppen überzeugt, auf welcher Seite sie stehen."
 Haußmann antwortete: „Ich muß es ablehnen, unter diesen Umständen aufzutreten, die mich als einen Anhänger der Bewegung erscheinen lassen."

Ich erklärte Herrn Ebert:

„Ich habe dem Kaiser bereits vorgeschlagen, daß im Reichstag ein Gesetzentwurf vorgelegt wird, der die Wahlen zu einer Verfassunggebenden deutschen Nationalversammlung ausschreibt. Diese Versammlung würde dann entscheiden, wie Deutschland künftig regiert werden soll."

Ebert:

„Mit dem Gedanken dieser Nationalversammlung könnten wir uns einverstanden erklären."

Staatssekretär Haußmann:

„Wenn diese Versammlung sofort einberufen werden sollte, inmitten der revo-

---

[188] Irrtum von Scheidemann, die Lübbener Jäger waren nicht in Berlin, es können nur die Naumburger gemeint sein.

lutionären Bewegung, so würde sie den heftigsten Wahlkampf entfesseln und kein richtiges Bild geben."

Ebert: „Darüber muß man noch nachdenken." 189

Ich zog mich mit den anwesenden Staatssekretären und Graf Bernstorff zurück, um die endgültige Antwort zu beraten, die Herr Ebert erhalten sollte.
Als ich meinen Entschluß mitteilte, Herrn Ebert das Amt des Reichskanzlers zu übertragen, erfolgte von keiner Seite Einspruch.
Da trat der Kriegsminister General Scheüch ein. Er war im Vorzimmer durch telephonische Erkundigungen des Hauptquartiers aufgehalten worden. Wir besprachen sofort die Machtverhältnisse in Berlin. Scheidemann muß in diesem Stadium hereingerufen worden sein, da Scheüch sich genau seiner Anwesenheit erinnert. Die Nachrichten, die von den verschiedenen Regimentern vorlagen, wurden von neuem aufgezählt. In diesem Augenblick überbrachte Oberstleutnant van den Bergh seinem Chef einen Zettel.
General Scheüch gab den Inhalt bekannt: es handelte sich um eine 12 Uhr 30 eingetroffene telephonische Meldung des Oberkommandierenden in den Marken an den Kriegsminister:

> „Auf Grund Meldung des Gardekorps,[190] daß die größte Zahl der vorhandenen Truppen nicht mehr schießen wird, Soldaten- und Arbeiterräte gebildet hat, fragt General v. Linsingen, ob unter diesen Verhältnissen noch von der Schußwaffe Gebrauch gemacht werden soll. Entscheidung sofort erbeten, da bis 2 Uhr ein Heranströmen von großer Masse (30 000 Mann) zu erwarten ist."

Scheidemann vertrat die Meinung, die neue Regierung brauche nicht geschützt zu werden. Die Partei hätte Beauftragte zu den Menschenansammlungen entsandt, um diese von der Abdankung des Kaisers und von

---

[189] Zitiert u. a. nach einer Aufzeichnung, die Conrad Haußmann am gleichen Tage aus der Erinnerung niedergeschrieben hat.
[190] Gemeint ist das Stellvertretende Generalkommando des Gardekorps.

der Neubildung der Regierung zu unterrichten. General Scheüch hielt daran fest, daß für die Truppe eine Vorschrift über den Waffengebrauch bestehe, und sie zum Schutz von Leben, Eigentum und Gebäuden schießen müsse.

Keiner der Anwesenden erhob einen Widerspruch gegen die Antwort, die er zur Weitermeldung an das Oberkommando gab: „Es handelt sich lediglich um Schutz für Leben und Eigentum der Bürger und unmittelbaren Schutz der Regierungsgebäude. Im übrigen soll von der Schußwaffe kein Gebrauch gemacht werden."

Als van den Bergh sich dieses Auftrages entledigte, erhielt er die Antwort: „Exzellenz Linsingen läßt melden, daß die Soldaten vermutlich auch nicht mehr zum Schutze von Regierungsgebäuden schießen würden." [191]

Er wurde bei dieser Gelegenheit noch nicht darüber orientiert, daß der Oberkommandierende in den Marken bereits, ohne die Entscheidung des Kriegsministers abzuwarten, ein allgemeines Schießverbot erlassen hatte folgenden Wortlauts:

„Truppen haben nicht von den Waffen Gebrauch zu machen, auch bei Verteidigung von Gebäuden".[192,]

---

[191] Die in meinem Zimmer anwesenden Staatssekretäre und ich waren nur insofern an dem Vorgang beteiligt, als wir keinen Widerspruch erhoben. Scheidemann hat sich offenbar eingebildet, an der Entscheidung mitgewirkt zu haben. Das ist ein Irrtum. Seine Worte: „Wir können uns selbst schützen" haben wohl die Entscheidung des Kriegsministers begleitet, aber sie in keiner Weise bestimmt. Die Täuschung kann unmöglich aufrechterhalten werden, wenn man bedenkt: 1. daß der Befehl des Kriegsministers eine Antwort ist auf die Meldung Linsingens, der größte Teil der vorhandenen Truppen wird nicht schießen – soll unter diesen Verhältnissen noch von der Schußwaffe Gebrauch gemacht werden? 2. daß diese Antwort im ersten Augenblick bei dem Kriegsminister Scheüch feststand, als die Frage an ihn gerichtet wurde. Auf diesen Irrtum Scheidemanns gehen meines Erachtens die meisten Legenden zurück, die sich über ein sogenanntes Schießverbot der Regierung des Prinzen Max gebildet haben.

[192] Außerdem bestanden bereits, wie erst später bekannt wurde, zwei unabhängig von Linsingen erlassene Anordnungen des Stellvertretenden Generalkommandos

Ebert und die übrigen Mitglieder der Abordnung wurden hereingerufen. Ich fragte ihn, ob er bereit sei, den Posten des Reichskanzlers anzunehmen.

Ebert antwortete: „Es ist ein schweres Amt, aber ich werde es übernehmen."

Der Staatssekretär des Auswärtigen richtete alsdann die Frage an ihn: „Sind Sie bereit, die Regierung innerhalb der Verfassung zu führen?" Ebert bejahte. Solf fragte zum zweitenmal: „Auch innerhalb der monarchischen Verfassung?"

Eberts Antwort war: „Gestern hätte ich diese Frage unbedingt bejaht, heute muß ich mich erst mit meinen Freunden beraten."

Hierauf erklärte ich: „Nun müssen wir die Regentschaftsfrage lösen." Ebert antwortete: „Es ist zu spät." Hinter ihm wiederholte der Chor seiner Parteigenossen: „Zu spät, zu spät!"

Ich war noch immer ohne Entscheid des Kaisers, hatte daher auch keine Autorisation, das zu tun, was der Augenblick erforderte. Eine schwere Lähmung für meine Entschlüsse!

Ich durchlebe diese Stunden immer wieder aufs neue und sage mir: wie anders wäre die Freiheit meines Handelns gewesen, wenn ich auf das „Zu spät" der Sozialdemokraten hätte antworten können: Der Kaiser hat einen Stellvertreter ernannt.[193] Das war die einzige Lösung, die geeignet war, rasch eine vollendete Tatsache zu schaffen.

---

des Gardekorps, die von vornherein geeignet waren, die Truppen in dem Gebrauch der Schußwaffe zu beschränken: eine Anordnung vom 5. November, in der es hieß, daß alle Maßnahmen zunächst nur Abwehr sind, daß bei feindlichem Angriff der Waffengebrauch eintritt; eine zweite Anordnung vom 9. November vormittags, daß von der Schußwaffe nur Gebrauch zu machen ist, wenn angegriffen wird. – Das Stellvertretende Generalkommando des Gardekorps führte den unmittelbaren Befehl über die Berliner Truppen.

[193] Während der Drucklegung kommt mir ein Entwurf wieder vor Augen, den Unterstaatssekretär Lewald vom Reichsamt des Innern am 31. Oktober 1918 für die Ankündigung einer Stellvertretung aufgesetzt hatte: „Nachdem Ich zu der Überzeugung gelangt bin, daß Meine Person ein Hindernis für das deutsche Volk zur Erlangung eines Friedens bildet, der seinen staatlichen Bestand und seine

Die Zusammensetzung der neuen Regierung wurde erörtert. Ich gab den Staatssekretären zu bedenken, ob sie nicht ihren Entschluß zum Rücktritt revidieren wollten; denn ich war von der Notwendigkeit durchdrungen, unter allen Umständen den Zusammenbruch der Regierungsmaschine zu verhindern. Es galt an Legalität und Kontinuität zu retten, was noch zu retten war. Der Kriegsminister gab ein leuchtendes Beispiel. Als Scheidemann sagte, die Posten des Kriegsministers und des Oberbefehlshabers in den Marken müßten mit Parteigenossen besetzt werden, erklärte der General Scheüch: Er bliebe auf seinem Posten. Das Heer stehe am Feind, seine Versorgung müsse geregelt bleiben. Die Waffenstillstandsverhandlungen seien im Gang, er würde ausharren unbeschadet seiner persönlichen Überzeugung, es sei denn, daß er weggefegt würde. Nach Erfüllung seiner Aufgabe würde er wieder frei in seinen Entschließungen werden.

Scheidemann ließ seine Bedenken fallen, bezeichnete es aber als nötig, daß zur Garantie nach außen ein Sozialdemokrat dem Kriegsminister beigegeben werde. Der General Scheüch erklärte sich einverstanden. Scheidemann benannte den Abgeordneten Göhre.

Oberstleutnant van den Bergh blieb als Verbindungsoffizier im Adjutantenzimmer der Reichskanzlei. Dort wurde er, als sein Chef schon fort war, vom Oberkommando erneut angerufen: ob es unter den geschilderten Umständen bei dem vom Kriegsminister gegebenen Befehl bleiben solle. Bergh sagte, daß der Kriegsminister nicht mehr zu erreichen wäre, sprach aber seine eigene Ansicht aus: Leben und Eigentum und die Regierungsgebäude sollten geschützt werden, das müsse geschehen mit Schußwaffe oder blanker Waffe, so gut es ginge.

Zukunft nach so unerhörten heldenhaften Opfern und Leiden sicherstellt, habe Ich Mich entschlossen, von der Regierung zurückzutreten. Bis zur Regelung Meiner Nachfolge und einer etwaigen Regentschaft habe Ich, da dieselben Hindernisse in der Person Meines ältesten Sohnes, Seiner Kaiserlichen und Königlichen Hoheit des Kronprinzen des Deutschen Reiches und von Preußen vorliegen, Meinen zweiten Sohn, Seine Königliche Hoheit den Prinzen Eitel Friedrich von Preußen mit Meiner Stellvertretung in der Führung der Regierungsgeschäfte beauftragt."

Ich räumte Herrn Ebert das Bibliothekzimmer ein für seine Verhandlungen. Er hatte die Führer der Unabhängigen zu sich bestellt; Haase war noch nicht aus Kiel zurück – die Abgeordneten Cohn-Nordhausen, Dittmann und Vogtherr hatten sich eingefunden. Auf Eberts Wunsch wohnte Herr v. Payer dieser Besprechung bei, ohne sich indes an ihr zu beteiligen.

Nach seinen Mitteilungen[194] war der Ton keineswegs freundschaftlich, sondern von beiden Seiten eher gereizt. Ebert eröffnete den Herren ziemlich „schroff" und „von oben herab", daß die Sozialdemokratische Partei entschlossen sei, die Regierung zu übernehmen. Er forderte als Reichskanzler die Unabhängigen zur Erklärung auf, ob sie in die Regierung eintreten wollten und wie sie sich zu der etwaigen Beteiligung weiterer Parteien an der Regierung stellen würden. Die Herren wiesen recht „kleinlaut" darauf hin, daß sie ohne Rücksprache mit ihren Freunden überhaupt keine Erklärung abgeben könnten, lehnten aber nicht grundsätzlich ab.

Es wurde dann über die Voraussetzungen ihres Eintritts und über die eventuelle Beiziehung von Angehörigen der Fortschrittlichen Volkspartei einerseits und von Liebknecht andererseits hin und her gesprochen, ohne daß sich ein Teil nach irgendeiner Richtung gebunden hätte. Ebert entließ dann die Abgeordneten mit einer sehr kurzen Frist für die Abgabe ihrer Erklärung und fuhr in das Reichstagsgebäude zurück, wo die sozialdemokratische Parteileitung zusammengetreten war.

In den Mittagstunden füllte sich die Wilhelmstraße mit Arbeiterzügen, die keinerlei feindselige Haltung gegen die Regierungsgebäude einnahmen. Wahnschaffe blieb die ganze Zeit vergeblich bemüht, die formulierte Entschließung des Kaisers zu erhalten.

Da traf um 2 Uhr nachmittags die Nachricht ein, Scheidemann habe von der Rampe des Reichstags die Republik ausgerufen.[195]

---

[194] Vgl. Payer, a. a. O., S. 164 f.
[195] Während Scheidemann die Rede an die Menge hielt, soll im Beratungszimmer der Partei ein hoher Staatsbeamter mit den Sozialdemokraten über die Regentschaft verhandelt haben.

Das wäre im Munde eines Unabhängigen keine unwiderrufliche Proklamation gewesen; die Unabhängigen ließen seit Monaten die soziale Republik hochleben. Die Erklärung des Staatssekretärs aber band seine Partei. Scheidemann führte den letzten Stoß gegen die Monarchie.[196]

Endlich nach 2 Uhr wurde aus dem Hauptquartier die Entschließung des Kaisers mitgeteilt. Ich bringe das Dokument so, wie es Staatssekretär v. Hintze am Telephon verlas:

„Großes Hauptquartier, den 9. November 1918.

„1. Seine Majestät sind damit einverstanden, wenn die deutsche Regierung die beim Feinde befindliche Waffenstillstandskommission ermächtigt, sofort abzuschließen, auch ehe die Waffenstillstandsbedingungen hier bekannt geworden sind.

„2. Am Blutvergießen zu vermeiden, sind Seine Majestät bereit, als Deutscher Kaiser abzudanken, aber nicht als König von Preußen. Seine Majestät wollen auch aus dem Grunde als König von Preußen bleiben, um zu vermeiden, daß durch den bei Abdankung erfolgenden gleichzeitigen Abgang der Mehrzahl der Offiziere die Armee führerlos wird und sich auflöst.

„3. Seine Majestät wollen einen Bürgerkrieg nicht.

„4. Seine Majestät werden für den Fall der Abdankung als Deutscher Kaiser dem Feldmarschall v.Hindenburg befehlen, den Oberbefehl über das deutsche Heer zu übernehmen, und werden Allerhöchstselbst bei den preußischen Truppen bleiben. Weitere Bestimmung würde dem Reichsverweser vorbehalten.

„5. Heerführer und Oberbefehlshaber sind der Ansicht, daß die Tatsache der Abdankung des Deutschen Kaisers und Obersten Kriegsherrn jetzt die schwersten Erschütterungen in der Armee hervorrufen wird und können eine Verantwortung für den Zusammenhalt der Armee nicht mehr übernehmen.

Wilhelm I. R."

Wahnschaffe zuerst, dann Simons protestierten gegen den staatsrechtlichen Widersinn dieser Urkunde. Darin wurde die Reichsverfassung zerschlagen, deren Eckpfeiler der Artikel 11 war mit seinem

---

[196] Ich habe später erfahren, daß Scheidemann den Ausruf: „Es lebe die Republik" zunächst nur als ein grundsätzliches Bekenntnis zu seiner Parteidoktrin gemeint hat, ohne die Absicht, den unmittelbaren Gang der Ereignisse zu beeinflussen.

unzweideutigen Sinn: der Träger der Staatsgewalt in Preußen ist notwendig und immer zugleich der Träger der kaiserlichen Gewalt im Reich.[197]

Simons gab Hintze Kenntnis von meiner Veröffentlichung und vertrat sie ihm gegenüber. Wir hätten nach den Meldungen aus dem Hauptquartier in der festen Überzeugung gehandelt, daß der Entschluß des Kaisers zur Abdankung unwiderruflich feststünde.

Hintze machte geltend, daß aus seinen Mitteilungen kein Rückschluß auf den Charakter der Entschließungen Seiner Majestät hätte gezogen werden können. Simons bestritt dies: Nie und nimmer hätten wir den staatsrechtlich und politisch unmöglichen Gedanken einer teilweisen Abdankung in unsere Erwägungen einstellen können. Mir wurde deutlich, daß auf der anderen Seite mein Versuch, noch im letzten Augenblick die Monarchie vor dem Sturz zu bewahren, als Staatsstreich angesehen wurde.

Ebert kehrte in die Reichskanzlei zurück, um seine Verhandlungen über die Regierungsbildung fortzuführen. Er war immer noch bemüht, den organischen Zusammenhang mit der Vergangenheit nicht zu lösen. Landsberg und Scheidemann gedachte er als Staatssekretäre zu berufen, die bisherigen Staatssekretäre aber wollte er bitten, ihre Ämter vorläufig weiterzuführen. Haußmann wurde ersucht, es dauernd zu tun. Er erwiderte, die Antwort darauf werde seine Fraktion erteilen. Ebert bat ihn, in jedem Fall an der ersten Proklamation mitzuwirken, unter Haußmanns und wohl auch Simons' Beihilfe entstanden zwei Aufrufe.

---

[197] Eine Reihe deutscher Staatsrechtslehrer hat vor der Revolution und nachher die Frage erörtert, ob eine Trennung der Kronen von Preußen und vom Reich rechtlich überhaupt möglich sei, und ist zu dem Ergebnis gekommen: Der Artikel 11 weist dem Staate Preußen nicht nur das Vorrecht zu, das Präsidium im Bundesrat zu besetzen, sondern die Pflicht des jeweiligen Trägers der preußischen Krone geht aus der Reichsverfassung als Ganzem so deutlich hervor, daß „die Überlassung der kaiserlichen Gewalt an einen anderen Bundesfürsten oder andere Persönlichkeiten eine Zerstörung des kunstvollen Verfassungsgebäudes und einen revolutionären Bruch des bestehenden Rechts bedeutet hätte". (Richard Thoma, Der Thronverzicht des Kaisers, „Frankfurter Zeitung" vom 21. August 1919.)

In dem ersten verkündete Ebert die Übernahme der Kanzlerschaft mit den Worten:

An die deutschen Bürger!
„Der bisherige Reichskanzler Prinz Max von Baden hat mir unter Zustimmung der sämtlichen Staatssekretäre die Wahrnehmung der Geschäfte des Reichskanzlers übertragen ... "

Der zweite richtete sich an die Kräfte der Ordnung, die den Staat vor dem Zerfall schützen sollten:

An alle Behörden und Beamten![198]
„Die neue Regierung hat die Führung der Geschäfte übernommen, um das deutsche Volk vor Bürgerkrieg und Hungersnot zu bewahren und seine berechtigten Forderungen auf Selbstbestimmung durchzusetzen. Diese Aufgabe kann sie nur erfüllen, wenn alle Behörden und Beamten in Stadt und Land ihr hilfreiche Hand leisten.

„Ich weiß, daß es vielen schwer werden wird, mit den neuen Männern zu arbeiten, die das Reich zu leiten übernommen haben, aber ich appelliere an ihre Liebe zu unserem Volke. Ein Versagen der Organisation in dieser schweren Stunde würde Deutschland der Anarchie und dem schrecklichsten Elend ausliefern.

„Helft also mit mir dem Vaterlande durch furchtlose und unverdrossene Weiterarbeit, ein jeder auf seinem Posten, bis die Stunde der Ablösung gekommen ist.
Berlin den 9. November 1918.
Der Reichskanzler Ebert."

Zwischen 5 und 6 Uhr ging ich zu Ebert, um Abschied von ihm zu nehmen.

Ebert sagte zu mir: „Ich bitte Sie dringend zu bleiben."

Ich fragte: „Zu welchem Zweck?"

Ebert: „Ich möchte, daß Sie als Reichsverweser bleiben."

Diese Bitte war in den letzten Stunden von meinen früheren Mitarbeitern wiederholt an mich gerichtet worden. Ich erwiderte Herrn Ebert: „Ich weiß, daß Sie im Begriff sind, mit den Unabhängigen ein Abkom-

---

[198] Es wäre ganz undenkbar gewesen, daß die alten Beamten und Offiziere sich der neuen Regierung zur Verfügung gestellt hätten, wenn der Prinz ihr nicht einen Rest von Legitimität gegeben hätte. Er, Simons, hätte es nur deshalb über sich gebracht. (Äußerung von Simons nach dem Kriege.)

men zu treffen, und mit den Unabhängigen kann ich nicht zusammenarbeiten."

An der Tür wandte ich mich noch einmal zurück:

„Herr Ebert, ich lege Ihnen das Deutsche Reich ans Herz!"

Er antwortete: „Ich habe zwei Söhne für dieses Reich verloren."

Ich habe später die Frage oft erörtert und mir immer wieder selbst vorgelegt, ob ich die Monrchie hätte retten können, wenn ich am 9. November die Reichsverweserschaft angenommen hätte. Ich habe immer mein unmittelbares Gefühl bestätigt gefunden: Diesen Weg hätte ich gehen können, wenn ich vom Kaiser zu seinem Stellvertreter ernannt worden wäre. Bei der Durchführung eines Staatsstreichs wäre ich an meinem Gewissen gescheitert.

Nachwort zum 9.November

Was war inzwischen im Hauptquartier geschehen?

Am 9. November lagen für uns die Vorgänge in Spa in einem unbegreiflichen Dunkel. Heute verfügen wir über die Mitteilungen von Augenzeugen (vor allem des Herrn v. Grünau und des Grafen Schulenburg). Wir wissen jetzt, warum wir über den Tatbestand zu falschen Schlüssen kommen mußten. In den frühen Vormittagsstunden hatte der Kaiser sich tatsächlich zu dem Entschlusse durchgerungen, der eigentlich unvermeidlich war.

Herr v. Grünau berichtet darüber:

„Der Kaiser, auf den die Darlegungen des Generals Gröner offensichtlich einen starken Eindruck gemacht hatten, war schwankend; seine Äußerungen, die eine wehmütige, resignierte Stimmung verrieten, ließen jedoch erkennen, daß er sich innerlich bereits mit dem Gedanken der Abdankung vertraut gemacht hatte, und daß er sich zu dem schweren Entschluß durchringen würde. Auch die übrigen Herren standen unter demselben Eindruck. Während Herr v. Hintze ans Telephon gerufen wurde, blieb ich eine Zeitlang mit Seiner Majestät allein und konnte nun meinen am Abend vorher erhaltenen Auftrag ausführen, der bezweckte, durch einen rechtzeitigen und freiwilligen Verzicht des Kaisers die Dynastie und Monarchie selbst zu retten. Ich stellte dem Kaiser noch einmal vor, daß nach dem Urteil der ersten militärischen Sachverständigen nichts anderes übrigbleibe, als die Abdankung auszusprechen. Es sei für den Kaiser unmöglich, es zum Bürgerkrieg kommen zu lassen in einem Augenblick, wo nach mehr als vierjährigem Krieg der Waffenstillstand unmittelbar bevorstehe und alles sich nach dem Frieden und nach der Heimat sehne. Niemand könne die Verantwortung dafür tragen, wenn am Schlusse dieses langen Krieges und nach allen Entbehrungen der Heimat die Armee, die so lange den Krieg von den Grenzen ferngehalten habe, diesen nun selbst in die Heimat hineintrage mit all den Schrecknissen, all der Verbitterung, die ein Bürgerkrieg im Gefolge habe. Man werde ihm die ganze Last der Verantwortung aufbürden und ihm vorwerfen, daß er um seiner selbst willen das Volk in das Unglück des Bürgerkrieges gestürzt habe. Wenn er aber das große Opfer bringe, jetzt zurückzutreten, so werde man es zu Hause in kommenden Tagen als solches bewerten und ihm Dankbarkeit für alles, was er getan und erstrebt habe, bewahren und die Größe seines Entschlusses und die Tragik seines

Schicksals ehren. Das Opfer werde dann für den monarchischen Gedanken und die Dynastie nicht umsonst gebracht sein.

„Der Kaiser lehnte den Gedanken, die Ursache von Blutvergießen in der Heimat zu werden, entschieden ab, gab aber erneut der Überzeugung Ausdruck, daß seine Abdankung in diesem Augenblick die Republik bedeute, die den Zerfall und die völlige Ohnmacht des Reiches zur Folge haben werde. Er sprach sich bitter darüber aus, daß die demokratische Regierung, obwohl er auf alle Reformvorschläge und Personalveränderungen bereitwilligst eingegangen sei, nichts getan habe, um den gegen seine Person gerichteten Bestrebungen, die sich letzten Endes gegen die monarchische Institution überhaupt kehrten, wirksam entgegenzutreten, und daß sie sich ganz von der Sozialdemokratie habe ins Schlepptau nehmen lassen, die nur nach der Aufrichtung ihrer eigenen Herrschaft strebe. Schließlich sagte der Kaiser, wenn das deutsche Volk es nicht anders wolle, so sei er bereit abzudanken; er habe lange genug regiert, um zu sehen, was das für ein undankbares Geschäft sei, er hänge durchaus nicht daran, er habe nur seine Pflicht getan, gerade in dieser Zeit auf seinem Posten auszuhalten und sein Volk und seine Armee nicht zu verlassen. Nun mögen die anderen zeigen, ob sie es besser können."

Da brachte ihm der Generaloberst v. Plessen den Vermittlungsvorschlag entgegen, er möge zwar als Kaiser abdanken, aber als König von Preußen weiterregieren. Der inzwischen eingetroffene General Graf Schulenburg drängte stürmisch auf die gleiche Lösung. Er glaubte, daß im Grunde die Armee noch treu zu dem Obersten Kriegsherrn stehe. Der Entschluß, den der Kaiser gestern abend noch aufrecht erhalten hatte, an der Spitze der Truppe die Ordnung wiederherzustellen, schien ihm zu Unrecht und aus Kleinmut aufgegeben zu sein.

Herr v. Grünau schreibt:

„Graf Schulenburg bestritt die Richtigkeit der Beurteilung der Lage durch General Gröner und gab unter Berufung auf seine genaue Kenntnis der Frontstimmung und auf seine dauernde Fühlung mit der Front der Überzeugung Ausdruck, daß die Armee fest hinter dem Kaiser stehe, daß jedenfalls die preußischen Truppen treu zu ihrem König hielten, ihn nicht verlassen und seine Abdankung nicht verstehen würden, und daß der Kaiser mindestens als König von Preußen weiterregieren und seine Preußen um sich scharen müsse, dann könne man ja sehen, was das Reich machen werde. Auf die Zwischenfrage des Herrn v. Hintze, ob sich denn die Truppen für ihren König gegen die Heimat schlagen würden, mußte Graf Schulenburg allerdings zugeben, daß sie dies nicht tun würden, vertrat aber weiter die Ansicht von der Notwendigkeit, daß der Kaiser an der Krone Preußens festhalte. Er wies darauf hin, daß im

Falle einer völligen Abdankung des Kaisers viele Berufsoffiziere, vor allem die Mehrzahl der höheren Offiziere, ihren Abschied nehmen würden, so daß die Armee führerlos sein werde. Für den Zusammenhalt der Armee könne alsdann keine Verantwortung mehr übernommen werden.

„Während der Kaiser vordem schon ganz bereit war, den Verhältnissen Rechnung zu tragen und sich zurückzuziehen, boten die Ausführungen des Grafen Schulenburg die wohl nicht unwillkommene Handhabe für ein Kompromiß. Die aus den klaren und bestimmten Darlegungen des Generals Gröner sich von selbst ergebenden politischen Folgerungen wurden nicht gezogen."

Der Kaiser hatte selbst das Gefühl, daß der Reichskanzler über diese neue plötzlich aufgetauchte Wendung orientiert werden müsse: er gab dem Staatssekretär v. Hintze den Auftrag, dem Reichskanzler zu telephonieren, daß er als Deutscher Kaiser abdanken wolle, um Blutvergießen zu vermeiden, daß er aber König von Preußen bleibe und sein Heer nicht verlassen werde.

Da griff nach seinen eigenen Worten Graf Schulenburg ein und verhinderte die Orientierung des Reichskanzlers:

„Ich forderte, daß diese wichtige Entschließung Seiner Majestät zunächst schriftlich festgelegt werden müsse und erst dann an den Reichskanzler telephoniert werden dürfe, wenn sie von Seiner Majestät genehmigt und unterschrieben sei."

Es blieb aber nicht nur bei dieser Unterlassung. Tatsächlich kam eine Mitteilung an die Reichskanzlei zustande, die unabsichtlich auf eine Irreführung hinauslief.

Graf Schulenburg selbst berichtet darüber:

„Seine Majestät beauftragte darauf Exzellenz v. Hintze, die Generale v. Plessen und Marschall und mich, die Erklärung aufzusetzen. Während wir damit beschäftigt waren, klingelte der Chef der Reichskanzlei, Exzellenz Wahnschaffe, an, den ich persönlich sprach und ihm auf seine Forderung, daß sie die Abdankungserklärung in den nächsten Minuten in Berlin haben müßten, erwiderte: Eine so wichtige Entschließung wie die Abdankung des Kaisers könnte nicht in wenigen Minuten gefaßt werden. Seine Majestät hätte seinen Entschluß gefaßt, er würde schriftlich im Augenblick formuliert, und die Reichsregierung müsse sich gedulden, bis diese Erklärung in einer halben Stunde in ihren Händen sein würde."

Ich halte es heute für sicher, daß diese Mitteilung identisch mit der Meldung ist, die in der Reichskanzlei folgendermaßen aufgenommen wurde:

Der Kaiser habe sich zur Abdankung entschlossen: wir würden in einer halben Stunde die Formulierung erhalten.

Selbst wenn die Telephonmeldung genau den Wortlaut gehabt hat, den Graf Schulenburg angibt, so konnte die Reichsregierung sie nicht anders verstehen, als dahin, daß der Kaiser den Entschluß zur vorbehaltlosen Abdankung gefaßt hatte und nur die Form noch gesucht wurde.

Die Möglichkeit einer Sinnesänderung konnte von mir nicht in Betracht gezogen werden: waren mir doch die beiden entscheidenden Tatsachen bekannt, die als Grundlage für die Entschlüsse des Kaisers anzusehen waren:

das Gutachten der Obersten Heeresleitung über die Haltung der Armee, die Berichte über die Machtverhältnisse in Berlin.

Ich wiederhole: Von einer Abdankung nur als Kaiser und nicht als König von Preußen war in den Telephongesprächen vom 9. November bis 2 Uhr nachmittags mit keiner Silbe die Rede gewesen. Die ursprüngliche Absicht des Kaisers, den Kanzler sofort über die neue Wendung zu orientieren, war ja aufgegeben worden. Von politischer Seite aus aber konnte niemand von selbst auf dieses Kompromiß verfallen, das staatsrechtlich ebenso unhaltbar, wie politisch unsinnig war. Die Abdankung als Kaiser und nicht als König von Preußen war unvereinbar mit der Verfassung. Wir konnten unmöglich unter der in Aussicht gestellten Formulierung uns etwas vorstellen, was auf eine Zertrümmerung der Reichsverfassung hinauslief.

Anhang

I.

Die englische Politik und die Vorgänge in Rußland auf Grund der englischen Presse

(Zusammenfassung aus Wochenberichten der Zentralstelle für Auslandsdienst von Ende 1914 bis März 1917.)[199]

Erste Phase. (Bis Ende 1915.)

Deutliche Weisung an die englische Presse: „Keinerlei Einmischung in die inneren Angelegenheiten Rußlands. Größte Vorsicht bei Diskussion rückständiger russischer Einrichtungen."

Dieser Befehl wurde von den rechtsstehenden Blättern nicht nur befolgt, sondern es wurde noch ein übriges getan, „Times" und „Morning Post" brachten dem Zarismus Huldigungen dar. (Vgl. „Morning Post" vom 27. Januar 1915, die schrieb: Russische Greuel, das wäre eine Erfindung deutscher Juden.)

Die offiziöse „Westminster Gazette" befolgte die Weisung, aber auch nur das. Sie stimmte nicht in die servile Verherrlichung der russischen Reaktion ein.

Die linksliberale Presse, „Daily News", „Manchester Guardian", „Nation", war häufig ungehorsam, enthüllte Russisizierungsversuche im besetzten Galizien, brachte Mitteilungen über Pogrome, ließ die unterdrückten Fremdvölker in ihren Spalten zu Worte kommen und beklagte

---

[199] Die Berichte, auf welche hier und im folgenden verwiesen wird, befinden sich gedruckt in den Archiven des Auswärtigen Amts.

sich mehrfach über den Zensor, der Befehl gegeben hatte, Sibirien totzuschweigen.

Siehe Pressebericht vom 9. Februar 1915.

Zweite Phase. (Ende 1915 bis Mai 1916.)

Unbehagen über die Entwicklung des englisch.russischen Verhältnisses. Gründung eines englischen Propaganda-Komitees in Rußland. Noch immer die Weisung an die Presse: Keinerlei Einmischung in die innerrussischen Zustände.

Die „Times" vom 19.Dezember skizziert den Arbeitsplan für ein großes englisches Propagandakomitee in Rußland. Die bestehende Organisation der „Society of the British flag" sei nicht ausreichend. Russisch sprechende Engländer sollten sofort nach Rußland reisen und eine ausgedehnte Propaganda in Wort und Bild ins Werk setzen:

Man soll auch an den kleinen Mittelstand und an die Leute in den Schützengräben heran.

In erster Linie soll gegen Deutschland gehetzt und für England Reklame gemacht werden. „Times" befürwortet noch immer:

Keinerlei Einmischung in die inneren russischen Verhältnisse.

Bemerkenswert ist der Widerspruch des „Manchester Guardian": er fordert schon damals engste Zusammenarbeit zwischen dem russischen und englischen Liberalismus.

Es unterliegt keinem Zweifel, daß die Propagandaorganisation nach Lord Northcliffes Instruktionen zustande kam. Siehe Wochenbericht 1a 1916.

Seither verbessert sich Englands. Nachrichtendienst über Rußland von Woche zu Woche, und je mehr die Engländer Bescheid wissen, um so mehr haben sie Angst vor einer deutsch-russischen Annäherung.

Ich erwähne Englands Erschrecken über Sasonows „Flucht in die Öffentlichkeit", als er vor den deutsch-russischen Friedensbemühungen warnte, und die äußerst mißtrauische Begrüßung Stürmers, des Nachfolgers Goremykins.

Siehe Wochenbericht 2a, 6a, 7a, 9a 1916.

Der alte Streit zwischen den englischen Liberalen und Konservativen: Ist es gute Politik, die russischen Liberalen gegen die Reaktion stark zu machen oder nicht? verschärft sich anläßlich eines Besuches russischer Journalisten in London (März 1916). Damals gab es einen Zusammenstoß zwischen einem liberalen und einem konservativen Russen. Tgorow von der „Nowoje Wremja." verbittet sich zudringliche Einmischung à la Campbell-Bannermans: La Douma est morte, vive la Douma,! Der Korrespondent des „Rjetsch" protestiert dagegen und erklärt es für Englands Pflicht, den Idealen des Fortschritts und der Freiheit in Rußland vorwärts zu helfen.

Siehe Wochenbericht 11a, 12a, 13a 1916.

Aber der konservative Standpunkt: „Vorsicht in der Behandlung der innerrussischen Politik" behauptet sich in England.

England verfügte jedoch durch seine Propagandaorganisation in Rußland über einen vorzüglichen Agentenstab, dem gegebenenfalls auch einmal andere Instruktionen erteilt werden konnten.

Dritte Phase. (Mai bis Juli 1916.)

(Vom Besuch der Dumadeputation bis zu Sasonows Rücktritt.)

England entschließt sich dazu, die russischen Liberalen durch öffentliche Bewilligung ihres nationalen Kriegsziels „Konstantinopel" stark zu machen.

Professor Miliukow wird bei seinem Besuche im Mai 1916 in England sehr gefeiert; ein liberales Blatt spricht ihn als zukünftigen Minister des Auswärtigen in einer parlamentarischen Regierung Rußlands an. Miliukow macht geltend, daß die Duma gegenwärtig um ihre Existenz zu kämpfen habe. Gerade die Duma habe die Hauptverdienste um die russische Schlagfertigkeit, und nur die Duma hätte die gegenwärtige Freundschaft zwischen England und Rußland zustande bringen können.

Siehe Wochenbericht 20a 1916.

Als Gegengabe für diese Verdienste um Kriegführung und Allianz fordert und erhält Miliukow die Erlaubnis, Englands Akzeptierung des russischen Kriegszieles „Konstantinopel" öffentlich zu verwerten.
Siehe Wochenbericht 29a 1916.
Bemerkung:
Es muß hier hervorgehoben werden, daß zwar durch diese Veröffentlichung die englische Propaganda in Rußland außerordentlich erleichtert worden ist, andererseits die russische Propaganda in England erschwert wurde.

Der Pazifismus in der englischen Arbeiterpartei verdankt diesem Miliukowschen Besuche viel. „Soll England kämpfen, damit Rußland Konstantinopel erhält?" ist der Refrain in jeder Friedensversammlung in England.

Vierte Phase. (Juli bis Herbst 1916.)

England sieht die Notwendigkeit ein, sich in Rußlands Partei- und Personenfragen einzumischen.

Sasonows Sturz (Juli) bringt diese entscheidende Schwenkung. Damals bildete sich die Erkenntnis heraus: Soll der Vestand der Allianz gesichert sein, so muß England in der russischen Regierung Personen haben, auf die es vertrauen kann. Siehe Wochenbericht 30a, 31a, 32a, 33a 1916.

Fünfte Phase. (November 1916 bis Ende des Jahres.)

Englands offene Agitation für den Dumablock nach Stürmers Sturz und Miliukows Rede in der Duma.

Trepows Amtsantritt schafft keine Beruhigung, da Protopopows Verbleiben die Fortsetzung des Stürmerschen Kurses zu verbürgen scheint.
Die folgenden Befürchtungen der englischen Politik kommen mit steigender Nervosität in der englischen Presse zum Ausdruck:

1. Die russische Armee wird infolge Munitionsmangels aufhören, offensivfähig zu sein, ja auch die Defensivfähigkeit ist in Frage gestellt.

Einmal über das andere kommt der Hinweis auf Rußlands Munitionsmangel, ja er wird im Parlament offen ausgesprochen.

2. Die Lebensmittelkrisis in Rußland muß früher oder später zu revolutionären Unruhen führen, falls nicht Abhilfe geschaffen wird.

Im Anschluß an den Bericht seines Korrespondenten M.P.Price, datiert vom 5.Dezember aus Tiflis, weist „Manchester Guardian" darauf hin, daß die Lebemmittelnot anfängt, sich in der Armee fühlbar zu machen.

Siehe Wochenbericht 1a 1917.

3. Das Regime Protopopow kann die Lebensmittelkrisis und die Munitionskrisis nicht nur nicht lösen, sondern will es nicht, vielmehr wollen Protopopow und seine Leute soziale Unruhen herbeiführen und die Armeen in ihrer Leistungsfähigkeit „verkrüppeln", um einen Vorwand zum Friedensschluß zu haben. (Vgl. den Alarmruf der „Times".)

Siehe Wochenbericht 44a, 1916.

4. Die deutsch-russischen Annäherungsversuche „marschieren".

Täglich werden russenfreundliche Äußerungen aus deutschen Zeitungen zitiert; ebenso erschienen detaillierte Berichte über deutschfreundliche Bemühungen der russischen Hofgesellschaft.

England sieht nur einen einzigen Weg, um das russische Heer offensivfähig zu machen und die russische Politik bei der Allianz zu halten. Der Dumablock muß ans Ruder kommen. Geschieht das nicht, so muß früher oder später eine Situation eintreten, in der deutschfreundliche Reaktionäre in Rußland einen deutsch-russischen Frieden erzwingen können. Die gesamte englische Presse ist einmütig in ihrer Auffassung: die englische Politik muß etwas tun. „Times" und „Morning Post" schwenken und stacheln die russischen Liberalen auf, genau wie „Daily News" und „Manchester Guardian". Man konnte in der „Times" Anklagen gegen den Zarismus lesen, wie sie dem alten Campbell-Bannerman Ehre gemacht hätten.

Siehe Wochenbericht 46a, 47a 1916.

Von nun an wird es klar daß die englische Propagandaorganisation in Rußland die Instruktion erhalten hat: Hetze gegen Deutschland, aber vor allem Hetze gegen die russische Regierung.

Mit großer Befriedigung verzeichnet der „New Statesman" „die politisch bedeutsame Ovation", welche Buchanan von der Dumamajorität dargebracht wird.

Gleichzeitig erklärt er es für symptomatisch, daß der Kriegsminister sich demonstrativ auf die Seite der Dumamajorität gegen den Ministerpräsidenten gestellt hat.

„Manchester Guardian" wagt, ein Ministerium Miliukow-Gutschkow als sehr möglich hinzustellen.

Sechste Phase. (Von Anfang 1917 bis Ende Februar.)

England begnügt sich nicht mehr mit Agitation für den Dumablock, sondern schickt Milner nach Petersburg, um einzugreifen.

Die Reise Lord Milners hat folgende Vorgeschichte:

1. Der englische Nachrichtendienst orientiert vorzüglich darüber, wie gute Fortschritte die Duma-Propaganda in der Bureaukratie, in der Armee, ja bis in die kaiserliche Familie hinein gemacht hatte.

a) Nach Rasputins Tode enthüllte Hamilton Fyfe in der „Daily Mail" der englischen Öffentlichkeit, was natürlich die englische Regierung schon längst wußte, daß ursprünglich ein Großfürst dazu bestimmt war, Nasputm zu ermorden. Siehe Wochenbericht 5a, 1917.

b) Ferner, daß der Zar sich täuschte, wenn er glaubte, daß die Armee blind zu ihm hielte. Hamilton Fyfe bedrohte den Zaren mit folgenden Worten: „Wenn der Zar einwilligte, solche Männer in die Verwaltung zu berufen" (die das Vertrauen des Volkes besitzen), „wird die Armee zufriedengestellt sein, aber auch nur dann." Siehe Wochenbericht 5a 1917.

2. Andererseits brachte der englische Nachrichtendienst Mitteilungen über Mitteilungen von konkreten deutsch-russischen Annäherungsversuchen. Selbst die Presse behauptete, sie im Detail zu kennen.

„Nation" rechnet mit einer „äußerst peinlichen diplomatischen Situation". In London nimmt das „deprimierende Gerede" von dem bevorstehenden Abspringen Rußlands kein Ende („Saturday Review"). Siehe Wochenbericht 2a. 1917.

3. Der englische Nachrichtendienst hatte den großen Zusammenstoß in Rußland für Mitte Februar in Aussicht gestellt, wenn die Duma zusammentreten würde. („New Statesman" vom 13. Januar 1917.) Siehe Wochenbericht 8a 1917.

Dieser Zusammenprall sollte, so sagte man in England, nach den Wünschen der russischen Reaktionäre folgenden Verlauf nehmen:
Nahrungsmittelunruhen, Unterdrückung durch die reaktionäre Regierung, Benutzung der inneren Wirren zu einem deutsch-russischen Frieden.

Im „New Statesman" vom 13. Januar heißt es:
„Bleibt die Reaktion auch nur zeitweilig Sieger, so könnten störende Komplikationen eintreten, auf die England achten muß." Siehe Wochenbericht 8a, 1917.

England gab acht, und so reiste sein stärkster Mann, Lord Milner, nach Petersburg.

Was sollte nun Lord Milner?
Diesen Zusammenprall verhüten oder ihn zu einem Sieg der Duma gestalten. Seine Mission war, den Zaren zu überreden, ein der Duma genehmes Ministerium zu berufen und ihn nötigenfalls mit der Stimmung des Volkes und der Armee zu bedrohen, falls er hartnäckig blieb. Es kann kein Zweifel darüber sein, daß Lord Milner einen unblutigen Ministerwechsel unter Einwilligung des Zaren wünschte. Milner reiste nicht nach Petersburg, um Revolution zu machen, sondern um revolutionäre Unruhen durch rechtzeitiges Einlenken des Zaren zu verhindern.

Siebente Phase. (Ende Februar bis Mitte März.)

Das Scheitern der Milnerschen Mission.

Ende Februar ist es bereits klar, daß die Milnersche Mission mißglückt ist. (Vgl. Bonar Law's verklausulierte Erklärung vom 13. Februar 1917.) Siehe Artikel des „Manchester Guardian" vom 27. Februar.

„Manchester Guardian " spricht bereits am 26. davon, daß das Wort „Revolution" „auf den Lippen der meisten Beobachter russischer Verhältnisse ist". Das Gedicht der „Mornington Post" mit der Aufforderung in Miljukows Namen an das russische Volk, dem Schlag zuvorzukommen, den die reaktionären Deutschfreunde führen wollen, zeigt deutlich, daß die Engländer nur noch auf den gewaltsamen Umsturz hoffen.

England sah nur drei Möglichkeiten:

Soziale Unruhen, unterdrückt durch die Reaktion, plus Protopopowscher Friede oder

Soziale Unruhen plus siegreicher Staatsstreich des Dumablocks oder

Soziale Unruhen gleich Anarchie.

Da zog natürlich England den gewaltsamen Umsturz zugunsten des Dumablocks vor. Nachdem die Mission Milners beim Zaren gescheitert war, wird der englische Agentenstab (Beiräte in der Armee, bei der Flotte, in den Ministerien) nach Kräften mitgeschafft haben, daß bei den unvermeidlichen Revolten der Dumablock das Heft in die Hand bekomme.

Wieweit die Engländer dabei gehofft haben, die „Revolution" in zahmen Grenzen zu halten, dafür fehlt uns noch jedes Material.

Dieses eine aber ist sicher:

Die russische Revolution, wie sie nach bisherigen deutschen Zeitungsnachrichten verläuft, ist eine englische Niederlage und kein englischer Sieg. Die Westmächte haben sich bei ihrer Rechnung für die Fronten in Europa nur wohl gefühlt, wenn sie dabei Rußlands Armee als Offensivkraft oder zum mindesten als zuverlässige Defensivkraft einstellen können.

Ich erinnere an die furchtbare Depression in London und besonders auch in Paris während des russischen Rückzugs im Spätsommer 1915.

Damals prägte der „Student of War" im „Manchester Guardian „ das Wort:

„Hindenburgs Siege haben das Dogma von Rußlands Unbesiegbarkeit zerschlagen",

und noch im Herbst 1915 sagte Lloyd George:

„Die russische Armee ist als Machtfaktor für diesen Krieg erledigt

Selbst in Repingtons Kriegsplan war immer die Mitwirkung einer schlagfertigen russischen Armee Vorbedingung für das Gelingen der englisch-französischen Durchbruchsoffensive.

II.

Bemerkungen von Sir Eyre Crowe und Arthur Nicolson zu Buchanans Bericht vom 24. Juli 1914

(Aus Nr. 101 der British Documents on the Outbreak of War)

„Der Augenblick ist vorüber, wo es möglich gewesen wäre, französische Unterstützung für eine Bemühung zu gewinnen, Rußland zurückzuhalten.

Es ist klar, daß Frankreich und Rußland entschlossen sind, die Herausforderung anzunehmen. Was immer wir von der Berechtigung der österreichischen Anklagen gegen Serbien halten mögen, Frankreich und Rußland sind der Meinung, daß sie Vorwände sind und daß die große Auseinandersetzung : Tripel-Allianz gegen Tripel-Entente endgültig aufgerollt ist.

Mir scheint es unpolitisch, um nicht zu sagen, gefährlich für England, den Versuch zu machen, diese Meinung zu widerlegen, oder sich zu bemühen, das einfache Problem durch Vorstellungen in St. Petersburg und Paris zu verdunkeln.

Worauf es ankommt, ist die Frage: ist Deutschland absolut entschlossen, oder nicht, den Krieg jetzt auszutragen. Es ist noch eine Chance, daß es zum Zögern veranlaßt wird, wenn man es dazu bringt, zu befürchten, daß der Krieg England auf der Seite von Frankreich und Rußland finden wird.

Ich kann nur einen wirksamen Weg in Vorschlag bringen, dies der deutschen Regierung zum Bewußtsein zu bringen, ohne uns in diesem Stadium endgültig festzulegen. Wenn in dem Augenblick, wo Österreich oder Rußland zu mobilisieren anfängt. Seiner Majestät Regierung Befehl gibt, unsere ganze Flotte auf sofortigen Kriegsfuß zu setzen, dann wäre es vorstellbar, daß Deutschland dadurch der Ernst der Gefahr zum Bewußtsein gebracht würde, der es ausgesetzt sein würde, falls England am Kriege teilnähme.

Es wäre richtig, angenommen, dieser Entschluß könnte jetzt gefaßt werden, die französische und die russische Regierung davon in Kenntnis zu setzen, und das wäre wiederum das beste, was wir tun könnten, um zu verhüten, daß zwischen England und Rußland eine sehr ernste Situation entsteht.

Es ist schwer, Herrn Sasonow nicht beizustimmen, daß früher oder später England in den Krieg, wenn er doch kommt, hineingezogen werden wird. Wir werden nichts dadurch gewinnen, daß wir uns nicht darüber schlüssig werden, was wir unter Umständen tun können, die morgen eintreten mögen.

Sollte der Krieg kommen, und England beiseite stehen, so muß von zwei Dingen eins eintreten:

a) Entweder Deutschland und Österreich gewinnen, zermalmen Frankreich und demütigen Rußland. Wenn dann die französische Flotte dahin ist, Deutschland den Kanal beherrscht – mit williger oder widerwilliger Mitwirkung Hollands und Belgiens – was wird dann die Lage des freundlosen England sein?

b) Oder Frankreich und Rußland gewinnen. Welches würde dann ihre Haltung gegen England sein? Wie wird es um Indien und das Mittelmeer stehen?

Unsere Interessen sind mit denen Frankreichs und Rußlands fest verbunden in diesem Kampfe, der nicht um den Besitz Serbiens geht, sondern ein Ringen ist zwischen Deutschland, das nach politischer Diktatur in Europa strebt, und den Mächten, die ihre individuelle Freiheit zu behalten wünschen. Wenn wir dazu beitragen können, den Konflikt zu vermeiden, indem wir unsere maritime Macht zeigen, bereit, sofort eingesetzt zu werden, so wäre es unrecht, den Versuch nicht zu wagen.

Was daher auch unsre letzte Entscheidung sein mag, so sollten wir m. E. jetzt beschließen, die Flotte zu mobilisieren, so bald irgendeine andere Großmacht mobilisiert, und diesen Entschluß unverzüglich der französischen und der russischen Regierung anzuzeigen. E.A.C. 25. Juli." [Eyre Crowe.]

„Die von Sir Eyre Crowe aufgeworfenen Punkte verdienen ernste Erwägung, und zweifellos wird das Kabinett die Situation überprüfen. Unsere Haltung während der Krise wird von Rußland als ein Prüfstein angesehen werden, und wir müssen größte Sorgfalt üben, Rußland uns nicht zu entfremden. A. N." [Arthur Nicolson.]

„Mr. Churchill hat mir heute gesagt, daß die Flotte innerhalb vierundzwanzig Stunden mobilisiert werden kann, aber ich halte es für verfrüht, jetzt schon Frankreich und Rußland irgendeine Ankündigung zu machen. E. G." [Edward Grey.]

III.

Zu Lansdownes zweitem Brief vom 5 März 1918

A.

Exposé in der ersten Hälfte März 1918 in der O.H.L.A. (Oberste Heeresleitung, Auslandsabteilung) angefertigt:

Die Gelegenheit, welche der zweite Lansdownesche Brief noch einmal der deutschen Politik gibt.
  1. Lansdowne begrüßt Hertlings Rede, obgleich nicht zufriedenstellend in vielen Punkten, als einen bemerkbaren Fortschritt, „und um so bemerkenswerter, weil sie als eine Art Antwort auf die deprimierende Erklärung aufgefaßt werden kann, die jüngst – manche von uns sind der Meinung, recht willkürlich – von der Versailler Konferenz abgegeben worden ist".
  2. Lansdowne fordert Fortsetzung der Unterhaltung. In den Vordergrund stellt er eine Fortsetzung der Diskussion über Belgien. Hier folgen die beiden wichtigen Sätze:

„Laßt uns hoffen, daß im Laufe des Dialogs, der ohne Zweifel fortgesetzt werden wird, Hertling uns mitteilen wird, ob er auf dem Standpunkt der Papstnote steht oder ob er ganz andere Pläne, die in der Papstnote nicht angedeutet werden, im Sinne hatte, als er jenen einigermaßen unglücklichen Ausdruck anwandte. Dieser Punkt bedarf der Aufklärung, weil Graf Hertlings Ouvertüre zurückgewiesen worden ist (turned down), und dieses in weitgehendem Maße auf die Auslegung zurückzuführen ist, die seine Worte über Belgien erfahren haben."

Lansdowne fährt dann fort:

„der internationale Gerichtshof könne einen Mißbrauch der belgischen Neutralität verhüten".[200]

3. Die Erklärung der Wiederherstellung Belgiens sei zwar die heilende Tatsache. Lansdowne erwähnt dann die Wiedergabe des eroberten französischen Gebietes als notwendig.
„Ein deutscher Staatsmann nach dem anderen hat eine Politik der Eroberungen und Annexionen abgelehnt."
4. Viel schwieriger seien die territorialen Ansprüche Frankreichs auf Elsaß-Lothringen, Italiens auf bestimmte österreichische Gebiete und Englands auf Teile des Türkischen Reichs. Diese Fragen müßten der internationalen Friedenskonferenz vorbehalten werden, ebenso wie die Frage der deutschen Kolonien. Eine Erledigung dieser Fragen, solange der Krieg noch wüte, sei unmöglich.

Bemerkung 1:

Folgende Tatsachen verdienen Beachtung:
Lansdowne will die Unterhaltung fortsetzen.
Lansdowne interpretiert Hertling loyal und richtet die Bitte an ihn, ihm Beweismaterial zu liefern, um seine loyale Interpretation in England glaubhaft zu machen. Er bittet in erster Linie um eine authentische Erklärung über Belgien, in zweiter Linie aber auch um eine authentische Erklärung, die Annexionen im Westen ablehnt.
Er erklärte Hertlings Erklärung über Belgien für den Hauptgrund, warum Hertlings Ouvertüre eine so ungünstige Aufnahme gefunden hat.
Lansdowne macht deutlich sein Desinteressement an den östlichen Fragen klar. Er tut dieses dadurch, daß er Italiens und Frankreichs An-

---

[200] Bezugnehmend auf Hertlings Worte: Deutschland müsse dagegen sichergestellt werden, daß Belgien zum Sprungbrett feindlicher Machinationen gemacht werde.

sprüche erwähnt und für den Friedenskongreß zurückstellt, aber Rußland mit keinem Worte erwähnt.

5. Es unterliegt keinem Zweifel, daß die deutsche Politik es in der Hand hat, Lansdowne zu einem neuen Stoß zu bewegen. Wir können Lansdowne in die Lage setzen, zu sagen: „Jetzt liegt eine Erklärung des deutschen Reichskanzlers vor, die den Weg zu Verhandlungen frei macht."

Es ist das drittemal, daß Lansdowne spricht. Er würde dieses nicht tun, wenn er isoliert wäre. Er hat große Teile der Arbeiterschaft, der Liberalen und einflußreiche Kreise unter den Konservativen hinter sich.

Er hat die englische Heimatfront eingedrückt. Stößt er noch einmal, so ist sie durchbrochen.

Es ist eine militärische Forderung, daß die deutsche Politik ihm Gelegenheit gibt, diesen Durchbruch vor der Offensive zu bewerkstelligen, damit unsere bevorstehenden militärischen Erfolge ihre größtmögliche Wirkung tun können.

Bemerkung 2:

a) In diesem Zusammenhange ist die Bemerkung der „Nation" vom 9. März wichtig. Nach uneingeschränkter Zustimmung zum Lansdowneschen Briefe sagt sie über Lansdownes Nichterwähnung des Ostens:

„Die Schwäche des Lansdowneschen Briefes liegt darin, daß er den Osten ignoriert. Wir schlagen nicht die Rückkehr des Randlandes an Rußland vor, viele dieser Randstaaten mögen diese Lösung nicht wünschen. (Aber die Entente, wenn sie etwas Besseres im Auge hat, als ein imperialistisches Handelsgeschäft, muß darauf bestehen, daß hier im Osten wirkliche Unabhängigkeit und Selbstbestimmung sichergestellt wird.)"

b) Auch „New Statesman" (vom 9.März) nimmt an, daß Lansdowne die „Annexionen ohnegleichen" der Deutschen im Osten nicht antasten wolle.

Bemerkung 3:

a) Zur Frage, was steht hinter Lansdownes Friedenswillen, fällt die Bemerkung vom „New Statesman" vom 2. März ins Gewicht:
„Der Pazifismus von Lord Milner ist anderen als Hertling seltsam aufgefallen."
    b) Zu dieser Frage muß auch die Bemerkung des ‚Mancheter Guardian" vom 5. März erwähnt werden:
„Eine große Anzahl von Leuten, die sich um den Lansdowneschen Brief geschart haben und die sorgfältig die Rede gelesen haben, die er vor einigen Wochen gehalten hat, als Antwort auf das politische Memorandum, das ihm vorgelegt wurde, mögen sich wundern, ob Lansdowne sich wirklich gleichgültig zurückgezogen hat. Ich bin in der Lage, zu sagen, daß das nicht der Fall ist. Er nimmt das tätigste Interesse an den Fragen, die er in seinen Briefen aufgeworfen hat, und beobachtet die Situation sehr genau. Ich glaube nicht, daß wir das letzte Wort von ihm gehört haben."

Hierzu muß noch erwähnt werden, daß der Herausgeber des „Manchester Guardian" auch zu denen gehörte, die Lord Lansdowne die Adresse in seiner Wohnung überreichten.
    c) Zu dieser Frage ist auch folgendes zu erwähnen: „Nation" vom 9. März:
„Die Arbeiterpartei kann und wird keine Regierung aus sich selbst bilden, aber sie wird – so glaube ich – ihre Hilfe einer Asquith-Lansdowneschen Koalition leihen, und die Zeitschrift ‚Common Sense' prophezeit direkt im Februar ein Ministerium Lansdowne."

Bemerkung 4:

„Westminster Gazette" vom 5. März:
    „Wir sind sehr einverstanden damit, daß Lord Lansdowne seine Nachforschungen fortsetzt, und wenn er die deutschen Absichten als besser nachweisen kann, als wir sie annehmen und Graf Hertling so weit bringen kann, den notwendigen Standpunkt der Westmächte zu studieren und zu verstehen, dann

werden wir wahrlich von Herzen froh sein; aber wir müssen sichergehen, daß der Feind nicht, indem er Lippendienst unseren Prinzipien leistet, uns täuscht, wie er die Russen getäuscht hat."

In diesem Exposs fehlten die bemerkenswerten Worte Lord Lansdownes über Lord Milners Rede. Sie lauten:

„Wir wollen an erster Stelle anmerken, daß Graf Hertling mit einer wohlwollenden Bezugnahme auf die Rede endet, welche am 21. Februar von Lord Milner in Plymouth gehalten worden ist, eine Rede, welche er als ‚noch versöhnlicher' betrachtet als die von Mr. Runciman im Unterhaus gehaltene. Lord Milner ist ein Mitglied des Kriegskabinetts, bei ihm befleht nicht der Argwohn, daß er einen deutschen Frieden wünsche. Seine Rede ist durchdrungen von Mut und Entschlossenheit, aber er erkennt an, daß in der Sturmflut rednerischer Leistungen, die in letzter Zeit das Land überschwemmt hat, wir dem Anscheimaßen verstrickt haben, etwas zu viele Vorschläge vorgebracht, unsere Gesamtansprüche vielleicht etwas zu hoch angesetzt haben. Schlichte Leute in unserem Lande sind manchmal etwas verwirrt worden durch Gerede über Neuverteilung von Gebiet in verschiedenen Teilen der Welt, über künftige Handelsbestimmungen usw. All dies sind Einzelheiten, höchst wichtige Einzelheiten, die geregelt werden müssen, wenn wir das Stadium der Verhandlungen erreicht haben. Aber sie sind alle nur subsidiär zu dem Hauptzweck, nämlich der Sicherung der menschlichen Freiheit und eines gerechten und dauerhaften Friedens."

B.

Äußerung der „Nation".

Am 9. März gibt die „Nation" die folgende Deutung der Lansdowneschen Worte:

„Was Lansdowne sagt, läuft darauf hinaus: Sie, Graf Hertling, bieten eine Form der Wiederherstellung für Belgien an. Läuft sie auf eine Politik vollständiger Unabhängigkeit und Integrität hinaus? Enthält Ihre Einschränkung einen Anspruch auf ein deutsches Protektorat oder auf wirtschaftliche Beherrschung durch Deutschland oder soll sie nur im voraus ein Protest sein gegen einen ähnlichen Anspruch der westlichen Allianz? Möge dieser Punkt zufriedenstellend aufgeklärt werden, sei es durch die Fortsetzung einer Aussprache über das Wasser hinüber oder durch ein formelles Meeting."

Dann fährt „Nation" fort:

„Wir können nicht in eine allgemeine Friedenskonferenz eintreten, solange die Souveränität Belgiens im Zweifel steht.

Aber andererseits haben wir auch kein Recht, den Eintritt in eine Konferenz zu verweigern, es sei denn, daß wir in der Lage wären, ein Sichergeben Deutschlands auf dem Gebiet der Schwierigkeiten zweiter Ordnung zu verlangen, nämlich in den irredentistischen und nationalen Fragen.

Wir traten nicht in den Krieg ein, um den Frankfurter Frieden rückgängig zu machen, noch um Österreich Triests zu berauben, Unsere Intervention geschah wegen des Spezialfalls Belgien!"

IV.

Meinungsäußerungen englischer Politiker aus dem Jahre 1921

Aus einem Brief von E.D. Morel, geschrieben kurz nach seiner ersten schweren Erkrankung.

Cherry Croft, Dec. 3. 1921.
... All that I can say is, that in my opinion an unequivocal declaration on the part of Germany in regard to Belgium would have been decisive. I am awfully sorry I can't go into further details now, it is physically impossible and this is the last letter I shall write for the next three months ...

I am very sorry I cannot develop my own views at greater length – because interesting and valuable as the memoranda of my colleagues are, they do not, in my opinion, cover the whole ground – and I don't wholly agree with them ...

Finally in my opinion Germany held all the cards – when she sat at the Conference table at Brest-Litowsk. A generous Peace of conciliation and understanding with Russia then, coupled with a positive Statement with regard to Belgium, the whole flung in the face of the world with a great gesture, would have reestablished her moral position in the world, and exploded a mine under British public opinion (Labour especially) already badly shaken.

Memorandum by Charles Trevelyan [M. P.]
The object which I pursued during the war was the formation of public opinion. Consequently I did not follow or care to try to influence privately the views of the governmental people. I felt sure that they would respond to any formidable growth of a feeling of the necessity and possibility of a „peace by negotiation". Neither we nor Prince Max were working either „on illusions or

facts". We were working to create a new Situation which, as facts went, never came into existence. But that did not make us wrong in our estimate of what might have been. It makes it however in my opinion impossible of proof that our policy was ever near success. The secret of how near or how far we were from success lies in minds of scores of thousands of our fellow-citizens, who alone can tell us how near they were to saying to their rulers: „Stop!" Remember that most of these people would now say „Quite right to go on. We always knew we should win." That, however, wasn't at all their humour many times during the war. All I can say to Prince Max is that he was trying to do the one thing which in England could have created a new atmosphere. If a German Government, when it offered to try and negotiate a peace, had equally definitely guaranteed Belgian independence and sovereignty, it would have changed the whole issue here. It would have created a powerful peace party, backed by many of the opportunists. It must be said, however, that as the war went on it would have been harder, not easier, to get peace even by the clear surrender of Belgium. Reasonable public opinion grew less powerful in Britain, the custom of the war grew upon people, they set their teeth and thought less. But even after America came in, the tide might have been turned to peace by so startling a falsification of what was represented by our war-mongers as being the attitude of the German governing powers. If the offer had been made dramatically enough by Prince Max as Chancellor, it would have been increasingly difficult to maintain the position that victory was essential to a reasonable peace. To my mind the only proof that there was a volume of moderate opinion capable of action under more favourable conditions is the Lansdowne Letter and movement. I even think that it might have gone much further than it did, if Lansdowne had been a more vigorous and popular personality, less conservative and cautious in his methods. His position made it impossible for him to be silenced or misrepresented. And, if his proposition, that a reasonable peace was actually attainable, had been proved by the open abandonment by the German Government of the one thing which the British rulers had persistently taught the British public was the main reason of the war on the part of Germany, he would have been the leader of a powerful party.

In history the importance of the part played by Prince Max and his associates in Germany and by ourselves in Great Britain does not lie in how near we came to success under the conditions in which we strove for a policy of reconciliation. It lies in the existence in both countries of bodies of men, pursuing under such difficulties an identical policy, certain if successful to lead to peace, because based on the same assumptions. It is to be hoped that there will be a record of our efforts in order that it may be known that there were men who believed in human reason when only blind patriotic passion seemed to rule, and who had so much faith in the common instincts for good in their own countrymen and their enemies that they dared to base their whole action on that faith.

Memorandum by Arthur Ponsonby [M, P.]

... Generally speaking the influence of the U. D. C. during the war period was exaggerated abroad. This is quite intelligible; such movements are always magnified on the opposite side. But U. D. C. influence must be divided into two parts – (1) influence on opinion, (2) influence on policy.

(1) While in no way wishing to overestimate our influence on opinion, we were undoubtedly the only force operating intelligently and systematically in the direction of peace by negotiations and we certainly attracted a fair number of people who in their various spheres were influential. We never had the herd with us – our followers were more or less picked men and women. But the best way to gauge our influence on opinion is to remember the active steps that were taken by the authorities against us. (Imprisonment of Morel, refusal of halls for meetings, suppressions of literature, inspired press abuse of our leaders, and actual circulation from official sources of material to refute our arguments.) In fact the authorities were frightened of us because they saw we had influence, specially with Labour. If therefore at the end of 1917 or the beginning of 1918 Lloyd George had definitely veered towards peace, I should say that we could have roused a large if not a sufficient body of support for him.

(2) Our influence on policy was practically speaking nil. To influence policy in this country you must have spokesmen or anyhow one leader who holds or has held some high position. Macdonald it is true had been Chairman of the Parliamentary Labour Party. Trevelyan had been in the Government, but neither of them were sufficiently prominent to command attention. The rest of us, some of whom were known publicly, were also not recognised as leaders of public opinion. In all the Parliamentary debates the Government regarded us as utterly negligable, and our attacks merely gave them an opportunity of expressing their extreme views. Neither Asquith and Grey nor Lloyd George and Balfour paid the smallest attention to what we said. This of course does not mean that we should not have gained great parliamentary strength had circumstances turned in another direction. Because throughout our arguments were listened to by the House as a whole with patience and often with attention.

Had there been an unequivocal declaration from the German Government on the subject of Belgium – that undoubtedly would have strengthened our position enormously. The whole Lansdowne movement would have been infinitely larger and more effective and (taking this point quite by itself) it might have been the turning point; and the weight of opinion by the end of 1917 of those who were tired of the war would have almost forced the Government to respond favourably to advances from Germany.

But a declaration with regard to Belgium is not the only consideration that must be taken into account. The military Situation was really the governing factor throughout. I believe there were moments of deadlock of which advantage might have been taken, but there were far more moments of success or failure on one side or the other, and these moments were very unfavourable for any hopes of negotiation. The soldiers kept silent on the subject of policy, they never indulged in the foolish and provocative outbursts of politicians, but behind the scenes their control was paramount ... I do not at all agree that Lloyd George was „always a hopeless case". But I am not certain that an unequivocal declaration on Belgium at the end of 1917 would have been necessarily successful. It certainly would have brought round a very large section of moderate opinion and tired and exhausted sections of the people, but as to whether it would have been sufficient to overcome not only the determined generals and their militarist supporters but opinion in France (for France did not care two straws about Belgium) is doubtful. At the same time it would have produced a division of opinion and this would have made the vigorous prosecution of the war much more difficult for the Government, who might therefore have been inclined to listen to reason.

I have dealt solely with the point about Belgium, because I think that is the only one about which I am doubtful.

V.

Der Kampf ums Recht[201]

I.

Der Vertrag der 14 Punkte ist gebrochen worden. Ich will den Nachweis noch einmal im einzelnen führen.

Punkt 1.
„Öffentliche und öffentlich zustande gekommene Verträge, auf die keine geheimen internationalen Vereinbarungen irgend welcher Art folgen dürfen. Die Diplomatie soll immer offen vor aller Welt getrieben werden."

Der Vertrag ist in sechsmonatiger Geheimarbeit zustande gekommen. Seine verantwortlichen Urheber scheuen die Öffentlichkeit. „Die erwachten Völker der Welt" und „der primitive Mann mit seinem Rechtsgefühl", die einst von Wilson so gefeiert wurden, haben in keinem Stadium der Verhandlung Gelegenheit gehabt, sich zur Geltung zu bringen. Auch heute wird der Vertrag den feindlichen Völkern vorenthalten. Die verbreitete Inhaltsangabe kommt in ihrer Gesamtwirkung einer Täuschung gleich.

Punkt 2.
„Vollkommene Freiheit der Schiffahrt auf See außerhalb der Hoheitsgewässer im Frieden wie im Kriege, mit Ausnahme jener Meere, die ganz oder teilweise durch eine internationale Handlung zwecks Durchsetzung internationaler Verträge geschlossen werden."

---

[201] Diesen Artikel, den ich gegen die Unterzeichnung des Versailler Friedensvertrags schrieb, erschien im „Berliner Tageblatt" vom 11. und 13. Juni 1919.

Das Prinzip der Freiheit der Meere fordert Sicherstellung der Nichtkombattanten im Kriege. Es wurzelt tief in der Geschichte des amerikanischen Volkes. Um dieses Prinzips willen wollte Amerika in den Krieg gegangen sein. Wilson versprach dafür einzutreten um jeden Preis und gegen jeden, der es verletzte (24. Juli 1915). Am 5. November 1918 hat er seinen Verzicht auf die Freiheit der Meere ausgesprochen, aber die Gründlichkeit seiner Bekehrung hat wohl auch diejenigen seiner Bundesgenossen überrascht, die diesen Verzicht durchgesetzt haben. Amerika, einst der Beschützer der Nichtkombattanten, auch in einem Kriege auf Leben und Tod, hat, nachdem der Krieg der Soldaten vorüber war, die Tötung von Hunderttausenden von Frauen und Kindern sanktioniert, und getreu dieser Waffenstillstandspolitik wird auch im Friedensvertrag die Auslieferung von 140 000 Milchkühen gefordert und damit ein neuer Kindermord beschlossen. (Annex 4, § 6.)

> Punkt 3.
> „Beseitigung aller wirtschaftlichen Schranken, soweit sie möglich ist, und Herstellung gleicher Handelsbedingungen unter allen Staaten, die sich dem Frieden anschließen und sich zu seiner Aufrechterhaltung vereinigen."

Jede nur denkbare Wirtschaftsschranke wird gegen die deutsche Industrie aufgerichtet, jede Gleichberechtigung wird dem deutschen Kaufmann versagt. Wilson fordert Rücksichten der Billigkeit und des fair play im Handelswettbewerb der Nationen. Von denen ist nicht mehr die Rede. Aber auch geschriebene Satzungen des Völkerrechts werden zerrissen, um Deutschlands Handel und Industrie lahm zu legen und seine Stellung in der Weltwirtschaft auszulöschen. Maßnahmen gegen deutsches Privateigentum, auch geistiges Eigentum, die schon während des Krieges ein Unrecht waren, werden nunmehr als Recht des Friedens proklamiert.

> Punkt 4.
> „Austausch angemessener Bürgschaften dafür, daß die Rüstungen der Völker auf das niedrigste mit der inneren Sicherheit zu vereinbarende Maß herabgesetzt werden."

Keine Bürgschaften werden ausgetauscht, die gegenseitige Abrüstung zu sichern. Deutschland soll einseitig entwaffnet werden, und es wird ausdrücklich die Aufrechterhaltung großer Rüstungen seitens der Entente festgelegt durch die Bestimmung, daß 15 Jahre lang deutsches Gebiet besetzt bleiben soll. Allerdings wird für eine Entlastung des französischen militärischen Budgets dadurch gesorgt, daß Deutschland die Kosten der Besatzungsarmee tragen soll.

Punkt 5.
„Freie, weitherzige und unbedingt unparteiische Schlichtung aller kolonialen Ansprüche, unter strenger Beobachtung des Grundsatzes, daß bei der Entscheidung aller solcher Souveränitätsfragen die Interessen der betroffenen Bevölkerung gleiches Gewicht haben müssen wie die berechtigten Ansprüche der Regierung, deren Rechtsanspruch bestimmt werden soll."

Eine denkbar engherzige und parteiische Lösung der kolonialen Fragen wird vorgeschlagen. Deutschlands moralischer Anspruch, Kolonialmacht zu sein, war vor dem Kriege unbestritten, gerade bei den Sachverständigen Englands. Die Treue der Eingeborenen Ostafrikas in diesem Kriege ist ohne Beispiel in der kolonialen Geschichte und stellt eine deutliche Willensäußerung der einheimischen Bevölkerung dar. Die vorgesehene Regelung ist getroffen ohne Rücksicht auf den „Rechtsanspruch Deutschlands" und ohne „Rücksicht auf die Interessen der betroffenen Bevölkerungen".

Punkt 7.
„Belgien muß, worin die ganze Welt übereinstimmen wird, geräumt und wiederhergestellt werden, ohne jeden Versuch zur Beschränkung seiner Souveränität, die es in gleicher Weise wie alle anderen freien Nationen genießt. Keine andere einzelne Handlung wird wie diese dazu dienen, unter den Völkern das Vertrauen in die Rechte wiederherzustellen, die sie selbst sich zur Regelung ihrer Beziehungen untereinander gesetzt haben. Ohne diesen heilenden Eingriff sind Bau und Geltung des Völkerrechts für immer erschüttert."

Belgien soll nicht nur wiederhergestellt, sondern erweitert werden auf Kosten deutschen Gebietes und deutscher Menschen.

In Punkt 7 fordert Wilson nicht nur für Belgien die uneingeschränkte Souveränität, sondern er spricht sie allen anderen freien Nationen zu; nach den Bestimmungen des Friedensvertrages soll Deutschland unfrei werden. Wichtigste Hoheitsrechte des deutschen Volkes sollen auf die Commission des Réparations übergehen, und die geplanten Eingriffe in die deutsche Gerichtshoheit, wie z. B. die groteske und entehrende Forderung nach Auslieferung des Kaisers, gehen weit über die Ansprüche hinaus, die seinerzeit Österreich an Serbien stellte, und die Serbien als unvereinbar mit seiner Souveränität zurückwies.

Punkt 8.
„Alles französische Gebiet sollte befreit und die besetzten Teile wiederhergestellt, das Unrecht aber, das Frankreich von Preußen im Jahre 1871 in Elsaß-Lothringen zugefügt wurde und das fast ein halbes Jahrhundert den Weltfrieden gestört hat, sollte wieder gutgemacht werden, damit der Frieden im Interesse aller wieder gesichert wird."

Präsident Wilson hat immer wieder in seinen Reden erklärt, daß die Wiedergutmachung eines Unrechts niemals in seiner Wiederholung bestehen könnte.

Der Friedensvertrag begnügt sich nicht mit der Rückgabe Elsaß-Lothringens, sondern er will eine offene oder verschleierte Annexion unbestritten deutschen Gebiets im Westen einleiten. Deutschlands Westgrenze, wie sie die Feinde wollen, ist nicht in Übereinstimmung mit Punkt 8 des Wilsonschen Programms gezogen, sondern in strenger Anlehnung an die Klauseln der geheimen Abmachungen vom 14. Februar 1917 zwischen dem Zaren und der französischen Republik. Sie lauten:

Elsaß-Lothringen wird an Frankreich zurückgegeben.

Die Grenzen (dieses Gebiets) werden mindestens bis zum Umfange des früheren Herzogtums Lothringen ausgedehnt und sind nach den Wünschen der französischen Regierung festzusetzen, wobei die strategischen Notwendigkeiten berücksichtigt werden müssen, damit auch das ganze Eisenerzrevier Lothringens und das ganze Kohlenbecken des Saarreviers dem französischen Territorium einverleibt wird.

Die übrigen linksrheinischen Gebiete, die jetzt zum Bestande des Deutschen Reichs gehören, sollen von Deutschland ganz abgetrennt und von jeder politischen und wirtschaftlichen Abhängigkeit von Deutschland befreit werden.

Die linksrheinischen Gebiete, die dem Bestand des französischen Territoriums nicht einverleibt werden, sollen ein autonomes und neutrales Staatswesen bilden und so lange von französischen Truppen besetzt bleiben, bis die feindlichen Reiche endgültig alle Bedingungen und Garantien erfüllt haben werden, die im Friedensvertrage angeführt sein werden.

Punkt 9.
„Eine Berichtigung der Grenzen Italiens nach klar erkennbaren Linien der Nationalität sollte durchgeführt werden."

Italiens Nordgrenze wird gezogen im strengsten Widerspruch zum Nationalitätenprinzip. Die vorgesehene Regelung spricht Italien eine Bevölkerung zu, die leidenschaftlich deutsch ist und eine große deutsche Vergangenheit hat, als Zubehör zu einer strategischen Grenze, geradeso wie die deutsche Bevölkerung im Saargebiet als lebendes Inventar der Kohlenbergwerke verpfändet werden soll.

Punkt 10.
„Den Völkern Österreich-Ungarns, deren Platz unter den anderen Nationen wir gewährleistet und sichergestellt zu sehen wünschen, müßte freiester Spielraum zu selbständiger Entwicklung gegeben werden."

Nach dem Zerfall Österreich-Ungarns konnte der Sinn des Punktes 10 nur der sein, daß den ehemaligen Völkern Österreich-Ungarns freies Verfügungsrecht über ihre nationale Zugehörigkeit und Staatsform zugesprochen wird. Der Artikel 80 des Friedensvertrages stellt ausdrücklich fest, daß Deutschösterreich kein freies Selbstbestimmungsrecht hat für den Fall, daß es seinen natürlichen und nationalen Impulsen folgen und sich an Deutschland anschließen will.

Punkt 13.
„Ein unabhängiger polnischer Staat sollte errichtet werden, alle Länder, die von einer unzweifelhaft polnischen Bevölkerung bewohnt sind, umfassen und einen freien, sicheren Zugang zur See erhalten. Seine politische und wirt-

schaftliche Unabhängigkeit und die Unverletzlichkeit seines Gebiets sollte durch Völkerrechtlichen Vertrag gewährleistet werden."

Der geplante polnische Staat schließt weite Strecken Landes ein, die von unbestritten deutscher Bevölkerung bewohnt sind. Jedes strittige Gebiet wird Polen zugesprochen, auch wenn für die Majorität der Bevölkerung eine deutliche Willensäußerung vorliegt, wohin sie gehören will.

Die deutsch-polnische Grenze ist nicht gezogen mit der Absicht, einen endgültigen deutsch-polnischen Ausgleich zu bringen, sondern zum Zwecke der Erleichterung eines polnischen Krieges gegen Deutschland. Je nach Bedarf wird im Einzelfalle auf einen völkischen, wirtschaftlichen oder historischen Grundsatz zurückgegriffen, um eine Entscheidung zugunsten Polens zu bringen, während von diesen Grundsätzen immer gerade der keine Berücksichtigung findet, der für die Zugehörigkeit zu Deutschland sprechen würde.

Punkt 14.
„Es muß eine allgemeine Vereinigung der Völker unter bestimmten Vertragsbestimmungen gebildet werden, um großen wie kleinen Nationen gleichermaßen ihre politische Unabhängigkeit und die Unverletzlichkeit ihres Gebiets zu gewährleisten."

Es kommt heute keine Gemeinschaft der Nationen zustande, Deutschland wird ausgeschlossen. Die gegenwärtige Organisierung des Völkerbundes legt die Geschicke der Welt in die Hände der assoziierten und alliierten Regierungen, die ihre Unwürdigkeit, die Menschheitsinteressen allein zu verwalten, in den letzten sechs Monaten bewiesen haben, da sie durch ihre Waffenstillstandspolitik Bürgerkrieg, Hungersnot und Seuchen begünstigten und förderten, während sie es in der Hand hatten, durch Aufhebung der Blockade das größte Rettungswerk der Weltgeschichte zu vollbringen.

So ist der Vertrag der 14 Punkte seinem Geist und seinem Buchstaben nach gebrochen worden. Kein ernsthafter Versuch wird mehr gemacht, um zu behaupten, daß er gehalten sei. Die Gegner Präsident Wilsons in den Ententeländern, die ihn jahrelang verhöhnt haben, die Vertreter des Pöbels – Horatio Bottomley –, die Wortführer der Interessentengruppen, die von jeher Deutschlands Handel zertrümmern wollten, und die erklärten Anhänger strategischer Grenzen, sie alle rühmen sich heute ohne Scheu ihres Triumphes übe rWilson und sprechen von „the crushing defeat of the 14 points", von der überwältigenden Niederlage der 14 Punkte.

Deutschland kämpft heute für mehr als für sein Recht. Wenn wir weiterhin unsere Sache ehrlich führen und auch nicht den leisesten Versuch machen, zu unseren Gunsten etwas von der vereinbarten Rechtsbasis abzuhandeln, so führen wir die Sache der Menschheit.

Europa ist rettungslos zum Chaos verurteilt, wenn dieser Vertrag verwirklicht wird. Dieser Vertrag bringt keinen Frieden, sondern einen dauernden Kriegszustand.

Als vor ein paar Wochen der Friede nahe schien und unserem kranken und hungernden Volke eine ausreichende Ernährung in Aussicht stand, da sprang so etwas wie eine Hoffnung auf, als könnte Deutschland als erste Nation den Klassenfrieden erringen durch große Opfer der Besitzenden und dank eines wiedererwachenden Volksgefühls der Arbeiter. Kommt statt des Friedens der Versailler Vertrag, dann werden die 15 Millionen Menschen, die in Deutschland „de trop", zuviel, sein werden, sich nicht einfach auslöschen lassen, und wir würden, wenn Deutschlands Ketten nicht zerbrechen, einen Bruderkampf erleben, furchtbarer als alles, was Krieg, und Waffenstillstand gebracht haben.

Das neu entstandene Polen aber würde der Schauplatz ununterbrochener Freiheitskämpfe werden.

Selbst wenn das Undenkbare einträte und sich eine deutsche Regierung bildete, die bereit wäre, Oberschlesien oder Ostpreußen oder Westpreußen preiszugeben, so wären doch diese deutschen Länder nicht gewillt, Deutschland preiszugeben.

Die gewaltsame Aufrichtung des polnischen Imperialismus, wie die Entente ihn plant, ist ein schweres Unrecht auch gegen die Polen selbst, die einen Nationalstaat verwalten können, aber nicht den Aufgaben eines Nationalitätenstaates gewachsen sind.

Die Polen sind gewissenlose Hüter der ihnen anvertrauten nationalen Minderheiten. Das sind sie heute, wie sie es zur Zeit der polnischen Republik waren. Ich verweise auf die Nachrichten über die Pogrome in

Polen, die jetzt täglich in der englischen Presse erscheinen, besonders auf den Bericht des amerikanischen Nahrungsmittelsachverständigen Zuckermann („Manchester Guardian" vom 9. Mai) über das Massaker in Pinsk, das die lokalen Behörden begünstigten und die Regierung straflos ließ.

Den Friedensvertrag verwirklichen, heißt die Pogromgrenze und die Balkangrenze weit nach Westen vortragen.

II.

Vor die Frage gestellt, welches ist die echtere Ausführung des Wilson-Programms? der Versailler Vertrag oder der deutsche Gegenvorschlag? – es gibt wohl keinen aufrichtigen und unterrichteten Menschen in der ganzen Kulturwelt, der wegen der Antwort im Zweifel sein könnte.

Graf Brockdorff-Rantzau tat recht daran, sofort die Grenzen unserer Konzessionen anzugeben und nicht die Methode der alten Diplomatie zu befolgen, sich erst Zugeständnisse abringen zu lassen.

Wir sollen uns nicht täuschen über die furchtbaren Opfer, die uns unser Gegenvorschlag auferlegt. Sie bedeuten den Zusammenbruch der stolzen Erwartungen, die uns als aufstrebendes Volk während der letzten Jahrzehnte vor dem Kriege begleitet haben. Aber wir können diesen Gegenvorschlag zeichnen und dabei doch als Nation leben.

Es darf nie vergessen werden, daß unsere Bereitschaft, die ungeheuren finanziellen Lasten zu tragen, an die Bedingung geknüpft ist, daß wir Kolonien behalten, Schiffahrt treiben und keine territorialen Schwächungen erleiden, die jenseits der 14 Punkte liegen.

Ich halte die Wiederherstellung des Wilson-Programms auch heute noch für möglich. Zunächst ist in Versailles unleugbar eine Bewegung zu spüren. Darüber lassen die ausländischen Zeitungen keinen Zweifel.

Die feindlichen Delegationen müssen einen großen Schreck bekommen haben, als ihnen zum erstenmal der Vertrag als Ganzes vorlag. Die Zeitungsnachricht verdient beinahe Glauben, daß Graf Brockdorff-Rantzau der erste gewesen ist, der den Vertrag hintereinander gelesen hat.

Die Friedenskonferenz hatte sich offenbar in verschiedene Abteilungen aufgelöst. Man hat sie Marterkammern genannt. Der einen wurde Deutschlands territoriale Macht, einer anderen Deutschlands Finanzen, einer dritten Deutschlands Industrie überantwortet. Man kann nicht leugnen, daß jede dieser Kammern sich ihrer Aufgabe mit erstaunlicher Gründlichkeit entledigt hat. Aber es fehlte offenbar die ordnende Hand, die eine Zusammenarbeit zwischen den einzelnen Abteilungen herstellte. So hatte anscheinend die Interessentengruppe, der es oblag, Deutschland für seinen wirtschaftlichen Aufschwung vor dem Kriege zu „bestrafen", keine Fühlung mit der Finanzkommission, die die Aufgabe zu lösen hatte: Wie können die französischen Finanzen mit Hilfe der deutschen Hilfsquellen saniert werden.

In der Tat: Wenn man diesen Vertrag hintereinander Klausel für Klausel liest, so bäumt sich zunächst einmal der gesunde Menschenverstand dagegen auf. Die zahlreichen Entlassungsgesuche innerhalb der feindlichen Delegation entspringen sicher auch moralischen Bedenken, zum Teil mögen sie einfach auf die Überzeugung von der Undurchführbarkeit des Vertrages zurückgehen.

Ferner: Eine Anzahl der territorialen Bestimmungen können die Sanktion der feindlichen Friedensdelegation nur gefunden haben, weil ihr ein gefälschter Tatbestand der europäischen Bevölkerungslage präsentiert wurde.

Es ist zum Beispiel undenkbar, daß Präsident Wilson der Lösung für Westpreußen, Danzig, Ostpreußen, den Netzedistrikt und Oberschlesien hätte zustimmen können, wenn die einheimische Bevölkerung der betreffenden Gebiete gehört worden wäre. Aber es ging am Hofe der großen Vier zu, wie nur je an den Höfen unaufgeklärter Despoten. Sie wurden von Bittstellern und Günstlingen umdrängt, den Vertretern beutegieriger Hilfsvölker, denen es in der Atmosphäre von Paris gelang, die Unwahrheit zu sagen und Glauben zu finden.

Nach Überreichung des Friedensvertrages haben sich die Stimmen der Völker, deren Unterdrückung geplant ist, nicht mehr vor den großen Vier verbergen lassen. Ich verweise besonders auf die Depeschen, die in dem Lloyd George nahestehenden „Daily Chronicle" erschienen sind und welche die imponierende Volksbewegung in Oberschlesien schilderten.

Aber wir dürfen uns keinen Illusionen hingeben. Diese in Versailles auftauchenden Gewissensbedenken und neuen Erkenntnisse sind allein nicht stark genug, um die Bahn zur Wiederherstellung des Wilson-Programms freizumachen.

Das sechsmonatige Konklave hat nicht nur halb Europa zerstört, sondern die Menschen verbraucht, die die Geheimarbeit geleistet haben. Ermüdete Menschen gehen in ihren Entschlüssen die Bahn des geringsten Widerstandes. Das heißt: Wenn heute die feindliche Friedensdelegation in Versailles einen Weg sähe, um durch ein kurzfristiges Ultimatum die Unterschrift der deutschen Delegation unter den nur unwesentlich geänderten Friedensvertrag zu erlangen, so würde sie dieses Ultimatum stellen.

Und wenn die feindliche Delegation in Versailles einen Weg sieht, um nach einer Ablehnung des Ultimatums durch Anwendung ihrer Gewaltmittel irgendeine deutsche Unterschrift zu erzwingen, so würde sie diese Gewaltmittel anwenden – unter der Voraussetzung, daß ihre Völker ihr diese Machtmittel noch zur Verfügung stellen.

Aber berühren wir den Kern der internationalen Situation.

Was will die öffentliche Meinung in Feindesland? Wie stark ist der Druck auf die Delegation?

Darüber kann kein Zweifel sein: Seit Überreichung des Friedensvertrages bahnt sich ein Umschwung in der Geistesverfassung der Völker an.

Um die Worte des Präsidenten Wilson zu gebrauchen: Der Gerichtshof der Menschheit hat entschieden.

„Wir sollen betrogen werden," das sagt heute nicht nur das deutsche Volk. Das sagen Millionen von Neutralen, die ihre innere Neutralität aufgegeben und den Sieg der Alliierten herbeigewünscht hatten, weil sie Amerika nicht nur die Kraft zu siegen zutrauten, sondern auch die Kraft, den Mißbrauch des Sieges zu verhindern. Das sagen die Angehörigen von Hunderttausenden in Feindesland, die für einen reinen Frieden, für einen clean peace Leben hergegeben haben.

In Amerika ist natürlich die Enttäuschung auch groß. Aber gegen den Druck der chauvinistischen Leidenschaften trauen sich die sogenannten Wilson-Liberalen nicht die Kraft zu, eine Revision des Versailler Vertrages zu erzwingen. Sie machen vielmehr Miene, sich mit den Republikanern zu einem Rückfall in die Monroe-Doktrin zu verbinden. „We are sick of Europe", das ist das Leitmotiv aller Senatsdebatten. Es ist nicht unmöglich, daß die Republikaner und die Vorkämpfer des Wilson-Friedens gemeinsam den Völkerbundentwurf und die amerikanische Garantie des Friedensvertrages zu Fall bringen werden, – die Liberalen mit der Begründung, daß nach der diplomatischen Niederlage Wilsons durch die europäische Diplomatie Amerika nichts Besseres tun könne, als sich an den europäischen Angelegenheiten zu desinteressieren.

Auch in Frankreich steht nicht zu erwarten, daß internationale Gewissensbedenken einen starken Volkswiderstand gegen den Versailler Friedensvertrag auslösen können. Nur die inneren Probleme können dort die Regierung im gegenwärtigen Augenblick behindern.

Der Schlüssel zur Lage liegt in der englischen öffentlichen Meinung Dort vollziehen sich wichtige Neugruppierungen. Ich stütze mich im folgenden auf den Pressebericht der „Heidelberger Vereinigung":

1. Die letzten vier Nachwahlen zum englischen Parlament, die alle ungünstig für die Regierung ausfielen, zeigen, daß die Psychose der Khakiwahlen gebrochen ist. Besondere Beachtung verdient der Wahlsieg des Commanders Kenworthy, den er mit einer pazifistischen Plattform im Wahlkreis East Hull errang, der 30 Jahre konservativ war. Lloyd Georges Bruch mit Northcliffe ist eine Konzession an diese Wahlresultate. Er sucht Fühlung nach links und will im gegenwärtigen Augenblick jede Ersatzwahl hinausschieben.

Die liberale Opposition, welcher auf Grund dieser Nachwahlen eine Bedeutung zukommt, die weit über ihre zahlenmäßige Vertretung hinausgeht, ist aus ihrer Zurückhaltung in auswärtiger Politik herausgetreten und hat eine prinzipiell verurteilende Stellung gegen den Versailler Friedensvertrag eingenommen. Bisher hat sie es abgelehnt, die entscheidenden Konsequenzen daraus zu ziehen. Getreu der abwartenden Politik von Asquith, begnügt sie sich mit einer scharfen Kritik einzelner Bestimmungen, mit der Mahnung an die Regierung, den Vertrag zu revidieren, und mit einer Mahnung an Deutschland, im Vertrauen auf eine spätere Revision des Vertrages durch den Völkerbund, ihn zu zeichnen.

Eine beachtliche Gruppe von unabhängigen Liberalen, die immer für eine energische Fortsetzung des Krieges eingetreten sind, erhebt heute schärfsten Einspruch gegen den Vertrag, Unter anderen Gilbert Murray, der vielleicht der beste Propagandist Englands während des Krieges gewesen ist und wie wenig andere dazu beigetragen hat, die immer wieder auftauchenden Zweifel an der Reinheit der englischen Sache im englischen Volke zu zerstreuen. Zu nennen ist ferner „New Statesman", der während des Krieges eine Haltung von großer Bosheit und Ungerechtigkeit gegen Deutschland eingenommen hat. Heute wendet er sich an Deutschland mit der Aufforderung, die Abänderungen des Vertrages durchzusetzen, auf die die Demokratien der alliierten Länder hofften.

Finanzielle Sachverständige der verschiedenen Parteirichtungen erklären in England die an uns gestellten Forderungen für undurchführbar.

Die Arbeiterschaft: Die erklärten Pazifisten um Ramsay McDonald und Snowden erhoffen natürlich unsere Nichtunterzeichnung. Ihre Stellung ist nicht überraschend. Die Nationalexekutive der Arbeiterpartei, die zum großen Teil aus kriegstreuen Elementen besteht (Henderson usw.), hat jede Verantwortung für den Friedensvertrag abgelehnt. Aber auch sie hat sich bis heute nicht dafür entschieden, aus dem Versailler Vertrag ein Sprungbrett zu einem Generalangriff auf die Regierung zu machen. Ins Gewicht fällt die Haltung Smillies, des Präsidenten des Kohlenarbeiterverbandes. Er hat mit seiner Rede in der Albert Hall gegen die „Blockade als Zwangsmittel zur Durchsetzung unerträglicher Friedensbedingungen" einen großen Eindruck auf seine Zuhörer und im Lande gemacht. („Ich schäme mich, wenn ich den deutschen Arbeitern gegenübertreten soll und mein Land ihre Frauen und Kinder hat hungern lassen.") Smillie ist die führende Persönlichkeit im Dreiverband der Bergarbeiter, Eisenbahner und Transportarbeiter. Er ist heute der stärkste Mann in der englischen Arbeiterbewegung und hat mehrfach den Eintritt in die Regierung abgelehnt.

Es häufen sich die Stimmen aus den Kreisen der englischen Armee, die sich gegen die Blockade wenden. Commander Kenworthy behauptete, aus dem Gefühl der kämpfenden Männer heraus zu sprechen, als er sagte, daß er sich seines bunten Rockes schämte, weil er sich bei der Aufrechterhaltung der Blockade beteiligen müsse. Dazu stimmt das Telegramm des Generals Plumer, durch das Lloyd George seiner Zeit die erste Lebensmitteleinfuhr nach Deutschland durchsetzte.

Es können ernste imperialistische Widerstände gegen den Friedensvertrag festgestellt werden. Sie halten sich etwa auf der folgenden Linie: „Die 14 Punkte mögen ein großer Unsinn sein, aber wir haben sie nun einmal angenommen, und das englische Imperium ist nicht in der Lage, sich einen Wortbruch leisten zu können." Das ist realpolitisch gedacht. Es murrt und meutert an allen Ecken und Enden des britischen Reiches. England kann seiner Schwierigkeiten in Irland, Indien und Ägypten, in Kanada und Südafrika Herr werden, wenn es seinen „Anspruch auf Führerschaft" auf eine unanfechtbare moralische Basis stellt. – Aber nur dann. – „We have got the ships, we have got the men, we have got the money too," wir haben die Schiffe, wir haben die Menschen, wir haben auch das Geld – das reicht heute nicht mehr aus, um den englischen Imperialismus aufrechtzuerhalten. England braucht seinen guten Namen so nötig wie seine Schiffe. Würde der Vertrag von Versailles Wirklichkeit, so wäre damit die schärfste Waffe in die Hände der aufrührerisch gesinnten Fremdvölker Großbritanniens gegeben: „England wird an uns handeln, wie es an feinen Feinden gehandelt hat." Es sind in diesem Kriege internationale Ehrbegriffe neu geschaffen worden, die keine Weltmacht straflos mißachten kann. (Vergleiche Lord Greys warnende Worte aus dem Jahre 1916: „Wir würden unter dem Haß der Welt zusammenbrechen.")

So wird die Wiederherstellung des Vertrages der 14 Punkte durch den Selbsterhaltungstrieb des englischen Imperialismus gefordert.

Die große Streitfrage ist: Wie stark sind diese Kräfte, die sich heute in Feindesland gegen den Versailler Vertrag einsetzen? Können sie noch rasch genug die entscheidenden Revisionen erreichen?

Darauf ist zu antworten: Die Stärke der Opposition gegen den Friedensvertrag hängt wesentlich von Deutschland ab. Heute arbeitet die Opposition gegen den Friedensvertrag wie unter einer Lähmung: Es werden täglich in England falsche Nachrichten ausgestreut über Meinungsverschiedenheiten in der deutschen Delegation, zwischen der Delegation und der Regierung, über diesen oder jenen Minister, der bereit wäre, ein neues Kabinett zur Unterzeichnung zu bilden. Die Korrespondenten fühlen täglich den Puls der deutschen öffentlichen Meinung und melden jedes Schwanken und Nachlassen.

Die Gegner des Vertrages in den Ententeländern scheuen unter diesen Umständen vor der Verantwortung zurück, Deutschland zur Nichtunterzeichnung zu ermutigen und damit den Frieden hinauszuzögern. Erst wenn es gelungen ist, in der öffentlichen Meinung der Welt den Eindruck festzusetzen, daß Deutschland die Kraft finden wird, die Unterzeichnung zu verweigern und die Konsequenzen auf sich zu nehmen, erst dann wird es in England zur politischen Kraftprobe zwischen Gegnern und Anhängern des Vertrages kommen. Der Ausgang dieser Kraftprobe ist zweifelhaft. Es ist möglich, daß die öffentliche Meinung die Wiederherstellung des Wilson-Programms erzwingt, aber Deutschland tut gut, damit zu rechnen, daß noch einmal Northcliffe, die Interessentengruppen und die Straße siegen und der Haß des englischen Volkes noch ausreicht, um einen Vormarsch, die Anwendung der Blockade usw. zu ermöglichen.

Dazu ist zu sagen: Soll der Vertrag uns aufgezwungen werden, dann ist es besser für uns, wenn wir die Feinde in die Zwangslage versetzen, die letzte unmenschliche Konsequenz aus ihrer Gesinnung zu ziehen. Wir dürfen ihnen dann die Schande nicht ersparen, daß sie es unternehmen, gegen den Wilson-Frieden und für den Rachefrieden von Versailles ihre Truppen in Bewegung zu setzen und ein nicht kämpfendes Volk mit Hunger und Bomben zu überfallen. Das wäre für unsere Gegner die größte moralische Niederlage ihrer Geschichte. Die inneren Bewegungen in Feindesland, die heute allerorten gemeldet werden, würden überhand nehmen, und die verantwortlichen Regierungen der Entente würden sehr rasch zusammenbrechen. Dann wäre die Bahn frei für eine rasche und gründliche Revision der Versailler Vertrages.

Gewiß, es würden Deutschland neue Leiden auferlegt werden, aber diese Leidenszeit wäre voraussichtlich sehr kurz.

Hier kann eingewendet werden, die Revision würde bald kommen, auch wenn Deutschland unterzeichnete. Das ist eine falsche Rechnung. Sowie der Friede einkehrt, würden zunächst bei den Siegern viele Feste gefeiert werden und alsdann die heimischen Probleme die gesamte Energie der Völker absorbieren. Das Interesse an Deutschland würde in England minimal sein. Die Leiden des deutschen Volkes würden in der liberalen Presse sicher Erwähnung finden unter der sentimentalen Rubrik, unter der gegen die Vivisektion und für Albanien Stimmung gemacht wird. Aber die öffentliche Meinung würde nicht auf ein staatsmännisches Rettungswerk zur Neuordnung Europas drängen. And darauf kommt alles an.

Gewiß, die Revision des Friedensvertrages würde auch nach der Unterzeichnung kommen, aber sie würde planlos vor sich gehen. Überall würden unterdrückte Menschen ihre Ketten sprengen. Europa würde zu einem Chaos von nationalen und sozialen Aufständen werden

Die enttäuschten Amerikaner rufen uns heute öffentlich zu: Die europäische Zivilisation verdient zugrunde zu gehen!

An Europa ist es, in letzter Stunde Nein zu sagen, und wenn Amerika verzagt, die erlöschende Fackel aufzugreifen und sie neu zu entzünden.

Ich fasse zusammen: Erstens: Der echte Wilson-Friede ist heute noch nicht verloren.

Zweitens: Der Widerstand bei den feindlichen Völkern gegen den Versailler Vertrag ist stark.

Unter Umständen stark genug, um eine rechtzeitige und ausreichende Revision zu ermöglichen.

Drittens: Der Druck zur Revision ist um so stärker, je überzeugender Deutschlands Wille zum Ausdruck kommt, nur einen Frieden zu unterzeichnen, der durchführbar ist und als Rechtsfrieden verteidigt werden kann.

Viertens: Aber Deutschland muß darauf gefaßt sein, daß nach unzureichenden Konzessionen die Feinde ein Ultimatum stellen und mit der schonungslosen Anwendung ihrer Machtmittel drohen.

Fünftens: Auch dann bleibt die Verweigerung der Unterschrift unsere einzige Hoffnung auf eine rasche Revision des Vertrages.

Wenn wir den Kampf ums Recht abbrechen, so werden andere ihn nicht für uns weiterführen. Wenn aber Deutschland nur noch kurze Zeit die Entschlossenheit zeigt, lieber neue Helden auf sich zu nehmen, als den Vertragsbruch von Versailles zu zeichnen, so werden der Sache des Rechts in allen Ländern Bundesgenossen von ungeahnter Stärke erstehen.

Wir würden die verlorene Weltachtung wiedergewinnen. Es gibt nur diesen einen Weg zur Rettung, und wir müssen ihn gehen.

BEILAGE

Bericht des Generals v.Haeften
„Nach Eingang der Wilson-Note am 24. Oktober habe ich dem Reichskanzler zwischen 10.30 und 11 Uhr vormittags Vortrag gehalten und hierbei ausgeführt: Durch die Wilson-Note und durch die Äußerung Noskes von der Notwendigkeit der Abdankung des Kaisers zur Erlangung günstiger Friedensbedingungen sei eine ernste Krise entstanden. Der Kaiser sei jetzt vor eine Entscheidung von ungeheurer Tragweite gestellt: Freiwillige Thronentsagung oder Kampf um seinen Thron. Falls der Kaiser abdanken wolle, müsse die amtliche Veröffentlichung der Wilson-Note aufgehalten werden, damit der Kaiser aus freier Initiative die Krone niederlege. Eine Abdankung unter dem Druck der Sozialdemokratie fei unmöglich. Wenn sich der Kaiser jedoch zum Kampf um seinen Thron entschließen solle, müsse mit der Bekanntgabe der Wilson-Note auch der Entschluß zum Abbruch der Verhandlungen und zur Fortsetzung des Kampfes bis zum Äußersten der Öffentlichkeit mitgeteilt werden. Ich beschwor[202] den Prinzen, sich für die letztere Lösung einzusetzen. Bei der unmittelbar an diesen Vortrag anschließenden telephonischen Orientierung des Generals Ludendorff durch mich um 11.15 Uhr vormittags hat dieser die Forderung Wilsons, vor Friedensverhandlungen erst den Kaiser fortzujagen und die Armee kampfunfähig zu machen, als eine unerträgliche Demütigung bezeichnet. Eine Abdankung des Kaisers könne nicht in Frage kommen; es gäbe nur eine Lösung: Abbruch der Verhandlungen mit Wilson und Kampf bis zum Äußersten. Die Armee sei bereit, diesen Kampf für ihren Obersten Kriegsherrn durchzukämpfen. Ich bat den General, möglichst bald mit dem Feldmarschall in Berlin einzutreffen. Dies sagte der General zu, er und der Feldmarschall würden heute nach Berlin reisen. Hiervon machte ich dem Prinzen Max Mitteilung, der durch mich die beiden Herren ersuchen ließ, ihre Reise zu verschieben, bis er sie nach Berlin rufen würde. Das lehnte der General Ludendorff ab mit der Bemerkung, er werde morgen in Berlin eintreffen, um dem Kaiser Vortrag über die militärische Lage zu halten. Dies teilte

---

[202] Haeftens Notizzettel, auf die sich seine obigen Ausführungen stützen, enthalten den Vermerk: „ ...Reichskanzler beschworen, Abdankung abzulehnen, Entschluß, Fortsetzung des Kampfes ..."

ich dem Prinzen mit.

Bei einer in den Mittagsstunden stattfindenden internen Besprechung im Auswärtigen Amt gab ich dieser Auffassung des Generals Ludendorff in sehr temperamentvollen Worten Ausdruck, ohne mich indes dabei auf ihn zu berufen. Meine Ausführungen gipfelten in der Forderung des Abbruchs der Verhandlungen und Fortsetzung des Kampfes. Ein Weiterverhandeln müsse letzten Endes unrettbar zum „Sturze der Monarchie und zur Wehrlosmachung des deutschen Volkes" führen. Ein bei dieser Besprechung anwesender Vertreter des Kriegspresseamtes hat unmittelbar darauf hierüber an die Oberste Heeresleitung berichtet, und zwar anscheinend in mißverständlichem Sinne, indem er meine Ausführungen als eine amtliche Kundgebung des Kabinetts zum Abbruch der Verhandlungen und Fortsetzung des Kampfes bezeichnete. Der Generalfeldmarschall und der General Ludendorff glaubten daher mit ihrem vielumstrittenen Armeebefehle, in dem sie die Armee zum ‚Widerstand mit äußersten Kräften" aufriefen, mit der Regierung einig zu gehen ...

Bald nach der Ankunft des Generalfeldmarschalls und des Generals Ludendorff in Berlin am Nachmittag des 25. Oktober hielt ich im Generalstabsgebäude in Anwesenheit des Admirals Scheer und des Generals v. Winterfeldt Vortrag über die Lage. Das Kabinett habe zur Stunde noch keine endgültige Entscheidung bezüglich der Beantwortung der Wilson-Note getroffen. Es habe aber den Anschein, daß die Stimmen zum Weiterverhandeln mit Wilson im Kabinett sich mehrten. Ich wies demgegenüber auf die Notwendigkeit einer schnellen Entscheidung im Sinne des Abbruchs der Verhandlungen erneut hin. Falls bei der für den Abend in Aussicht genommenen Besprechung mit dem Vizekanzler v. Payer eine Entscheidung in diesem Sinne nicht erfolge, sei es notwendig, daß der Generalfeldmarschall und General Ludendorff um ihre Entlassung bäten, um hierdurch den Kaiser zu einer schnellen und bestimmten Stellungnahme zu veranlassen, denn Eile sei geboten. Die ungeheure Gefahr der aufs äußersten gespannten Lage sei durch Noskes Äußerung über die Notwendigkeit der Abdankung des Kaisers zur Erhaltung eines guten Friedens blitzartig beleuchtet. Im Anschluß an meine Ausführungen hielt General Ludendorff dem Generalfeldmarschall Vortrag, wobei er sich im gleichen Sinne äußerte. Er sei fest entschlossen, falls das Kabinett mit Wilson weiter verhandeln wolle, den Kaiser um seine Entlassung zu bitten. Der Generalfeldmarschall behielt sich seine Entscheidung vor. Als die nächtliche Aussprache mit dem Vizekanzler v. Payer ergebnislos verlief, äußerte General Ludendorff beim Hinausgehen zu mir, er werde morgen seine Entlassung erbitten. Zur gleichen Stunde hatte sich indes der Kaiser auf Antrag des Reichskanzlers bereits entschlossen, den General Ludendorff zu entlassen ...

Einen letzten Schritt in der Abdankungsfrage (siehe S. 561) habe ich dann noch bei meinem Vortrage am 3. November am Krankenbette des Reichskanzlers unternommen. Ich wies den Prinzen darauf hin, daß es nunmehr höchste Zeit sei, eine endgültige Entscheidung in der Abdankungsfrage zu

treffen. Als zukünftiger deutscher Bundesfürst und als Offizier dürfe er den Kaiser unter keinen Umständen ‚zur Abdankung zwingen". Seine Pflicht als Reichskanzler habe er erfüllt, indem er den Kaiser über den Ernst der Lage rückhaltlos aufgeklärt habe. Jetzt müsse er von den Mitgliedern des Kabinetts, der Reichstagsmehrheit und der Presse verlangen, die Abdankungsforderung fallen zu lassen. Im Falle der Ablehnung dieser Forderung müsse er zurücktreten. Entscheidend für meinen Rat war die Auffassung des behandelnden Arztes über den schweren Gripperückfall, den der Prinz erlitten hatte. Das war auch die Veranlassung zu meinem Schritt bei dem Vizekanzler v. Payer am 2. November zur Unterzeichnung eines W. T.B.-Telegramms gewesen, in dem der Öffentlichkeit von dem ernsten Gesundheitszustand des Reichskanzlers Mitteilung gemacht und gleichzeitig bekanntgegeben werden sollte, daß einstweilen der Vizekanzler die Geschäfte leiten werde.
    v. Haeften, Generalmajor a. D."

Regierungsführung Deutsches Reich

Deutsches Kaiserreich

Name	Amt	Amtszeit
Fürst Otto von Bismarck (1815 - 1898)	Reichskanzler	16.04.1871 - 20.03.1890
Graf Leo von Caprivi (1831-1899)	Reichskanzler	20.03.1890 - 26.10.1894
Fürst Chlodwig zu Hohenlohe-Schillingsfürst (1819 - 1901)	Reichskanzler	29.10.1894 - 17.10.1900
Fürst Bernhard von Bülow (1849 - 1929)	Reichskanzler	17.10.1900 - 14.07.1909
Theobald von Bethmann-Hollweg (1865 - 1921)	Reichskanzler	14.07.1909 - 13.07.1917
Georg Michaelis (1857 - 1936)	Reichskanzler	14.07.1917 - 01.11.1917
Graf Georg von Hertling (1843 - 1919)	Reichskanzler	01.11.1917 - 30.09.1918
Prinz Max von Baden (1867-1929)	Reichskanzler	03.10.1918 - 09.11.1918

Weimarer Republik

Name	Amt	Partei	Amtszeit
Friedrich Ebert (1871 - 1925)	Reichskanzler	SPD	09.11.1918 - 10.11.1918
	Vorsitzender des Rates der Volksbeauftragten		10.11.1918 - 11.02.1919
Hugo Haase (1863 - 1919)	Vorsitzender des Rates der Volksbeauftragten	USPD	10.11.1918 - 29.12.1918
Philipp Scheidemann (1865-1939)	Vorsitzender des Rates der Volksbeauftragten	SPD	29.12.1918 - 07.02.1919
	Reichsministerpräsident		13.02.1919 - 20.06.1919
Gustav Bauer (1870-1944)	Reichsministerpräsident	SPD	21.06.1919 - 14.08.1919

Name	Amt	Partei	Amtszeit
Konstantin Fehrenbach (1852 - 1926)	Reichskanzler	Zentrum	25.06.1920 - 04.05.1921
Joseph Wirth (1879 - 1956)	Reichskanzler	Zentrum	10.05.1921 - 22.10.1921 und 26.10.1921 - 14.11.1922
Wilhelm Cuno (1876 - 1933)	Reichskanzler	parteilos	22.11.1922 - 12.08.1923
Gustav Stresemann (1878 – 1929)	Reichskanzler	DVP	13.08.1923 - 03.10.1923
Wilhelm Marx (1963 - 1946)	Reichskanzler	Zentrum	06.10.1923 - 30.11.1923
Hans Luther (1879 - 1962)	Reichskanzler	parteilos	15.01.1925 - 5.12.1925 und 20.01.1926 - 12.05.1926
Otto Geßler (1875 - 1955)	Reichskanzler	DDP	12.05.1926 - 17.05.1926
Wilhelm Marx (1863 - 1946)	Reichskanzler	Zentrum	17.05.1926 - 17.12.1926 und 19.01.1927 - 12.06.1928
Hermann Müller (1876 - 1931)	Reichskanzler	SPD	28.06.1928 - 27.03.1930
Heinrich Brüning (1885-1970)	Reichskanzler	Zentrum	30.03.1930 - 07.10.1931
Franz von Papen (1879 - 1969)	Reichskanzler	Zentrum	01.06.1932 - 17.11.1932
Kurt von Schleicher (1882 - 1934)	Reichskanzler	parteilos	04.12.1932 - 28.01.1933

Nationalsozialismus

Name	Amt	Partei	Amtszeit
Adolf Hitler (1889 - 1945)	Reichskanzler	NSDAP	30.01.1933 - 31.07.1934
	Führer und Reichskanzler		01.08.1934 - 30.04.1945
Joseph Goebbels (1897 - 1945)	Reichskanzler	NSDAP	30.04.1945 - 01.05.1945
Johann Ludwig Graf Schwerin von Krosigk (1887 - 1977)	Leiter der Geschäftsführenden Reichsregierung	parteilos	02.05.1945 - 05.06.1945

In der Reihe *Deutsches Reich – Schriften und Diskurse: Reichskanzler*
bereits erschienen:

Bd. I/I
Otto Fürst von Bismarck, der erste Reichskanzler Deutschlands. Ein Lebensbild
Autor: Bernhard Rogge
ISBN (HC): 978-3-86347-036-4
 (PB): 978-3-86347-035-7

Bd. IV/I
Bernhard von Bülow - Deutsche Politik
Autor: Bernhard von Bülow
ISBN (HC): 978-3-86347-096-8
 (PB): 978-3-86347-095-1

Bd. VII/I
Georg von Hertling - Recht, Staat und Gesellschaft
Autor: Georg von Hertling
ISBN (HC): 978-3-86347-094-4
 (PB): 978-3-86347-093-7

Bd. VI/I
Georg Michaelis - Für Staat und Volk. Eine Lebensgeschichte
Autor: Georg Michaelis
ISBN (HC): 978-3-86347-092-2
 (PB): 978-3-86347-091-3

Bd. III/I
Chlodwig Fürst zu Hohenlohe-Schillingsfürst. Zu seinem hundertsten Geburtstag
Autor: Friedrich Curtius
ISBN (HC): 978-3-86347-090-6
 (PB): 978-3-86347-089-0

Bd. V/I
Theobald von Bethmann Hollweg - der fünfte Reichskanzler
Autor: Gottlob Egelhaaf
ISBN (HC): 978-3-86347-088-3
 (PB): 978-3-86347-087-6

Bd. VIII/I
Prinz Max von Baden - Erinnerungen und Dokumente
Autor: Prinz Max von Baden
ISBN (HC): 978-3-86347-086-9
(PB): 978-3-86347-085-2

Bd. VII/II
Georg von Hertling - Historische Beiträge zur Philosophie
Autor: Georg von Hertling
ISBN (HC): 978-3-86347-034-0
(PB): 978-3-86347-033-3

Jeder Titel der Reihe erscheint im SEVERUS Verlag in zwei Ausgaben:

Hardcover (HC)   Paperback (PB)

Bei offenen Fragen, Anregungen oder Wünschen kontaktieren Sie uns gern:

SEVERUS Verlag
Hermannstal 119 k • D-22119 Hamburg
Fon: +49 - (0)40 - 655 99 2-0 • Fax: +49 - (0)40 - 655 99 2-22
kontakt@severus-verlag.de

Bisher im SEVERUS Verlag erschienen:

Achelis. Th. Die Entwicklung der Ehe * Die Religionen der Naturvölker im Umriß, Reihe ReligioSus Band V * **Andreas-Salomé, Lou** Rainer Maria Rilke * **Arenz, Karl** Die Entdeckungsreisen in Nord- und Mittelafrika von Richardson, Overweg, Barth und Vogel * **Aretz, Gertrude (Hrsg)** Napoleon I - Briefe an Frauen * **Ashburn, P.M** The ranks of death. A Medical History of the Conquest of America * **Avenarius, Richard** Kritik der reinen Erfahrung * Kritik der reinen Erfahrung, Zweiter Teil * **Beneke, Otto** Von unehrlichen Leuten: Kulturhistorische Studien und Geschichten aus vergangenen Tagen deutscher Gewerbe und Dienste * **Berneker, Erich** Graf Leo Tolstoi * **Bernstorff, Graf Johann Heinrich** Erinnerungen und Briefe * **Bie, Oscar** Franz Schubert - Sein Leben und sein Werk * **Binder, Julius** Grundlegung zur Rechtsphilosophie. Mit einem Extratext zur Rechtsphilosophie Hegels * **Bliedner, Arno** Schiller. Eine pädagogische Studie * **Birt, Theodor** Frauen der Antike * **Blümner, Hugo** Fahrendes Volk im Altertum * **Boos, Heinrich** Geschichte der Freimaurerei. Ein Beitrag zur Kultur- und Literatur-Geschichte des 18. Jahrhunderts * **Brahm, Otto** Das deutsche Ritterdrama des achtzehnten Jahrhunderts: Studien über Joseph August von Törring, seine Vorgänger und Nachfolger * **Brandes, Georg** Moderne Geister: Literarische Bildnisse aus dem 19. Jahrhundert. * **Braun, Lily** Lebenssucher * **Braun, Ferdinand** Drahtlose Telegraphie durch Wasser und Luft * **Brunnemann, Karl** Maximilian Robespierre - Ein Lebensbild nach zum Teil noch unbenutzten Quellen * **Büdinger, Max** Don Carlos Haft und Tod insbesondere nach den Auffassungen seiner Familie * **Burkamp, Wilhelm** Wirklichkeit und Sinn. Die objektive Gewordenheit des Sinns in der sinnfreien Wirklichkeit * **Caemmerer, Rudolf Karl Fritz** Die Entwicklung der strategischen Wissenschaft im 19. Jahrhundert * **Casper, Johann Ludwig** Handbuch der gerichtlich-medizinischen Leichen-Diagnostik: Thanatologischer Teil, Bd. 1 * Bd. 2 * **Cronau, Rudolf** Drei Jahrhunderte deutschen Lebens in Amerika. Eine Geschichte der Deutschen in den Vereinigten Staaten * **Cunow, Heinrich** Geschichte und Kultur des Inkareiches * **Cushing, Harvey** The life of Sir William Osler, Volume 1 * The life of Sir William Osler, Volume 2 * **Dahlke, Paul** Buddhismus als Religion und Moral, Reihe ReligioSus Band IV * **Dühren, Eugen** Der Marquis de Sade und seine Zeit. in Beitrag zur Kultur- und Sittengeschichte des 18. Jahrhunderts. Mit besonderer Beziehung auf die Lehre von der Psychopathia Sexualis * **Eckstein, Friedrich** Alte, unnennbare Tage. Erinnerungen aus siebzig Lehr- und Wanderjahren * Erinnerungen an Anton Bruckner * **Eiselsberg, Anton Freiherr von** Lebensweg eines Chirurgen * **Eloesser, Arthur** Thomas Mann - sein Leben und Werk * **Elsenhans, Theodor** Fries und Kant. Ein Beitrag zur Geschichte und zur systematischen Grundlegung der Erkenntnistheorie. * **Engel, Eduard** Shakespeare * Lord Byron. Eine Autobiographie nach Tagebüchern und Briefen. * **Ewald, Oscar** Nietzsches Lehre in ihren Grundbegriffen * Die französische Aufklärungsphilosophie * **Ferenczi, Sandor** Hysterie und Pathoneurosen * **Fichte, Immanuel Hermann** Die Idee der Persönlichkeit und der individuellen Fortdauer * **Fourier, Jean Baptiste Joseph Baron** Die Auflösung der bestimmten Gleichungen * **Frazer, James George** Totemism and Exogamy. A Treatise on Certain Early Forms of Superstition and Society * **Frey, Adolf** Albrecht von Haller und seine Bedeutung für die deutsche Literatur * **Frimmel, Theodor von** Beethoven Studien I. Beethovens äußere Erscheinung * Beethoven Studien II. Bausteine zu einer Lebensgeschichte des Meisters * **Fülleborn, Friedrich** Über eine medizinische Studienreise nach Panama, Westindien und den Vereinigten Staaten * **Gmelin, Johann Georg** Quousque? Beiträge zur soziologischen Rechtfindung * **Goette, Alexander** Holbeins Totentanz und seine Vorbilder * **Goldstein, Eugen** Canalstrahlen * **Graebner, Fritz** Das Weltbild der Primitiven: Eine Untersuchung der Urformen weltanschaulichen Denkens bei Naturvölkern * **Griesinger, Wilhelm** Handbuch der speciellen Pathologie und Therapie: Infectionskrankheiten * **Griesser, Luitpold** Nietzsche und Wagner - neue Beiträge zur Geschichte und Psychologie ihrer Freundschaft * **Hanstein, Adalbert von** Die Frauen in der Geschichte des Deutschen Geisteslebens des 18. und 19. Jahrhunderts * **Hartmann, Franz** Die Medizin des Theophrastus Paracelsus von Hohenheim * **Heller, August** Geschichte der Physik von Aristoteles bis auf die neueste Zeit. Bd. 1: Von Aristoteles bis Galilei * **Helmholtz, Hermann von** Reden und Vorträge, Bd. 1 * Reden und Vorträge, Bd. 2 * **Henker, Otto** Einführung in die Brillenlehre * **Henne am Rhyn, Otto** Aus Loge und Welt: Freimaurerische und kulturgeschichtliche Aufsätze * **Jahn, Ulrich** Die deutschen Opfergebräuche bei Ackerbau und Viehzucht. Ein Beitrag zur Deutschen Mythologie und Altertumskunde * **Kalkoff, Paul** Ulrich von Hutten und die Reformation. Eine kritische Geschichte seiner wichtigsten Lebenszeit und der Ent-

scheidungsjahre der Reformation (1517 - 1523), Reihe ReligioSus Band I * **Kaufmann, Max** Heines Liebesleben * **Kautsky, Karl** Terrorismus und Kommunismus: Ein Beitrag zur Naturgeschichte der Revolution * **Kerschensteiner, Georg** Theorie der Bildung * **Kotelmann, Ludwig** Gesundheitspflege im Mittelalter. Kulturgeschichtliche Studien nach Predigten des 13., 14. und 15. Jahrhunderts * **Klein, Wilhelm** Geschichte der Griechischen Kunst - Erster Band: Die Griechische Kunst bis Myron * **Krömeke, Franz** Friedrich Wilhelm Sertürner - Entdecker des Morphiums * **Külz, Ludwig** Tropenarzt im afrikanischen Busch * **Leimbach, Karl Alexander** Untersuchungen über die verschiedenen Moralsysteme * **Liliencron, Rochus von / Müllenhoff, Karl** Zur Runenlehre. Zwei Abhandlungen * **Mach, Ernst** Die Principien der Wärmelehre * **Mackenzie, William Leslie** Health and Disease * **Maurer, Konrad** Island von seiner ersten Entdeckung bis zum Untergange des Freistaats * **Mausbach, Joseph** Die Ethik des heiligen Augustinus. Erster Band: Die sittliche Ordnung und ihre Grundlagen * **Mauthner, Fritz** Die drei Bilder der Welt - ein sprachkritischer Versuch * **Meissner, Franz Hermann** Arnold Böcklin * Meyer, Elard Hugo Indogermanische Mythen, Bd. 1: Gandharven-Kentauren * **Müller, Adam** Versuche einer neuen Theorie des Geldes * **Müller, Conrad** Alexander von Humboldt und das Preußische Königshaus. Briefe aus den Jahren 1835-1857 * **Naumann, Friedrich** Freiheitskämpfe * **Oettingen, Arthur von** Die Schule der Physik * **Ossipow, Nikolai** Tolstois Kindheitserinnerungen. Ein Beitrag zu Freuds Libidotheorie * **Ostwald, Wilhelm** Erfinder und Entdecker * **Peters, Carl** Die deutsche Emin-Pascha-Expedition * **Poetter, Friedrich Christoph** Logik * **Popken, Minna** Im Kampf um die Welt des Lichts. Lebenserinnerungen und Bekenntnisse einer Ärztin * **Prutz, Hans** Neue Studien zur Geschichte der Jungfrau von Orléans * **Rank, Otto** Psychoanalytische Beiträge zur Mythenforschung. Gesammelte Studien aus den Jahren 1912 bis 1914. * **Ree, Paul Johannes** Peter Candid * **Rohr, Moritz von** Joseph Fraunhofers Leben, Leistungen und Wirksamkeit * **Rubinstein, Susanna** Ein individualistischer Pessimist: Beitrag zur Würdigung Philipp Mainländers * Eine Trias von Willensmetaphysikern: Populär-philosophische Essays * **Sachs, Eva** Die fünf platonischen Körper: Zur Geschichte der Mathematik und der Elementenlehre Platons und der Pythagoreer * **Scheidemann, Philipp** Memoiren eines Sozialdemokraten, Erster Band * Memoiren eines Sozialdemokraten, Zweiter Band * **Schleich, Carl Ludwig** Erinnerungen an Strindberg nebst Nachrufen für Ehrlich und von Bergmann * Das Ich und die Dämonien * **Schlösser, Rudolf** Rameaus Neffe - Studien und Untersuchungen zur Einführung in Goethes Übersetzung des Diderotschen Dialogs * **Schweitzer, Christoph** Reise nach Java und Ceylon (1675-1682). Reisebeschreibungen von deutschen Beamten und Kriegsleuten im Dienst der niederländischen West- und Ostindischen Kompagnien 1602 - 1797. * **Schweitzer, Philipp** Island - Land und Leute * **Sommerlad, Theo** Die soziale Wirksamkeit der Hohenzollern * **Stein, Heinrich von** Giordano Bruno. Gedanken über seine Lehre und sein Leben * **Strache, Hans** Der Eklektizismus des Antiochus von Askalon * **Sulger-Gebing, Emil** Goethe und Dante * **Thiersch, Hermann** Ludwig I von Bayern und die Georgia Augusta * Pro Samothrake * **Tyndall, John** Die Wärme betrachtet als eine Art der Bewegung, Bd. 1 * Die Wärme betrachtet als eine Art der Bewegung, Bd. 2 * **Virchow, Rudolf** Vier Reden über Leben und Kranksein * **Vollmann, Franz** Über das Verhältnis des späteren Stoa zur Sklaverei im römischen Reiche * **Volkmer, Franz** Das Verhältnis von Geist und Körper im Menschen (Seele und Leib) nach Cartesius * **Wachsmuth, Curt** Das alte Griechenland im neuen * **Weber, Paul** Beiträge zu Dürers Weltanschauung * **Wecklein, Nikolaus** Textkritische Studien zu den griechischen Tragikern * **Weinhold, Karl** Die heidnische Totenbestattung in Deutschland * **Wellhausen, Julius** Israelitische und Jüdische Geschichte, Reihe ReligioSus Band VI *ized**Wellmann, Max** Die pneumatische Schule bis auf Archigenes - in ihrer Entwickelung dargestellt * **Wernher, Adolf** Die Bestattung der Toten in Bezug auf Hygiene, geschichtliche Entwicklung und gesetzliche Bestimmungen * **Weygandt, Wilhelm** Abnorme Charaktere in der dramatischen Literatur. Shakespeare - Goethe - Ibsen - Gerhart Hauptmann * **Wlassak, Moriz** Zum römischen Provinzialprozeß * **Wulffen, Erich** Kriminalpädagogik: Ein Erziehungsbuch * **Wundt, Wilhelm** Reden und Aufsätze * **Zallinger, Otto** Die Ringgaben bei der Heirat und das Zusammengeben im mittelalterlich-deutschem Recht * **Zoozmann, Richard** Hans Sachs und die Reformation - In Gedichten und Prosastücken, Reihe ReligioSus Band III

www.ingramcontent.com/pod-product-compliance
Lightning Source LLC
Chambersburg PA
CBHW050851300426
44111CB00010B/1210